Dagmar Richter (Hrsg.)
Politische Bildung von Anfang an
Demokratie-Lernen in der Grundschule

W0188774

Schriftenreihe Band   570

Dagmar Richter (Hrsg.)

Politische Bildung von Anfang an

Demokratie-Lernen in der Grundschule

bpb: Bundeszentrale für politische Bildung

Bonn 2007

© Bundeszentrale für politische Bildung
Adenauerallee 86, 53113 Bonn, www.bpb.de

Redaktion: Harald Geiss (verantw.), Katharina Reinhold
Produktion: Heinz Synal

Eine Buchhandelsausgabe besorgt der Wochenschau Verlag, Schwalbach/Ts.

Diese Veröffentlichung stellt keine Meinungsäußerung
der Bundeszentrale für politische Bildung dar.
Für die inhaltlichen Aussagen tragen die Autorinnen und Autoren
die Verantwortung

Umschlaggestaltung: Michael Rechl
Umschlagbilder: Stefan Eling
Satzherstellung: Satzbetrieb Schäper GmbH, Bonn
Druck: Bercker, Kevelaer

ISBN 978-3-89331-708-0 • ISSN 0435-7604

Inhalt

DAGMAR RICHTER
Einleitung: Politische Bildung von Anfang an   9

A. Orientierungen und Rahmenbedingungen   17

PETER MASSING
Politische Bildung in der Grundschule – Überblick, Kritik,
Perspektiven   18

DAGMAR RICHTER
Welche politischen Kompetenzen sollen Grundschülerinnen
und -schüler erwerben?   36

BERNHARD OHLMEIER
Politische Sozialisation von Kindern im Grundschulalter   54

ANKE GÖTZMANN
Naive Theorien zur Politik – Lernpsychologische Forschungen
zum Wissen von Grundschülerinnen und -schülern   73

DAGMAR BEINZGER / ISABELL DIEHM
Politische Bildung in Kindergarten und Vorschule   89

RAINGARD KNAUER
Außerschulische Formen politischer Partizipation von Kindern   103

B. Themenfelder des Unterrichts   119

JOACHIM DETJEN
»Die Gemeinde« als Gegenstand des Sachunterrichts – Chancen
für politische Bildung   120

JÜRGEN HASSE
Heimat – von der Kunde des Regionalen zur Erkundung
von Beziehungen   140

DAGMAR RICHTER
»Familie« als politisches Unterrichtsthema   156

GISELA WEGENER-SPÖHRING
Kinderrechte in der Grundschule   171

CHRISTIANE DETTMAR-SANDER / WOLFGANG SANDER
Krieg und Frieden, Terror und politische Gewalt   185

DIETMAR VON REEKEN
Holocaust und Nationalsozialismus als Thema in der Grundschule?
Politisch-historisches Lernen im Sachunterricht   199

JOACHIM KAHLERT
Bildung für Nachhaltigkeit   215

EVA GLÄSER
Arbeitswelt im Wandel – Konsequenzen für das ökonomische Lernen
in der Grundschule   229

CHRISTIAN BOESER
Die Kategorie Geschlecht im Unterricht – Zwischen Thematisierung
und Entdramatisierung   245

PETRA WAGNER
Vielfalt respektieren, Ausgrenzung widerstehen – Politisches Lernen
in der Einwanderungsgesellschaft   260

C. Zugangsweisen und Praxisbeispiele   275

GEORG WEISSENO / GÉRALD SCHLEMMINGER / ANKE GÖTZMANN
»Ein Factory Outlet Center für Roppenheim« – Konzeptuelles Wissen
über Politik im muttersprachlichen und bilingualen Sachunterricht   276

HANS-WERNER KUHN
Medien – Politische Medienkompetenzen im sozialwissenschaftlichen Sachunterricht fördern   289

CARLA SCHELLE / NINA MEISTER
Ästhetische Zugänge – Politische Bildung mit Grundschülern
und Grundschülerinnen   305

MARKUS TIEDEMANN
Schulung der Urteilskraft – Mit Kindern über Freiheit,
Gerechtigkeit und Verantwortung philosophieren   321

DETLEF EICHNER
Fallanalysen im Sachunterricht als Möglichkeit des
Demokratie-Lernens   335

MARCEL K. BISDORF
Wir wählen wie die Großen – Beispiele aus dem
Grundschulunterricht   351

Die Autorinnen und Autoren   366

Dagmar Richter

Einleitung: Politische Bildung von Anfang an

Mit diesem Buch soll der Bereich des politischen Lernens in der Grundschule gebündelt und gestärkt werden. Wichtige Themenfelder mit ihren neuen Herausforderungen werden vorgestellt, zeitgemäße didaktische Ansätze skizziert und Unterrichtsbeispiele bis hin zu konkreten Aufgaben präsentiert. Nicht alle Lehrenden in der Grundschule sind für politische Bildung ausgebildet oder verfolgen die aktuellen Diskussionen. Sie benötigen daher theoretische Kenntnisse und praxisorientierte Anregungen bei den Planungsprozessen. Dieser Band soll ermutigen, politisches Lernen in der Grundschule zu initiieren: Werden die Schüler/innen gefördert und gefordert, wird ihnen Wissen vermittelt und werden ihnen Fähigkeiten zugetraut, zeigen sie Kompetenzen. »Lernmotivation und Interesse entstehen hauptsächlich durch die Erfahrung des Kompetenzzuwachses (durch Unterricht) und durch den persönlichen Bedeutungsgehalt des Gegenstandes, mit dem sich die Schüler im Unterricht auseinander setzen« (Demuth u. a. 2005, 56). Diese Feststellung aus der Chemiedidaktik gilt für viele Unterrichtsfächer, auch für politische Bildung. Mit den hier versammelten Beiträgen sollen Standards für politische Bildung in der Grundschule gesetzt bzw. die Diskussionen über Ziele und Inhalte im Sachunterricht vorangetrieben werden.

1. *Der erste Abschnitt* des Buches gibt Orientierungen zum politischen Lernen im Elementar- und Grundschulbereich und zeigt Rahmenbedingungen auf, die in dem jungen Alter der Kinder, aber auch in der Institution Schule und ihren Verknüpfungen mit außerschulischen Lernorten liegen. Politische Bildung für Grundschulkinder wird in der didaktischen Literatur thematisiert, doch zielen die Darlegungen nicht immer tatsächlich auf politisches Lernen, sondern manchmal auch auf ein diffuses Verständnis von Demokratie-Lernen oder auf soziales Lernen. Die Unterschiede klärt *Peter Massing*, indem er drei Ansätze kritisch beleuchtet, dabei das Politische am politischen Lernen klärt und für die weitere Entwicklung dieses Bereichs die Orientierung an Basiskonzepten vorschlägt. Hilfreich zur Konturierung des politischen Lernens, also zur Klärung des domänenspezifischen Lernens, kann die Formulierung von zu fördernden Kompetenzen und zu lernenden Basiskonzepten sein. Dies führt *Dagmar Richter* weiter, indem sie auf Macht

und Öffentlichkeit sowie auf die politischen Werte Verantwortlichkeit und Gerechtigkeit eingeht.

Vieles in der politischen Bildung ist noch ungeklärt. Auch die Domäne, der Realitätsbereich Politik, ist in didaktischer Perspektive noch nicht klar konturiert: Was sind Kernkonzepte, was eher periphere Konzepte? Wie sind sie strukturiert und miteinander verknüpft? Die Klärung wird unter anderem erschwert durch verschiedene Politikbegriffe, hinter denen jeweils verschiedene wissenschaftlich-politische Richtungen und Interessen stecken. Ein konsensfähiger Begriff müsste von diesen Richtungen und Interessen abstrahieren. Zeuner sieht einen »umgangssprachliche(n) Konsens, dass es sich bei der Politik um die Regelung der öffentlichen, das heißt alle Bürgerinnen und Bürger eines Gemeinwesens betreffenden Angelegenheiten handelt« (1999, 177). In der Fachdidaktik haben sich eher funktionale Begriffe durchgesetzt. Zum einen der dreigeteilte Politikbegriff: *politics* als politischer Prozess und Machtkampf, *policy* als Politikziele und ihre Realisierung sowie *polity* als Verfassung, als ordnungsgebender Handlungsrahmen (s. Beitrag Massing, S. 18). Zum anderen ist der *Politikzyklus* beliebt, da sich mit seinen Kategorien (Machtverhältnisse, Interessen, Akteure und Beteiligte, Institutionen etc.) der Prozess des Politischen analysieren lässt (vgl. Massing 1995). Als Arbeitsbegriff für die Vor- und Grundschule bzw. für Sachunterricht eignet sich zunächst der umgangssprachliche Konsensbegriff, der zwar nicht sehr differenziert, aber auch nicht falsch ist. Je nach Kontext – also je nach Unterrichtsthema – lassen sich in ihm weitere Aspekte des Politischen wie beispielsweise Interessen, Macht, Konflikt oder Gemeinwohl integrieren.

Welche politischen Unterrichtsthemen sind für Kinder interessant und zugänglich? Viele. Mittlerweile ist allgemein anerkannt, dass das Politische für Kinder relevant ist:

- Kinder sind Mitglieder ihrer Gesellschaft, d. h. Einwohner ihrer Kommune oder Stadt, Angehörige ihres Kindergartens oder ihrer Schule, ihrer Familie, vielleicht auch ihres Sportvereins etc. Das Politische ist für sie präsent.
- Kinder sind vielfach interessiert. Es gibt für sie vieles zu erkunden. Sie hören und sehen viele verschiedene Dinge durch die Medien oder durch Gespräche und versuchen sie zu verstehen.
- Kinder sind aktiv. Sie kommunizieren und interagieren in vielfältiger Weise mit verschiedenen Personen. Sie möchten mitreden und sich an den Ereignissen beteiligen, denen sie (real oder medial) begegnen. Dazu gehören auch politische Ereignisse.

Die politische Sozialisationsforschung hat diese Aspekte auf verschiedenen Ebenen und für verschiedene Dimensionen genauer beleuchtet, wie *Bern-*

hard Ohlmeier ausführt. Empirische Forschungen aus dem angelsächsischen Sprachraum zeigen seit langem, dass Grundschüler/innen Wissen über Politisches und aktuelle Politikthemen haben (vgl. Sears/Levy 2003). *Anke Götzmann* reinterpretiert vier einschlägige ältere Studien vor dem Hintergrund des domänenspezifischen Ansatzes. Sie geben Aufschlüsse darüber, was Kinder im Grundschulalter wissen und können, meist ohne vorherigen Unterricht. Welches Lernpotential sich mit gezieltem Unterricht ergibt, zeigen Interventionsstudien von Allen u. a. (1997) und Berti/Andriolo (2001). »Guter Unterricht« kann Grundschüler/innen auf einen Wissensstand bringen, der ohne Unterricht erst bei ca. 13- und 14-Jährigen erreicht ist. Zwar sind die Studien aufgrund geringer Fallzahlen empirisch nicht repräsentativ, doch lassen ihre Ergebnisse ahnen, was möglich sein könnte.

Seit einiger Zeit werden Bildungsmöglichkeiten vor der Grundschulzeit und der Übergang in die Grundschule diskutiert. Empirische Studien bestätigen, dass Bildungsprozesse schon im Kindergarten und in der Vorschule sinnvoll sind: Kinder im Vorschulalter können meist schon kooperativ handeln, ihre Perspektivenübernahmen gelingen zunehmend und sie lernen, »kooperationsrelevante Informationen zu erkennen und zu geben« (Sturzbecher/Langner/Waltz 2000, 198). Das Rollenverständnis entwickelt sich (vgl. Case 1992, 357 ff.) und wichtige epistemologische Überzeugungen sind vorhanden, an denen Grundschulunterricht anknüpfen kann: Die Kinder können zwischen Wissen und Glauben unterscheiden und sie wissen, dass verbale Äußerungen zweideutig sein können (vgl. Pillow/Henrichon 1996). Insofern können auch das Kontroversitätsgebot und das Gebot, Schüler/innen in die Lage zu versetzen, ihre eigene Interessenlage zu analysieren, schon handlungsleitend im Sachunterricht sein (neben dem Überwältigungsverbot, dem dritten Grundsatz der politischen Bildung; vgl. zum Beutelsbacher Konsens Schiele/Schneider 1997).

Die Diskurse zum sozialen und politischen Lernen in der Elementarpädagogik und Grundschule in Deutschland zeichnen *Dagmar Beinzger* und *Isabell Diehm* kritisch nach. Deutlich wird auch hier das oftmals unterschiedliche Verständnis von sozialem und politischem Lernen, das sich bis heute nicht nur im Grundschulbereich zeigt, sondern das Fach Politische Bildung generell durchzieht. Die beiden Autorinnen legen dar, dass politische Bildung heute durchaus in einigen aktuellen Bildungsplänen für die Vor- und Grundschule enthalten ist. Über ihre Umsetzung in die Schulpraxis ist allerdings kaum etwas bekannt.

Die Dimension des Könnens, also die Handlungsdimension wird im Kontext der Grundschulpädagogik und in didaktisch-methodischen Ansätzen zum politischen Lernen mit dem Schlagwort »Partizipation« belegt.

Ähnlich wie beim Begriff ›politisches Lernen‹ gibt es auch zum Begriff ›Partizipation‹ in den verschiedenen Diskursen der Schulpädagogik und Politikdidaktik unterschiedliche Verständnisse. Sie können vom unpolitischen »Mitmachen« bis hin zum politischen Begriff der Mitbestimmung mit Veto-Recht reichen. Partizipation und die Anforderungen, die an sie in verschiedenen (außerschulischen) Handlungsfeldern zu stellen sind, werden im Beitrag von *Raingard Knauer* präzisiert. Kooperationen zwischen Schule und außerschulischen Angeboten der Gemeinden sind wünschenswert. Oftmals haben Lehrende jedoch nur wenig Kenntnis über Kommunalpolitik und ihre Angebote zur Beteiligung von Kindern. Werden den Kindern Chancen zur Partizipation gegeben, nutzen viele interessiert und engagiert ihre Mitbestimmungsmöglichkeiten. Im schulischen Unterricht besteht dann die Möglichkeit, die Erfahrungen zu reflektieren und zu vertiefen: Es zeigen sich thematisch enge Verbindungen zu den Unterrichtsthemen »Gemeinde« (*Joachim Detjen*), »Kinderrechte« (*Gisela Wegener-Spöhring*) und dem Unterrichtsbeispiel »Roppenheim« (*Georg Weißeno / Gerald Schlemminger / Anke Götzmann*). Lehrende benötigen entsprechendes Fachwissen, wenn ihr Unterricht zur politischen Bildung erfolgreich sein soll. Denn Partizipation und das Lernen von Wissen, das heißt insbesondere von Fachkonzepten, gehören in der Grundschule eng zusammen; sie bereichern und benötigen sich gegenseitig: »Social understanding cannot […] proceed via ›participation‹ without appeal to concepts« (Astington/Olson 1995, 187). Prozesse der Partizipation sind auf anschließende Phasen der Reflexion, auf Politikunterricht angewiesen, wenn sie zur Politischen Bildung beitragen sollen. Partizipation an öffentlichen Entscheidungsprozessen (in der Gemeinde, Schule etc.) – dies hat eine groß angelegte empirische Studie in der Schweiz gezeigt – fördert nur Selbst- und Sozialkompetenzen. »Ansonsten offenbaren sich keine Bezüge zu politischen Konzepten, Einstellungen, Aktivitätsbereitschaften und Wirksamkeitserwartungen sowie zu politischem Zutrauen, Interesse, Vertrauen und zu politischer Zufriedenheit« (Biedermann 2006, 393).

2. Der zweite Abschnitt präsentiert Unterrichtsthemen, die in ihrer Summe das mögliche Spektrum für politisches Lernen in der Grundschule aufspannen. Zwar sollen Lehrkräfte das Wissensbedürfnis der Schüler/innen berücksichtigen und auch tagesaktuelle Themen aufgreifen – aber viele dieser tagesaktuellen Themen lassen sich auf die ›Grundthemen‹ beziehen, die hier vorgestellt werden. Die Beiträge formulieren Zielperspektiven (was sollen die Schüler/innen wissen und können?), die Lehrkräfte je nach Leistungsstand ihrer Schüler/innen variieren und kombinieren können. Insofern wird mit den hier gewählten Themen ein Wissenskanon gesetzt: Welche Themen sind politisch wichtig, um sie in der Grundschule im Rahmen des Sachunterrichts zu behandeln? An diesem Wissenskanon können die weiterführenden Schulen der Sekundarstufe I anknüpfen. Schwieriger als normative Setzungen der Themen sind Fragen des Niveaus, das heißt der Komplexität der Themen und der zu fördernden Kompetenzen. Aufgrund lückenhafter empirischer Forschung können nicht alle Fragen zu allen Unterrichtsthemen in diesem Sammelband tatsächlich beantwortet werden. Aber es gibt zu verschiedenen Themenfeldern und Formen des Unterrichtens Indizien in der jeweils relevanten Literatur. Wissenschaftliche Begleitungen systematischer Lehrgänge insbesondere im englischen Sprachraum zeigen: Konsequentes Lehren ›von Anfang an‹ kann zur Konzeptbildung, zur ›Prävention‹ gegen Fehlverständnisse und Vorurteile beitragen. Politische Bildung vermag das Weltwissen der Kinder zu differenzieren und zu ergänzen und trägt somit zur Aufklärung bei. Es ist also für jeden Themenbereich politischen Lernens zu fragen: Was ist möglich? Wo sind Grenzen aufgrund des jungen Alters der Kinder? Wo sind ›Stolpersteine‹ für Lehrkräfte, wo typische Fehlverständnisse im Lernprozess der Schüler/innen zu erwarten? Nicht allein die Formulierung eines Unterrichtsthemas entscheidet darüber, ob politisches Lernen stattfindet. Sondern wichtig ist, dass fachdidaktische Fragen den Unterrichtsprozess leiten.

Im Beitrag von *Joachim Detjen* werden wichtige Aspekte der Kommunalpolitik vermittelt, ohne die Unterricht über die eigene Gemeinde nicht möglich ist. Nur ein ›Ausflug‹ in die Gemeinde als ›außerschulischer Lernort‹ reicht nicht, auch dies lässt sich aus der oben genannten Studie von Biedermann folgern. Wie im Zusammenhang mit Partizipation skizziert, ist es auch hier unabdingbar, den Schüler/innen Fachkonzepte zu vermitteln, mit denen sie die Gemeinde bzw. Ausschnitte aus diesem komplexen Gegenstand selbstständig interpretieren können. Einen anderen Blick auf Regionales eröffnet *Jürgen Hasse*, der am traditionsreichen Thema »Heimat« zeigt, dass es wichtig ist, verschiedene Heimatbezüge aufzuklären und mit aktuellen Themen wie Mobilität oder dem Spannungsverhältnis regional – global zu verknüpfen. Von hier aus ließe sich der oft als vernachlässigt beklagte Bereich des »globalen Lernens« noch weiter entwickeln.

Ein ebenso traditionsreiches Thema ist »Familie«. Am Beispiel der Basiskonzepte Macht und Öffentlichkeit und der Kompetenzdimension Kommunikation zeigt *Dagmar Richter*, wie es möglich ist, auch ein scheinbar unpolitisches Thema für politisches Lernen aufzubereiten, wenn politische Konzepte in den Mittelpunkt gestellt werden. »Kinderrechte« ist gleichfalls ein Thema, das zwar schon des Öfteren Eingang in den Sachunterricht gefunden hat, oftmals jedoch nicht politisches Lernen thematisierte. *Gisela Wegener-Spöhring* weist darauf hin, dass ohne die Ermöglichung von Partizipation, bei der die Rechte praktisch werden, ein Unterricht über Rechte von Kindern unbefriedigend bleiben muss. Auch das komplexe Thema »Krieg und Frieden« wird in der Literatur bzw. auf Internetportalen häufig auf soziales Lernen reduziert. *Christiane Dettmar-Sander* und *Wolfgang Sander* zeigen, welche Ziele politische Bildung verfolgen kann und welche Zugänge möglich sind. Den Stand der Diskussionen zum Thema »Holocaust« stellt *Dietmar von Reeken* dar und zeigt zugleich auf, welche Bedeutung historisch-politisches Lernen im Sachunterricht hat. Ebenfalls interdisziplinär ist die »Bildung für Nachhaltigkeit«, die *Joachim Kahlert* im Zusammenhang mit politischen Kompetenzen für den Sachunterricht konkretisiert. Für die »Arbeitswelt« gibt *Eva Gläser* einen umfassenden Überblick zum Stand und zu möglichen Unterrichtsthemen des politisch-ökonomischen Lernens. Viele Themen politischer Bildung im Sachunterricht sind interdisziplinär angelegt, da sich ihr Konfliktpotential, also der politische Regelungsbedarf, so auch in der Lebenswelt präsentiert. Die Herausforderung für Didaktiker/innen und Lehrende besteht darin, in der Interdisziplinarität das Politische zu verdeutlichen. Die Konflikte, die sich in einer anderen Domäne mit für sie negativen Folgen zeigen, sind mit einem politischen Blick zu betrachten und es ist nach politischen Lösungsmöglichkeiten zu suchen.

Bei der genaueren Betrachtung der Kategorie Geschlecht im Sachunterricht zeigt *Christian Boeser,* dass nicht allein ein entsprechendes Unterrichtsthema wichtig ist, sondern Lehrkräfte Wissen über die Konstruktionen von Geschlechterverhältnissen haben müssen, damit sie ihren Unterricht im Sinne eines Unterrichtsprinzips geschlechtergerecht gestalten können. Die Gleichheits- und Differenzdiskurse führt Boeser an der Kategorie Geschlecht aus. Ähnlich wie die Diskussionen zum »Ungleichheitsmarker« Geschlecht werden Differenzlinien in der Gesellschaft auch im Kontext des Interkulturellen Lernens thematisiert. Krüger-Potratz nennt in ihrer Einführung Sprache, Staatsangehörigkeit, Ethnizität sowie Kultur (vgl. Krüger-Potratz 2005, 171 ff.). In vielen Diskursen über Ungleichberechtigungen in der Gesellschaft werden diese entpolitisiert und Machtfragen (z.B. nach der Deutungshoheit, der Definitionsmacht) nicht gestellt. *Petra Wagner* illustriert an konkreten Beispielen die oftmals subtilen Diskriminierungen und gibt Hinweise, wie Ausgrenzungen vermieden werden können. Ihr Beitrag umfasst das Lehren und Lernen sowohl in Kindergärten als auch in der Grundschule. Lehrende haben oftmals Ängste, das »Ungleiche« zu thematisieren – und tragen somit ungewollt zur Diskriminierung bei. Und junge Kinder kennen und nutzen Vorurteile, wie der Beitrag von Wagner zeigt und wie empirische Studien aus den USA belegen (vgl. z.B. Killen u.a. 2004, Durkin u.a. 2005, Spears Brown/Bigler 2005).

3. *Der dritte Abschnitt* konzentriert sich auf Zugangsweisen zum Politischen; die Beispiele sind als Anregung zu verstehen und mit den Themen des zweiten Abschnittes kombinierbar. Insbesondere »Roppenheim« von *Georg Weißeno, Gerald Schlemminger* und *Anke Götzmann* zeigt, wie aktuelle konzeptionelle Überlegungen praktisch werden können. Das Beispiel stammt aus dem bilingualen Politikunterricht und eröffnet somit einen Bezug zu einem weiteren aktuellen Aspekt von Grundschulunterricht: Das Unterrichten in zwei Sprachen. Medien sind allgegenwärtig in der Politik und im Unterricht, wo sie auch selbst zum Unterrichtsgegenstand werden können. Für politische Bildung sind Medien auf verschiedenen Ebenen wichtig. *Hans-Werner Kuhn* fächert diese Bedeutungen auf und nennt konkrete Unterrichtsbeispiele. Neben sachorientierten Zugangsweisen zu Unterrichtsthemen gibt es ästhetische, auf die *Nina Meister* und *Carla Schelle* sowohl theoretisch als auch anschaulich am Beispiel zweier Bilder eingehen. Eines stammt aus der Werbung, wodurch sich hier Bezüge zum Thema Medien herstellen lassen. Ein weiterer Zugang ist das Philosophieren mit Kindern. *Markus Tiedemann* führt die Bedeutung der Schulung der Urteilskraft für politisches Lernen aus. Er präsentiert philosophische Gespräche mit Kindern über die zentralen politischen Werte Freiheit, Gerechtigkeit und Verantwortlichkeit, die im ersten Abschnitt im Zusammenhang mit politischen Kompetenzen genannt wurden. Die Fallanalyse ist eine bewährte Methode im Politikunterricht, die bislang jedoch nur selten auf den Einsatz in der Grundschule bezogen wurde. *Detlef Eichner* klärt ihre Möglichkeiten und konkretisiert die Methode am Beispiel Klassenrat. Last not least ist die Wahl eines Klassensprechers bzw. einer Klassensprecherin ein wichtiger Bestandteil des Schullebens und der Politischen Bildung und insofern eine Chance für politisches Handeln in der Institution. *Marcel Bisdorf* präsentiert Ausschnitte aus seinem Unterricht, die auf das Potential dieses Themas hinweisen, das verloren geht, wenn es lediglich auf die Abstimmungsprozedur reduziert wird.

Literatur

Allen, Gary L. / Kirasic, Kathleen C. / Spilich, George J. (1997): Children's Political Knowledge and Memory for Political News Stories. In: Child Study Journal, Vol. 27, No. 3, S. 163–176.

Astington, Janet W. / Olson, David R. (1995): The cognitive revolution in children's understanding of mind. In: Human Development (38), S. 179–189.

Berti, Anna E. / Andriolo, Alessandra (2001): Third Graders' Understanding of Core Political Concepts (Law, Nation-State, Government) Before and After Teaching. In: Genetic, Social, and General Psychology Monographs, (127), No. 4, S. 346–377.

Biedermann, Horst (2006): Junge Menschen an der Schwelle politischer Mündigkeit. Partizipation: Patentrezept politischer Identitätsfindung? Münster u. a.

Case, Robbie (1992): The Mind's Staircase. Exploring the Conceptual Underpinning's of Children's Thought and Knowledge. Hillsdale, New Jersey: Lawrence Erlbaum Associates.

Demuth, Reinhard / Ralle, Bernd / Parchmann, Ilka (2005): Basiskonzepte – eine Herausforderung an den Chemieunterricht. In: CHEMKON, (12), Nr. 2. Weinheim, S. 55–60.

Durkin, Kevin / Griffiths, Judith / Maass, Anne / Nesdale, Drew (2005): Group Norms, Threat, and Children's Racial Prejudice. In: Child Development, (76), S. 652–663.

Killen, Melanie / Lee. Kim, Jennie / McGlothlin, Heidi / Stangor, Charles (2004): How Children and Adolescents Evaluate Gender and Racial Exclusion. With commentary by Charles C. Helwig. Oxford.

Krüger-Potratz, Marianne (2005): Interkulturelle Bildung. Eine Einführung. Münster u. a.

Massing, Peter (1995): Wege zum Politischen. In: Massing, Peter / Weißeno, Georg (Hrsg.): Politik als Kern der politischen Bildung. Opladen, S. 61–98.

Pillow, Bradford H. / Henrichon, Andrea J. (1996): There's More to the Picture Than Meets the Eye: Young Children's Difficulty Understanding Biased Interpretation. In: Child Development, (67), S. 803–819.

Schiele, Siegfried / Schneider, Herbert (Hrsg.) (1997): Reicht der Beutelsbacher Konsens? Schwalbach/Ts.

Sears, David O. / Levy, Sheri (2003): Childhood and Adult Political Development. In: Sears, David O. / Huddy, Leonie / Jervis, Robert (Hrsg.): Oxford Handbook of Political Psychology. Oxford/New York, S. 60–109.

Spears Brown, Christa / Bigler, Rebecca S. (2005): Children's Perceptions of Discrimination: A Developmental Model. In: Child Development, (76), S. 533–553.

Sturzbecher, Dietmar / Langner, Winfried / Waltz, Christine (2000): Wieviel Autonomie besitzen Kinder? Ein Vergleich der Perspektiven von Kindern und ihren Erziehungspersonen. In: Kuhn, Hans-Peter; Uhlendorff, Harald; Krappmann, Lothar (Hrsg.): Sozialisation zur Mitbürgerlichkeit. Opladen, S. 197–217.

Zeuner, Bodo (1999): Politikbegriff. In: Richter, Dagmar/Weißeno, Georg (Hrsg.): Lexikon der politischen Bildung. Band 1. Schwalbach/Ts., S. 177–180.

A. Orientierungen und Rahmenbedingungen

Peter Massing

Politische Bildung in der Grundschule
Überblick, Kritik, Perspektiven

1. Vorbemerkungen

Verfolgt man die aktuelle Diskussion zur schulischen politischen Bildung, kann sich leicht der Eindruck einstellen, diese erfolge nur noch im Modus von »Demokratie-Lernen«. »Demokratie als Lebensform«, »Erfahrene Demokratie«, Demokratie lernen und leben« (vgl. zu diesen Ansätzen Beutel/ Fauser 2001; Edelstein/Fauser 2001; Himmelmann 2005) sind Ansätze, die den Anspruch erheben, politische Bildung vom »politischen Kopf« auf die »demokratischen Füße« (so Himmelmann 2005, 10 f.) zu stellen. Die »demokratischen Füße« erweisen sich als Persönlichkeitsmerkmale, demokratische Gesinnungen, Haltungen, Einstellungen, Motive usw. Solche Ansätze von Demokratie-Lernen verstehen sich als pädagogische Konzepte und beziehen sich in der Regel schulform- und schulstufenunabhängig auf die gesamte politische Bildung. Auf die Kontroverse zwischen pädagogischen Konzepten und politikdidaktischen Ansätzen, die unter dem Titel »Demokratie-Lernen versus Politik-Lernen« geführt wurde und wird, soll in diesem Zusammenhang nicht eingegangen werden. Allein Himmelmann, der von drei Dimensionen der Demokratie ausgeht – »Demokratie als Lebensform«, »Demokratie als Gesellschaftsform« und »Demokratie als Herrschaftsform« – schlägt vor, stufendidaktisch »Demokratie als Lebensform« für die Grundschule vorzusehen. Demokratie als Gesellschafts- und Herrschaftsform, das eigentliche politische Konzept von Demokratie, bleibt vor allem den höheren Schulstufen vorbehalten (vgl. Himmelmann 2005, 266 ff.). Heißt also Demokratie-Lernen in der Grundschule Ausbildung von Individualität und Selbstbewusstsein sowie von sozialer Kompetenz durch Erfahrungen in der Lebenswelt und ist damit nichts anderes als soziales Lernen?

Sieht man sich die Diskussion um die politische Bildung in der Grundschule in ihrer historischen Entwicklung seit den 1970er-Jahren an, so finden sich in dieser Phase zunächst keine Hinweise für ein solches Verständnis. Im Gegenteil: »Im Mittelpunkt politischer Bildung in der Grundschule muss reales gesellschaftspolitisches Geschehen stehen, und zwar nicht im

Sinne der Beschreibung von Zuständen, sondern im Sinne der Analyse von Bedingungen und Konsequenzen des jeweiligen Entwicklungsstandes einer Gesellschaft (nicht Institutionenkunde, sondern Prozessanalyse, nicht Stofforientierung, sondern Problemorientierung) unter Berücksichtigung der Notwendigkeit von Veränderung. Dabei ist die Erkenntnis von Werten, Normen, Ideen, Motiven und Interessen […] Gegenstand von Lernen« (Beck 1972, 14). Dieses Zitat von Gertrud Beck kann als repräsentativ für die Konjunktur politischer Bildung in der Grundschule zu Beginn der 1970er-Jahre in der Bundesrepublik gelten. Eine allgemeine gesellschaftliche Reformstimmung, ein großer Bildungsoptimismus sowie Einflüsse der politischen Sozialisationsforschung, insbesondere aus den USA, und ein emanzipatorischer Bildungsanspruch führten dazu, dass Mündigkeit, Selbstbestimmung und Emanzipation als Zielperspektiven der politischen Bildung auch für die Grundschule eingefordert wurden. Diese Konjunktur währte jedoch nicht lange. Schon Mitte der 1970er-Jahre verstummte die fachdidaktische Diskussion über die Notwendigkeit politischen Lernens im Sachunterricht und in der Grundschule. Ursachen dafür waren u. a.: Das Ende der bildungspolitischen Reformära, die Konzentration der Politikdidaktik auf den ›eigentlichen‹ Politikunterricht in den weiterführenden Schulen, die zunehmende Kritik an wissenschaftsorientierten und fachpropädeutischen Konzepten, die verbreitete Skepsis der Lehrerschaft an Grundschulen gegenüber Umsetzbarkeit und ›Kindgemäßheit‹ politischen Lernens sowie die Wende zur Kindorientierung in Grundschulpädagogik und Sachunterrichtsdidaktik (vgl. von Reeken 2005, 187).

Erst in den letzten Jahren ist politische Bildung in der Grundschule wieder Thema konzeptioneller fachdidaktischer Überlegungen geworden. Mittlerweile kann man davon ausgehen, dass weitgehend Übereinstimmung darin besteht, dass politische Bildung ›von Anfang an‹, also schon in der Grundschule, nicht nur möglich, sondern auch notwendig ist. Was jedoch unter politischer Bildung in der Grundschule konkret verstanden werden soll und wie sie konzeptionell in das entsprechende Fach, den Sachunterricht, integriert werden kann, ist kontrovers. Ohne die aktuelle Diskussion an dieser Stelle auch nur annähernd angemessen aufarbeiten zu können, kann man grob drei Ansätze politischer Bildung in der Grundschule unterscheiden, die in einer Bandbreite zwischen sozialem Lernen einerseits und politischem Lernen andererseits angesiedelt sind und deren gemeinsames Zentrum »Demokratie-Lernen« zu sein scheint. Sieht man sich jedoch genauer an, was konkret unter »Demokratie-Lernen« verstanden wird und auf welchen Demokratiekonzepten es beruht, so werden sehr schnell beträchtliche Unterschiede deutlich.

2. Drei Ansätze politischer Bildung für die Grundschule

2.1 Soziales Lernen

Im Zentrum des ersten Ansatzes politischer Bildung (vgl. Prote 1996, 2000, 2003) steht »soziales Lernen«. Es umschreibt hier die pädagogische Beeinflussung des Sozialverhaltens von Kindern in Interaktionsprozessen (vgl. Prote 2000, 147). Lernen im Sozialbereich findet allerdings immer statt, auch wenn es nicht geplant ist. Leitziel sozialen Lernens ist, jedem Kind zu helfen, eine eigenständige, Ich-starke, beziehungs- und gemeinschaftsfähige Persönlichkeit zu werden. Es geht um Identitätsförderung, Verbesserung der Qualität der sozialen Beziehungen und um Stärkung der Gemeinschaftsfähigkeit. Dazu reicht Unterricht allein nicht aus, sondern ergänzend sind Klassen und Schulen notwendig, die als lebendiger sozialer Erfahrungsbereich gestaltet sind. Wenn die Schüler/innen hier von Anfang an Verantwortung übernehmen können, Wahl- und Entscheidungsmöglichkeiten erhalten, wird das alltägliche Zusammenleben zum sozialen Handlungsfeld und zum Raum sozialen Lernens. Diese Vorstellung von sozialem Lernen steht in enger Verbindung zum Demokratie-Lernen. Zwar sind beide nicht identisch, aber soziales Lernen schafft die Voraussetzungen bzw. die Basis für demokratische Lernprozesse. »Die Kinder sollen zur Demokratiefähigkeit erzogen werden, indem sie innerhalb des pädagogisch geschützten Raums der Grundschule auf vielfältige Weise demokratische Grunderfahrungen machen. Dadurch wird bei ihnen demokratisches Bewusstsein angebahnt bzw. weiterentwickelt« (Prote 2000, 165). Der Demokratiebegriff, der diesem Konzept zugrunde liegt, enthält die folgenden Elemente: Grund- und Menschenrechte, demokratische Prinzipien (Freie Wahl, Recht auf Opposition, Mehrheitsprinzip, Solidarität, Toleranz) und ausgewählte politische Institutionen (Gemeindeverwaltung, Umweltamt). Zentrale Dimension dieses Konzepts und das – alle anderen Ziele umfassende – Ziel des Demokratie-Lernens ist *Partizipation*. So verstanden erscheint der Demokratiebegriff zunächst als ein politischer Begriff. Bei dem Versuch jedoch, ihn in didaktische Prinzipien umzuformulieren, wird er durch »Parallelisierung« wieder vollständig entpolitisiert. Die didaktischen Prinzipien, die in der Grundschule ihre Anwendung finden sollen, weisen zu den demokratischen Prinzipien, die unser politisches System prägen, eine erhebliche Differenz auf, ohne dass dies thematisiert würde. So z.B. wenn das Recht auf Opposition übersetzt wird in: »Kinder sollen Kritik üben und durch Veränderungsvorschläge das Schulleben aktiv mitgestalten« (Prote 2000, 164) oder Partizipation als Anspruch der Kinder auf Mitbestimmung und Mitgestaltung beim Lernen und Zusammenleben in der Grundschule (vgl. Prote 2003, 46) erscheint. Nicht unproblematisch ist ebenso, dass die Autorin an einer – wenn auch abgeschwächten – Kristallisations- und Persistenzthese festhält. Sie besagt, dass Kinder, die in der Grundschule gelernten demokratischen Verhaltensweisen, Einstellungen und Handlungen als Jugendliche und Erwachsene auf das öffentliche Leben übertragen und dort anwenden. Beide Thesen lassen sich nach den Ergebnissen der politischen Sozialisationsforschung nicht mehr aufrechterhalten (vgl. Zängle 1980; Wasmund 1982; Geißler 1996). Auch wenn Prote (2003) in einem ihrer jüngeren Aufsätze formuliert, politisches Lernen fände tagtäglich auch in der Grundschule statt und deshalb müsse Politik bzw. das Demokratie-Lernen ein wesentliches Strukturelement des schulpädagogischen Konzepts in der Grundschule sein, hat Georg Weißeno Recht, der ihre Konzeption als unpolitisch bezeichnet. Vom sozialen Lernen führt kein unmittelbarer Weg zum politischen Wissen oder zu politischen Kategorien, weder zum Aufbau eines politischen Weltbildes noch zur Erschließung des Politischen in der Lebenswelt (vgl. Weißeno 2003, 94). Kritik in der Klasse oder in der Schule ist etwas anderes als politische Opposition und Mitbestimmung im Unterricht hat wenig mit Partizipation in der Demokratie zu tun.

2.2 Politisches Lernen in der Grundschule

Ausgangspunkt dieses Konzeptes (u. a. von Reeken 1999, 2005) ist die Feststellung, dass in der Grundschule bisher kaum intentionales politisches Lernen zur Förderung eines demokratischen Bewusstseins stattfindet (vgl. v. Reeken 1999, 6). In der Grundschule kann es im Regelfall zwar keine politischen »Lehrgänge« geben, sondern die politischen Inhalte sind eingebettet in nicht fachgebundene, problemorientierte Unterrichtssequenzen (vgl. v. Reeken 2005, 192). Gerade deshalb aber benötigen auch der Grundschullehrer und die Grundschullehrerin einen reflektierten und handhabbaren Politikbegriff. Nur auf dieser Grundlage ist eine Abgrenzung zu anderen Formen des Lernens möglich und lässt sich dem Verschwinden des politischen Lernens zugunsten des sozialen Lernens und der Lebenshilfe entgegenwirken. Vor diesem Hintergrund hält von Reeken einen Politikbegriff für notwendig, der Politik definiert als »Prozesse, die nicht nur Einzelpersonen oder kleine Gruppen, sondern zumindest potenziell eine ganze Gesellschaft betreffen und die daher keinen privaten, sondern einen politischen Charakter besitzen« (vgl. v. Reeken 1999, 10). Die Notwendigkeit politischen Lernens schon in der Grundschule wird mit einer Vielzahl von Argumenten begründet: Die Kindheit ist kein politikfreier Raum, sondern

Kinder sind direkt oder indirekt von politischen Entscheidungen betroffen und haben daher einen Anspruch auf Aufklärung und Mitgestaltung (vgl. von Reeken 2003, 188). Kinder sind in der Demokratie Teil des »demos« und müssen daher auch Anteil an den politischen Entscheidungsprozessen haben. Diese These scheint in jüngster Zeit zunehmend an Relevanz zu gewinnen. So schreibt auch van Deth (2005, 5): »Kinder können [...] als junge Bürger der derzeitigen Gesellschaft mit klaren Interessen an derzeitiger Beteiligung betrachtet werden. Mit anderen Worten: Kinder sind keine ›kleinen Bürger in Ausbildung‹, sondern vollwertige Mitglieder der Gesellschaft. Dementsprechend fordert die UNO-Kinderrechtskonvention die Mitbestimmung von Kindern und Jugendlichen. Ein derartiges Recht wird unter anderem auch von der Europäischen Union, dem Land Schleswig-Holstein oder der Stadt Aalen gefordert. Initiativen wie die ›Stiftung für die Rechte zukünftiger Generationen‹ bemühen sich um das Wahlrecht für Kinder und Jugendliche. Somit bilden demokratische Einstellungen und politisches Verhalten von Kindern eigenständige Aspekte der demokratischen Gesellschaft«. Sie können politisch urteilen und eine frühe Begegnung mit politischen Problemen führt zu einer nachhaltigen Interessenentwicklung in diesem Bereich (vgl. v. Reeken 2005, 187 ff.). Ziel politischer Bildung auch schon im Sachunterricht ist politische Mündigkeit. Um es zu erreichen, muss der Unterricht Gelegenheit bieten, die lebensweltlichen Erfahrungen der Kinder von Politik in Vergangenheit und Gegenwart aufzugreifen, durch die Behandlung expliziter Gegenstände des Politischen und in Gesprächen über aktuelle, die Kinder bewegende politische Ereignisse (vgl. v. Reeken 2001, 50 ff.). »Wichtig ist dabei, dass das Politische im Mittelpunkt stehen muss, und dass Kinder nicht bei ihren lebensweltlichen Erfahrungen stehen bleiben, sondern neues Wissen und Erklärungsperspektiven und Deutungsmöglichkeiten erwerben – was durch einen Bezug auf das Fachliche möglich ist« (v. Reeken 2005, 193).

In diesem Konzept geht es eindeutig um politisches Lernen und Demokratie-Lernen wird »politisch« verstanden, indem Kategorien wie ›Macht‹, ›Herrschaft‹ und ›Interesse‹ eingeführt werden. Einschränkend gibt der Autor jedoch zu bedenken, dass eine Reihe von Elementen des Politischen Kindern nur schwer verständlich erscheinen. Weder könnten sie die Komplexität politischer Entscheidungsprozesse auf nationaler und erst recht nicht auf internationaler Ebene verstehen, noch abstrakte politische Strukturen oder die Funktionen und Funktionsweisen politischer Institutionen begreifen. Sie seien auch nicht in der Lage, langfristige Folgen von politischen Entscheidungen zu antizipieren, komplexe Kosten-Nutzen Überlegungen anzustellen oder gar politische Ideengebäude oder Ideologien nachzuvollziehen (vgl. v. Reeken 1999, 20). Ursachen für diese Grenzen des Verstehens lägen in diesem Alter in den nur unzureichend ausgebildeten Fähigkeiten zur Perspektivenübernahme, zum abstrakten Denken, zum postkonventionellen moralischen Urteilen und Handeln, aber auch und vor allem im beschränkten Erfahrungsschatz der Kinder sowie in den noch lückenhaften Einblicken in die Wahrnehmungs- und Verarbeitungsweisen von Erwachsenen. Zusammen genommen verhindere dies angemessene Einsichten in die Komplexität des Politischen (vgl. v. Reeken 1999, 20).

2.3 Soziales und politisches Lernen

Die dritte Konzeption (s. Herdegen 1999) versucht soziales und politisches Lernen zu verknüpfen. Unter ersterem versteht Herdegen (1999, 20) »Lernen sich in sozialen Zusammenhängen zurechtzufinden, Kenntnisse, Fähigkeiten, Einsichten (zu) erwerben, die die Aufgabe erleichtern«. Politisches Lernen in der Demokratie hat dagegen die Regeln des demokratischen Zusammenlebens (*polity*) zum Inhalt und die wichtigsten Probleme, die in Zukunft für das »Überleben und das gute Leben« der Menschen notwendig sind (*policy*) sowie den Verlauf der politischen Auseinandersetzung (*politics*). Politische Bildung soll darüber hinaus auf das Leben in einer Demokratie vorbereiten, indem sie entsprechende Haltungen vermittelt. Zwischen sozialem und politischem Lernen sieht Herdegen einen engen Zusammenhang: Regelungen und Entscheidungen in Gruppen müssen auch in Schulklassen gefunden werden. Dabei würden Fähigkeiten und Einstellungen erworben, die auch bei politischen Abläufen im engeren Sinne notwendig seien (vgl. Herdegen 1999, 41). Innerhalb des politischen Lernens unterscheidet Herdegen zwischen politischem Lernen im weiteren Sinne und spricht dann von Demokratie-Lernen und politischem Lernen im engeren Sinne, das er politische Grundbildung nennt.

Zielsetzung sozialen Lernens ist, Kinder zur vernünftigen Selbst- und Mitbestimmung sowie zur Solidarität anzuleiten. Es geht um die Fähigkeit und Bereitschaft zur Kommunikation, mit anderen Kontakt aufzunehmen, zur Kooperation, zur Solidarität, zu einem angemessenen Konfliktlösungsverhalten, zu einer stabilen Ich-Identität, zur sozialen Sensibilität, zur Empathie und Perspektivenübernahme, zur Toleranz, zum kritischen Hinterfragen, zum Umgang mit Regeln usw. (vgl. Herdegen 1999, 34 f.). Politisches Lernen beinhaltet als allgemeine Zielorientierung die Grundwerte einer demokratischen Gesellschaft wie sie im Grundgesetz festgeschrieben sind sowie Wissen und Erkenntnisse über politische und gesellschaftliche Institutionen. Politisches Lernen im weiten Sinne, also Demokratie-Lernen, hat zum Ziel, demokratische Kompetenzen zu entwickeln. Dazu gehören die Fähigkeit und Bereitschaft, anderen zuzuhören, seine Meinung zu vertreten, auf die Meinung anderer einzugehen, an Diskussionen aktiv und passiv teilzunehmen, die eigene Meinung mit anderen zu vergleichen und Unterschiede und Gemeinsamkeiten herauszuarbeiten, die Situation, ein Problem, einen Konflikt aus unterschiedlichen Perspektiven zu sehen und mit Informationen der Massenmedien angemessen umzugehen (vgl. Herdegen 1999, 42).

Politisches Lernen im engeren Sinne findet statt, wenn Gesellschaft und Politik explizit zum Thema des Unterrichts gemacht werden. Damit ist gemeint, über fundamentale politische Probleme in der Gesellschaft der Gegenwart und der Zukunft zu sprechen, allerdings so, dass Kinder sie nachvollziehen können. In der Fähigkeit, politische Probleme und Entscheidungen aus mehreren Perspektiven zu sehen, beschreibt Herdegen die entscheidende Verbindung zwischen sozialem und politischem Lernen. Herdegen scheint jedoch in seiner Konzeption Grundschulkinder in ihren Fähigkeiten zu unterschätzen, wenn er davon ausgeht, dass der durchschnittliche Entwicklungsstand von Grundschulkindern es ihnen kaum möglich mache, für Politik – als ein notwendig konflikthafter Prozess, charakterisiert durch Kategorien wie Macht, Ideologie und Manipulation – Verständnis zu entwickeln. Er lehnt daher ein spezifisch politisches Lernen für die Grundschule ab. Soziales und politisches Lernen sei hier vor allem eine *Arbeit an Haltungen*. Die Kinder sollen lernen demokratisch zu handeln, und die Grundnormen demokratischen Handelns »sollen Teil ihrer Grundüberzeugung« werden. Herdegen plädiert für ein sehr reduziertes Verständnis von politischem Lernen als Teil von Demokratie-Lernen in der Grundschule. Demokratie-Lernen geht von einem weiten Politikbegriff aus. Welches Demokratiekonzept diesem aber zugrunde liegt, wird nicht deutlich, und der weite Politikbegriff löst die Grenzen zum sozialen Lernen auf.

2.4 Kritik der drei Ansätze

Zusammenfassend lässt sich festhalten, dass in allen drei Ansätzen politisches Lernen und Demokratie-Lernen als Aufgabe in der Grundschule nicht prinzipiell in Frage gestellt wird. Die Ansätze unterscheiden sich jedoch in der Bedeutung des Politischen und in der Konkretisierung im Unterricht. Politisches Lernen erscheint bei Ingrid Prote auf zwei Ebenen. Erstens als integraler Bestandteil des sozialen Lernens. Dazu zählen dann die Bedeutung der Freiheitsrechte für die individuelle Entfaltung, soziale Gerechtigkeit als Ziel des Gemeinschaftslebens, Toleranz und Mitbestimmung und ein demokratischer Kommunikationsstil. Schon in dieser Beschreibung lässt sich Politik kaum erkennen. Sie verschwindet allerdings vollkommen, wenn als Beispiel dafür der Umgang mit einem Kind geschildert wird, das zu Wutausbrüchen neigt (vgl. Prote 2000, 159). Die zweite Ebene, auf der das Politische erscheinen soll, ist die des Demokratie-Lernens. Aber auch hier wird das Politische nicht recht deutlich. Als Beispiel wird der Umgang mit einem epilepsiekranken Kind erzählt, das durch einen anderen Schüler bewusst diskriminiert wird. Der Lehrerin gelingt es durch viele Gespräche, der Diskriminierung ansatzweise entgegenzuwirken. Wo allerdings der Unterschied zum sozialen Lernen liegen und spezifisch politisches Lernen oder Demokratie-Lernen erkennbar werden soll, ist unklar. Letztlich bleibt der Unterricht sogar da, wo er explizit den Anspruch auf politisches Lernen oder Demokratie-Lernen erhebt, soziales Lernen. Auch Herdegen, der in seinem Ansatz soziales und politisches Lernen verknüpfen will, bewegt sich zumindest im Zusammenhang von Demokratie-Lernen überwiegend auf der Ebene des sozialen Lernens. »Politisches Lernen im eigentlichen Sinne kommt nicht mehr vor und es dominiert eine vorpolitische Kind- und Lebensweltorientierung. Politisches Lernen wird nebulös zur ›Arbeit an Haltungen‹ wie z. B. im Klassenrat oder in einer Schulgemeinschaft. Dies ist zwar zweifellos pädagogisch wünschenswert, aber eben im Kern noch kein politisches Lernen« (Weißeno 2003, 94). Hinzu kommt, dass Herdegen prägende Elemente des Politischen wie Konflikt, Macht, Ideologie und Manipulation von Grundschulkindern fernhalten will, da sie von ihrem Entwicklungsstand her damit überfordert seien.

Allein von Reeken versucht in Abgrenzung zum sozialen Lernen und zur Lebenshilfe politisches Lernen auch in der Grundschule zu realisieren. Aber obwohl er den Anspruch erhebt, das Politische in den Mittelpunkt zu stellen, Demokratie-Lernen mit dem Ziel politischer Mündigkeit fordert und Kategorien wie Macht, Herrschaft und Interessen einführt, schränkt er den Politikbegriff vor dem Hintergrund der spezifischen Leistungsvoraussetzungen der Grundschulkinder so erheblich ein und reduziert seine Komplexität so stark, dass er in die Gefahr einer Vereinfachung des Politischen gerät.

Die schon in den politikdidaktischen Konzeptionen durchscheinende Skepsis gegenüber politischem Lernen in der Grundschule findet sich in wesentlich verstärkter Form in der schulischen Praxis. Die Gründe hierfür liegen auf unterschiedlichen Ebenen. Dagmar Richter vermutet unter anderem, dass die Lehrenden in ihrer universitären Ausbildung nicht gelernt haben, »das Politische in den Themen zu entdecken und es den Schüler/ innen altersgemäß zugänglich zu machen. Ihnen fehlten die Kompetenzen, auf politische Begriffe, Kategorien und Konzepte im Unterricht adäquat einzugehen« (Richter 2006, 2). Hinzu komme, dass Politik den Lehrerinnen und Lehrern immer noch »negativ« erscheine. Deshalb sprächen sie auch lieber von Demokratie-Lernen als von politischem Lernen (vgl. ebd.). Der wichtigste Grund scheint aber immer noch in der Befürchtung zu liegen, Kinder im Grundschulalter würden durch die explizite Beschäftigung mit dem Politischen emotional, vor allem aber kognitiv überfordert. Entwicklungspsychologisch lassen sich jedoch dafür kaum Hinweise finden. Neuere domänenspezifische Forschungen konnten weit mehr Kompetenzen von Kindern feststellen als frühere Untersuchungen. Kinder sind danach durchaus zu formalem Denken fähig, wenn sie dabei Unterstützung erhalten. Das gilt für proportionales Denken ebenso wie für kausales Denken und wissenschaftliches Vorgehen (vgl. Siegler 2001; Stern 2002). Eine der jüngsten Studien zu politischen Orientierungen von Grundschulkindern kommt zu folgenden Ergebnissen (Berton/Schäfer 2005): Kinder im Grundschulalter haben Erfahrungen mit dem Politischen (vgl. auch den Beitrag von Ohlmeier hier im Buch). Durch Elternhaus, Medien, Kindergarten usw. sind sie bereits mit dem Politischen in Berührung gekommen und früh »politisiert«. Schon im Vorschulalter findet unbewusst politisches Lernen statt und Kinder erwerben erste Vorstellungen und Einstellungen im Hinblick auf die Welt der Politik. Man kann zwar nicht davon ausgehen, dass sie ein explizites Politikinteresse äußern, es gibt aber durchaus konkrete Themen mit Politikbezug, die ihr Interesse wecken. Die in der Studie durchgeführten Kinderinterviews zeigen, dass diese Altersstufe grundsätzlich über ein gewisses politisches Vorverständnis, Grundorientierungen und Wissen verfügt. Kinder können mit politischen Inhalten umgehen, sind politisch involviert und interessiert. Dieses fragmentarische und eher oberflächliche Wissen sowie das punktuelle Interesse an Politik lassen sich durch Konfrontation mit Politik, durch Gespräche und Unterricht über Politik fördern. Die Gefahr einer »bedenklichen Unterforderung« von Grundschulkindern scheint in der Praxis größer zu sein als die einer Überforderung. Ähnlich wie das Lesen müssen Kinder lernen, sich mit Machtprozessen und dem öffentlichen Leben auseinanderzusetzen und ihre affektiven Bindungen an das politische System kritisch zu reflektieren.

3. Politisches Lernen in der Grundschule

Politisches Lernen in der Grundschule wirft eine Vielzahl von Fragen auf. Eine Reihe davon lässt sich heute noch gar nicht beantworten, sind doch die notwendigen wissenschaftlichen Grundlagen dazu weder theoretisch noch empirisch ausreichend geklärt. Dennoch sollen im Folgenden zumindest drei Fragen angesprochen werden.

1. Welche Ziele sollte Demokratie-Lernen als politisches Lernen in der Grundschule anstreben?
2. Welche Organisation des Lernprozesses ist dabei erforderlich?
3. Welche Anforderungen ergeben sich daraus für die betreffenden Lehrerinnen und Lehrer?

Die Frage nach den Zielen ist notwendigerweise eine normative. Sie wird in der Regel so beantwortet wie in den Bildungsstandards der GPJE:»In einer Demokratie gehört es zu den Bildungsaufgaben der Schule, alle Menschen zur Teilnahme am öffentlichen Leben zu befähigen. Durch politische Bildung fördert die Schule beim jungen Menschen die Fähigkeit, sich in der modernen Wirtschaft und Gesellschaft angemessen zu orientieren, auf einer demokratischen Grundlage politische Fragen und Probleme kompetent zu beurteilen und sich in öffentlichen Angelegenheiten zu engagieren. Sie leistet damit einen wichtigen Beitrag zur stets neu zu schaffenden Demokratiefähigkeit junger Menschen. Zusammenfassend lässt sich diese Zielperspektive politischer Bildung als Entwicklung politischer Mündigkeit bezeichnen. Politische Mündigkeit ist aus Sicht des Einzelnen eine Bedingung für erfolgreiche Partizipation, sie ist aber auch aus gesellschaftlicher Sicht für die Erhaltung und Weiterentwicklung einer demokratischen politischen Kultur und eines demokratischen politischen Systems eine unerlässliche Zielperspektive schulischer Bildung« (GPJE 2004, 7). Sie nimmt in der Grundschule ihren Anfang.

Der Begriff des *politisch mündigen Bürgers* verknüpft zwei normative Bezugspunkte. Erstens den des politischen Systems: Der mündige Bürger leistet auf der Basis einer grundlegenden Loyalität einen Beitrag zur Stabilisierung des politischen Systems. Zweitens den normativen Bezugspunkt des Individuums: Der mündige Bürger ist zu eigenem Denken gelangt. Von Vorurteilen und Verblendungen frei, hat er Distanz zur eigenen Zeit gewonnen und gelernt, Vorgefundenes kritisch zu reflektieren sowie selbstständig, eigenverantwortlich und kompetent Verantwortung zu übernehmen (vgl. Massing 2005, 20). In Bezug auf den ersten Punkt verwendet die Politikwissenschaft den Begriff Unterstützung (vgl. zum Folgenden Ziegler 1988, 74 ff.; Watermann 2005, 26 ff.). Demokratische Systeme bedürfen einer basalen Unterstützung, wenn sie über Krisen hinweg handlungsfähig bleiben wollen. Eine grundlegende Loyalität gegenüber der demokratischen politischen Ordnung ist eine Voraussetzung für ihr Funktionieren und ihre Stabilität. Diese diffuse Unterstützung stellt eine grundlegend positive Einstellung gegenüber dem politischen System und der politischen

Autorität dar. Sie ist deutlich affektiv getönt und relativ robust gegenüber Mängeln politischer Institutionen und Akteure. Diese Erkenntnis geht auf Easton zurück. Diffuse Unterstützung ist zu großen Teilen Ergebnis früher Sozialisationsprozesse, ein überwiegend in der Kindheit erworbener Vertrauensvorschuss gegenüber dem politischen System.

Sie stellt gewissermaßen als Unterstützungsreserve einen Vorrat an gutem Willen und Vertrauen dar und wird unterschieden von der spezifischen Unterstützung, die sich auf die politische Praxis bezieht, das heißt auf den Output des politischen Systems. Spezifische Unterstützung enthält mehr rationale Elemente. Sie entsteht aus der kritischen Auseinandersetzung mit der politischen Praxis, also mit dem, was politische Akteure, politische Institutionen und Organisationen tun. Vor diesem Hintergrund ist es Ziel politischen Lernens »von Anfang an«, das heißt auch schon in der Grundschule, eine kritische Wachsamkeit gegenüber dem politischen Geschehen zu entwickeln und den in der Kindheit erworbenen Vertrauensvorschuss in die politische Ordnung und die politischen Autoritäten zwar nicht aufzugeben, jedoch zu relativieren. Ziel politischen Lernens ist also, Kindern und Jugendlichen zu helfen ein eigenes produktives Verhältnis zur Politik zu finden – zwischen der Loyalität zur politischen Ordnung einerseits und kritischer Aufmerksamkeit gegenüber der politischen Praxis andererseits (vgl. Fend 1991, 137). Übertragen auf die pädagogische Situation heißt das, Kinder sollen ihre affektiven Bindungen an das demokratische politische System mit der Zeit reduzieren zugunsten einer rational begründeten Loyalität. Letztlich bedeutet dies »politische Urteilsfähigkeit«. Dazu müssen die Kinder sich allerdings mit der Praxis der Politik bzw. mit dem realen politischen Geschehen auseinander setzen (zur Bedeutung von realem Geschehen vgl. Richter 2006, 4).

Demokratische politische Systeme sind allerdings nicht nur auf Unterstützungsleistungen (supports) angewiesen, sondern ebenso auf Forderungen (demands) der Gesellschaft. In den Bereich der politischen Bildung gehören deshalb auch Kenntnisse darüber, wie man persönliche Interessen, Anliegen und Bedürfnisse artikulieren kann, wie man sich mit anderen solidarisiert, auf welchen Kanälen man am besten Bündel von Interessen in das politische System einbringt, welche politischen Beteiligungsmöglichkeiten existieren und wie man sie nutzt. Damit ist politische Handlungsfähigkeit angesprochen.

Welche Organisation des Lernprozesses ist nun erforderlich, damit politisches Lernen diese Ziele auch erreicht? Damit sind wir bei der zweiten Frage angelangt. In der Grundschule stellt sich die politikdidaktisch insgesamt bedeutsame Aufgabe in verschärfter Form, im Lernprozess eine Brücke von der Lebenswelt zur Politik zu schlagen, da Politik im Allgemeinen und politische Institutionen im Besonderen abstrakt und alltagsfern sind. Dieses *»Brückenproblem«* (Walter Gagel) wird in den oben vorgestellten Konzeptionen unterschiedlich gelöst, auch wenn es nur bei von Reeken ausdrücklich thematisiert wird. Sowohl Prote als auch Herdegen geraten dabei in die von Kerstin Pohl beschriebene »Parallelisierungsfalle« (vgl. Pohl 2004, 177). Sie gehen davon aus, dass »demokratisches« Handeln in der Lebenswelt Schule (zum Problem Lebenswelt und Politik, vgl. Massing 1996) weitgehend übereinstimmt mit demokratischem Handeln in der Politik. Die spezifischen Eigengesetzlichkeiten beider Systeme werden außer Acht gelassen. Im Gegensatz dazu reflektiert von Reeken das Brückenproblem und fordert, politische Bildung in der Grundschule müsse eine Verbindung zwischen der Lebenswelt der Schüler/innen und der Welt der Politik herstellen. Wichtig sei, an den Interessen der Schüler/innen anzuknüpfen und die Brücke zum Politischen zu schlagen. Dies könne gelingen, wenn im Mittelpunkt der politischen Bildung der Lernende mit seinen Erfahrungen stehe, die im Unterricht aufgegriffen und geklärt werden sollten, die es aber auch zu differenzieren und zu erweitern gelte (vgl. v. Reeken 1999, 37). Was von Reeken hier vorschlägt, ist jedoch noch keine Brücke zur Politik, sondern nur ein erster Schritt: An die Lebenswelt, als die Realität, in der Kinder leben, lässt sich nicht unmittelbar und distanzlos im Unterricht anknüpfen. »Lebenswelt als Bereich des selbstverständlichen, traditionalen Handelns, gilt es nicht nur wissenschaftlich ›zur Vernunft‹ zu bringen, sondern auch zum Gegenstand von Lernprozessen zu machen und damit ›aufzuklären‹ « (vgl. Massing 1996, 12). Damit ist jedoch noch keine tragfähige Verbindung zwischen Lebenswelt und Politik aufgezeigt. Die Frage, wie die nötigen Übergänge von lebensweltlichem Wissen zu politischem Wissen geschaffen werden können, wie in der Lebenswelt der Schüler/innen das Politische entdeckt oder wie im Politischen die Relevanz für die Lebenswelt erkannt werden kann, ist damit noch nicht beantwortet. Wie kann es politischem Lernen in der Grundschule gelingen, Schüler/innen zu befähigen, die Differenz beider Bereiche zu kennen, auseinander zu halten und die jeweiligen Gegenstände in integrierender Perspektive zu betrachten (vgl. dazu Richter 1991, 256)? Dies geht nur über Wissensvermittlung: Dagmar Richter z. B. weist ausdrücklich auf diese Notwendigkeit hin (2006, 4) »Gerade im Bereich des Politischen ist vieles nicht durch eigene Anschauung zu verstehen, sondern es bedarf der Wissensvermittlung«. Demokratie als politisches System, ihre wichtigsten Prinzipien, Institutionen und Organisationen sind für Kinder gleichsam unsichtbar und müssen ihnen vermittelt und bewusst gemacht werden. Die Brücke von der Lebenswelt zur Politik erfolgt nicht durch Parallelisierung, sondern durch Trennung, durch die Herausarbeitung ihrer

Differenzen, vielleicht auch durch die Zuspitzung ihrer Unterschiede (vgl. ebd.). Zum Beispiel mögen Konflikte in der Lebenswelt, die in der Regel zwischenmenschliche Konflikte sind, mittels Sensibilisierungen, Argumentation oder Solidarität geklärt werden. Politische Konflikte, in denen Macht, Strategien oder die Rechtsordnung eine Rolle spielen, sind so jedoch nicht zu verstehen, erst recht nicht zu regeln. Die Herausarbeitung des Politischen mit dem Ziel Wissen aufzubauen kann einerseits nur gelingen, wenn Lehrerinnen und Lehrer in der Lage sind zu diagnostizieren, über welche unsystematischen Anhäufungen politischer Informationen, die aus außerschulischen Quellen herrühren, die Kinder verfügen, welche falschen Faktenverbindungen existieren und welche »Misconceptions« dominieren und wenn sie andererseits selbst über die Fachkompetenz verfügen, im Unterricht zu einem kumulativen Wissensaufbau beizutragen.

Dagmar Richter macht diese Anforderungen exemplarisch am Thema ›Krieg und Frieden‹ deutlich, das zu den häufigsten Themen im Sachunterricht zählt. Es lasse sich nicht als »politisches Thema« unterrichten, wenn die Kinder noch kein Konzept von ›Staat‹ besitzen und Krieg daher zwangsläufig aufgrund ihres bisherigen Wissens als personalen Konflikt kategorisieren (z. B. als Streit) (vgl. Richter 2006, 5). Daraus ergibt sich nun eine Vielzahl von Anforderungen an die Grundschullehrer/innen. Sie müssen wissen, dass für die politische Behandlung des Themas ›Krieg und Frieden‹ ein Konzept von Staat erforderlich ist. Sie müssen erkennen, dass Kinder kein Konzept von ›Staat‹ besitzen. Sie müssen selbst über ein fachwissenschaftlich fundiertes Konzept von Staat verfügen, um die Begriffe zu identifizieren, die acht- bis zehnjährige Kinder in ihrem Weltwissen besitzen, die zur Konzeption eines Staatsbegriffes hilfreich sind und an diese Lernprozesse anknüpfen können. Des Weiteren müssen die Lehrer/innen bei der Organisation des Lernprozesses fähig sein, das Konzept ›Staat‹ auf das Konzept ›Krieg‹ zu beziehen. Das Gleiche gilt für alle Aspekte des Demokratie-Lernens. Wenn auch Grundschullehrer/innen nicht über einen komplexen Begriff von Demokratie (vgl. Massing 2002) verfügen, können sie weder die Funktionsbedingungen, die Prinzipien, die Institutionen und Organisationen oder politisches Verhalten in der Demokratie angemessen verstehen, noch die Differenz zwischen Demokratie in der Schule und Demokratie als politischem System erkennen oder die Unterschiede zwischen demokratischem Handeln in beiden Bereichen begreifen und beides aufeinander beziehen.

Damit sind wir bei der dritten Frage: Welche Anforderungen ergeben sich daraus an die Lehrer und Lehrerinnen an Grundschulen? Schon aus dem bisher Gesagten wird deutlich, dass – soll hier tatsächlich politisches Lernen stattfinden – gerade Grundschullehrer/innen über eine erhebliche fachwissenschaftliche, das heißt politikwissenschaftliche Kompetenz verfügen müssen. Nun entspricht die Ausbildung dieser Lehrer/innen in keiner Weise den geschilderten Anforderungen und das wird sich auch kaum ändern. Es stellt sich daher die Frage, ob sich Möglichkeiten finden lassen, auch Lehrer/innen ohne ein vollständiges politikwissenschaftliches Fachstudium in die Lage zu versetzen, den inhaltlichen Anforderungen politischen Lernens dieser Schulstufe zu entsprechen.

4. Basiskonzepte der Politik auch schon für die Grundschule

In jüngster Zeit hat im Zusammenhang mit der Entwicklung einheitlicher Bildungsstandards in der Fachdidaktik eine Diskussion begonnen, die vielleicht eine solche Möglichkeit aufzeigt. Gemeint ist die Diskussion um die inhaltliche Dimension der Fächer, die zunehmend über Basiskonzepte abgebildet werden. Die Funktion von Basiskonzepten besteht darin, die Breite der entsprechenden Fachwissenschaft auf einen inhaltlich-fachlichen Kern zu reduzieren, um ein exemplarisches Vorgehen zu ermöglichen. Das Wissen wird auf der Grundlage von Basiskonzepten erarbeitet, die ein systematisches und multiperspektivisches Denken sowie eine Beschränkung auf das Wesentliche fördern. Sie bilden die Grundlagen eines systematischen Wissensaufbaus unter fachlicher und gleichzeitig lebensweltlicher Perspektive und dienen der vertikalen Vernetzung des im Unterricht erworbenen Wissens, indem Schüler/innen in nachfolgenden Unterrichtsstunden ähnliche Elemente entdecken, und sie dienen der horizontalen Vernetzung, indem Verbindungen zu anderen Sachverhalten und Fächern deutlich werden.

Im Unterschied zu anderen Fachdidaktiken wie Biologie, Chemie, Physik oder Mathematik und Geographie ist es der Politikdidaktik bisher noch nicht gelungen, sich auf solche Basiskonzepte zu einigen. Wenn Basiskonzepte sich auf Inhalte beziehen und die Funktion besitzen, Komplexität zu reduzieren, Inhalte zu systematisieren und zu strukturieren sowie Wissen zu vernetzen, dann konkurrieren unterschiedliche Vorstellungen in der Politikdidaktik miteinander. So werden zurzeit auch noch unterschiedliche Begriffe verwendet: Unter anderem ›Kernkonzepte‹, ›Fundamentalkonzepte‹, ›Basiskonzepte‹, ›Schlüsselkonzepte‹. Inhaltlich meinen sie wohl Ähnliches. Ich verwende hier durchgängig den Begriff ›Basiskonzepte‹. Die Bildungsstandards der GPJE führen auf der Ebene des Wissens den Begriff ›Konzeptionelles Deutungswissen‹ ein. Seine Wahl sollte deutlich machen, dass es zum einen nicht um Gesinnungen geht, zum anderen nicht um deklaratives

Stoffwissen. Politische Bildung will vielmehr die Ebene der Deutungen erreichen, »mit dem die Schülerinnen und Schüler politische Phänomene wahrnehmen, selektieren, interpretieren und bewerten« (s. Sander 2004, 40). Der Begriff ›konzeptionelles Deutungswissen‹ verweist darauf, dass nicht jedes Deutungswissen von gleicher Wichtigkeit ist, sondern dass es um den Bezug auf grundlegende Konzepte für das Verstehen von Politik, Wirtschaft, Gesellschaft und Recht geht. Im Bereich Politik nennen die GPJE-Standards dann folgende für alle Schulstufen geltende Konzepte: Grundrechtsbindung sowie politische Freiheit als Kernkonzepte demokratischer Verfassungsstaaten, Rechtsstaatlichkeit und Gewaltenteilung, Demokratie als Volksherrschaft; repräsentative und plebiszitäre Demokratie, Parteiendemokratie, Sozialstaatsprinzip, Pluralismus, Internationale Verflechtungen. Ein weiterer Vorschlag für Basiskonzepte stammt von Georg Weißeno. Er sieht den einzig gangbaren Weg, zu solchen Konzepten zu kommen, darin, sie aus Einführungs- und Standardwerken der Politikwissenschaft herauszufiltern. Über eine systematische Durchsicht dieser Werke ließen sich trotz unterschiedlicher theoretischer Zugänge Elemente erkennen, die auf einer basalen Ebene Kernbestände der Politik und der Politikwissenschaft darstellen können. Auf diesem Wege kommt Weißeno (2006, 136) zu folgenden sechs Basiskonzepten: 1. Freiheit, Gleichheit, Solidarität; 2. Öffentlichkeit; 3. Macht und Legitimation; 4. Interessen-Vermittlung und politische Willensbildung; 5. Politisches System; 6. Pluralität.

Ein anderer Vorschlag stammt aus der Politikwissenschaft. Herfried Münkler fragt nach dem Gegenstand der Politikwissenschaft und nimmt seinen Ausgangspunkt u. a. von Dolf Sternbergers »Drei Wurzeln der Politik« Auf dieser Grundlage gelangt er zu folgenden Basiskonzepten:

1. Die Frage der Macht, deren Erwerb sowie deren Ausübung.
2. Die Frage nach den Mechanismen und Funktionen der bestehenden politischen Ordnung (parlamentarische, repräsentative und pluralistische Demokratie) sowie deren immanente Stabilitäts- und Veränderungspotenziale.
3. Die Frage nach dem Sinn der politischen Institutionen.
4. Die Frage nach der Realisierung politischer Zielentwürfe, die unter grundlegender Veränderung der bestehenden politischen Ordnung die Freiheit und das Glück der Menschheit zu realisieren beanspruchen (vgl. Münkler 1985, 15).

Es ist noch nicht geklärt, inwieweit diese »neuen« Basiskonzepte tatsächlich einen Fortschritt darstellen gegenüber dem Politikzyklus und den drei Dimensionen des Politischen einschließlich ihrer politischen Kategorien, die bisher in der Politikdidaktik dominierten. Verzichtet man darauf, diese

Konzepte fachdidaktisch und methodisch aufzuladen, dann können sie auf der inhaltliche Ebene auch als Basiskonzepte verstanden werden. Aus den Dimensionen des Politischen lassen sich dann die Basiskonzepte »polity« (Kategorien: Macht, Herrschaft, Staat, Recht usw.), »politics« (Demokratie, Partizipation, Repräsentation, Konflikt, Interesse, Identität) und policy (Arbeit, Krieg, Frieden usw.) identifizieren (vgl. auch Richter, 2006, 5). Da diese Basiskonzepte jedoch überwiegend empirisch-analytisch bzw. deskriptiv sind, ist für »Demokratie-Lernen« noch ein zusätzliches normatives Basiskonzept »Gemeinwohl« erforderlich mit den Kategorien Freiheit, Gleichheit, Gerechtigkeit, Solidarität usw. Allein die Verknüpfung der empirisch-deskriptiven Basiskonzepte »polity, politics, policy« mit dem normativen Basiskonzept »Gemeinwohl« ermöglicht einerseits das Verständnis der bestehenden politischen Ordnung, andererseits die Kritik der politischen Realität anhand ihrer immanenten Maßstäbe sowie die Auseinandersetzung über Wege und Notwendigkeit der Weiterentwicklung des demokratischen Systems. Erst das Zusammenfügen dieser drei Ebenen konstituiert den Raum, in dem Demokratie-Lernen als politisches Lernen auch in der Grundschule allein angemessen erscheint. Nur wenn bereits Grundschullehrerinnen und -lehrer über solche Basiskonzepte verfügen und mit ihnen geistig »hantieren« können, kann es ihnen gelingen, eine deutliche Trennung der Bereiche in Soziales und Politisches vorzunehmen, indem sie z. B. Konflikte (oder Regeln, Wahlen, Mitbestimmung usw.) in verschiedenen Zusammenhängen gegenüberstellen (s. Richter 2006, 5). Erst wenn es in einem ersten Schritt gelingt, »die Differenz« herauszuarbeiten, sorgfältig zu bearbeiten und zu reflektieren, ist es möglich, in einem zweiten Schritt eine Brücke zu schlagen von der Lebenswelt zur Politik, d.h. das Politische in der Lebenswelt zu entdecken und die Bedeutung des Politischen für die Lebenswelt zu verstehen.

Literatur

Beck, Gertrud (1975): Politische Sozialisation und politische Bildung in der Grundschule. (3. Aufl.) Frankfurt a. M.

Berton, Martina / Schäfer, Julia (2005): Politische Orientierung von Grundschulkindern. Ergebnisse von Tiefeninterviews mit Pretests mit 6–7-jährigen Kindern. Arbeitspapiere – Mannheimer Zentrum für Sozialforschung, 86. URL: http://www.mzes.unimannheim.de/publications/wp/wp-86.pdf [Stand 23. 05. 06].

Beutel, Wolfgang / Fauser, Peter (Hrsg.) (2001): Erfahrene Demokratie. Wie Demokratie praktisch gelernt werden kann. Opladen.

Breit, Gotthard / Massing, Peter (Hrsg.) (1996): Lebenswelt und Politik. Schwalbach/Ts.

Easten, David (1965): A Systems Analysis of Political Life. New York/London/ Sidney.

Edelstein, Wolfgang / Fauser, Peter (2001): Demokratie lernen und leben. Gutachten zum Programm. BLK-Materialien zur Bildungsplanung und Forschungsförderung. Bd. 96, Bonn.

Himmelmann, Gerhard (2005): Demokratie Lernen: als Lebens-, Gesellschafts- und Herrschaftsform. (2. überarb. Aufl.) Schwalbach/Ts.

Fend, Helmut (1991): Identitätsentwicklung in der Adoleszenz. Lebensentwürfe, Selbstfindung und Weltaneignung in beruflichen, familiären und politisch-weltanschaulichen Bereichen. Bern/Stuttgart/Toronto.

Geißler, Rainer (1996): Politische Sozialisation in der Familie. In: Claußen, Bernhard / Geißler, Rainer (Hrsg.): Die Politisierung des Menschen. Instanzen der politischen Sozialisation. Ein Handbuch. Opladen, S. 51–70.

Gesellschaft für Politikdidaktik und politische Jugend- und Erwachsenenbildung (GPJE) (Hrsg.) (2004): Anforderungen an Nationale Bildungsstandards für den Fachunterricht in der Politischen Bildung an Schulen. Ein Entwurf. (2. Aufl.) Schwalbach/Ts.

Herdegen, Peter (1999): Soziales und politisches Lernen in der Grundschule. Grundlagen – Ziele – Handlungsfelder. Ein Lern- und Arbeitsbuch. Donauwörth.

Massing, Peter (2002): Demokratie-Lernen oder Politik-Lernen. In: Breit, Gotthard / Schiele, Siegfried (Hrsg.): Demokratie-Lernen als Aufgabe der politischen Bildung. Schwalbach/Ts., S. 160–187.

Massing, Peter (2005): Normativ-kritische Dimensionen politischer Bildung. In: Weißeno, Georg (Hrsg.): Politik besser verstehen. Neue Wege der politischen Bildung. Wiesbaden, S. 19–42.

Massing, Peter (1996): Einführung: Lebenswelt und Politik. In: Breit, Gotthard / Massing, Peter (Hrsg.): Lebenswelt und Politik. Schwalbach/Ts., S. 7–16.

Münkler, Herfried (1985): Politikwissenschaft. Zu Geschichte und Gegenstand, Schulen und Methoden des Fachs. In: Fetscher, Iring / Münkler, Herfried (Hrsg.): Politikwissenschaft. Begriffe – Analyen – Theorien. Reinbek, S. 10–24.

Pohl, Kerstin (2004): Demokratie-Lernen als Aufgabe des Politikunterrichts. Die Rezeption von Deweys Demokratiebegriff und die Parallelisierungsfalle. In: Breit, Gotthard / Schiele, Siegfried (Hrsg.): Demokratie braucht politische Bildung. Schwalbach, S. 166–180.

Prote, Ingrid (2003): Partizipation als Schlüsselqualifikation für das Demokratie-Lernen in der Grundschule. In: Kuhn, Hans-Werner (Hrsg.): Sozialwissenschaftlicher Sachunterricht. Konzepte – Forschungsfelder – Methoden. Ein Reader. Herbolzheim, S. 39–52.

Prote, Ingrid (2000): Für eine veränderte Grundschule. Identitätsförderung – soziales Lernen – politisches Lernen. Schwalbach/Ts.

Prote, Ingrid (1996): Soziales Lernen in der Grundschule – wichtiger denn je. In: George, Siegfried / Prote, Ingrid (Hrsg.): Handbuch zur politischen Bildung in der Grundschule. Schwalbach/Ts., S. 76–98.

Reeken, Dietmar von (2001): Politisches Lernen im Sachunterricht. Didaktische Grundlegungen und unterrichtspraktische Hinweise. Dimensionen des Sachunterrichts, Bd. 1. Baltmannsweiler.

Reeken, Dietmar von (2005): Politische Bildung im Sachunterricht der Grundschule. In: Sander, Wolfgang (Hrsg.): Handbuch politische Bildung. Bonn. S. 184–195.

Richter, Dagmar (2006): Was gibt`s Neues zur Politischen Bildung im Sachunterricht? Ein Kommentar zu Gertrud Beck. In: URL: www.widerstreit-sachunterricht.de/Ausgabe Nr. 6/März 2006, S. 1–6.

Richter, Dagmar (1991): Probleme der Vermittlung von wissenschaftlichen und lebensweltlichen Erkenntnisweisen. In: Claußen, Bernhard / Gagel, Walter / Neumann, Franz (Hrsg.): Herausforderungen – Antworten. Politische Bildung in den neunziger Jahren. Opladen, S. 251–263.

Sander, Wolfgang (2004): Die Bildungsstandards vor dem Hintergrund der politikdidaktischen Diskussion. In: Politische Bildung, (3), S. 30–43.

Siegler, Robert, S. (2001): Das Denken von Kindern. (3. Aufl. der deutschsprachigen Ausgabe) München.

Stern, Elsbeth (2002): Wie abstrakt lernt das Grundschulkind? Neuere Ergebnisse der entwicklungspsychologischen Forschung. In: Petillon, Hanns (Hrsg.): Individuelles und soziales Lernen in der Grundschule – Kindperspektive und pädagogische Konzepte. Jahrbuch Grundschulforschung, Bd. 5, S. 27–42.

Van Deth, Jan W. (2005): Kinder und Politik – Essay. In: Aus Politik und Zeitgeschichte, (41), S. 3–8.

Wasmund, Klaus (1982): Ist der politische Einfluss der Familie ein Mythos oder eine Realität? In: Claußen, Bernhard / Wasmund, Klaus (Hrsg.): Handbuch der politischen Sozialisation. Braunschweig, S. 23–63.

Watermann, Rainer (2005): Politische Sozialisation von Kindern und Jugendlichen. In: Aus Politik und Zeitgeschichte, (41), S. 26–39.

Weißeno, Georg (2003): Lebensweltorientierung – ein geeignetes Konzept für die politische Bildung in der Grundschule? In: Kuhn, Hans-Werner (Hrsg.): Sozialwissenschaftlicher Sachunterricht. Konzepte – Forschungsfelder – Methoden. Ein Reader. Herbolzheim, S. 91–98.

Weißeno, Georg (2006): Kernkonzepte der Politik und Ökonomie – Lernen als Veränderung mentaler Modelle. In: Ders. (Hrsg.): Politik und Wirtschaft unterrichten. Bonn, S. 120–142.

Zängle, Michael (1980): Die Kristallisationthese: Ungesicherte Annahme oder sicherstes Ergebnis der politischen Sozialisationsforschung. In: Akademie für Politische Bildung Tutzing (Hrsg.): Individuum und Gesellschaft. Tutzing/Obb., S. 49–70.

Ziegler, Ingrid (1988): Politische Bildung an der Grundschule. Empirische Ergebnisse der politischen Psychologie und didaktische Konsequenzen. Opladen.

Dagmar Richter

Welche politischen Kompetenzen sollen Grundschülerinnen und -schüler erwerben?

1. Zum Stand der Diskussionen

Die Frage, welche politischen Kompetenzen Grundschüler/innen erwerben sollen, ist zurzeit offen. Sie lässt sich nur mit Darstellungen aktueller Diskussionen und Forschungen beantworten, aus denen sich Anregungen für die weitere Entwicklung ergeben.

Der moderne *Kompetenzbegriff* enthält Wissen, Können, Verstehen, Handeln und Motivation: Er umfasst »die bei Individuen verfügbaren oder durch sie erlernbaren kognitiven Fähigkeiten und Fertigkeiten, um bestimmte Probleme zu lösen, sowie die damit verbundenen motivationalen, volitionalen und sozialen Bereitschaften und Fähigkeiten, um die Problemlösungen in variablen Situationen erfolgreich und verantwortungsvoll nutzen zu können« (Weinert 2001 a, 27 f.). Auch Forschungen zum politischen Lernen untersuchen diese verschiedenen Bereiche von Kompetenz: Es gibt Arbeiten zur politischen Identität (z. B. nationale Identität, europäische Identität; vgl. Barrett u. a. 1997), zu politischen Einstellungen (z. B. Werthaltungen, Orientierungen; vgl. z. B. Helwig 1998), zum Handeln (besonders im Sinne von ›Wählen‹) oder zum Wissen (siehe dazu den Beitrag von Götzmann hier im Buch). Diese Bereiche werden nicht immer deutlich voneinander getrennt und oftmals zudem noch mit Persönlichkeitsmerkmalen und sozialen Kompetenzen vermengt. Dies zeigt sich besonders bei Forschungen, die sich mit politischer Sozialisation als einem Konglomerat aus diesen verschiedenen Bereichen beschäftigen, wobei hier Grundschüler/innen vergleichsweise wenig beachtet werden (Ausnahmen: Merelman 1986; Coles 1986; bilanzierend: Niemi/Hepburn 1995) (vgl. den Beitrag von Ohlmeier hier im Buch).

Für schulische Bildungsprozesse, die domänenspezifische Kompetenzen, d. h. hier also politisches Lernen, fördern sollen, ist das Gemenge aus mehreren Gründen misslich: Zum ersten ist im Hinblick auf die nötigen Lernprozesse beispielsweise Wissensaufbau (Begriffsbildung) vom Wert- und Identitätsaufbau oder vom Aufbau dynamischer Sozialbeziehungen zu unterscheiden (vgl. Oser/Baeriswyl 2001). Mit den Zielen des Lernens verändern sich die dafür nötigen kognitiven Operationen, die Lernende leisten müssen und die Oser als Basismodelle bezeichnet. Sie sind didaktisch-methodisch von der Lehrkraft durch eine geeignete Choreographie des Unterrichts zu ermöglichen (vgl. auch Richter 2005).

Zum zweiten mischen sich auf der Inhaltsebene Aspekte der Persönlichkeitsbildung mit sozialem und politischem Lernen, was vermutlich zu Fehlkonzepten (misconceptions) führt (vgl. zur Differenz zwischen sozialem und politischen Lernen die Beiträge von Massing sowie von Beinzger und Diehm hier im Buch). Die Mischung erlaubt es den Schülern/innen nicht, die ›Domäne‹ mit ihren typischen Denkweisen kennenzulernen: Kognitionspsychologische Forschungen gehen davon aus, dass Kompetenzen zunächst domänenspezifisch zu erwerben sind, bevor fächerübergreifende Kompetenzen entwickelt werden können (vgl. Klieme 2001). Für einige Fächer bzw. Lernbereiche wie z. B. historisches Lernen wurde gezeigt, dass »Lerngewinne […] gerade da deutlich höher ausfallen, wo Geschichte als eigener und abgrenzbarer Gegenstand unterrichtet wird« (Borries 2002, 26).

Das Gemenge unterstützt des Weiteren auch die Lehrenden nicht dabei, kriterienorientiert zu unterscheiden, welches Wissen tatsächlich zur politischen Bildung gehört und welches zum sozialen Lernen. Dies erschwert es ihnen, den Lernstand ihrer Schüler/innen adäquat zu diagnostizieren oder gar gezielte Förderungen zu überlegen. Eine Trennung zwischen sozialem Lernen, zu dem neben Prozessen der Persönlichkeitsbildung auch viele kognitive Grundfunktionen gehören, und spezifischen politischen Kompetenzen ist nicht zuletzt auch deshalb wichtig, da erstere kaum erlernt und trainiert werden können (vgl. Weinert 2001 b), sondern vermutlich im Zusammenhang stehen mit der Entwicklung von epistemologischen Überzeugungen und von grundlegenden Gedächtnisleistungen. Kompetenzen hingegen können qua definitionem erlernt und somit im Unterricht gefördert werden.

Folgt man dem Blick auf Kompetenzen, bedeutet dies, die frühere Fixierung auf Denk*strukturen* zumindest teilweise zugunsten von *Inhalten* fallen zu lassen. Inhalte, d. h. Fachwissen repräsentiert sich in konzeptuellen Modellen. Jede Domäne hat ihre eigenen Konzepte, die zu erwerben sind und mit denen der Umgang zu üben ist. Theoretisch wird davon ausgegangen, dass auch Kinder Netzwerke von Konzepten konstruieren (vgl. Wellman/Gelman 1992). Kompetenzen, die in Bildungsstandards ausformuliert sind, müssen zudem empirisch überprüfbar sein, also in Leistungstests gemessen werden können. Dazu werden sie in der Expertiseforschung aktuell definiert als »kontextspezifische kognitive Leistungsdispositionen unter Ausschluss motivationaler und affektiver Faktoren« (Hartig/Klieme 2006, 129). Dieser Definition muss man nicht folgen, wenn man nicht testen will. Doch auch in der Grundschule wird am Ende der vierten Klasse der Leistungsstand der

Schüler/innen getestet – bislang nicht im Sachunterricht, aber in ›wichtigen‹ Fächern wie Mathematik und Deutsch. Unabhängig von den schon häufig kritisierten frühen Zuweisungen zur Schulform können Testaufgaben aber auch positiv zu beurteilende Wirkungen haben. Lehrende und Lernende werden über den Leistungsstand informiert: Welche Schüler/innen haben welche Lernerfolge? Sind bestimmte Förderungen nötig? War der Unterricht gut? Dies ist ein unbearbeitetes Feld für künftige Forschungen.

Es gibt für die politische Bildung in der Grundschule weder Kompetenzstrukturmodelle noch geklärte Kompetenzdimensionen oder -niveaus. Zur Orientierung existieren zurzeit der Perspektivrahmen Sachunterricht (GDSU 2002) und der Entwurf der Bildungsstandards der GPJE (2004). Beide erfüllen die Kriterien für Kompetenzmodelle nicht (vgl. hierzu Hartig/Klieme 2006). Im Perspektivrahmen ist politisches Lernen in die sozial- und kulturwissenschaftliche Perspektive ›eingebettet‹. Hier teilt sie sich den ›Platz‹ mit sozialem Lernen, kulturellem Lernen, wertevermittelndem Lernen oder Aspekten von ›Lebenshilfe‹. Man kann das politische Lernen erkennen bzw. hineininterpretieren, wenn man es möchte – man muss es aber nicht. Diese Perspektive ist nicht domänenspezifisch angelegt – im Vergleich z. B. mit der historischen Perspektive. Aber auch der Entwurf der GPJE ist unbefriedigend, weil er zum einen erst mit dem Ende der vierten Grundschulklassen einsetzt und insofern nicht zur Differenzierung der ersten vier Grundschuljahre taugt. Zum anderen fehlt ihm die empirische Grundlage. Und schließlich gilt mittlerweile die Einteilung in die Kompetenzdimensionen des Entwurfs als überholt. In den politikdidaktischen Diskussionen haben sich zurzeit die Dimensionen der naturwissenschaftlichen Fachdidaktiken durchgesetzt: eine Gliederung in Fachwissen, Erkenntnisgewinnung, Kommunikation und Bewertung/Urteilsbildung.

Die im Folgenden dargestellten Kompetenzdimensionen orientieren sich an einem engen Kompetenzbegriff, der die Ebene der latenten Variablen bzw. der non-formalen Kompetenzen nicht berücksichtigt. Es fehlen also Kompetenzdimensionen wie Konfliktfähigkeit und Perspektivenübernahme, die neben sozialwissenschaftlichem Analysieren, politischer Urteilsfähigkeit und Partizipationsfähigkeit von Behrmann, Grammes und Reinhardt als »Demokratie-Kompetenzen« für die gymnasiale Oberstufe genannt werden (2004). Sie sind nicht unmittelbar auf die Domäne Politik bezogen, sondern umfassen Kompetenzen, die als Grundlagen in politischen, aber ebenso auch allgemein in sozialen Zusammenhängen bzw. in anderen Domänen wichtig sind (z. B. im Deutsch- und Religionsunterricht) und daher zu den (fachunspezifischen) basalen Kompetenzen gezählt werden können (vgl. Klieme u. a. 2003, 55). In der Forschung ist unklar, welche Aspekte des sozialen Lernens als Vorläufer für politische Bildung gesehen werden können und welche auch auf höheren Niveaus fachunspezifisch bleiben. Dennoch ist es natürlich wichtig, im Sachunterricht diese non-formalen Kompetenzen zu berücksichtigen. Nur sollten Lehrende wissen, dass sie den engen Bereich des politischen Lernens verlassen.

2. Kompetenzdimension: Fachwissen

Im Sachunterricht wird Bildung grundgelegt. Bezogen auf das zu vermittelnde Fachwissen bedeutet dies, dass die Schülerinnen und Schüler wesentliche Konzepte der jeweiligen Domäne kennenlernen sollten. Die Fachdidaktik Politik beginnt erst mit Diskussionen über Basis- und Kernkonzepte (ausführlicher dazu Massing hier im Buch). Viele dieser Begriffe sind noch unklar. Als Arbeitsbegriff lässt sich die Definition aus der Chemiedidaktik nutzen und übertragen: Unter politischen Basiskonzepten versteht man »die strukturierte Vernetzung aufeinander bezogener Begriffe, Theorien und erklärender Modellvorstellungen, die sich aus der Systematik eines Faches zur Beschreibung elementarer Prozesse und Phänomene historisch als relevant herausgebildet haben. Die fachdidaktische und lerntheoretische Aufbereitung führt zu einer Auswahl und Rekonstruktion dieser Konzepte im Sinne der grundlegenden und für Lernende nachvollziehbaren Ausschnitte und damit zum Begriff der *Basiskonzepte*« (Demuth u. a. 2005, 57). Basiskonzepte sind also Grundvorstellungen zur Domäne, die zwischen den Phänomenen und theoretischen Modellbildungen vermitteln. Insofern sind es Setzungen, abhängig von theoretischen Entscheidungen. Basiskonzepte übernehmen wichtige Funktionen:

- »Sie reduzieren die (für Schüler häufig erdrückende) Vielfalt der […] Erkenntnisse auf eine begrenzte Zahl übergeordneter Aspekte und Gesetzmäßigkeiten.
- Sie konzentrieren und fokussieren den Blick von Schülern und Lehrern auf die für ein Verständnis zentralen Punkte und tragen damit entscheidend zur Bewusstmachung der Ziele und Inhalte des Unterrichts bei.
- Sie lassen die Formulierung von übergeordneten Zielen zu und eine Beschreibung der hierfür erforderlichen Kompetenzen auf unterschiedlichen Niveaus.
- Sie erleichtern das Einordnen von Neuem in das Vorwissen durch Kategorisierung und Hierarchisierung« (ebd., 57 f.).

Im didaktischen Interesse stellen Basiskonzepte die Grundlagen für einen systematischen Wissenserwerb und für vernetztes Lernen dar. Statt Themen isoliert nebeneinander zu unterrichten, also zu einer Wissenszersplitterung beizutragen, bilden sie die Klammer zwischen allen Themen des Unterrichts: Sie sollten nach Möglichkeit in jedem Thema wieder vorkommen, vom ersten bis zum letzten Schuljahr. Es sollte also ein horizontaler (inhaltlicher) und vertikaler (über die Schuljahre hinweg) Wissenstransfer stattfinden, der es ermöglicht, das Wissen zunehmend situationsunabhängiger nutzen zu können. Kumulatives Lernen findet statt, indem die Basiskonzepte in verschiedenen Themen konkretisiert werden. Dies muss in der Grundschule anschaulich und phänomenorientiert erfolgen. Von Einheit zu Einheit werden die Basiskonzepte somit für die Lernenden komplexer. Sukzessive können Schüler/innen konzeptuelles Wissen auf zunehmend höheren Abstraktionsniveaus erwerben. Das moderne Schlagwort insbesondere in naturwissenschaftlichen Fachdidaktiken lautet hierzu: »im Kontext«. In der Grundschule wird dieses Prinzip schon seit längerem verfolgt, auch unter dem Stichwort »situiertes Lernen«. Kontexte sind sinngebende Zusammenhänge für einzelne Themen und damit die zentralen Unterrichtsinhalte. Die verschiedenen Themenbeiträge dieses Buches stellen jeweils einen Kontext vor – ohne dieses Schlagwort der situierten Ansätze zu benutzen (vgl. hierzu Stark 2003). Durch die systematische Wiederholung von Basiskonzepten können die Schüler/innen den »Pulsschlag von Abstraktion und Rekonkretisierung« nachvollziehen und selbst leisten, der nach Hilligen »das didaktische (wie alles kritische wissenschaftliche) Denken« kennzeichnen sollte und »den Aufbau kognitiver Strukturen, Denkstrukturen« ermöglicht (Hilligen 1985, 39). Er beschreibt die »wachsende Fähigkeit, allgemein auszudrücken, was im Besonderen steckt und dies auf neue Fälle/Probleme anzuwenden« (ebd., 211). Konstruktivistisch formuliert heißt das: zwischen Konstruktion und Dekonstruktion (vgl. Demuth u. a. 2005, 59) hin und her zu pendeln.

Aufgrund ihrer skizzierten Bedeutung sollten die Basiskonzepte im Unterricht explizit eingeführt und umfassend behandelt werden, da sie den Schüler/innen selbst zur Reflexion über Fachwissen dienen (metakognitive Lernprozesse). Zudem ist Fehlvorstellungen (misconceptions) vorzubeugen. Für die Lehrenden ist das Kennen von Basiskonzepten wichtig, da sie der Strukturierung der Unterrichtsthemen dienen können und bei der exemplarischen Auswahl aus der Fülle möglicher Themen helfen.

Welche Basiskonzepte sind nun für politisches Lernen entscheidend? Eine Einigung in der Fachdidaktik ist noch nicht erfolgt. Massing präsentiert Varianten, die sich zurzeit in der Diskussion befinden (vgl. den Beitrag von Massing hier im Buch). Biedermann kristallisiert für seine Arbeit vier Begriffe heraus (Konflikt, Konsens, Interesse und Macht), die er mit dem »Aspekt der Öffentlichkeit« ergänzt (2006, 40 f.). Es gibt also verschiedene Vorschläge. Die sich anschließende Frage ist die, welche Basiskonzepte im Sachunterricht einzuführen bzw. welche zugeordneten Kernkonzepte wichtig sind. Den ausstehenden Klärungsprozessen kann insoweit vorgegriffen werden, als dass hier wichtige Fachkonzepte vorgestellt werden sollen – unabhängig davon, ob man sie später als Basis- oder Kernkonzepte einführt. In Anlehnung an das US-amerikanische Curriculum »Foundations of Democracy« (CCE 2000) wird hier für folgende Fachkonzepte für politische Bildung im Sachunterricht plädiert: Macht, Öffentlichkeit, Repräsentation, Gemeinwohl.

2.1 Autorität und Macht

In »Foundations of Democracy« stellt »Authority« den zentralen Begriff für ein Teilcurriculum dar. Die Unterscheidung zwischen Autorität (das Recht, Macht auszuüben; legitime Macht) und Macht (die Möglichkeit, anderen zu sagen, was sie tun sollen; jemanden beeinflussen) kann in der Grundschule zum Unterrichtsgegenstand werden, muss aber nicht unbedingt. Da ›Macht‹ ein zentrales politisches Konzept ist, sollte sie zumindest thematisiert werden. Der Begriff Autorität wird im politischen Zusammenhang in Deutschland kaum benutzt. »Im romanischen und angloamerikanischen Sprachraum hat sich eine mehr öffentlich-politische, machtbezogene, im deutschen Sprachraum dagegen eine mehr persönlich-private, geistige Bedeutung von Autorität durchgesetzt« (Reichwein 1989, 140). Die Konzepte Autorität und Macht werden zudem von verschiedenen Autoren unterschiedlich verstanden.

Beide bezeichnen eine dreistellige Relation. Macht bzw. Autorität gilt in einem bestimmten Gebiet bzw. Kontext. Sie geht von einem Machthaber aus und ist auf ein oder mehrere Subjekte gerichtet. Der oder die Trägerin von Autorität kann sie auf unterschiedlichem Wege erlangen: durch
– Macht: etwas durchsetzen können; also u. a. durch die Position oder durch Stärke,
– Sachkompetenz: etwas gut wissen und können (epistemische Autorität),
– Charakter: als Mensch anerkannt gut sein (vgl. Martens 2005, 77).
Politisch ist nur der erste Weg: Macht durch die Position. Zur Klärung des Konzepts sind aber die anderen Wege wichtig, denn sie zeigen den Unterschied zwischen der Domäne Politik und der Alltagswelt auf. Viele gesellschaftliche Bereiche, so beispielsweise Familie oder Schule, sind durch Autoritätsverhältnisse gekennzeichnet aufgrund biologischer Unreife einiger ihrer Mitglieder, ihrer mangelnden Kompetenz, ihrer unterschiedlichen Positionen etc. Autorität und Macht sind nötig zur Anleitung und Orien-

tierung von Menschen. Machtpositionen gibt es im Privaten (z. B. Eltern) und im Öffentlichen (z. B. Schulleiter, Bürgermeister etc.). Autorität bzw. Macht stehen im Spannungsverhältnis mit demokratischen Prinzipien. Sie erscheinen zunächst unvereinbar mit Freiheit, Gleichheit oder mit einem Argumentieren, bei dem tatsächlich nur die jeweiligen Argumente überzeugen sollen. Doch in der Domäne Politik können sie als ›demokratische Autorität‹ legitimiert werden durch die Mitentscheidung der Betroffenen. Max Weber (1922) prägte den Begriff ›legitime Herrschaft‹.

Auch Kinder können verschiedene Quellen für Autorität bzw. Macht erkennen. Empirische Studien zeigen, dass entgegen der Annahme von Piaget die Orientierung von kleinen Kindern nicht pauschal von wahrgenommener Autorität abhängig ist, sondern dass sie kontextspezifisch Status, Erfahrung und Wissen der Person als wichtige Aspekte bei der Beurteilung einbeziehen, ob sie jemandem gehorchen sollten (Laupa/Turiel/Cowan 1995). Im Weltwissen der Kinder finden sich also Anknüpfungspunkte für den Unterricht.

Zum Herausarbeiten der Charakteristika politischer Macht im Unterricht ist ein ›Umweg‹ über die anderen Machtaspekte nötig. Grundschüler/innen sollten – in Anlehnung an »Foundations of Democracy« – zunächst
– verschiedene Ursachen für Autorität bzw. Macht kennenlernen,
– Kriterien für die Auswahl von Personen auf Machtpositionen benennen,
– Vor- und Nachteile von Autorität analysieren und
– Grenzen von Autorität begründen können (vgl. CCE 2000, 2).
»Macht, Kontrolle, Mitbestimmung« hatte schon Gertrud Beck als zentral für politische Bildung in der Grundschule angesehen (1975, 76 ff.) und folgende Teilziele für den Unterricht mit dem Arbeitsbuch für die vierte Klasse vorgeschlagen. Sie sind domänenspezifischer als das US-amerikanische Teilcurriculum, das schon in der Vorschule einsetzt. Sie werden daher hier referiert. »Die Schüler sollen erkennen:
– wer über wen bestimmt;
– dass in einer Gruppe über Prioritäten, notwendige Regelungen und ggf. deren Durchsetzung mit Hilfe von Sanktionen entschieden werden kann;
– wie man in einer Gruppe zu Entscheidungen kommen kann, wie Mehrheitsentscheidungen zustande kommen;
– dass Mitbestimmung bedeutet, dass alle Mitglieder einer Gruppe gemeinsam entscheiden, was geregelt werden soll, wie es geregelt werden soll und wem die Macht zur Ausführung der Beschlüsse übertragen werden soll;
– dass ein Sprecher keine Entscheidungen fällen, sondern Gruppenbeschlüsse herbeiführen und ausführen soll;

- dass man Macht delegieren kann, aber auch kontrollieren muss;
- dass in manchen Gruppen einer oder wenige über viele bestimmen.

Die Schüler sollen befähigt werden,
- zwischen wichtigen und unwichtigen Entscheidungen zu unterscheiden;
- zwischen dem Setzen (Legislative) und Durchsetzen (Exekutive) von Regelungen zu unterscheiden;
- zwischen den Interessen der Mächtigen und den Interessen der Abhängigen zu unterscheiden;
- sich für die Durchsetzung der Schülerinteressen zu engagieren« (Beck 1975, 77).

2.2 Privat – Öffentlich

Ein weiteres US-Teilcurriculum ist »Privacy«. Das Private ist das Intime; es ist das, was man nicht allen erzählen möchte. Es gibt im Kinderleben auch Geheimnisse, die allenfalls nur den besten Freunden und Freundinnen mitgeteilt werden. Das Private ist der Nahraum, in den Fremde nicht so ohne weiteres hineingelangen. Die Personen im Privaten sind vertraut. Die Beziehungen zu ihnen können jeweils besonders gestaltet werden. Typisch für das Private ist die ›Familie‹ mit ihrem intimen, abgegrenzten Raum. Als eine Art Gegensatz dazu kann das politische Fachkonzept Öffentlichkeit verstanden werden. Die Öffentlichkeit ist prinzipiell unbegrenzt, kann jedoch z. B. auf die »schulische Öffentlichkeit« eingeschränkt werden. Einzelne haben in der Regel wenig Einfluss darauf, wer an öffentlichen Veranstaltungen teilnimmt. Nicht alle Teilnehmenden müssen bekannt oder gar vertraute Personen sein. In der Öffentlichkeit ist mit Fremden in ›teilstandardisierten‹ Situationen umzugehen. Die Basis für Handlungen stellen prinzipiell verallgemeinerungsfähige Regeln und Kriterien dar. Diese bieten idealerweise aufgrund ihrer Allgemeinheit, ihrer Bekanntheit und Verlässlichkeit einen Schutz vor ungewollter Intimität (s. Sennett 1986). Andererseits werden der eigenen Expressivität Grenzen gesetzt, denn die Persönlichkeit der Menschen interessiert hier nur in den Aspekten, die zur Konstituierung der (besonderen) Öffentlichkeit wichtig sind. Schüler/innen als Teilnehmende in öffentlichen Gruppen müssen lernen, einander ihre Wünsche und Bedürfnisse in Anerkennung der Anderen egalitär und wechselseitig zu vermitteln (vgl. Steffens 1996, 533). Die Schulklasse kann als halb-öffentlich charakterisiert werden, da es in ihr eine »generalisierte Intimität« (ebd.) gibt.

Deutlich werden die jeweiligen Bedeutungen besonders im Kontrast: Das Politische bewegt sich als Prozess im Spektrum von öffentlicher Auseinandersetzung um Problemdefinitionen, Interessen oder Bewertungen zwischen Parteien, Regierung und Opposition oder Institutionen bis hin zu Vereinbarungen, die quantitativ kleinere Gruppen der Gesellschaft betreffen, wie z. B. Gestaltungen des Zusammenlebens in einer Schulklasse, in einem Verein oder in einem Betrieb. Das Nicht-Politische bezieht sich auf private und familiäre, intime Beziehungen mit ihrem jeweils Besonderen und Individuellen. Spezifische Rollen, definierte Handlungsbereiche im Rahmen bestehender Strukturen und öffentlicher Machtgebrauch bzw. Konsensbedarf stehen zumindest vom Selbstanspruch her diffusen Rollen, spontanen Handlungen in informellen Räumen und emotionalen Bedürfnissen gegenüber. So fokussiere nach Nunner-Winkler (1991) z. B. die Fürsorglichkeitsperspektive die Beziehung zwischen Menschen und sei daher typisch für diffuse Rollenbeziehungen (im Privaten), in denen vielfältige Aspekte des Kontextes entscheidend für das Handeln sind. Die Gerechtigkeitsperspektive hingegen sei typisch für spezifische Rollenbeziehungen (im Öffentlichen), in denen Rechte und Pflichten klar geregelt sind, nach denen entschieden werden kann (siehe Genaueres im Beitrag »Familie« von Dagmar Richter hier im Buch).

2.3 Repräsentation

Das Fachkonzept Repräsentation ist in der Grundschule anschaulich z. B. durch die Wahl eines Klassensprechers. Im US-amerikanischen Curriculum wird das (moralische) Konzept Verantwortlichkeit (responsibility) und seine Bedeutung für Menschen und Gemeinschaft (community) in den Mittelpunkt gestellt. Verantwortlichkeit ist eine wichtige Komponente des Konzepts Repräsentation (vgl. Detjen 2006 a). In repräsentativen Demokratien wird in Wahlen den Repräsentanten die Herrschaftsausübung übertragen, die ihr freies Mandat verantwortungsvoll, also ihrem Gewissen unterworfen, ausüben sollen. Formal vertreten sie das ganze Volk (Gemeinwohl), faktisch vertreten sie als Parteimitglieder nur die Interessen von Teilen des Volkes. Auch der Klassensprecherin oder dem Blumengießer wird Verantwortung übertragen, und sie müssen das Amt verantwortlich ausüben. Ihre Tätigkeit wird kontrolliert und sanktioniert; in den oben referierten Zielen von Beck zur Macht ist dieser Aspekt gleichfalls enthalten.

2.4 Gemeinwohl – Gerechtigkeit

Zum Basiskonzept Gemeinwohl – als ›gute‹ politische Praxis im antiken Sinne oder eingebunden in normative Gesellschaftstheorien (z. B. Habermas 1981) – kann in der Grundschule hingeführt werden über das normative

Konzept Gerechtigkeit. Gemeinwohl ist die politische Leitidee, die gewährleisten könnte, dass allen Bürgerinnen und Bürgern Gerechtigkeit widerfährt. Gerechtigkeit ist eine zentrale Norm in den Grundrechten, die auf die Ordnung der gesellschaftlichen Beziehungen gerichtet sind. Sie findet sich daher neben Gleichheit und Menschenwürde in früheren, anerkannten Leitideen politischer Bildung (vgl. Gagel 1983) oder – neuer – in der ›Bildung für Nachhaltigkeit‹. Manche übersetzen »Basiskonzepte« mit Begriffen wie »Leitideen« oder auch »Leitlinie« oder »big idea« (vgl. Demuth u. a. 2005, 57), so dass hier durchaus auf Traditionen politischer Bildung in Deutschland zurückgegriffen werden kann.

Gerechtigkeit wird in dem US-amerikanischen Teilcurriculum »Justice« gleichgesetzt mit »fairness«. Gerechtigkeit wird dort differenziert in »distributive justice« (ausgleichende Gerechtigkeit), »corrective justice« (führt in späteren Curricula der Sek. I zur Exekutive) und »procedural justice« (führt später zur Legislative). In der Lektion »Corrective Justice« lernen die Schüler/innen zu unterscheiden, wann eine Regel gebrochen, gegen ein Gesetz verstoßen oder ein moralisches Prinzip verletzt wurde. Sie sollen überlegen, ob und wie die Strafe, die Prävention oder Abschreckung aussehen sollte. Des Weiteren lernen sie das Gericht kennen: Die Begriffe Anhörung, Richter, Verteidiger werden eingeführt. Fortgesetzt wird dieser letzte Aspekt ausführlicher in der Lektion »Procedural Justice«. Hier wird auch geklärt, dass das Recht auf Privatheit, Freiheit und Würde unantastbar ist und es werden verschiedene Institutionen des Rechtswesens vorgestellt (juvenile court, state legislator, United States Supreme Court). Durch problemorientierte Zugänge, in denen die jeweiligen Funktionen der Institutionen im Mittelpunkt stehen, wird eine ›Institutionenkunde‹ vermieden.

Gerechtigkeit ist auch im Arbeitsbuch von Beck enthalten, jedoch in verschiedenen Themenfeldern ›versteckt‹, so z. B. verknüpft mit dem Ausgleich von Interessen oder der Untersuchung von Regeln: Im Zusammenhang mit »Ordnungen, Regeln, Gesetzen« (siehe dazu den Beitrag von Wegener-Spöhring hier im Buch) formuliert sie u. a. folgende Ziele:
»Die Schüler sollen erkennen,
– dass Regelungen von Menschen gemacht sind und geändert werden können;
– dass Regelungen oft von wenigen gemacht sind, aber viele sich danach richten müssen; […]
– dass es Regelungen gibt, die einzelne oder Gruppen benachteiligen oder schädigen;
– dass die Setzung und die Durchsetzung von Regelungen durch Interessen bestimmt werden;

– dass es viele Regelungen gibt, die den Bedürfnissen und Interessen der Kinder nicht entsprechen« (Beck 1975, 49 f.).

Gerechtigkeit kann eine Perspektive sein, den Sinn oder Unsinn von Regeln und Gesetzen zu beurteilen.

2.5 Fachkonzepte in verschiedenen Kontexten

Kontexte	Auswahl aus den vier Fach- bzw. *Basiskonzepten*, die (auch kontrastierend mit anderen Konzepten) thematisiert werden können	Beispiele für weitere mögliche wiederkehrende (Fach-)*Konzepte* bzw. – bildungstheoretisch formuliert – für *didaktische Kategorien*
Gemeinde	Repräsentation, Macht, Öffentlichkeit, Gemeinwohl	Partizipation/Mitbestimmung, Interessen, Institutionen (Gemeinderat, Bürgermeister etc.), Wahlen, Gesetze, Rechte und Pflichten, Bürger und Einwohner, Versorgung, Sicherheit …
Heimat	Macht, Repräsentation, Gemeinwohl	Global – Regional, Pluralität, Mobilität, Interessen, Bedürfnisse, Partizipation/Mitbestimmung
Familie	Öffentlichkeit (Privatheit), Macht	Partizipation/Mitbestimmung, Rechte und Pflichten
Kinderrechte	Öffentlichkeit, Macht	Regel – Gesetz, Grundrechte, Partizipation/Mitbestimmung
Krieg und Frieden	Macht, Gemeinwohl, Öffentlichkeit	Gewalt, Konflikt, Recht …
Holocaust	Macht, (Un-)Gerechtigkeit	Gleich – Verschieden, Minderheit – Mehrheit, Vorurteile, Ausgrenzung
Nachhaltigkeit	Gemeinwohl (Gerechtigkeit), (Verantwortlichkeit)	Partizipation/Mitbestimmung, Konflikte, Interessen, Regeln – Gesetze
Arbeit	Öffentlichkeit, Gemeinwohl/Gerechtigkeit (Macht), (Verantwortlichkeit)	Arbeitsteilung, Geld, Arm – Reich
Geschlechterverhältnisse	Gemeinwohl/Gerechtigkeit, Macht	Gleich – Verschieden, Interessen, Konflikte, Rechte, Bedürfnisse
Interkulturelle Bildung	Gemeinwohl, Macht, Öffentlichkeit	Gleich – Verschieden; Konflikte, Integration, Pluralität, Minderheit – Mehrheit, Vorurteile, Ausgrenzung

Der vorstehende Überblick soll die hier im Buch präsentierten Kontexte vorstellen und Möglichkeiten für die Thematisierung von Fachkonzepten verdeutlichen – natürlich ohne Anspruch auf Vollständigkeit. Interessant ist, dass besonders ein (Fach-)Konzept fast in jedem Thema wiederkehrt: Partizipation bzw. Mitbestimmung. Die Bedeutung von Partizipation wurde schon des Öfteren herausgestellt (vgl. z. B. Burk u. a. 2003) und sie wird für Grundschüler/innen mit dem Ausbau von Ganztagsschulen steigen. Im internationalen Vergleich gesehen beteiligen sich deutsche Schüler/innen bislang nur wenig in schulischen Partizipationsgremien (vgl. Oesterreich 2002, 78). Eingebunden in verschiedene Kontexte wird Partizipation nicht nur auf der Handlungsebene angestrebt, sondern auch in die Dimension des Fachwissens eingebunden. Dann lässt sich unterscheiden, ob der »weichere« Alltagsbegriff Partizipation im Sinne von »sich beteiligen« oder »mitmachen« gemeint ist oder tatsächlich das politische Fachkonzept Mitbestimmung, d. h. die »Beteiligung der Betroffenen an Entscheidungsprozessen« (Neumann 1992, 490). Die Mitwirkungs- oder Mitentscheidungschancen und -rechte können unterschiedlich sein: Betroffene können angehört werden, mit beraten, ein Veto einlegen. Nur im Falle der Möglichkeit eines Vetos, das eine Gruppe von Betroffenen bzw. ihr Stellvertreter einlegen kann, »hat der Begriff Mitbestimmung seine volle Bedeutung für demokratische Entscheidungsprozesse« (ebd., 492). Im Grundschulbereich hat sich mittlerweile der Begriff Partizipation durchgesetzt, der alles umfasst. Da aber das Konzept »Mitbestimmung« sprachlich für Kinder anschaulicher ist als Partizipation, sollte stets überlegt werden, welcher Begriff im Unterricht zum Tragen kommt. Auch kann man mit den Schüler/innen über einen Vergleich der Begriffe zur Klärung der Domäne kommen.

3. Kompetenzdimension: Erkenntnisgewinnung

Formen der Erkenntnisgewinnung werden als Methodenkompetenz in den GPJE-Standards (2004) und hier in vielen Beiträgen vorgestellt. Sie sollen daher an dieser Stelle nicht wiederholt werden, zumal sie nicht immer fachspezifisch sind und Wirkungsforschung fehlt. Je nach beabsichtigten Lernprozess sind geeignete Formen der Erkenntnisgewinnung auszuwählen (vgl. Oser/Baeriswyl 2001; siehe auch Richter 2005). Wichtig ist zu betonen, dass auch handlungsorientierte Formen der Erkenntnisgewinnung einer kognitiven Bearbeitung bedürfen, wie in der Einleitung am Beispiel »Partizipation« skizziert.

Zur Erkenntnisgewinnung gehört auch die Vermeidung bzw. Korrektur von Fehlverständnissen im Unterricht. Gibt es ›misconceptions‹, ist ein ›conceptual change‹ herbeizuführen. Doch liegen hierzu für politisches Lernen kaum Studien vor. Judith Torney-Purta (1994) hat in Anlehnung an die Arbeit von M.T.H. Chi zur Domäne Physik versucht, einige Prinzipien des Konzeptwechsels auf die Domäne Politik zu übertragen. Demzufolge sehe die Sichtweise einer Expertin bzw. eines Experten auf ein politisches Ereignis so aus, dass sie oder er es sich vorstellt:
- als einen Prozess in einem Kontinuum, ohne klaren Anfang oder klares Ende;
- als beeinflusst, aber nicht völlig zu erklären durch einzelne politische Führungspersonen;
- als ausgelöst durch verschiedene Ursachen und zu interpretieren durch verschiedene Sichtweisen;
- als kontextualisiert durch Zeit und Raum, also als historisch und kulturell eingebunden (vgl. Torney-Purta 1994, 106).

Novizen hingegen isolierten ein Ereignis, sähen es als Zustand und nicht als Prozess an, interpretierten es als wenig komplex und überbetonten die Rolle einzelner Politiker (ebd.). In ihren empirischen Ergebnissen, die den Charakter von Pilotstudien haben, bestätigen sich diese Annahmen. Doch haben weder Torney-Purta noch andere diesen Ansatz bislang weiter verfolgt. Die Charakterisierung ist nicht falsch. Aber das spezifisch Politische ist in diesem Modell nicht zu erkennen; der Ansatz ist unterkomplex.

4. Kompetenzdimension: Kommunikation

Kommunikation ist eine wesentliche Kompetenz für politische Bildung. Hierzu gehören zunächst das Erschließen von Informationen und die Fähigkeit, sie sachbezogen darstellen und austauschen zu können. Beobachtungen sind in geeigneten Präsentationen (Vortrag, Rollenspiel, Wandzeitung etc.) wiederzugeben. Ziel ist, die eigenen Interessen und Bedürfnisse adäquat ausdrücken, sich aktiv für eine Position einsetzen oder einen Standpunkt in einer Diskussion argumentativ vertreten zu können.

Kommunikationskompetenzen werden bislang mehrheitlich in der Familie grundgelegt, die Kinder in den letzten Jahrzehnten zunehmend partnerschaftlich an den Entscheidungsprozessen beteiligt hat. »Grundschulkinder werden heute in großem Umfang von ihren Eltern um ihre Meinung gefragt, wenn es um Dinge geht, die sie unmittelbar betreffen« (Alt u. a.

2005, 28). Bei »Angelegenheiten, welche die Familie als Ganzes betreffen«, finden sich schichtabhängige Variationen: »Mit steigendem Einkommen und damit einhergehend mit steigendem sozioökonomischen Status nimmt die Bereitschaft zu, die Interessen der Kinder zu beachten« (ebd., 29) und sie in Gespräche einzubeziehen. Empirische Studien haben gezeigt, dass ein Verständnis für Interpretationen ungefähr im Alter von sechs Jahren erreicht ist (vgl. Pillow/Henrichon 1996), so dass in der Grundschule diese Kompetenz weiter gefördert werden kann.

In der Fachdidaktik Politik gibt es verschiedene Einteilungen von Kommunikationen bzw. Gesprächen für den Unterricht, in denen die entsprechende Fähigkeit geübt werden kann. Unter der Überschrift »Spezielle Gesprächsformen« ordnet Mickel das Unterrichts-/Gruppengespräch, die Diskussion, die Debatte (Pro-/Contra-Debatte, Talkshow), den Diskurs, die Gesprächsleitung, die Moderation und das Gespräch mit Experten (Mickel 2003, 237). Es gibt Streitgespräche, philosophische Gespräche u.v.m., die nicht immer trennscharf zu charakterisieren sind (vgl. Richter 2007).

In Kommunikationen im Unterricht sind die Besonderheiten des Politischen zu berücksichtigen: Nicht jedes Konzept ist eindeutig. Politische Konzepte sind Produkte menschlichen Denkens über öffentliche Dimensionen des Zusammenlebens. Sie verändern sich historisch und werden im Kontext unterschiedlicher politischer Positionen ›eingefärbt‹. Insofern bedeutet Kommunikation in der politischen Bildung auch das Streiten über Wörter. Verhandlungs- und Aushandlungsprozesse gehören zum politischen Lernen hinzu (vgl. Richter 2004). Die kommunikative Kompetenz umfasst eine kritische und selbstständige Interpretation aktueller Phänomene vor dem Hintergrund von Fachkonzepten, die aus Theorien entwickelt wurden – die kommunikative Kompetenz besteht also in einem reflektierten Zugang zu den Basiskonzepten.

5. Kompetenzdimension: Bewertung

Als weitere Kompetenzdimension ist die politische Urteilskompetenz zu nennen, das erklärte Ziel allen politischen Lernens. Politische Urteile beziehen sich auf eine konkrete empirische Situation, für die »wertorientiert Stellung bezogen wird«, die das »Gedeihen des Gemeinwesens« mit berücksichtigt und die Partei ergreift (Detjen 2006 b). Sie sind insofern von Moralurteilen zu unterscheiden, die kontextunabhängig »unbedingte Geltung« anstreben (ebd.). Eine umfassende Definition gibt Ingo Juchler (2005, 71):

»Ein politisches Urteil weist sich durch das verständigungsorientierte Abwägen des Eigeninteresses des Individuums mit den tatsächlichen oder vorgestellten Interessen anderer nach Maßgabe politischer Werte in Bezug auf einen in der politischen Öffentlichkeit thematisierten Sachverhalt aus, so dass es für jedes Mitglied des politischen Gemeinwesens als prinzipiell zustimmungsfähig erscheint«.

Im Entwurf der Bildungsstandards der GPJE findet sich zu dieser Dimension für die Grundschule konkreter: »Die Bedeutung von Regeln und Gesetzen für das Zusammenleben erklären und beurteilen« oder »unterschiedliche demokratische Entscheidungsverfahren im schulischen Leben erkennen und erklären (z. B. Klassenrat, Klassensprecher/in)« (GPJE 2004, 19). Das politische Urteil wird hier auf die Beurteilung, Analyse und Erklärung reduziert, wobei unklar ist, ob diese Reduktion dem untersten Niveau der Dimension entspricht.

Kompetenzmodelle liegen im Trend. Doch unabhängig davon scheinen sie zurzeit eine Möglichkeit zu bieten, nach entsprechenden fachdidaktischen Diskussionen den domänenspezifischen Bereich im Rahmen des Sachunterrichts bzw. in der Grundschule zu konturieren und weiter zu entwickeln. Sie sind hilfreich bei der Erfassung individueller Lernergebnisse sowie zur Bilanzierung von Bildungsprozessen; entsprechende Forschungsprozesse laufen (vgl. Klieme/Leutner 2006), bislang jedoch nicht für politisches Lernen. Politischer Bildung von Grundschüler/innen fehlt die empirische Forschung, die sie verbessern, neu ausrichten oder mit besseren Argumenten in der Schul- und Unterrichtspraxis implementieren könnte. Von daher könnte die theoretische Entwicklung von Kompetenzstrukturmodellen und ihre empirische Fundierung eine Chance sein.

Literatur

Alt, Christian / Teubner, Markus / Winklhofer, Ursula (2005): Partizipation in Familie und Schule – Übungsfeld der Demokratie. In: Aus Politik und Zeitgeschichte (41), S. 24–31.

Barrett, Martyn u. a. (1997): Children's Beliefs and Feelings about Their Own and Other National Groups in Europe. Final Report to the Commission of the European Communities, Directorate-General XII for Science, Research and Development, Human Capital and Mobility (HCM) Programme, Research Network Contract No. CHRX-CT94–0687.

Beck, Gertrud (1975): Politische Sozialisation und politische Bildung in der Grundschule. Unter Mitarbeit von Siegfried Aust und Wolfgang Hilligen. (2. Aufl.) Frankfurt a. M.

Behrmann, Günther C. / Grammes, Tilman / Reinhardt, Sibylle (2004): Politik. Kerncurriculum Sozialwissenschaften in der gymnasialen Oberstufe. In: Tenorth, Heinz-Elmar (Hrsg.): Kerncurriculum Oberstufe II. Biologie, Chemie, Physik, Geschichte, Politik. Weinheim/Basel, S. 322–406.

Biedermann, Horst (2006): Junge Menschen an der Schwelle politischer Mündigkeit. Partizipation: Patentrezept politischer Identitätsfindung? Münster u. a.

Borries, Bodo von (2002): Lehr-/Lernforschung in europäischen Nachbarländern – ein Stimulus für die deutschsprachige Geschichtsdidaktik? In: Handro, Saskia/ Schönemann, Bernd (Hrsg.): Methoden geschichtsdidaktischer Forschung. Münster, S. 13–49.

Burk, Karlheinz / Speck-Hamdan, Angelika / Wedekind, Hartmut (Hrsg.) (2003): Kinder beteiligen – Demokratie lernen? Frankfurt a. M.

Center for Civic Education (CCE) (2000): Learning About Foundations of Democracy. Teacher's Guide for Primary Grades. Calabasas, CA.

Coles, Robert (1986): The Political Life of Children. Boston.

Demuth, Reinhard / Ralle, Bernd / Parchmann, Ilka (2005): Basiskonzepte – eine Herausforderung an den Chemieunterricht. In: CHEMKON, (12), Nr. 2. Weinheim, S. 55–60.

Detjen, Joachim (2006 a): Braucht die politische Urteilsfähigkeit Basiskonzepte? Vortrag GPJE.

Detjen, Joachim (2006 b): Politische Urteilskompetenz. In: Weißeno, Georg u. a. (Hrsg.): Wörterbuch Politische Bildung. Schwalbach/Ts. (im Erscheinen).

Gagel, Walter (1983): Einführung in die Didaktik des politischen Unterrichts. Opladen.

GDSU (Hrsg.) (2002): Perspektivrahmen Sachunterricht. Bad Heilbrunn.

GPJE (Gesellschaft für Politikdidaktik und politische Jugend- und Erwachsenenbildung) (2004): Nationale Bildungsstandards für den Fachunterricht in der Politischen Bildung an Schulen – Ein Entwurf. Schwalbach/Ts. URL: www.gpje.de/bildungsstandards.htm

Habermas, Jürgen (1981): Theorie des kommunikativen Handelns. 2 Bände. Frankfurt a. M.

Hartig, Johannes / Klieme, Eckhard (2006): Kompetenz und Kompetenzdiagnostik. In Schweizer, Karl (Hrsg.): Leistung und Leistungsdiagnostik. Heidelberg, S. 127–143.

Helwig, Charles C. (1998): Children's Conceptions of Fair Government and Freedom of Speech. In: Child Development, Vol. 69, (2), S. 518–531.

Hilligen, Wolfgang (1985): Zur Didaktik des politischen Unterrichts. Opladen.

Juchler, Ingo (2005): Demokratie und politische Urteilskraft. Überlegungen zu einer normativen Grundlegung der Politikdidaktik. Schwalbach/Ts.

Klieme, Eckhard u. a. (2001): Fächerübergreifende Kompetenzen: Konzepte und Indikatoren. In: Weinert, Franz E. (Hrsg.): Leistungsmessungen in Schulen. Weinheim/Basel, S. 203–218.

Klieme, Eckhard u. a. (2003): Zur Entwicklung nationaler Bildungsstandards – Eine Expertise. URL: www.dipf.de (Februar 2003).

Klieme, Eckhard / Leutner, Detlev (2006): Kompetenzmodelle zur Erfassung individueller Lernergebnisse und zur Bilanzierung von Bildungsprozessen. Überarbeitete Fassung des Antrags an die DFG auf Einrichtung eines Schwerpunktprogramms. Download unter URL: www.kompetenzdiagnostik.de

Laupa, Marta / Turiel, Elliot / Cowan, Philip A. (1995): Obedience to authority in children and adults. In: Killen, Melanie/Hart, Daniel (Hrsg.): Morality in everyday life: Developmental perspectives. Cambridge studies in social and emotional development. New York, S. 131–165.

Martens, Ekkehard (2005): »Der kleine Prinz« oder: Was ist Autorität? – Sokratisches Philosophieren mit Kindern. In: Hößle, Corinna/Michalik, Kerstin (Hrsg.): Philosophieren mit Kindern und Jugendlichen. Baltmannsweiler, S. 68–80.

Merelman, Robert M. (1986): Revitalizing political socialization. In: Hermann, Margaret G. (Hrsg.): Political Psychology. San Francisco, S. 279–319.

Mickel, Wolfgang (2003): Praxis und Methode. Einführung in die Methodenlehre der Politischen Bildung. Berlin.

Neumann, Franz (1992): Mitbestimmung. In: Drechsler, Hanno/Hilligen, Wolfgang/Neumann, Franz (Hrsg.): Gesellschaft und Staat. Lexikon der Politik. (8. Aufl.) München, S. 490–495.

Niemi, Richard G. / Hepburn, Mary A. (1995): The Rebirth of Political Socialization. In: Perspectives on political science: incorporating Perspective and Teaching. Washington, DC, (24), S. 7–16.

Nunner-Winkler, Gertrud (1991): Gibt es eine weibliche Moral? In: dies. (Hrsg.): Weibliche Moral. Die Kontroverse um eine geschlechtsspezifische Ethik. Frankfurt a. M., S. 147–161.

Oesterreich, Detlef (2002): Politische Bildung von 14-Jährigen in Deutschland. Studien aus dem Projekt Civic Education. Opladen.

Oser, Fritz K. / Baeriswyl, Franz J. (2001): Choreographies of Teaching: Bridging Instruction to Learning. In: Richardson, Virginia (Hrsg.): Handbook of Research on Teaching, Fourth Edition. New York, S. 1031–1065.

Pillow, Bradford H. / Henrichon, Andrea J. (1996): There's More to the Picture Than Meets the Eye: Young Children's Difficulty Understanding Biased Interpretation. In: Child Development (67), S. 803–819.

Reichwein, Roland (1989): Autorität. In: Lenzen, Dieter (Hrsg.): Pädagogische Grundbegriffe, Bd. 1. Reinbek, S. 140–149.

Richter, Dagmar (2004): Soziale und gesellschaftliche Zusammenhänge verstehen. Wie kann der Sachunterricht zur nötigen hermeneutischen Kompetenz anleiten? In: Köhnlein, Walter/Lauterbach, Roland (Hrsg.): Verstehen und begründetes Handeln. Bad Heilbrunn, S. 187–202.

Richter, Dagmar (2005): Lehren als Sequenzierung des Lernens – empirische Befunde. In: Weißeno, Georg (Hrsg.): Politik besser verstehen. Neue Wege der politischen Bildung. Wiesbaden, S. 149–164.

Richter, Dagmar (2007): Gespräch/Diskussion. In: Weißeno, Georg u. a. (Hrsg.): Wörterbuch Politische Bildung. Schwalbach/Ts.

Sennett, Richard (1986): Verfall und Ende des öffentlichen Lebens. Die Tyrannei der Intimität. Frankfurt a. M.

Stark, Robin (2003): Conceptual Change: kognitiv oder situiert? In: Zeitschrift für Pädagogische Psychologie, (17), Heft 2, S. 133–144.

Steffens, Gerd (1996): Öffentlichkeitsverlust. Beobachtungen und Überlegungen zu einem aktuellen Problem der politischen Bildung. In: Gegenwartskunde, (4), S. 531–540.

Torney-Purta, Judith (1994): Dimensions of Adolescents' Reasoning about Political and Historical Issues: Ontological Switches, Developmental Processes, and Situated Learing. In: Carretero, Mario/Voss, James F. (Hrsg.): Cognitive and Instructional Processes in History and the Social Sciences. Hillsdale, New Jersey, S. 103–122.

Weber, Max (1922): Wirtschaft und Gesellschaft. Grundriß der Verstehenden Soziologie. 5. Aufl., hrsg. von Johannes Winckelmann, Tübingen 1980.

Weinert, Franz E. (2001 a): Vergleichende Leistungsmessung in Schulen – eine umstrittene Selbstverständlichkeit. In: ders. (Hrsg.): Leistungsmessungen in Schulen. Weinheim/Basel, S. 17–31.

Weinert, Franz E. (2001 b): Concept of competence: a conceptual clarification. In: Rychen, Dominique S./Salganik, Laura H. (Eds.): Defining and Selecting Key Competencies. Seattle, S. 45–65.

Wellman, Henry M. / Gelman, Susan A. (1992): Cognitive development: Foundational theories of core domains. In: Annual Review of Psychology (43), S. 337–75.

Bernhard Ohlmeier

Politische Sozialisation von Kindern im Grundschulalter

1. Theoretische Grundlagen

1.1 Begriff

Allgemein lässt sich die politische Sozialisation von Grundschulkindern als deren politische Subjektwerdung verstehen. Genauer geht es dabei um die Entwicklung von politisch relevanten Bewusstseinsstrukturen sowie um die Ausbildung von Gestaltungskompetenzen, die Kinder im Grundschulalter als zukünftige Staatsbürger/innen qualifizieren. Das politisch-gesellschaftliche »Mitglied-Werden« (Hurrelmann/Ulich 2002) erfordert die Befähigung zur inhaltlichen Teilhabe und prozeduralen Teilnahme an Politik, insbesondere an politischen Willensbildungs- und Entscheidungsprozessen. Im Verlaufe ihrer politischen Sozialisation sind Kinder in diesem Verständnis stets »auf dem Weg zur politischen Kultur« (Ohlmeier 2006), der idealiter zur »aktiven Mitgliedschaft« im politischen Gemeinwesen führen soll.

1.2 Anthropologische Voraussetzungen

Grundlage dieser subjektiven personenbezogenen Perspektive (vgl. Hurrelmann/Ulich 2002, 6 f.) bildet eine politische Anthropologie, die sich an den Möglichkeiten und Chancen des Menschseins ausrichtet. Denn als vernunft- und sprachbegabtes wie auch politisches Lebewesen ist das personale Subjekt prinzipiell in der Lage, sich über seine politischen Verhältnisse zu verständigen und diese im Spannungsfeld der nicht einseitig auflösbaren Polaritäten »Individualität – Sozialität«, »Natur – Kultur« und »Überlieferung – Fortschritt« zu gestalten (vgl. Sutor 1984, 58 f.). Als Individuum wächst der Mensch zunächst in die Gesellschaft fast wie in einen Naturzustand hinein und lernt erst im Verlaufe des Mündigwerdens an der Gestaltung gesellschaftlicher und politischer Bezüge mitzuwirken. Dabei ist er immer »Quelle und Produkt der Gesellschaft zugleich« (Sutor/Detjen 2001, 35) bzw. »Geschöpf und Schöpfer« (Prengel 1990, 132). Menschliche Daseinsbestimmtheit und Selbstbestimmung greifen ineinander. Die »Natur« des

Menschen ist nicht einfach »gegeben«. »Das, was am Menschen den Menschen ausmacht, Humanität, hat diesen doppelten Charakter: dem Menschen selbst in die Hand gegeben, zugleich gegeben und aufgegeben zu sein« (Habermas 1958, 30). Menschliches Leben ist somit immer auch sinnorientiertes Handeln und nicht reaktives Sich-Verhalten, »ist vita agenda, nicht vita acta; ist nicht blindes, determiniertes Geschehen, sondern Gestaltungsaufgabe« (Sutor 1984, 55).

1.3 Das interaktive Sozialisationsmodell des produktiv realitätsverarbeitenden Subjekts

Es ist davon auszugehen, dass Kinder zu jedem Zeitpunkt ihrer Entwicklung mit ihrer Umwelt in interaktiven und kommunikativen Beziehungen verflochten sind, die im Hinblick auf ihre kindliche, jugendliche und erwachsene »Mitbürgerlichkeit« (Kuhn/Uhlendorff/Krappmann 2000) von Bedeutung sein können. Zum besseren Verständnis von politischen Sozialisationsprozessen bietet sich daher vorrangig ein interaktives Modell (vgl. Hurrelmann 2002, 21 f.) der Beziehung zwischen Person und Umwelt an. Danach vollzieht sich die politische Persönlichkeitsentwicklung von Grundschulkindern in ständiger Abhängigkeit von und Auseinandersetzung mit der gesellschaftlich und politisch vermittelten, sozialen und dinglich-materiellen Umwelt. Politische Sozialisationsinstanzen dienen als Erschließer der äußeren Wirklichkeit und stellen so die intermediäre Verbindung zwischen Individuum und soziopolitischem System her. Als Subjekte der politischen Sozialisation befinden sich Kinder im Grundschulalter in einem fortlaufenden Prozess der produktiven Verarbeitung ihrer inneren und äußeren Realität, wobei deren Ergebnisse wiederum auf die politisch-gesellschaftliche Umwelt zurückwirken. Im Unterschied zu eindimensionalen Positionen, die ihre Erklärungsansätze entweder auf die Mikro- oder Makrodimension der sozialen Wirklichkeit abstellen, zielt das Modell des produktiv realitätsverarbeitenden Subjekts auf eine mehrdimensionale und kontextualistische Theoriekonstruktion, die sowohl subjektive als auch objektive Sozialisationsfaktoren berücksichtigt. Gesellschaftliche Institutionalisierungsprozesse auf der einen und intrapsychische Prozesse der Persönlichkeitsentwicklung auf der anderen Seite sind dabei aufeinander zu beziehen und miteinander zu verbinden (vgl. Hurrelmann/Ulich 2002, 9). Um gültige Aussagen über die vielschichtigen Wechselseitigkeitsbeziehungen in politischen Sozialisationsprozessen von Grundschulkindern machen zu können, müssen daher psychologische und soziologische Theorien herangezogen werden, die hinreichend interaktiv und sinnverstehend angelegt sind.

1.4 Politikbegriff

1.4.1 Handlungstheoretische Perspektive

Politik als Formalobjekt der grundschulkindlichen politischen Sozialisation sollte daher vorrangig unter einer handlungstheoretischen Perspektive operationalisiert werden, die weniger das scheinbar kalkulierbare Reaktionsverhalten von Menschen auf technisch hergestellte Umstände in den Blick nimmt, sondern schwerpunktmäßig ihre Interaktions- und Kommunikationspotentiale. In den Vordergrund rücken dadurch vor allem die bürger- bzw. zivilgesellschaftlichen Dimensionen von Politik (vgl. exemplarisch Rödel 1996). Eine solche, auf subjektives und/oder objektives Sinnverstehen orientierte, Betrachtungsweise setzt bei der geschichtlich gelebten, gesellschaftlichen und politischen Praxis an. Normen, Institutionen und Strukturen sozialen und politischen Handelns und Zusammenlebens sind dabei weder logisch noch ontologisch, sondern als kommunikative Wahrheiten erklärbar, die grundsätzlich auch Alternativen ermöglichen (vgl. Sutor 1984, 32 f. und 41 f.). Schließlich sind politische Begriffe als Eingriffe in soziale Zusammenhänge zu verstehen, die sich intentional, aus Absichten und Interessen, auf Handlungssituationen sowie Handlungsprobleme beziehen. Dementsprechend lässt sich das normativ-praktische bzw. sinnverstehend-soziologische Theoriekonzept den traditionellen wissenschaftstheoretischen Ansätzen nicht eindeutig zuordnen. Am ehesten ergibt sich eine Nähe zur so genannten phänomenologisch-konstruktivistischen Position, die politische Wirklichkeit vor allem als eine durch Menschen in sozialer Interaktion und Kommunikation konstruierte Realität versteht, deren Sinn- und Handlungsstrukturen mit Hilfe von verstehenden und beschreibenden Verfahren rekonstruiert werden können (vgl. Dörner/Rohe 2000, 485 f.), ohne diese zu verabsolutieren. Dessen ungeachtet macht es jedoch auch im Hinblick auf Grundschüler/innen weiterhin Sinn, Politik mit Hilfe grundlegender Kategorien annäherungsweise zu bestimmen, so zum Beispiel als »öffentlichen Konflikt von Interessen unter den Bedingungen von Macht und Konsensbedarf« (von Alemann 1994, 301 sowie Schultze 2005, 698). Und ebenso grundlegend eignen sich zur Analyse von politischen Sachverhalten die in Politikwissenschaft und Politikdidaktik bewährten Dimensionen »polity«, »policy« und »politics« (vgl. Ackermann u. a. 1996, 31 f.). In diesem Verständnis ist Politik ein dreifaches Prinzip, das institutionell, normativ und prozessual bestimmt wird. Zwar ist nicht alles in der Gesellschaft politisch, aber fast alles kann politisch relevant werden, wenn es mit einem der drei Prinzipien verbunden werden kann (vgl. v. Alemann 1994, 300). Darüber hinaus ermöglicht auch das Modell des Politikzyklus einen kategorialen Zugang zur politischen Wirklichkeit, die sich demnach als eine prinzipielle Kette von Versuchen zur Bewältigung von gesellschaftlichen Gegenwarts- und Zukunftsproblemen verstehen lässt (vgl. Massing/Skuhr 1993, 252).

1.4.2 Politik im weiteren und im engeren Sinne

Als entscheidende Strukturierungshilfe für die Analyse der politischen Sozialisation von Kindern im Grundschulalter erweist sich jedoch die Unterscheidung eines weiteren und engeren Bereichs von Politik. Danach wird das Soziale vor allem dann politisch, wenn das Miteinander der Menschen als solches zum Problem wird, dessen Lösung spezifische Anstrengungen erfordert (vgl. Sutor/Detjen 2001, 29). Politisches Handeln in diesem weit gefassten Horizont lässt sich beschreiben als »beabsichtigte gemeinsame Bewältigung zwischenmenschlicher Situationen, als der Versuch der Vermittlung und Vereinbarung unterschiedlicher, möglicherweise gegensätzlicher Interessen und Absichten von Individuen und Gruppen, die in Situationen aufeinandertreffen« (Sutor 1984, 62). Auch Grundschulkinder sind von Politik in diesem weiteren Sinne oftmals unmittelbar betroffen. Denn innerhalb und außerhalb der sozialisationsrelevanten Instanzen Familie, Schule, Peer-Group, Medien, Freizeit u. a. entstehen für alle Beteiligten immer wiederkehrend Situationen, in denen das Mit-, Neben- und Gegeneinander zum Problem wird, deren Lösung Vermittlungs- und Vereinbarungsprozesse erfordert, die mit sozialwissenschaftlich erweiterten Kategorien des Politischen analysierbar bzw. sinnverstehend rekonstruierbar sind.

Obwohl politisches Handeln im weiteren Sinne in sozialen Zusammenhängen zwar vorkommt, entspricht es jedoch nicht immer deren jeweiligen primären Zwecken. Liegt eine hauptsächlich politische Zwecksetzung eines sozialen Gebildes vor, erweitern sich Rahmen und Anspruchscharakter der sozialen Problembewältigung. So versteht man unter Politik im engeren Sinne ein Handeln, »in dem es nicht mehr um Bewältigung konkreter Situationen bestimmter Gruppen geht, sondern um die Regelung der allgemeinen Verhältnisse beliebiger Personen und Gruppen, das heißt um die Ermöglichung des Zusammenlebens einer Gesellschaft und um die Bestimmung ihres Verhältnisses zu anderen Gesellschaften« (Sutor 1984, 63). Politisches Handeln im engeren Sinne hat demnach gesamtgesellschaftlich verbindliche Regelungen bzw. die »Herbeiführung von verbindlichen Entscheidungen über die Ordnung des menschlichen Zusammenlebens« (Grosser 1977, 62) zum Gegenstand. Ein dementsprechend abgrenzbarer Kernbereich von Politik umfasst zum Beispiel soziale Interaktionen und Institutionen, die an dem Willensbildungs- und Entscheidungsprozess beteiligt sind, der zu allgemein verbindlichen Normen führt und führen soll, vom

Wählerverhalten über Bürgerinitiativen, Gruppen- und Parteiinteressen, Parlamenten und Regierungen bis zu internationalen Organisationen (vgl. Grosser 1977, 9).

Insgesamt bezweckt die Unterscheidung zwischen Politik im engeren und im weiteren Sinne demnach nicht eine Auflösung des Politischen im Sozialen, sondern gerade das Aufspüren politischer Aspekte in sozialen Zusammenhängen. In Analogie zu einer weitgehend anerkannten Position in der Politikdidaktik (vgl. Massing/Weißeno 1995) kann auch die politische Sozialisationsforschung nicht auf einen Politikbegriff verzichten, der auf das Politische im engeren Sinne zielt. Dabei ist vorauszusetzen, dass nicht alles Gesellschaftliche politisierbar ist und damit zwangsläufig zu einem im engeren Sinne politischen Problem wird, da auch eine Begrenzung und Eingrenzung der politischen Sphäre als Garant für die Erhaltung individueller Freiräume, insbesondere in Bereichen ohne bzw. mit geringem sozialen Konfliktpotential, ein Wesensmerkmal von Politik überhaupt darstellt. Somit können einerseits die gesellschaftlichen Wurzeln von Politik in der Lebenswelt von Grundschulkindern in die Beschreibung ihrer politischen Sozialisation miteinbezogen werden, während andererseits ein definitorischer Kernbestand des Politikbegriffs bestehen bleibt. Dabei lässt sich aus bisherigen Beobachtungen ableiten, dass ein Großteil der Orientierungen und Handlungen von Kindern im Grundschulalter dem Bereich »latenter« Politik als der weniger sichtbare Bereich »ruhender« Politik im Unterschied zu eigentlicher »manifester« Politik als Bereich sichtbarer und offenbarer Politik (vgl. Rohe 1986, 351–353 sowie Dörner/Rohe 2000, 487) zuzuordnen ist.

1.5 Politische Sozialisation im weiteren und im engeren Sinne

Die im Hinblick auf den sozialisatorischen Entwicklungsstand von Kindern im Grundschulalter unverzichtbare Unterscheidung zwischen Politik im engeren und im weiteren Sinne lassen sich analog auf den Gesamtkomplex der politischen Sozialisation übertragen. Grundsätzlich politisch bedingt, da es in der heutigen Gesellschaft kaum mehr politikfreie Räume gibt, können in diesem Verständnishorizont auch Sozialisationsprozesse von Grundschulkindern als politisch im engeren Sinne und als politisch relevant im weiteren Sinne bezeichnet werden, wobei in der Realität von fließenden Übergängen zwischen beiden Bereichen auszugehen ist. Da politische Sozialisation letztlich ein lebenslanger Prozess ist, lässt sich die politische Relevanz der Sozialisation von Grundschulkindern in diesem Zusammenhang doppelsinnig verstehen. Denn zum einen sind die im Vor- bzw. Umfeld des Kernbereichs Politik stattfindenden Sozialisationsprozesse im weiteren Sinne politisch relevant für die gegenwärtig sich entwickelnde grundschulkindliche Persönlichkeit. Und zum anderen erweisen sich die in der Gegenwart stattfindenden, politisch relevanten und im engeren Sinne politischen Sozialisationsprozesse zusammengenommen wiederum als politisch relevant im Hinblick auf die zukünftig als Staatsbürger/in sich entfaltende, erwachsene Persönlichkeit. Dieser Zusammenhang soll im Folgenden durch die Begriffskonjunktion »politisch(relevant)e Sozialisation« zum Ausdruck gebracht werden. Grundschulkinder sind demnach stets – mal mehr, mal weniger – in latente, das heißt unbeabsichtigte, unterschwellige, beiläufige, verdeckte und zumeist unbewusst bleibende, wie auch manifeste, das heißt absichtsvolle, zielgerichtete, systematische, offene und vorwiegend bewusst wahrgenommene, politische Sozialisationsprozesse eingebunden. Diese vollziehen sich zum überwiegenden Teil noch im Bereich vorpolitischer Handlungszusammenhänge, können aber durchaus auch auf das Gebiet der eigentlichen Politik vordringen.

1.6 Politische Sozialisation als Politisierung

Die hier vorgenommene Begriffsstrukturierung befindet sich insgesamt in Übereinstimmung mit Merkmalen anderweitiger Definitionsbemühungen, die sich allerdings hinsichtlich perspektivischer Gewichtung, kontextbezogener Ausrichtung, erkenntnisleitender Ausprägung und spezifischem Komplexitätsniveau voneinander unterscheiden (vgl. Hopf/Hopf 1997; Ackermann 1999; Claußen 2000; van Deth 2005; Wasmuth 2005 u.a.). In normativer Absicht ergeben sich dabei vor allem Parallelen zu den Überlegungen von Claußen (1996, 15 f.), der mit der Gleichsetzung von politischer Sozialisation mit Politisierung für eine stärkere Rückkoppelung der Erforschung politischer Sozialisation an die Kernfragen der Politikwissenschaft und die Grundprobleme der Politik im Sinne der Ermöglichung eines guten und würdevollen (Über-)Lebens als öffentliche Angelegenheit plädiert. Unabhängig von seiner schillernden Verwendung im Alltag spricht für die Orientierung am Begriff Politisierung, dass in ihm grundlegende Kernmerkmale politischer Sozialisation aufgehoben und mit zentralen Charakteristika der Entgrenzung von Politik bereits verbunden sind. Versteht man unter Politisierung schließlich den Aufbau oder die Veränderung von person- und gruppeninternen Mentalitäten und Verhaltensmustern, so zielt der Begriff auf die Wahrnehmung der Interdependenzen zwischen Politik und Gesellschaft wie auch der Verstrickung der eigenen Interessen in epochaltypische Konfliktformationen. Ferner verweist er auf explizite Aufklärung und Selbstaufklärung sowie Überwindung von Passivität und Rezeptionsverhalten zugunsten der Beteiligung an Eingriffen in vorfindliche

Zustände, Verhältnisse und Prozesse (vgl. ebd, 24 f.). Dabei geht es vor allem um Mündigkeit, die hier zwar kein politisches Programm artikuliert, jedoch eine richtungsweisende Perspektive eröffnet. Denn als Objekt und Subjekt steht der Mensch im Mittelpunkt der Politisierung und deren Sozialisationsqualität reicht von der einfachen Übernahme oder Weitergabe über die auswählende Aneignung oder gezielte Einwirkung bis hin zur systematischen Ver- und Bearbeitung oder Ermöglichung von kritisch reflektierter wechselseitiger Vermittlung (vgl. ebd., 26).

2. Zugangsmodelle in schematischer Darstellung

Offensichtlich entfaltet der Gegenstand der politischen Sozialisation von Kindern im Grundschulalter ein breites und komplexes Problemfeld, das sich einer eindimensionalen Betrachtungsweise entzieht. Im Folgenden werden die bisher knapp umrissenen Ansätze zusammengefasst und dann in Form von Schaubildern dargestellt. Diese ermöglichen jeweils einen grob strukturierten Überblick über die theoretischen Perspektiven sowie eine synoptische Zusammenführung der verschiedenen Gegenstandskomponenten.

2.1 Kegel der politisch(relevant)en Sozialisation

Das hier dargestellte interaktiv ausgerichtete Sozialisationsmodell nimmt vor allem die in wechselseitiger Abhängigkeit verlaufenden Prozesse der produktiven Auseinandersetzung und Verarbeitung der inneren und der politisch-gesellschaftlich vermittelten äußeren Realität in den Blick, die hier insgesamt auf Politik als das Formalobjekt bzw. den Aspekt der politischen Sozialisation bezogen werden. Unter dieser Perspektive ist das Grundschulkind in seiner Persönlichkeitsentwicklung und Umweltgestaltung immer schon mit politisch(relevant)en Themen und Inhalten befasst, die seine politische Subjektwerdung in der Gesellschaft beeinflussen.

2.2 Politisierungs-Matrix

In Orientierung am oben entfalteten Verständnis von politischer Sozialisation als Politisierung lässt sich eine Matrix konstruieren, in der politisch relevante Sozialisationsprozesse von Kindern im Grundschulalter durch Zuordnung der Innen- und Außenperspektive zur bereichsbezogenen Unter-

Abb. 1: Kegel der politisch(relevant)en Sozialisation

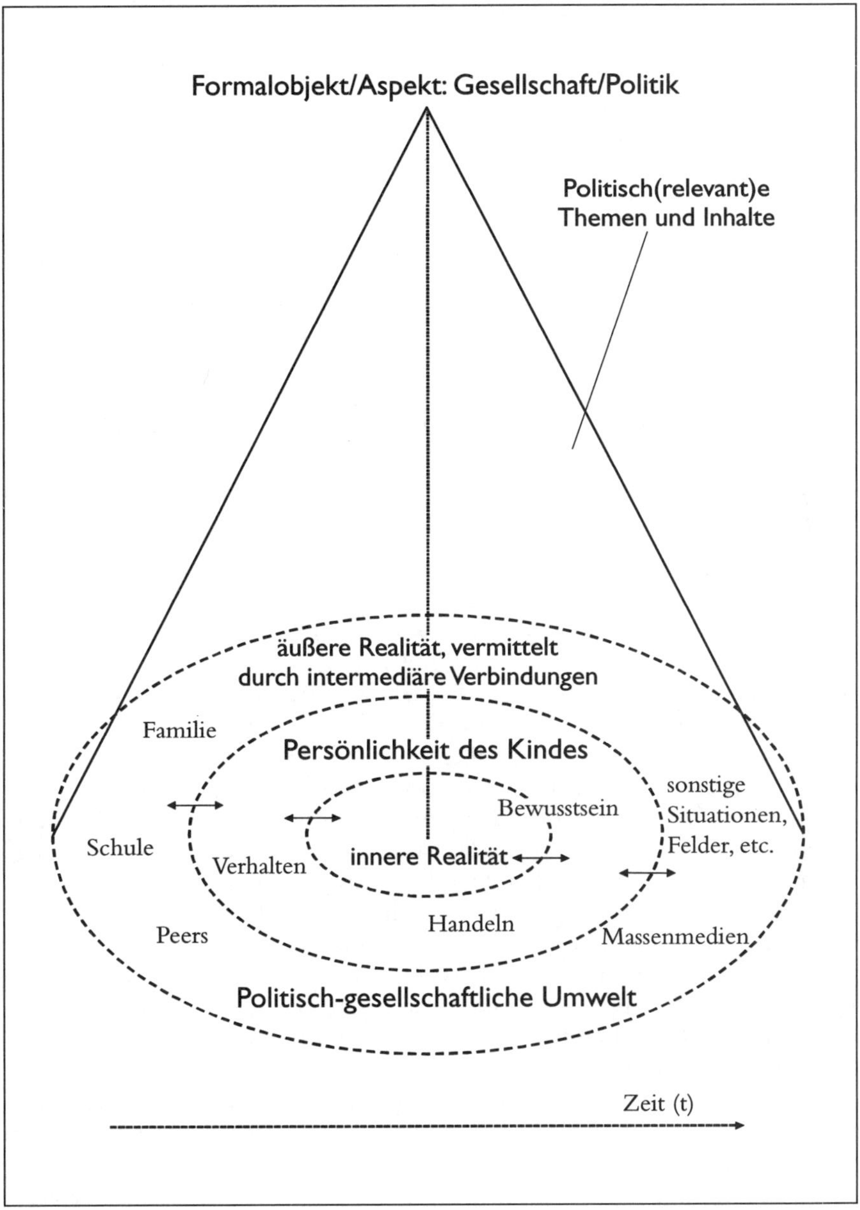

Formalobjekt/Aspekt: Gesellschaft/Politik

Politisch(relevant)e
Themen und Inhalte

äußere Realität, vermittelt
durch intermediäre Verbindungen

Familie

Persönlichkeit des Kindes

Bewusstsein

sonstige
Situationen,
Felder, etc.

Schule

Verhalten

innere Realität

Peers

Handeln

Massenmedien

Politisch-gesellschaftliche Umwelt

Zeit (t)

Abb. 2: Politisierungs-Matrix

Politisch(relevant)e Sozialisation von Kindern im Grundschulalter bzw. Kinder auf dem Weg zur politischen Kultur	Innenperspektive Handlungsdispositionen/Bewusstsein (Wahrnehmungen, Vorstellungen, Orientierungen), Kulturelle Anteilnahme und Teilhabe	Außenperspektive Handlungskompetenzen, Kulturschaffen, Partizipation, Teilnahme	
bezogen auf Politik im weiteren Sinne			Politisierung
bezogen auf Politik im engeren Sinne			

Politisierung ———→

scheidung des Formalobjekts Politik in verschiedenen Ausprägungen und Niveaus thematisiert werden können.

2.2.1 Politisierung aus der *Innenperspektive, bezogen auf Politik im weiteren Sinne,* kennzeichnet die innere Dimension der politischen Persönlichkeitsentwicklung, das heißt die subjektive Wahrnehmung und Verarbeitung der politisch relevanten Realität. Das damit angesprochene Erfahrungsfeld erstreckt sich auf die in sozialen und gesellschaftlichen Situationszusammenhängen weit verzweigt liegenden Wurzeln von Politik. Dabei zielt die Blickrichtung weniger auf das äußerlich sichtbare Agieren der Beteiligten, sondern auf die jeweilige subjektive innere Repräsentanz (Bewusstsein) der durch Interaktion und Kommunikation in politisch relevanten Vermittlungsinstanzen angeeigneten gesellschaftlich-sozialen Wirklichkeit. Zu fragen wäre hier nach spezifischen Handlungsdispositionen (Wahrnehmungen und Wahrnehmungsschemata, Vorstellungen und Deutungsmustern, Meinungen, Einstellungen, Werten), zum Beispiel nach sozialen, moralischen, gesellschaftlichen, ökonomischen, ökologischen, globalen und weltanschaulich-religiösen Bewusstseinskomponenten, die das gegenwärtige Handeln der Kinder im Grundschulalter prädisponieren und im Hinblick auf ihr zukünftiges Dasein als Staatsbürger/innen von Bedeutung sein können. Kinder sind in diesem Sinne Teilhaber an der allgemeinen sozialen und gesellschaftlichen Kultur, gegenüber der sie innerlich Stellung beziehen, indem sie im Rahmen kultureller Verinnerlichungsprozesse politisch relevante Gegenstände auswählen, adaptieren, integrieren und gegebenenfalls modifizieren.

2.2.2 Politisierung aus der *Außenperspektive, bezogen auf Politik im weiteren Sinne,* markiert demgegenüber die Veräußerlichungsprozesse bzw. äußerlich sichtbaren Prozesse politisch relevanter Sozialisation. Sie umfasst im Vorfeld von Politik gesellschaftlich-soziale Bezüge und sozialökologische Kontexte, innerhalb derer Grundschulkinder politisch relevantes Verhalten und Handeln entwickeln, erproben, praktizieren und üben. Exemplarisch zu nennen wären in diesem Zusammenhang gelebte Arbeitsteilung sowie Kommunikations- und Entscheidungsstrukturen in der Familie, Verhalten in symmetrischen Beziehungen, Aushandeln und Abstimmen gemeinsamer Handlungsvollzüge in der Gleichaltrigengruppe, sowie Übernahme und Ausübung von Ämtern in der Schule.

2.2.3 Politisierung aus der *Innenperspektive, bezogen auf Politik im engeren Sinne,* verweist auf die subjektiven inneren Ausgangslagen, Verarbeitungsmöglichkeiten und -prozesse von Kindern im Grundschulalter im Hinblick auf die im engeren Sinne politische Realität. Kinder nehmen vor allem »innerlich Stellung« zu politischen Ereignissen und deren öffentlich-medialen Inszenierungen. Sie reagieren zum Beispiel vielfach emotionaler und existenziell betroffener als Jugendliche und Erwachsene auf globale Krisenereignisse (Krieg, Umweltverschmutzung, Naturkatastrophen u. a.) und machen sich ihre eigenen Gedanken zu den tagespolitischen Themen. Demnach ist Politik auch Grundschulkindern mehr oder weniger innerlich präsent, wenngleich noch nicht »als solche« in ausgeprägt reflektierter und differenzierter Form. Hier ließe sich jedoch bereits nach politischen Bewusstseinselementen im engeren Sinne in Vorformen und kindgemäßen Ausprägungen fragen, die gegenwärtiges und zukünftiges politisches Handeln prädisponieren.

2.2.4 Politisierung aus der *Außenperspektive, bezogen auf Politik im engeren Sinne,* manifestiert sich schließlich in den äußerlich sichtbaren Prozessen von politischer Sozialisation, die hier dem Kernbereich von Politik zuzuordnen sind. Partizipation am politischen Willensbildungsprozess in konventioneller und unkonventioneller Form entfaltet sich auch schon in der Kindheit (vgl. hierzu den Beitrag von Knauer in diesem Buch).

2.3 Dimensionen

Die nachfolgenden schematischen Darstellungen orientieren sich an allgemeinen dimensionalen Zugängen zum Gegenstandsfeld (vgl. Claußen 1996, 18–21). Sie werden hier jedoch konkreter auf die Gruppierung der Grundschulkinder ausgerichtet.

Abb. 3: Subjektive Dimension der politisch(relevant)en Sozialisation von Kindern im Grundschulalter

	Variablen(bereiche) der politischen Kultur-Forschung		
(Politisch relevante) Individuelle Persönlichkeitsmerkmale	Soziale Identifikation	Soziales, moralisches, gesellschaftliches, ökonomisches, ökologisches, globales und weltanschaulich-religiöses Bewusstsein einschließlich entsprechender Handlungskompetenzen	Politisches Bewusstsein und politische Handlungskompetenzen im engeren Sinne
– *Sprachliche, moralisch-ethische, soziale, kognitive, ästhetische, emotionale u.a. Handlungskompetenzen* (Fertigkeiten und Fähigkeiten zur Auseinandersetzung mit der äußeren und der inneren Realität) – *Selbstbild* (als Ergebnis von Selbstwahrnehmung, Selbstbewertung und Selbstreflexion) – *Ich-Identität* (Kontinuität des Selbsterlebens auf der Grundlage des Selbstbildes als Balance zwischen »persönlicher« und »sozialer Identität«) – *Entfremdung* – *Dogmatismus / Autoritarismus* – *Aggressivität / Gewalttätigkeit*	– *Familienstruktur* (demografische Daten) – *Identifikation mit der Familie* (Zufriedenheit, emotionale Bindung, Interaktions-, Kommunikations- und Entscheidungsstrukturen, Erziehungsstil, Art der Sanktionen, Rollenerwartungen, Rollenverhalten, u.a.) – *Identifikation mit Gleichaltrigengruppe, Freundeskreis, Nachbarschaft, u.a.* – *Schulische Identifikation* (Schulprofil, Schulkultur, Unterricht, Lehrer/innen, Mitschüler/innen, u.a.) – *Identifikation mit anderen Sozialisationsinstanzen* (Hort, Verein, Religionsgemeinschaft, u.a.)	– *Soziale Einstellungen und Handlungskompetenzen* – *Moralvorstellungen, ethische Wertorientierungen und Handlungskompetenzen* – *Einstellungen gegenüber sozialen Gruppierungen, Teilgesellschaften und Gesellschaft als Ganze* – *Leistungsorientierungen* – *Bewusstsein über wirtschaftliche Zusammenhänge und Konsum* – *Natur- und Umweltbewusstsein, Beitrag zum Umweltschutz* – *Bewusstsein über globale und nachhaltige Entwicklung* – *Weltanschaulich-religiöse Grundüberzeugungen und Praktiken*	– *Wahrnehmung von Politik* – *Vorstellungen über bzw. Deutungsmuster zu Wesen, Sinn und Zweck von Politik, Vorformen politischer Weltbilder* – *Interesse an Politik, Informationsniveau* – *Vorformen staatsbürgerlicher Handlungskompetenzen* – *Orientierungen gegenüber Merkmalen, Ausprägungen, Eigenschaften, etc. des politischen Systems der BRD* (Deutschland als Nationalstaat, politische Gruppierungen, demokratisch verfasste Gesellschaft, Systemmerkmale, Institutionen, politische Handlungsmuster, Politiker u.a.) – *Orientierungen gegenüber anderen Staaten, politischen Systemen, internationalen Organisationen, NGOs, u.a.*

Abb. 4: Dimension der intermediären Verbindung politisch(relevant)er Sozialisation von Kindern im Grundschulalter

Instanzen der politisch(relevant)en Sozialisation von Kindern im Grundschulalter			
Zentrale Instanzen als Primär- und Verstärkungseffekte zur Grundlegung politisch(relevant)er Sozialisation	Instanzen mit pädagogischer Relevanz als direkte und indirekte Ergänzung der politisch(relevant)en Sozialisation	Flankierende Sozialisationsinstanzen – politisch(relevant)e Sozialisation durch allgemeine Lebensumstände	Elemente und Zusammenhänge des politischen Systems als Bezugspunkte, Betätigungsfelder, Projektionsflächen und Stimulanzen der politisch(relevant)en Sozialisation
– *Familie* – *Schule* (Schulprofil, Schulkultur, Unterricht, Lehrer/innen, Mitschüler/innen, u.a.) – *Informelle Gleichaltrigengruppe, Peers* – *Massenmedien, neue Informations- und Kommunikationstechnologien*	– *Kinderhorte und -freizeitstätten* – *Einrichtungen außerschulischer Bildungsstätten für Kinder* (Volkshochschulen, Akademien, pädagogische Initiativen und Projekte für Kinder, u.a.) – *Vereine* (Sport, Musik, u.a.) – *Politische Interessenverbände* (BUND, LBV, Greenpeace, u.a.) – *Kirchen und andere Religionsgemeinschaften* (Kommunion, Konfirmation, Kindergruppen, u.a.) – *(Semi)Totale Institutionen* (Strafvollzug, Krankenhaus, Heimerziehung, etc.)	– *Politisch-ökonomische Rahmenbedingungen und individuelle wirtschaftliche Lage* (Arbeitslosigkeit, u.a.) – *Konsum- und Freizeitwelt* – *Regionale Lebenswelt* (Stadt, Land, u.a.) – *Minoritätenstatus* (Bevölkerungsgruppe mit Migrationshintergrund, Asylbewerber, Behinderung, Homosexualität, u.a.) – *Risikogesellschaft: Krisen, Gefährdungen und Katastrophen*	– *Veranstaltungen politischer Parteien, Interessenverbände und Interessenorganisationen sowie politischer Bewegungen* (Kinderfeste, Demonstrationen, Bürgerinitiativen, politische Projekte und andere Aktivitäten, z.B. Lokale Agenda 21, u.a.) – *Kinderforen, Kinderparlamente, politisch(relevant)e Initiativen und Projekte, u.a.* – *UNICEF, u.a.*

2.3.1 Variablen der politischen Kultur-Forschung

Operative Zugänge zur subjektiven Dimension politischer Sozialisation von Kindern im Grundschulalter lassen sich im Zusammenhang mit der Konzeptualisierung eines bewusstseins- und handlungsbezogene Komponenten umfassenden Ansatzes der politischen Kultur-Forschung aufzeigen und theoretisch begründen (siehe Ohlmeier 2006, 63 f.). Die Variablen sind dabei als durchlässige Grenzziehungen zu verstehen, da einzelne Zugangselemente innerhalb verschiedener Variablenbereiche lokalisiert werden können. Die einzelnen Bereiche sind hier lediglich in exemplarischen Ansätzen operationalisiert. Dies gilt vor allem für die aufgeführten Stichpunkte zu den sozialen, moralischen, gesellschaftlichen, ökonomischen, ökologischen, globalen und weltanschaulich-religiösen Bewusstseinsmerkmalen und Handlungskompetenzen, die im Ganzen eine Fülle von nur schwer voneinander abgrenzbaren politisch relevanten Aspekten umfassen.

2.3.2 Instanzen der intermediären Verbindung

Die Dimension der intermediären Verbindung verweist auf die Nahtstellen der Politikvermittlung. Hier wird auf einen weiten Instanzenbegriff Bezug genommen, »mit dem verschiedenwertige und unterschiedlich ausgreifende formelle wie informelle Beziehungsräume, Orte, Handlungsbereiche, Einrichtungen, Organe sowie umrahmende oder flankierende Begleitumstände der politisch-sozialen Existenz als relativ trennscharf identifizierbare Lokalisierungen, aber auch Übergangs- oder Überlappungsfelder der Politisierung bezeichnet und eingefangen werden« (Claußen 1996, 30). Dieser Blickwinkel geht über die lediglich offiziellen, nominellen und traditionellen Zuständigkeitsbereiche für politische Sozialisation hinaus. Zudem versucht er den strukturellen und funktionalen Veränderungen der Instanzen in modernen demokratischen Gesellschaften Rechnung zu tragen, indem er von agenturtheoretischen Zugriffsweisen im Sinne bloßer Transmissionsmodelle (politische Sozialisation als Übertragungsgeschehen) Abstand nimmt, die ohnehin mit einer interaktiv ausgerichteten Vorstellung von Sozialisation nicht zu vereinbaren wäre. Ohne Anspruch auf Vollständigkeit verzichtet die exemplarisch ausdifferenzierte Strukturierung darüber hinaus auf die vormals etablierte Unterteilung in primäre, sekundäre und tertiäre Instanzen, die noch zu sehr von einer Koppelung biografisch-linearer mit sozialisationsrelevanten Stationen ausgeht. Denn Kinder, Jugendliche und Erwachsene bewegen sich mitunter gleichzeitig und parallel in verschiedenen Instanzen. Ferner gibt es auch keinen generell zu erwartenden Durchgang durch die teils komplementären, teils einander bekräf-

Abb. 5: Inhaltsdimension der politisch(relevant)en Sozialisation von Kindern im Grundschulalter

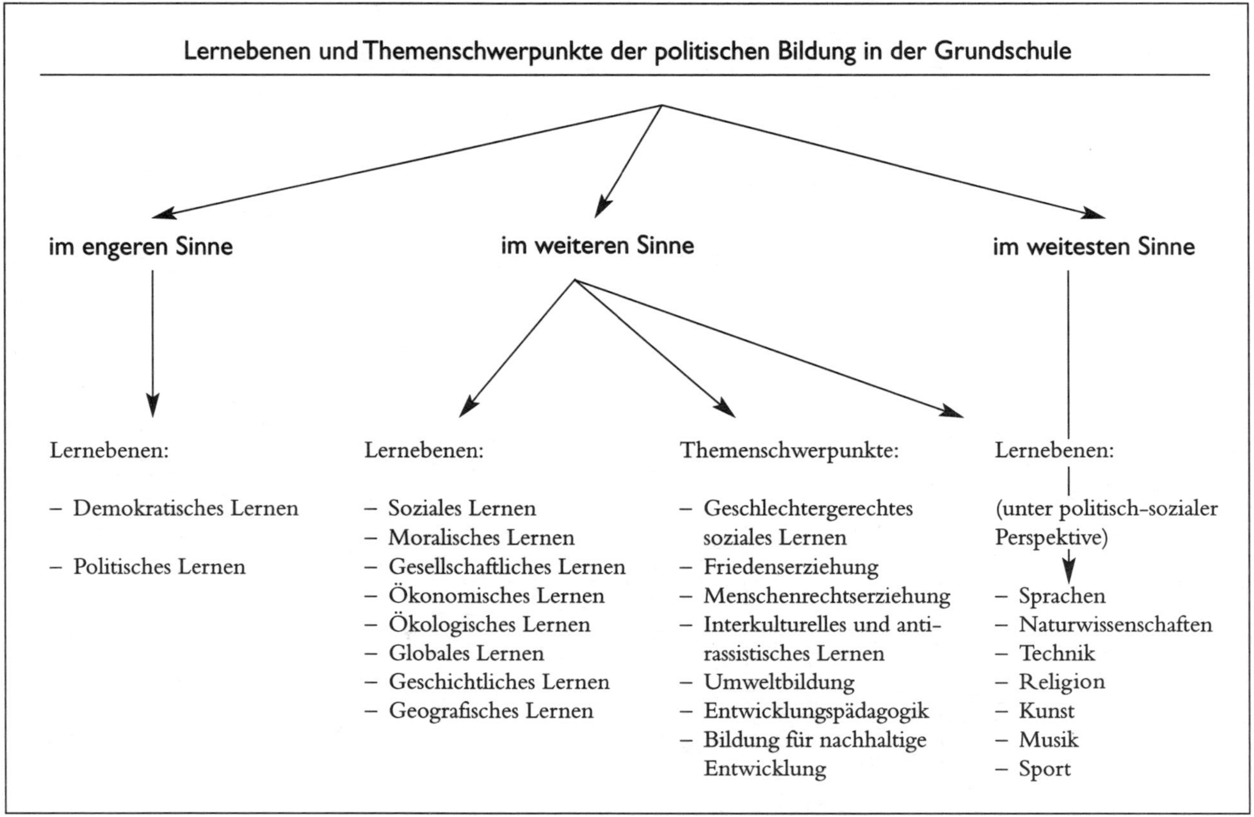

Lernebenen und Themenschwerpunkte der politischen Bildung in der Grundschule

im engeren Sinne

Lernebenen:
- Demokratisches Lernen
- Politisches Lernen

im weiteren Sinne

Lernebenen:
- Soziales Lernen
- Moralisches Lernen
- Gesellschaftliches Lernen
- Ökonomisches Lernen
- Ökologisches Lernen
- Globales Lernen
- Geschichtliches Lernen
- Geografisches Lernen

Themenschwerpunkte:
- Geschlechtergerechtes soziales Lernen
- Friedenserziehung
- Menschenrechtserziehung
- Interkulturelles und anti-rassistisches Lernen
- Umweltbildung
- Entwicklungspädagogik
- Bildung für nachhaltige Entwicklung

im weitesten Sinne

Lernebenen:
(unter politisch-sozialer Perspektive)
- Sprachen
- Naturwissenschaften
- Technik
- Religion
- Kunst
- Musik
- Sport

tigenden und teils sich völlig disparat zueinander verhaltenden Instanzen mehr, bei dem verlässliche Biografiewege und -ziele zu erwarten sind (vgl. ebd., 30 f.).

2.3.3 Lernebenen und Themenschwerpunkte

Das breite Spektrum der inhaltlichen Aspekte politisch(relevant)er Sozialisation strukturiert sich im Schema der Lernebenen und Themenschwerpunkte mit Hilfe der grundschulkindlich relevanten, bereichsbezogenen Unterscheidung von Politik, die hier auf politische Bildung ausgerichtet und nach verschiedenen Abstraktionsniveaus differenziert wird. Die Operationalisierung geht von Gegenstandsfeldern aus, die seitens der politischen Fachdidaktik als Dimensionen politischen Lernens im integrierten Sachunterricht identifiziert wurden (George/Prote 1996, 7 f.). Aufgrund anhaltender epochaltypischer Probleme im Weltmaßstab (Stichwörter: »Grenzen des Wachstums«, »Globalisierung«, »Nachhaltige Entwicklung«) werden dabei im Unterschied zu George/Prote als zusätzliche Lernebenen das gesellschaftliche, das ökologische, das globale, das geschichtliche und das geografische Lernen sowie als zusätzliche Themenschwerpunkte die Menschenrechtserziehung, die Entwicklungspädagogik und die Bildung für nachhaltige Entwicklung ergänzt. Bezüglich des Abstraktionsniveaus beziehen sich Lernebenen auf sehr allgemeine Zielintentionen, während Themenschwerpunkte intentional und inhaltlich konkreter gefasst sind. Darüber hinaus erscheint eine weitere Differenzierung der inhaltlichen Gegenstände angebracht, die sich hier in der Berücksichtigung auch fachfremder Lernebenen unter einer politisch-sozialen Perspektive darstellt. Im Ganzen ergibt sich eine Gegenstandsklassifizierung, die Inhaltsdimensionen politisch(relevant)er Sozialisation von Grundschulkindern in einem engeren, einem weiteren und in einem weitesten Sinne erschließt, wobei von fließenden Übergängen zwischen den einzelnen Bereichen auszugehen ist.

2.4 Dimensionen und Variablen der politisch(relevant)en Sozialisation von Kindern im Grundschulalter

Das Schaubild setzt die dimensionalen Zugänge zur politischen Sozialisation in Form eines Koordinatensystems miteinander in Beziehung. So entfaltet die waagerechte Achse mit den Variablen der politischen Kulturforschung die subjektive Dimension, während die senkrechte Achse die Dimension der intermediären Verbindungen eröffnet und damit die Instanzen der politischen Sozialisation platziert. Eine räumlich-inhaltliche »Tiefendimension«

wird zudem durch die Lernebenen der politischen Bildung in der Grund-schule ermöglicht. Im Sinne einer zusätzlichen vierten Dimension verweist darüber hinaus die Zeit auf den ständigen historischen Wandel sowohl der äußeren als auch der inneren Bedingungen politisch(relevant)er Sozialisation

Abb. 6: Dimensionen und Variablen der politisch(relevant)en Sozialisation von Kindern im Grundschulalter in synoptischer Darstellung

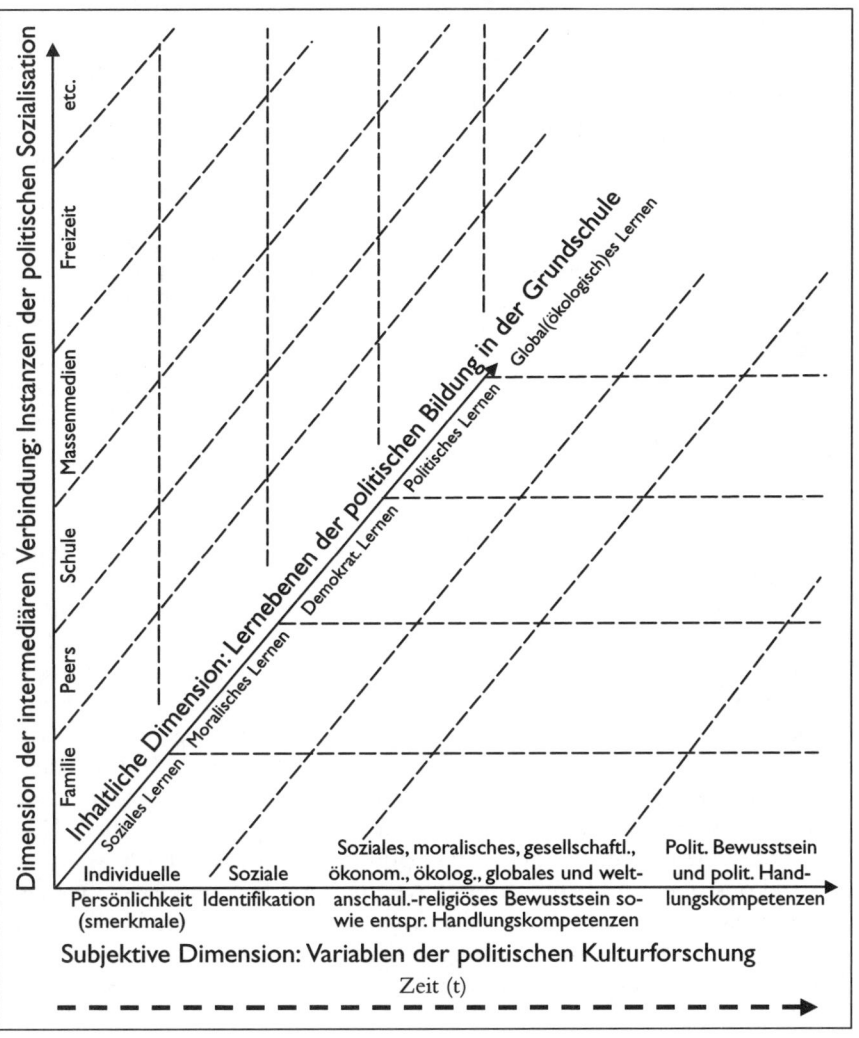

von Grundschulkindern. Dementsprechend ließen sich Prozesse der politischen Sozialisation im Zeitverlauf – dem interdependenten Verhältnis zwischen Person und Umwelt Rechnung tragend – nur in Abhängigkeit von der inneren Entwicklung der subjektiven Persönlichkeiten und von der sich jeweils verändernden, gesellschaftlich vermittelten politisch-kulturellen und dinglich-materiellen Umwelt analysieren.

Ausgewählte Perspektiven und Fokussierungen in diesem komplexen Gegenstandsfeld sind stets mehrdimensional bestimmbar. So bildet zum Beispiel die Entwicklung und Ausbildung politisch relevanter individueller Persönlichkeitsmerkmale im Rahmen der Sozialisationsinstanz Familie durch soziale Lernprozesse einen thematischen Horizont, der sich vorwiegend auf politische Sozialisation in einem weiteren Sinne bezieht. Demgegenüber markiert die Entwicklung und Ausbildung politischen Bewusstseins und politischer Handlungskompetenzen im Rahmen der Sozialisationsinstanz Schule durch demokratisch-politische Lernprozesse eine Fragestellung, die weitaus »tiefer« in die im engeren Sinne politischen Komponenten eindringt. Unabhängig vom ausgewählten erkenntnis- und forschungsleitenden Blickwinkel bewegen sich alle Operationalisierungsversuche mithin in einem komplexen Bezugssystem, das auf (immer schon vorhandene) Vernetzungen, Überschneidungen und Synthetisierungserfordernisse verweist. Somit lässt sich das Koordinatensystem einschließlich der Zeit-Dimension auch als ein umfassendes Forschungsprogramm verstehen, das mit seinem strukturierten Raster bisherige wie auch zukünftige Untersuchungen zur politischen Sozialisation im Grundschulalter einordnen und würdigen sowie auf vernachlässigte Dimensionen, Problemfelder, Gegenstandsbereiche und Variablen gezielt hinweisen könnte (vgl. Ohlmeier 2006, 128 f.).

Auch der Verfasser dieses Beitrags hat mit seiner Intention, eine demokratische Streitkultur in der Grundschule zu institutionalisieren und die damit verbundenen politisch relevanten Sozialisationsprozesse der Beteiligten empirisch zu erforschen, eine mehrdimensionale Perspektive zum Problemfeld eröffnet (Ohlmeier 2006). Mit Hilfe der so genannten Klassenkonferenz als unterrichts- und forschungsmethodischem Zugang, die in diesem Kontext als die gemeinsame Beratung und Entscheidung über Anliegen, Probleme und Vorhaben der Schulklasse einschließlich ihrer Lehrkraft verstanden wird, konnten dabei politisch-soziale Lernprozesse qualitativ rekonstruiert und interpretiert werden. Als Ergebnis lässt sich feststellen, dass die Grundschüler/innen im Rahmen der Klassenkonferenz als einem demokratischen Verhandlungsverfahren ohne Belehrung soziale, politisch relevante Kompetenzen erwerben, die für eine starke, deliberative und zivilgesellschaftlich ausgerichtete politische Demokratie von Bedeutung sind. Im Hinblick auf eine sozialisationstheoretisch fundiertere politische Bildung ermittelt die Studie schließlich umfangreiche Perspektiven zur Aufklärung über grundschulkindliche Schritte auf dem Weg zu einer demokratischen politischen Kultur.

Literatur

Ackermann, Paul (1999): Politische Sozialisation. In: Richter, Dagmar/Weißeno, Georg (Hrsg.): Lexikon der politischen Bildung, Bd. 1: Didaktik und Schule. Schwalbach/Ts., S. 194–196.

Ackermann, Paul u. a. (1996): Politikdidaktik kurzgefasst – 13 Planungsfragen für den Politikunterricht. Schwalbach/Ts.

Alemann, Ulrich von (1994): Politikbegriffe. In: Kriz, Jürgen/Nohlen, Dieter/ Schultze, Rainer-Olaf (Hrsg.): Politikwissenschaftliche Methoden, Bd. 2 des Lexikons der Politik. München, S. 297–301.

Claußen, Bernhard (1996): Die Politisierung des Menschen und die Instanzen der politischen Sozialisation: Problemfelder gesellschaftlicher Alltagspraxis und sozialwissenschaftlicher Theoriebildung. In: Claußen, Bernhard/Geißler, Rainer (Hrsg.): Die Politisierung des Menschen. Instanzen der politischen Sozialisation. Ein Handbuch. Opladen, S. 15–48.

Claußen, Bernhard (2000): Politische Sozialisation. In: Holtmann, Everhard (Hrsg.): Politik-Lexikon. (3., völlig überarb. und erw. Aufl.) München/Wien, S. 532–535.

Deth, Jan W. van (2005): Kinder und Politik. In: Aus Politik und Zeitgeschichte, (41), S. 3–6.

Dörner Andreas / Rohe, Karl (2000): Politikbegriffe. In: Holtmann, Everhard (Hrsg.): Politik-Lexikon. (3., völlig überarb. und erw. Aufl.) München/Wien, S. 484–488.

George, Siegfried / Prote, Ingrid (Hrsg.) (1996): Handbuch zur politischen Bildung in der Grundschule. Schwalbach/Ts.

Grosser, Dieter (1977): Politische Bildung. Kompendium Didaktik. München.

Habermas, Jürgen (1958): Anthropologie. In: Diemer, Alwin (Hrsg.): Fischer-Lexikon. Philosophie. Frankfurt a. M., S. 18 f.

Hopf, Christel / Hopf, Wulf (1997): Familie, Persönlichkeit, Politik: eine Einführung in die politische Sozialisation. Weinheim/München.

Hurrelmann, Klaus (2002): Einführung in die Sozialisationstheorie. Über den Zusammenhang von Sozialstruktur und Persönlichkeit, (8. Aufl.) Weinheim/Basel.

Hurrelmann, Klaus / Ulich, Dieter (2002): Gegenstands- und Methodenfragen der Sozialisationsforschung. In: Hurrelmann, Klaus/Ulich, Dieter (Hrsg.): Handbuch der Sozialisationsforschung. (6. Aufl.) Weinheim, S. 3–20.

Kuhn, Hans-Peter / Uhlendorff, Harald / Krappmann, Lothar (Hrsg.) (2000): Sozialisation zur Mitbürgerlichkeit. Opladen.

Massing, Peter / Skuhr, Werner (1993): Die Sachanalyse – Schlüssel für die Planung von Politikunterricht. In: Gegenwartskunde, (2), S. 241–275.

Massing, Peter / Weißeno, Georg (Hrsg.) (1995): Politik als Kern der politischen Bildung. Wege zur Überwindung unpolitischen Politikunterrichts. Opladen.

Meyer, Thomas (2000): Was ist Politik? Opladen.

Ohlmeier, Bernhard (2006): Kinder auf dem Weg zur politischen Kultur. Politisch(relevant)e Sozialisation durch Institutionalisierung einer demokratischen Streitkultur in der Grundschule. Hamburg.

Prengel, Annedore (1990): Annäherung an eine egalitäre Politik der Differenzgedanken gegen Sexismus und Rassismus. In: Beiträge zur feministischen Theorie und Praxis. Geteilter Feminismus, Bd. 27, S. 127–134.

Rödel, Ulrich (1996): Vom Nutzen des Konzepts der Zivilgesellschaft. In: Zeitschrift für Politikwissenschaft, (3) S. 669–677.

Rohe, Karl (1986): Politikbegriffe. In: Mickel, Wolfgang (Hrsg.): Handlexikon zur Politikwissenschaft. Bonn, S. 349–354.

Schultze, Rainer-Olaf (2005): Politik/Politikbegriffe. In: Nohlen, Dieter/Schultze, Rainer-Olaf (Hrsg.): Lexikon der Politikwissenschaft, Bd. 2, (3. aktual. und erw. Aufl.) München, S. 697–698.

Sutor, Bernhard (1984): Neue Grundlegung politischer Bildung, Bd. 1: Politikbegriff und politische Anthropologie. Paderborn.

Sutor, Bernhard / Detjen, Joachim (2001): Politik. Ein Studienbuch zur politischen Bildung. Paderborn.

Wasmuth, Ulrike C. (2005): Politische Sozialisation. In: Nohlen, Dieter/Schultze, Rainer-Olaf (Hrsg.): Lexikon der Politikwissenschaft, Bd. 2, (3. aktual. und erw. Aufl.) München, S. 761.

Anke Götzmann

Naive Theorien zur Politik – Lernpsychologische Forschungen zum Wissen von Grundschülerinnen und -schülern

Das Themenfeld Kinder und Politik hat in den letzten Jahren wieder zusehends an Bedeutung gewonnen. Dennoch wird gerade das politische Wissen von Grundschüler/innen noch immer unterschätzt: »Wir haben alle unterschätzt, was Kinder bereits wissen« (van Deth, in: Die Zeit 15. 9. 2005). Diese Aussage zeigt, dass auch in Forscherkreisen das politische Wissen von Grundschüler/innen zu jenen Bereichen gehört, in denen noch Forschungsbedarf besteht. Die Anzahl der Studien, die sich mit dem politischen Wissen von Kindern beschäftigen, ist durchaus beachtlich. Bei genauerem Hinsehen muss man allerdings feststellen, dass viele Studien bereits 20 bis 40 Jahre alt sind. Viele Ergebnisse sind dem qualitativen Bereich zuzuordnen und methodisch kaum abgesichert. Eine große Zahl der quantitativen Studien weist eine Probandenzahl von weniger als 100 Kindern auf, was die Repräsentativität der Ergebnisse einschränkt (vgl. z. B. Berti/Andriolo 2001; Berti 1988; Delval 1994). Studien, welche das Kriterium der Repräsentativität erfüllen und quantitativen Forschungsmethoden folgen, sind für den deutschen Sprachraum selten. Derzeit entsteht eine Studie am Mannheimer Institut für Europäische Sozialforschung (MZES). Im Zuge des Projekts »Demokratie leben lernen« werden Wissen und Einstellungen von 600 Mannheimer Erstklässlern anhand von Fragebögen erhoben (Berton/ Schäfer 2005). Für den Bereich der amerikanischen Forschung sind hier die Studien des National Center for Education Statistics (NCES) zu nennen, die den Wissensstand der Kinder in Klasse vier, acht und zwölf erheben (vgl. National Assessment of Educational Progress (NAEP) 2001).

Trotz dieser Einschränkungen gibt es Studien, die für das Wissen von Grundschüler/innen als wegweisend betrachtet werden, wenngleich auch sie sich nicht auf deutsche Kinder beziehen und die Ergebnisse deshalb nur eingeschränkt übertragbar sind. Vier solcher Klassiker – die Veröffentlichungen von Easton/Dennis (1969), Connell (1971), Greenstein (1976) und Moore/Lare/Wagner (1985) – werden hinsichtlich ihrer Zielsetzungen und Ergebnisse beleuchtet und unter Zuhilfenahme des neueren psychologischen Ansatzes der naiven Theorien reinterpretiert. Alle untersuchen Kinder über das Grundschulalter hinaus; die hier dargestellten Ergebnisse beziehen sich jedoch nur auf die grundschulrelevanten Jahrgänge. Vor der Synopse der Ergebnisse erfolgt eine Darstellung des Ansatzes der naiven Theorien.

1. Naive Theorien zur Politik

Bereits zu Beginn der 1980er Jahre entstanden erste Ansätze, welche die Wissensentwicklung domänenspezifisch beschreiben. Dazu gehören auch die naiven Theorien. »Ihnen zufolge ist kognitive Entwicklung als Veränderung *bereichsspezifischen* Wissens beschreibbar« (Mähler 1999, 53). Naive Theorien sind in einigen Domänen wie Physik, Biologie und Psychologie in großem Umfang erforscht und ermöglichen Aussagen über das domänenspezifische Wissen von Kindern (vgl. Wellmann/Gelman 1998; Mähler 1999; Hatano/Inagaki 1994). Da die Bezeichnungen dieser Theorien uneinheitlich sind, wird im Folgenden die Bezeichnung naive Theorie verwendet, wenngleich in der Literatur auch von intuitiven Theorien (vgl. Hasselhorn/Mähler 1998) und im englischsprachigen Raum zusätzlich noch von »folk« oder »common sense theories« (vgl. Wellman/Gelman 1998, 524) die Rede ist.

Naive Theorien umfassen jenes Wissen und jene Konzepte, die zur Interpretation bestimmter Probleme und Situationen herangezogen werden. Verglichen mit dem entwicklungspsychologischen Ansatz nach Piaget stellt sich in diesem Bereich der Forschung nicht nur die Frage nach dem Wissen von Kindern und der Klassifizierung nach richtig oder falsch. Der Schwerpunkt liegt vielmehr auf dem Aufzeigen der kindlichen Konzepte. Worauf greifen sie zurück, um eine problemhaltige Situation zu lösen? Handelt es sich hierbei bereits um politisch elaborierte Konzepte oder greifen die Kinder auf alternative Konzepte zurück? Welche Konzepte sind das? Naive Theorien »setzen ein kohärentes Wissen in einem spezifischen Inhaltsbereich voraus. Wichtige Begriffe und ontologische Unterscheidungen müssen zweifelsfrei definiert und ein kausaler Erklärungsapparat für die Phänomene im Bereich der Theorie muss vorhanden sein« (Mähler 1999, 53 f.). Das ontologische Wissen und die Bedeutung für den Lernprozess definieren sich wie folgt (s. nebenstehende Übersicht):

Für die Domäne Politik, die in ihren Konzeptualisierungen bisher wenig erforscht ist, sehen wir im Gemeinwohl die ontologische Wissensdimension. »Politik ist die Gesamtheit der Aktivitäten zur Vorbereitung und zur Her-

Domäne	Ontologisches Wissen	Bedeutung für den Lernprozess
Physik	Materie	Unterscheidung zwischen sich selbst und den Objekten der Umwelt
Biologie	Leben	Unterscheidung zwischen lebenden und nicht lebenden Wesen
Psychologie	Geist	Unterscheidung zwischen Geist und Welt, d. h. zwischen Gedanken und Realität
Politik	Gemeinwohl	Unterscheidung zwischen Interessen der Allgemeinheit und des Einzelnen

Quelle: Physik, Biologie, Psychologie nach Mähler (1999).

stellung gesamtgesellschaftlich verbindlicher und/oder am Gemeinwohl orientierter und der ganzen Gesellschaft zugute kommender Entscheidungen« (Meyer 2000, 15). Die Kinder müssen über ein Konzept von Gemeinwohl verfügen, um zwischen den Interessen der Allgemeinheit und denen des Einzelnen unterscheiden zu können. Dann kann eine Zuordnung getroffen werden, ob einzelne Probleme/Sachverhalte politisch sind oder nicht. So lange dieses Konzept nicht genügend ausdifferenziert ist, bilden die Kinder verstärkt Misskonzepte und ordnen unpolitische Bereiche dem Politischen zu. So findet sich zum Beispiel der Nachrichtensprecher bei der Politik wieder. Berti und Andriolo (2001, 350) fassen dies folgendermaßen zusammen: »From a domain-specific view, however, children's political conceptions are seen as the result of an interaction between the type and organization of information generally available to children of a certain age in a society thanks to television, school, and adults' talk, and the naïve theories present at that age that constrain the interpretation of this information«. Mit dem Modell der naiven Theorien sollen die Studien im Folgenden in ihren inhaltlichen Darstellungen reinterpretiert werden.

2. Die Entwicklung von politischem Wissen bei Easton und Dennis

Die Studie von Easton und Dennis zählt zu den frühesten, die sich mit dem politischen Wissen von Kindern auf unterschiedlichen Klassenstufen im Grundschulalter befassen. Anhand eines Fragebogens wurden bereits Ende der 1950er Jahre im Rahmen eines Großprojektes über 10 000 weiße Schüler/innen aus je vier amerikanischen Groß- und Kleinstädten im Alter zwischen sieben und vierzehn Jahren befragt. Die Auswertung gibt primär

nur Prozentzahlen an und macht kaum Aussagen zur Validität und Relia-
bilität. Das Hauptanliegen der Studie ist es, die wichtigsten Sozialisationsinstanzen der Kinder zu erheben, gleichzeitig aber auch jenen Zeitpunkt zu
erkennen, zu dem sie erstmals Emotionen über einen Sachverhalt äußern.
Dies steht natürlich in einem engen Zusammenhang mit Wissen und Einstellungen, welche hierfür unabdingbar sind. Exemplarisch überprüfen die
Autoren dies anhand des Themenkomplexes Autorität, den unter anderem
der Präsident persönlich und »Government« abstrakt darstellen.

Der Themenkomplex Government umfasst sowohl Fragen, die sich mit
Regieren im formalen Sinne befassen, als auch solche nach Macht und Einfluss beispielsweise auf den Gesetzgebungsprozess sowie Fragen nach der
Trennung von Öffentlichkeit und Privatheit. Easton und Dennis ließen die
Kinder eine Selbsteinschätzung vornehmen, in der sie angeben mussten, ob
sie den Begriff Government kennen. Das Wissen darüber ist im Selbstbild
der jüngeren Kinder wenig ausgeprägt. So gibt etwa ein Viertel der Zweitklässler an, dass sie sich noch nicht sicher seien, was Government genau
bedeute. Die Zahl derer, die meinen, den Begriff nicht erklären zu können,
geht mit zunehmendem Alter zurück (vgl. Easton/Dennis 1969, 113). »Not
later than grade 4 they acquire some idea that there is a general structure
called government, and they are able to express a variety of feelings about it«
(ebd., 165).

Fragt man die Kinder nach ihrem konzeptuellen Wissen, sind sie dennoch in der Lage, Entscheidungen darüber zu treffen, was nach ihrer Ansicht
den Begriff Government am besten repräsentiert. Während die Zweit- und
Drittklässler den Begriff Government am ehesten mit George Washington
und dem damals amtierenden Präsidenten Kennedy in Verbindung bringen,
definieren die älteren Schüler/innen Government durch den Präsidenten
und den Kongress (vgl. ebd., 116). Dies zeigt die Fähigkeit der Schüler/in-
nen, den Präsidenten schon recht früh zu identifizieren, und lässt den Schluss
zu, dass gerade jüngere Kinder im Sinne ihrer naiven Theorien zu einem
personalisierten Bild von Politik neigen, das sich aber mit der Zeit zurück
entwickelt und einer differenzierteren Wahrnehmung Platz macht, die den
Kongress als Institution dem Government zugehörig betrachtet (vgl. ebd.,
117). Ein ähnliches Bild ergibt sich bei den Konzepten für die Gesetzgebung. Auch hier wird in den Klassenstufen zwei bis vier zunächst der
Präsident als primär für die Gesetzgebung verantwortlich bezeichnet und
erst später wird diese Aufgabe dem Kongress zugeordnet (vgl. ebd., 118).
Diese Konzepte korrespondieren mit der Einstellung darüber, wer am meisten dazu beitrage, das Land zu regieren. Abermals ist die Dominanz des Präsidenten gegeben. Erneut geht der Bedeutungsrückgang des Präsidenten mit

der Aufwertung des Kongresses einher (vgl. ebd., 120). Die Personalisierung kann als Indiz dafür gesehen werden, dass die Kinder bereits Konzepte zu den Ämtern entwickelt haben, diese Konzepte aber noch nicht vollständig ausdifferenziert sind, da sie Amt und Person noch nicht trennen.

Eine wesentliche Unterscheidung nicht nur für das Identifizieren und das Wissen über Government, sondern auch für das ontologische Wissen zu Gemeinwohl, ist die Differenzierung zwischen Öffentlichkeit und Privatheit. Die Öffentlichkeit, die als Sphäre des Politischen gilt, repräsentiert jenen Bereich, der für die Durchsetzung der Interessen der Allgemeinheit zuständig ist. »To discover whether the child's own assertion that he knows what government means includes a capacity to discriminate governmental from nongovernmental objects, we chose to test his awareness of the difference« between what we normally view as the public and the private sectors of life« (Easton/Dennis 1969, 121). In der Studie erfolgt die Differenzierung über Berufe. Aufgabe der Schüler/innen ist zu entscheiden, wer für den Staat arbeitet. Zur Disposition stehen der Milchmann, der Polizist, der Soldat, der Richter, der Postbote und der Lehrer. Der Polizist und der Richter werden schon von über 80 Prozent der jüngsten Schüler/innen der Untersuchungsgruppe als dem öffentlichen Sektor zugehörig erkannt, es folgen der Soldat, der Briefträger und der Lehrer. Den Milchmann ordnen bereits 70 Prozent der Zweitklässler dem privaten Sektor zu. Easton und Dennis halten fest, dass die Kinder ihrer Erhebung in der Lage sind, die dem öffentlichen Sektor zugehörigen Berufe von denen des privaten Sektors zu unterscheiden, wobei sich auch diese Fähigkeit mit zunehmendem Alter weiter verbessert (vgl. ebd., 121 ff.). Die Trennung des öffentlichen vom privaten Bereich anhand von Berufen ist allerdings ambivalent. Das Wissen, dass es Menschen gibt, die für den Staat arbeiten, muss nicht unbedingt politisch besetzt sein. Die der öffentlichen Sphäre zugeordneten Personen sind zwar Beamte, aber am politischen Entscheidungsprozess nicht beteiligt und lassen somit keine Rückschlüsse auf das ontologische Wissen zu. Um Aussagen über das Konzept von Gemeinwohl treffen zu können, müssen insbesondere Fragen zu policy und politics gestellt werden.

Neben dem deklarativen Wissen zu Government erheben Easton und Dennis Aspekte, die sie als »informal processes of government« (ebd., 123) bezeichnen und die sich im Deutschen am besten als informelle Prozesse oder aber als informelle Macht beziehungsweise informeller Einfluss umschreiben lassen. Auf die Frage, wie stark der Einfluss (sehr stark – einiger – sehr wenig – keiner) einzelner Akteure auf den Gesetzgebungsprozess sei, ergibt sich bezüglich ihrer Einstellungen folgendes Bild: Dem Präsidenten wird wieder sehr starker Einfluss zugewiesen. Bereits mehr als die Hälfte der

Grundschüler/innen schreibt aber den Gewerkschaften, den Zeitungen sowie den reichen Menschen einigen Einfluss auf die Gesetzgebung zu. Ein ähnliches Bild ergibt sich auch für die Kirchen (vgl. ebd., 125).

Aus dem Wissen der Schüler/innen und den Einstellungsmessungen schließen Easton und Dennis insgesamt auf eine positive Einstellung zur Politik. Die Regierung selbst oder deren Vertreter werden als wissender als viele Andere eingeschätzt, und die Kinder nehmen an, dass sie nur selten einen Fehler begehen. Sie besitzen Macht und können somit fast jeden bestrafen. Im Gegenzug gehen die Grundschüler/innen jedoch auch davon aus, dass die Regierung ihnen bei Problemen fast immer helfen würde (vgl. ebd., 132f.). Diese positiven Einstellungen zur Politik, genauer deren Begründungen, deuten darauf hin, dass Konzepte in diesem Bereich schon angelegt sind. Doch zeigen sich auch Widersprüche. Die Regierung und deren Vertreter unterscheiden sich von anderen Menschen durch verschiedene Attribute, die von den Schüler/innen bereits wahrgenommen werden. Die Begründung hierfür im Sinne der Gemeinwohlorientierung können die Kinder jedoch noch nicht geben, da sie annehmen, dass sich diese Akteure auch um Einzelschicksale kümmern.

Die naiven Theorien der Grundschüler/innen sind noch stark personenzentriert. So wird der Präsident nicht nur als Repräsentant der Regierung wahrgenommen, sondern als sie selbst. Die Hierarchisierung seiner Aufgaben deutet darauf hin, dass die Schüler/innen bereits erste konzeptuelle Modelle zum Amt des Präsidenten entwickeln und eine realistische Vorstellung von seinen Aufgaben haben. Sie überbewerten seine Fähigkeiten und Kompetenzen jedoch und schätzen sie fast schon heldenhaft ein. Wenngleich die Kinder dem Präsidenten eine besondere Rolle zuweisen, erkennen sie schon, dass auch andere Personengruppen und Institutionen Einfluss beispielsweise auf den Gesetzgebungsprozess nehmen. Es zeigt sich aber auch, dass ihr Wissen bereits differenzierter ist als es Erwachsene und Lehrer/innen erwarten. Die Schüler/innen haben naive Theorien zur Politik, die bereits angelegt sind, aber noch entwickelt und verfeinert werden müssen.

3. Konzeptualisierungsprozesse nach Connell

Connells Studie erfasste im Jahre 1968 australische Kinder in Sydney und Umgebung. 116 Schüler/innen zwischen Kindergarten und Klasse zehn (fünf und sechzehn Jahren) wurden anhand von Interviews befragt. Die Studie beschreibt stark verallgemeinernd, was Kinder einer Altersklasse können, ohne dies empirisch zu validieren. Lediglich einzelne Interviewausschnitte werden als Belegstellen angeführt. Neben den Themenkomplexen ›Government‹ und ›Wahlen‹ wird zusätzlich das Feld ›Kriege und Konflikte‹ untersucht.

Auch Connell untersucht nationale Symbole und deren Wiedererkennung. Zudem erhebt er deren Einbettung in die Umwelt. Unter nationalen Symbolen versteht er die Flagge, die Nationalhymne und die Queen. Als erster Schritt dient die Identifikation der australischen und der britischen Flagge. Zusätzlich folgen Fragen wie »Where have you seen them (flags)? [...] How do you know that's the Queen's flag? [...] Do you ever say anything about the flag?« (Connell 1971, 16) oder »How do you know that's Australian? [...] Why do we fly flags?« (ebd., 150). Kinder kennen und erkennen auch hier einzelne Symbole recht früh, wobei Connell dies auf Instruktionen durch die Schule zurückführt. Kritisch bleibt anzumerken, dass nicht nachgewiesen werden kann, ob diese Symbole tatsächlich bereits Politik konzeptualisieren oder in anderen Domänen verankert sind.

Im Alter von sieben bis neun Jahren identifizieren die Kinder politische Figuren, neigen aber noch dazu, deren Ämter zu vermischen und zu vertauschen, da sie Informationen, die ihnen aus verschiedenen Quellen vorliegen, zu einem mentalen Modell zusammenfügen, das nicht immer der Realität entspricht. So entstehen Figuren wie der »Prime Minister of America« oder der »President of Australia« (vgl. Connell 1971, 20). Das Konzept von Achtjährigen zu Government ist noch undifferenziert. Sie sehen nicht die Grenzen der politischen Sphäre und neigen zur Überschätzung politischer Figuren (ebd., 28). Aus diesem Konzept wird zuerst die Queen herausgelöst. Da sie regiert (reign), erbt sie ihre Position und unterscheidet sich somit von anderen Akteuren, die herrschen (rule) (vgl. ebd., 30). Wie der Premierminister zu seinem Amt kommt, beantworten einige Kinder mit einem Verweis auf den Aufstieg von einer niedrigeren Position. Ab zehn Jahren macht diese Annahme einer Vorstellung Platz, in welcher der potentielle Kandidat zuerst mehrere Ämter auf dem Weg nach oben durchlaufen muss (vgl. ebd., 40), was in vielen Fällen auch der politischen Realität entspricht. Hier zeigt sich deutlich die Ausdifferenzierung eines konzeptuellen Modells. Das Misskonzept, in dem Ämter nach Bedarf entwickelt werden, wird verändert. Die Amtszuordnungen erfolgen dann anhand der Differenzierung zwischen Regieren und Herrschen. In einem weiteren Schritt wird dieses Konzept noch verfeinert und durch das Wissen ergänzt, dass Ämter oftmals mit einer bestimmten Laufbahn verbunden sind.

Das Konzept zu Wahlen ist aufgrund der eigenen Erfahrung mit der Wahl von Klassensprechern besonders ausgeprägt. Die Präsenz von Wahlen und Wählen im unmittelbaren Umfeld führt bei den Kindern zur Annahme, dass auch die Queen und der Gouverneur gewählt werden (vgl. Connell 1971, 54). Ebenso meinen sie, dass der Premierminister direkt gewählt wird (vgl. ebd., 55). Grundlegende Annahmen zur Bedeutung von Wahlen entstehen schon im Alter von sieben Jahren. Die Schüler/innen erkennen, dass Wahlen eine Entscheidung für eine Position darstellen (vgl. ebd., 53 f.). Die Gründe für die Entscheidung für einen Kandidaten präzisieren sie dahingehend, dass ein Kandidat gut in seinem Amt sein muss (vgl. ebd., 58 f.). Auf die Frage, woran sie eine Wahlentscheidung festmachen würden, bleiben die Antworten sehr vage. Es zeigen sich kaum Anzeichen dafür, dass Kinder inhaltliche Differenzen als einen wahlentscheidenden Faktor sehen (vgl. ebd., 46). Der Interessenkonflikt als Merkmal des ontologischen Wissens wird in diesem Fall noch nicht wahrgenommen.

Neben den politischen Akteuren sind natürlich auch die Inhalte und die damit verbundenen Konflikte von besonderer Bedeutung. Schon die Schulanfänger sind sich über Konflikte bewusst, insbesondere aber über Feindschaft und Kriege. »The early conception of conflict in the political world is the idea of war, involving a relationship of enmity« (Connell 1971, 42). Connell sieht die Fähigkeit, politische Konflikte zu erkennen und Position hierzu zu beziehen, im Alter von zehn Jahren als vorhanden an. »When the children realize that there are disagreements over courses of action, they are able to take sides, and they sometimes do this around the age of 10; when they realize the instrumental character of political action and the fact that different courses of action are supported in order to realize different goals, they have grasped the nature of debate over policy« (ebd., 49). Die Kinder erkennen bereits, dass es sich bei politischen Konflikten nicht um Konflikte zwischen Einzelpersonen handelt, sondern um solche zwischen Gruppen. Jüngere nehmen sie noch nicht als Konflikte über politische Inhalte und Fragestellungen wahr. Zwar nennen sie die Intentionen von Personen oder Gruppen, sprechen aber nicht darüber, welche Vorgehensweisen zu ihrer Durchsetzung damit verbunden sind (vgl. ebd., 47). Hier zeigt sich ein erster Schritt in Richtung der Entwicklung des Gemeinwohlkonzeptes.

Zum Zeitpunkt der Umfrage war der Vietnam-Krieg ein äußerst brisantes politisches Thema, das auch die Kinder beschäftigte. Zwei Drittel aller befragten Kinder zwischen fünf und acht Jahren und alle älteren haben darüber etwas gehört und können Aussagen treffen. Einige übertragen die Rivalität aus dem Sport auf den Vietnam-Krieg und interpretieren ihn analog. »How do you think it could be stopped? I don't know, it might be if someone, one team surrenders, if they give up, I don't know any others« (Connell 1971, 45). Die Einstellungen sind fast einheitlich gegen den Krieg (vgl. ebd., 95). »Here is a paradox: the children were solidly against the war, but supported involvement in it« (ebd., 96). Den Widerspruch, dass die Kinder gegen den Krieg, aber für eine Beteiligung Australiens am Vietnam-Krieg sind, führt Connell auf das von ihm so bezeichnete »threat«–Schema zurück (vgl. ebd., 96). Die Bedrohung (»threat«) für die Kinder liegt in der Angst begründet, dass der Krieg auch auf Australien übergreifen könnte, wenn australische Soldaten nicht in Vietnam kämpften (vgl. ebd., 99). »Children at the age of 5 and 6 have ideas about goodies and baddies, and imprecise but lively fears or threats from murderers, monsters, and baddies« (ebd., 100).

Am Beispiel der Vorstellungen der Kinder über Ämter lässt sich der Aufbau von kindlichen Konzepten verdeutlichen. Die Kinder haben bereits Wissen über einzelne politische Ämter entwickelt. Treffen sie auf Situationen, in denen sie ein Amt erklären müssen, so greifen sie auf ihr Konzept zu politischen Ämtern zurück und »kreieren« zusammen mit Konzepten aus anderen Domänen ein mentales Modell. Diese Modelle sind zwar oftmals Misskonzeptionen, da sie auf Analogien beruhen, die in der Wirklichkeit so nicht existieren, sind aber für die Kinder in diesem Moment subjektiv plausibel. Ein ähnliches Bild ergibt sich für den Bereich der Wahlen. Da die Kinder mit dem Wahlvorgang aus ihrer Alltagswelt vertraut sind und ihn als Vorgang zur Berufung von Personen in Ämter kennen, schließen sie daraus, dass dieses Vorgehen für alle Ämter Gültigkeit haben müsse. Sie besitzen ein Konzept zu Wahlen aus ihrem Weltwissen und kennen den Zweck einer Wahl. Allerdings ist dieses Konzept noch nicht derart ausdifferenziert, dass ein politisches Wissen dazu entstanden ist, welche Ämter mittels Wahlen besetzt werden können. Bekannt ist auch noch nicht, dass die Amtsträger ihre Entscheidungen am Gemeinwohl orientieren müssen. Trotz methodischer Schwächen gibt die Studie einige Hinweise zu bereichsspezifischen Konzeptualisierungsprozessen.

4. Die Konzeptualisierung öffentlicher Ämter bei Greenstein

Die auch als New Haven-Studie (Greenstein 1976) bezeichnete Erhebung wurde in Deutschland als Beispiel für die Persistenz des frühen Lernens rezipiert, wenngleich sie diese These gerade nicht bestätigen konnte. Einbezogen wurden 659 Schüler/innen der Klassen vier bis acht (von neun bis dreizehn Jahren) aus New Haven, Connecticut. Als Verfahren wurde ein Fragebogen gewählt und auf der Ebene relativer Häufigkeiten und einiger Signifikanzen ausgewertet. Die Datenerhebung fand bereits im Jahre 1958 statt. Im Folgenden werden nur die Ergebnisse zum Wissen über die politischen Akteure dargestellt, da meistens Einstellungen zur Politik erfragt wurden.

Die amerikanische Studie untersucht den Präsidenten als wichtigsten politischen Akteur einerseits und als Personalisierung der Politik andererseits. Als lokalen Akteur verwendet sie den Bürgermeister. In einem Ranking, welche Akteure beziehungsweise Positionen innerhalb der Gesellschaft die Schüler/innen der vierten Klasse als besonders bedeutend ansehen, rangiert der Präsident an erster Stelle, gefolgt vom Bürgermeister. Weitere Institutionen, welche die Studie mit einbezieht, sind der Gouverneur, der Gemeinderat, die Legislative und der Kongress, die in ihren Ergebnissen aber eine weitaus geringere Rolle spielen. Greenstein nimmt an, dass das Wissen über politische Rollen und Ämter sowie deren Bedeutung schon bei Kindern vorhanden ist, die jünger als neun Jahre sind (ebd., 32). Wenngleich die weitere Entwicklung der Kinder in seiner Studie aufgrund des sozioökonomischen Status der Familie beeinflusst wird, unterscheiden sich beide Gruppen hinsichtlich des Wissens über den Bürgermeister nur in geringem Maße. Seinen Namen können, unabhängig vom sozioökonomischen Status, etwa 90 Prozent aller Kinder nennen. 40 Prozent erreichen einen Status, den Greenstein als Wissen über die öffentliche Natur der Rolle beschreibt und wie folgt definiert: »Sum of– reasonably accurate responses and all other responses showing that a public role (or, in the case of legislatures, institution) is being described by the child« (ebd., 59). Die Kinder sind also in der Lage, diese öffentliche Rolle angemessen zu beschreiben und Fragen hierzu zu beantworten. Folgt man dem Modell der naiven Theorien zur Politik, so bedeutet dies, dass die Kinder bereits über Konzepte zu politischen Akteuren verfügen und sie inhaltlich beschreiben. Ihrer Auffassung nach besteht die Aufgabe der politischen Akteure außerdem in der Festlegung, was richtig oder falsch ist. Des Weiteren erbringen sie Leistungen, die den Kindern zugute kommen, indem sie zum Beispiel Spielplätze bauen (vgl. ebd., 38 ff.). Die Grundschüler/innen zeigen anhand des Rankings bereits ein Bewusstsein, dass die Aufgaben der Akteure Bedeutung für die Allgemeinheit haben müssen, wenngleich sie diese Tatsache noch stark auf sich beziehen. Das entspricht nicht ganz dem Gemeinwohlgedanken.

Neben den Akteuren untersucht Greenstein den Bereich Wahlen anhand der Kandidaten-, der Issue- und der Parteiorientierung. Dabei liegt der Schwerpunkt weniger auf Wissen als auf Einstellungen. Auch hier zeichnet er einen typischen Entwicklungsverlauf. Während sich Parteipräferenzen schon bei Grundschüler/innen erkennen lassen, entwickelt sich die Issue-Orientierung erst im Teenageralter; als letztes kommt die Kandidatenorientierung (vgl. ebd., 75). Auch im Bereich der Parteiorientierung sieht

Greenstein den Einfluss des sozioökonomischen Status auf die Einstellungen bereits bei Kindern. Je höher der Status, desto höher ist die Wahrscheinlichkeit der demokratischen Parteipräferenz und ungleich nimmt die Wahrscheinlichkeit von politischer Partizipation zu (vgl. ebd., 86 ff.).

In dieser Studie wird deutlich, in welcher Weise die Forschung vom jeweils aktuellen Stand der Pädagogik beeinflusst wird. Besonders deutlich zeigt sich das am Prinzip der konzentrischen Kreise. Greenstein nimmt an, dass die Kinder zuerst das Nahe, also die lokale Politik, wahrnehmen und erst später ein Konzept für die ferne, staatliche Ebene entwickeln. Insgesamt stellte er verstärkt Fragen, die neben dem Wissen auch Einstellungen mit einbeziehen. Inhalten oder dem politischen Prozess ging er kaum nach, was eine Interpretation hinsichtlich der naiven Theorie zur Politik schwierig macht. Aus heutiger Sicht ist fraglich, ob die politische Orientierung am Vater als gültig angesehen werden kann, und ob Jungen im politischen Bereich überlegen sind.

5. Die Längsschnittstudie von Moore, Lare und Wagner

Die Erhebung markiert den neueren Schub der Forschung. Interviewt wurden 243 Kinder in einer Längsschnittstudie in den Jahren 1974 bis 1978. Die ersten Untersuchungen fanden im Kindergarten statt und wurden jedes Jahr bis einschließlich Klasse vier wiederholt. Die Studie steht in der Nachfolge der Arbeit von Easton und Dennis, was sich auch an den Themen feststellen lässt – so untersuchen beide Arbeiten die Bereiche »national political community«, »regime« und »authorities« (vgl. Moore/Lare/Wagner 1985, 21). Des Weiteren befasst sie sich noch mit den Bereichen »political geography«, »public-private sector« und »political issues«. Zur Kategorisierung der Antworten verwenden die drei Autoren als »cognitive political awareness« Schemata bezeichnete (vgl. ebd., 34) Stufen und Ebenen, denen sie die Kinder anhand ihres Wissens zuordnen (vgl. ebd., 10). Dabei orientieren sie sich an Kohlberg und Piaget. Nach ihren Angaben bezieht sich ein Zehntel aller Fragen auf Einstellungen (vgl. ebd., 26), die restlichen Fragen prüfen das Wissen. Bereits im Kindergarten kennen 99 Prozent aller Befragten die amerikanische Flagge. Auch George Washington erkennen schon mehr als die Hälfte. Ein ähnlich gutes Ergebnis ergibt sich für Abraham Lincoln. Die Freiheitsstatue und die Freiheitsglocke sowie das Capitol identifizieren nur wenige Vorschulkinder. Mit Ausnahme des Weißen Hauses und des Capitols kennen in der dritten Klasse mehr als 90 Prozent die nationalen Symbole. Die schlechteren Werte für die beiden Erstgenannten führen Moore, Lare und Wagner darauf zurück, dass die Kinder beide häufig miteinander verwechseln (vgl. ebd., 85 f.). Auch hier zeigt sich die Tendenz, für Personen stehende Symbole früher zu erkennen. Es lässt sich jedoch nicht feststellen, inwiefern dieses Erkennen und Benennen bereits domänenspezifisches Wissen ist oder auf Weltwissen zurückgeht, da die Symbole auch historisch und kulturell äußerst bedeutsam sind.

In Anlehnung an die oben genannten Themenfelder untersuchen Moore, Lare und Wagner unter dem Aspekt »awareness of the regime« das Wissen, welches sich auf den Bereich der Regierung erstreckt. Das tun sie primär anhand des Präsidenten. Interessante Ergebnisse bringt die Frage, wer regiere. Neben dem Nichtwissen ist die am meisten gewählte Antwort von Vorschulkindern: Gott oder Jesus. An zweiter Stelle folgen der Präsident, auch mit Nennung der Namen Lincoln und Washington. Bereits in Klasse eins verlieren die religiösen Figuren an Bedeutung, und der Präsident tritt an die erste Stelle. Dennoch glauben noch immer 16 Prozent, dass Lincoln oder Washington regieren. Ab der zweiten Klasse wissen mehr als die Hälfte der Kinder, dass der Präsident diese Aufgabe wahrnimmt. Die gleiche Entwicklung zeigt sich auf die Frage, wer am meisten dazu beitrage das Land zu regieren. Im Kindergarten dominieren religiöse Autoritäten und später der Präsident (vgl. ebd., 91). Diese personenzentrierte Wahrnehmungsweise findet sich auch im Bereich Wahlen, in dem einzelnen Akteuren ebenfalls besondere legitimierende Fähigkeiten zugeschrieben werden. Analog zur Annahme, dass Gott oder Jesus das Land regieren, antworten die Vorschulkinder auf die Frage, wie der Präsident bestimmt beziehungsweise gewählt werde, mit der Aussage, dass Gott oder Jesus ihn einsetzen. Auch vermuten einige Kinder die Einsetzung durch Washington oder Lincoln. Sieben Prozent der Vorschulkinder wissen, dass der Präsident durch das Volk bestimmt wird, und bezeichnen es als »people«, »us« oder »the voters« (vgl. ebd., 47 f.). Die Nennung von Gott oder Jesus als Regierende ist zwar eindeutig ein Misskonzept und beruht auf einer Analogiebildung aus der Domäne der Religion, setzt allerdings das Wissen darüber voraus, welche Attribute ein Machthaber besitzen muss. Ebenso deutet die Annahme, Gott oder Jesus seien für die Einsetzung des Präsidenten verantwortlich darauf hin, dass die Kinder bereits ein Konzept über das Amt des Präsidenten besitzen. Denn ihnen ist bewusst, dass ein Präsident nicht als solcher geboren wird, sondern in irgendeiner Form legitimiert werden muss.

Was Wahlen sind, wissen in der vierten Klasse 65 Prozent der Kinder und beschreiben sie als »process decides between competing candidates or issues« (ebd., 92). Weitere 29 Prozent beschränken sich auf die tautologische Aussage, dass Wahlen einfach wählen einschließen (»election simply involved voting«) (ebd., 93). In diesem Zusammenhang sind auch die Orientierung an und das Wissen über Parteien zu sehen. Mehr als die Hälfte der Vorschulkinder haben noch nie etwas von Republikanern oder Demokraten gehört. Auch diese Zahl nimmt mit zunehmendem Alter ab. Auffällig ist jedoch, dass die Republikaner den Kindern vertrauter sind, was Moore, Lare und Wagner auf den damaligen republikanischen Präsidenten zurückführen. Erheblich schwerer ist die Frage nach der Definition von Parteien zu beantworten. Hier können nur drei Prozent der Viertklässler eine Erklärung finden. Ihre Ansätze basieren meist noch nicht auf inhaltlicher Programmatik, sondern beschreiben Republikaner als Gegenpartei der Demokraten und umgekehrt. Was Politiker sind, können am Ende von Klasse vier bereits zehn Prozent erklären (vgl. ebd., 103).

In Anlehnung an die Studie von Easton und Dennis greifen Moore, Lare und Wagner zur Differenzierung von Öffentlichkeit und Privatheit auf deren Fragebatterie zurück. Sie ergänzen den Tankwart – da er eine Uniform trägt und nicht für den Staat arbeitet – um den Nachrichtensprecher und den Süßwarenverkäufer. Die Kinder ordnen die der Öffentlichkeit zugehörigen Akteure mit zunehmendem Alter immer besser zu. Allerdings transferieren sie gleichzeitig die Personen aus dem privaten immer häufiger in den öffentlichen Sektor. Im Gegensatz zu Easton und Dennis kommen Moore, Lare und Wagner zu dem Ergebnis (1985, 100) »... that primary school children – however knowledgeable they may be concerning other civic matters – do not yet grasp the distinction between public and private«.

Dass Grundschüler/innen noch nicht in der Lage sind, die beiden Sektoren Öffentlichkeit und Privatheit anhand von Berufen zu trennen, erstaunt umso mehr, als sie richtig begründen können, woran man erkennt, wer für den Staat arbeitet. Sie argumentieren beispielsweise damit, dass solche Personen mit Steuern bezahlt, vom Präsidenten oder Gouverneur eingestellt werden oder für die Gesetzgebung oder die Durchsetzung der Gesetze zuständig seien (vgl. ebd., 99). So bilden die Kinder die Analogie, dass der politische Informationen verbreitende Nachrichtensprecher auch für die Ereignisse selbst verantwortlich sein müsse. Es zeigt sich, dass sie auf domänenspezifische Erklärungsansätze zurückgreifen, um zu definieren, wer für den Staat arbeitet. Dennoch bleibt auch hier die Frage offen, inwieweit Berufe tatsächlich für die Differenzierung von Öffentlichkeit und Privatheit geeignet sind und Rückschlüsse auf das Konzept zu Gemeinwohl zulassen.

Wie zuvor beschrieben, beschränken sich Moore, Lare und Wagner nicht nur auf das Überprüfen von Aspekten der polity-Ebene, sondern untersuchen auch politische Inhalte. Letztere vertiefen sie allerdings nicht weiter, sondern fragen nur danach, was die Kinder bisher darüber gehört haben. Die zur damaligen Zeit diskutierten politischen Konflikte waren die Watergate-Affäre, die Energiekrise, der Vietnamkrieg und ab Klasse drei zusätzlich noch Arbeitslosigkeit und Inflation. Während das Wissen über die Watergate-Affäre im Verlauf abnimmt, steigt es in anderen Bereichen (vgl. ebd., 95), was die Entwicklung der Themen in der öffentlichen Diskussion widerspiegelt. Auch die Ebene des Gesetzgebungsprozess greifen Moore, Lare und Wagner auf. 46 Prozent der Vorschulkinder sind in der Lage zu erklären, was ein Gesetz bedeutet, wobei sie sowohl konkret als auch abstrakt argumentieren. »These [Anm. d. Verf: die Antworten der Vorschulkinder] ranged form references to specific laws, for example ›the policeman's law, that everyone can't go fast on the road, to very generalized conceptions of law such as, it's a thing that you are supposed to do, It's a thing that you do – you obey. You have to obey the law‹, and, a rule – tells you not to do things.«« (ebd., 51). Die Ausdifferenzierung von naiven zu elaborierteren Konzepten entwickelt sich kontinuierlich weiter, und in Klasse vier erklären 99 Prozent der Kinder angemessen, was ein Gesetz sei (vgl. ebd., 157). Allerdings bleibt unklar, welche politikwissenschaftlichen Maßstäbe die Autoren für die kindlichen Definitionen anwenden, um sie als richtig oder falsch zu bewerten.

Neben dem Wissen über Politik wurden auch die Einstellungen zur Politik erhoben. Je mehr Kinder über Politik wissen, desto wahrscheinlicher ist ihre positive Haltung zur Politik einerseits, und andererseits steigt die Wahrscheinlichkeit, dass sie am politischen Leben partizipieren (ebd., 201). Insgesamt kommen die Autoren jedoch zu dem Ergebnis, dass nicht nur das Wissen Einfluss auf das Verhalten nimmt, sondern dass auch das Geschlecht eine entscheidende Rolle spielt. »While on ten items boys were more knowledgeable than girls in each of the five years, on no single question were girls consistently more knowledgeable« (ebd., 127). Die untersuchten Jungen schneiden in fast allen Fragen besser als die Mädchen ab. Moore, Lare und Wagner führen das auf die politische Sozialisation zurück (vgl. ebd., 128 f.).

Obwohl sich die Studie, wie zuvor erwähnt, an die von Easton und Dennis anlehnt, unterscheiden sich ihre Ergebnisse im Bereich der Öffentlichkeit deutlich. Worauf das zurückzuführen ist, bleibt allerdings offen. Die Kinder weisen hier noch ein unvollständiges Konzept auf. Obwohl sie über Konzepte verfügen, mit denen sie die Öffentlichkeit beschreiben können, thematisieren sie doch nicht die Orientierung öffentlicher Ämter am Ziel der Vertretung der Interessen der Allgemeinheit. Interessant ist die Betrachtung von Gott und Jesus als auf den politischen Prozess Einfluss nehmende Akteure. Besonders deutlich wird die Entwicklung kindlicher Konzepte im Bereich der Parteien. Zuerst entsteht das semantische Wissen. Die Kinder kennen den Begriff der Partei und haben schon etwas über Republikaner und Demokraten gehört. Dann differenziert sich ein Verständnis dafür aus, dass die Parteien sich unterscheiden. Diese Vorstellung wird differenziert und mit Hilfe der Annahme erklärt, dass diese Parteien sich konträr gegenüberstehen. Insgesamt werden auch hier recht wenige Aspekte thematisiert, die Rückschlüsse auf das ontologische Wissen der naiven Theorie zur Politik zulassen.

6. Resümee

Es zeigt sich, dass man unabhängig vom Untersuchungsland oder Entstehungszeitpunkt aus den drei Studien folgende Schlüsse ziehen kann: Schüler/innen der Grundschule sind bereits in der Lage, politische Sachverhalte in einem gewissen Umfang wahrzunehmen und zu verstehen. Sie verfügen bereits über Wissen und Konzepte zu verschiedenen Bereichen der Politik, auch wenn diese Konzepte häufig noch nicht den elaborierten Konzepten von Erwachsenen entsprechen. Eine kindliche Eigenart der Wahrnehmung politischer Aspekte ist – unabhängig von der Studie – die Personalisierung. Nachweisbar ist das sowohl bei den nationalen Symbolen als auch bezüglich der Regierung. Fehlen den Kindern Kenntnisse in einzelnen Bereichen, so bilden sie häufig Analogien, um mit Hilfe des domänenspezifischen Wissens und dem Weltwissen das aktuelle Problem zu lösen und Phänomene zu klären. Diese kindlichen Versuche, die politische Welt zu erklären, führen in einigen Fällen zu Misskonzepten. Sie sind oft nicht als gänzlich falsch zu bewerten, sondern weisen bereits logische Denkstrukturen auf, die in eine richtige Richtung führen und den Weg zu einem elaborierten politischen Konzept bereiten. Auch das für die naive Theorie zur Politik besonders wichtige ontologische Wissen ist in der Grundschule bereits angelegt. Alle Studien deuten darauf hin, dass Grundschüler/innen über eine naive Theorie zur Politik verfügen und eben nicht in einer politikfreien Welt leben. Deshalb muss das politische Lernen in der Grundschule wieder verstärkt in den Fokus der Aufmerksamkeit geraten. Politische Themen sollten ebenso Eingang in den Unterricht finden wie solche aus den Domänen Biologie oder Geographie und nicht mit der Begründung abgelehnt werden, dass Politik kein Thema für Kinder sei. Es ist Aufgabe der Grundschule, durch das Aufgreifen politischer Sachverhalte einen Beitrag zur Ausdifferenzierung der naiven Theorien zur Politik zu leisten.

Literatur

Berti, Anna Emilia (1988): The Development of Political Understanding in Children Between 6–15 Years old. In: Human Relation, Vol. 41, No. 6, S. 437–446.

Berti, Anna Emilia / Andriolo, Alessandra (2001): Third Graders' Understanding of Core Political Concepts (Law, Nation-State, Government) Before and After Teaching. In: Genetic, Social, and General Psychology Monographs, 127 (4), S. 346–377.

Berton, Martina / Schäfer, Julia (2005): Politische Orientierung von Grundschulkindern. Ergebnisse von Tiefeninterviews mit Pretests mit 6- bis 7-jährigen Kindern. Arbeitspapiere – Mannheimer Zentrum für Sozialforschung, 86. URL: http://www.mzes.uni-mannheim.de/publications/wp/wp-86.pdf [Stand 23.5. 2006].

Connell, Robert W. (1971): The Child's Construction of Politics. Melbourne.

Delval, Juan (1994): Stages in the Child's Construction of Social Knowledge. In: Carretero, Mario/Foss, James F. (Hrsg): Cognitive and Instructional Processes in History and the Social Sciences. Hillsdale, S. 77–102.

Easton, David / Dennis, Jack (1969): Children in the Political System. Origins of Political Legitimacy. New York u.a.

Greenstein, Fred I. (1976): Children and Politics. (8. überarbeitete Aufl.) New Haven/London.

Hatano, Giyoo / Inagaki, Kayoko (1994): Young Children's Naive Theory of Biology. In: Cognition, (50), S. 171–188.

Mähler, Claudia (1999): Naive Theorien im kindlichen Denken. In: Zeitschrift für Entwicklungspsychologie und Pädagogische Psychologie, (31), S. 53–66.

Meyer, Thomas (2000): Was ist Politik? Opladen.

Moore, Stanley W. / Lare, James / Wagner, Kenneth A. (1985): The Child's Political World. A Longitudinal Perspective. New York u.a.

National Assessment of Educational Progress (NAEP) (2001): Civics: What do 4th-Graders know, and what can they do? URL: http://nces.ed.gov/pubs2001/2001460.pdf [Stand 23.5.2006].

Schenk, Amfried (2005): Chef von Deutschland. In: Die Zeit, (15.9.2005). S. 92.

Sodian, Beate (1998): Entwicklung bereichsspezifischen Wissens. In: Oerter, Rolf/ Montada, Leo (Hrsg.): Entwicklungspsychologie. Ein Lehrbuch. (4., korr. Aufl.) Weinheim, S. 622–653.

Wellman, Henry M. / Gelman, Susann A. (1998): Knowledge Acquisition in Foundational Domains. In: Kuhn, Deanna/Siegler, Robert S.: Handbook of Child Psychology, Volume 2: Cognition, Perception, and Language. (5. Aufl.) New York u.a., S. 523–563.

Dagmar Beinzger / Isabell Diehm

Politische Bildung in Kindergarten und Vorschule

1. Begrifflich-konzeptionelle Vergewisserung

Von ›politischer Bildung‹ ist im Bereich der Elementarpädagogik heute so gut wie nicht (mehr) die Rede. Selbst Begriffe wie ›politisches Lernen‹, ›politische Erziehung‹ oder ›politische Sozialisation‹, die in den vor allem sozialisationstheoretisch inspirierten Debatten um das frühe Lernen im Vor- und Grundschulalter ab Ende der 1960er Jahre zwei Jahrzehnte hindurch eine große Rolle spielten, scheinen aus dem erziehungswissenschaftlichen Diskurs gegenwärtig fast gänzlich verschwunden. Aus diesem Befund lässt sich jedoch nicht schließen, dass die Frage, auf welchen Fähigkeiten, Kompetenzen, Haltungen, Einstellungen und Kenntnissen der Individuen demokratisch verfasste Gesellschaften aufbauen, niemanden mehr interessierte. Vielmehr herrscht seit geraumer Zeit ein breiter Konsens darüber, dass alle Voraussetzungen dafür, als aktive Staatsbürgerin oder als aktiver Staatsbürger wirken zu können – etwa die Bereitschaft, Verantwortung für das Gemeinwesen zu übernehmen – in den frühen Jahren grundgelegt werden. Politisches Lernen baut in dieser Sichtweise auf einer früh und solide entwickelten Basis sozialen Lernens auf, die dem Individuum als Grundlage für seine spätere Entfaltung von Urteils-, Entscheidungs- und Handlungsfähigkeit im Rahmen einer profund verankerten demokratischen Gesinnung dient.

Der Aufschwung, den politische Erziehung und Sozialisation im frühen Kindesalter in den 1960er und -70er Jahren erlebte, ist rückblickend auf die gesellschafts- und bildungspolitisch hohen Aspirationen jener Zeit zurückzuführen. Der folgende Argumentationsgang, der die »historische Entwicklung« des Gegenstandsbereiches skizziert, stützt sich zum Teil auf Überlegungen, die Diehm bereits 1997 angestellt hat. Besonders zwei Entwicklungen sind hier hervorzuheben: Zum einen die Studentenbewegung, die eine breite Politisierung aller gesellschaftlichen Bereiche, ein großes pädagogisches Interesse an Konzepten antiautoritärer Erziehung sowie ein ausgeprägtes Forschungsinteresse am Gegenstand der politischen Sozialisation nach sich zog. Zum anderen die Bildungsreform, die Chancengleichheit unabhängig von sozialer Herkunft und Geschlecht realisieren sollte und eine enorme Expansion erziehungswissenschaftlicher Forschung wie der Erziehungsinstitutionen selbst in Gang setzte. Die dezidierten Demokratisierungsbestrebungen, die hinter diesen Entwicklungen standen, wurden spätestens seit den wegweisenden Anstößen durch den Deutschen Bildungsrat (1970) auch auf die Institutionen Kindergarten und Vorschule ausgedehnt.

Im Bereich der Sozialisationsforschung begann man während dieser Zeit, US-amerikanische Untersuchungen aus den 1950er und -60er Jahren zur politischen Sozialisation im Kindes- und Jugendalter zu rezipieren. Sie stellten das notwendige Wissen zu den Bedingungen und Verläufen der politischen Sozialisation in früher Kindheit, insbesondere in der Familie, zur Verfügung (vgl. Wasmund 1982). In den engagiert geführten Diskussionen um das politische Lernen junger Kinder und bei der Konzeptualisierung entsprechender didaktischer Ansätze diente dieses Wissen sowohl als theoretische Begründung für die in gesellschaftsverändernder Absicht geforderte Institutionalisierung des politisch-sozialen Lernens im Elementar- und Primarbereich als auch als empirische Grundlage der vorgetragenen Argumente. Nicht zuletzt zielte man unter Inanspruchnahme dieser Befunde auch auf eine Korrektur familialer Einflüsse auf Seiten die Kinder. Bei Spieker (1982, 180) heißt es:»In der Regel bewirken familiale politische Sozialisationsprozesse faktisch eine Stützung des status quo, eine Anpassung an bestehende gesellschaftliche Wertorientierungen, Normen und Interaktionsmuster. Der Ausbau der in der Gesellschaft gegebenen Möglichkeiten in Richtung auf Demokratisierung wird behindert.« Dem Zeitgeist und den damals gesellschaftskritischen Analysen entsprechend richtete sich diese Kritik gegen die traditionelle (Klein-)Familie in ihrer vermeintlich autoritären und mithin defizitären Struktur (vgl. Beck 1973; Beck/Grauel 1975).

Die Kritik traf auch die damals gängige Sozialerziehung. Sie wurde als »reines Anpassungstraining« bezeichnet, als »Einübung sozialer Tugenden, die für unmittelbare personale Bezüge in Kleingruppen angemessen (seien): Hilfsbereitschaft, Rücksichtnahme, Kooperation, Zurückstellen individueller Bedürfnisse, Einordnung in Normen und Regeln, bis hin zu ›genormten‹ Verhaltensweisen wie Tischsitten« (Köbberling/Müller-Guntrum 1972, 49). Jede Sozialerziehung in den frühen Jahren, die den Anspruch erhebe, politisches Verhalten anzubahnen, müsse demgegenüber die Kinder allererst dazu befähigen, soziale Normen aus der Distanz kritisch zu reflektieren und ein erstes Verstehen von sozialen Strukturen und Zusammenhängen zu entwickeln (vgl. ebd., 49 ff.). So orientiert sich z. B. Hielschers systematisch aufgebautes Programm zur Sozialerziehung an »Richtzielen«

wie Freiheit, Gerechtigkeit, Solidarität, die wiederum »Grundwerte« wie Wahrhaftigkeit, Toleranz, Achtung, Verantwortung und Engagement umfassen. Ein solches Verständnis von Sozialerziehung nähert sich Vorstellungen einer politischen Bildung deutlich an. Sozialerziehung wird als ein »im weitesten Sinne [...] politisches Konzept« eingeordnet. »Mündigkeit, Vernunft, Konfliktfähigkeit und Rollenflexibilität sind ebenso notwendige Voraussetzungen für eine produktive Weiterentwicklung der Gesellschaft wie z. B. ein positives Selbstkonzept, ein ›menschlicher‹ Umgang mit eigenen und fremden Gefühlen sowie Ausdrucks- und Kommunikationsfähigkeit [...], sie [müssen] sich in Fertigkeiten, Fähigkeiten und Gewohnheiten manifestieren« (Hielscher 1986, 8).

Aus diesen Ausführungen wird ersichtlich, dass zwischen dem politischen und dem sozialen Lernen im Vorschul- und Grundschulalter ein enger Zusammenhang hergestellt wurde, der die traditionelle Sozialerziehung zu reformieren beabsichtigte und zugleich zu einer Reformulierung des Gegenstandsbereiches ›politische Sozialisation/Erziehung/Bildung‹ führte. Politisches Lernen wurde als ein Sonderfall des sozialen Lernens gesehen (vgl. Wasmund 1982, 25), weil Letzteres oder die Sozialerziehung als notwendiger Bestandteil politischen Lernens galt (vgl. Beck 1988, 405). Wenn in einer begrifflichen Amalgamierung vom »politisch-sozialen Lernen« die Rede ist, wie innerhalb der politikwissenschaftlichen politischen Sozialisationsforschung z. T. bis heute üblich, kommt die angestrebte, behauptete und zunehmend auch erreichte Nähe der beiden Konzepte zum Ausdruck (vgl. Spieker 1982).

In der Stärkung der kindlichen Persönlichkeit ließ sich das emanzipatorisch-pädagogische Ziel, das politisch-soziale Lernen der jungen Kinder voranzutreiben, operationalisieren. Auch in dieser Hinsicht lehnte man sich an US-amerikanische Ansätze an und war bestrebt, die Ich-Stärke jedes einzelnen Kindes zu fördern. Kinder sollten die Erfahrung machen, eigene Bedürfnisse haben zu dürfen, sich darüber mit anderen zu verständigen und sie umsetzen zu können. Darin sah man die Voraussetzung für die Entwicklung einer Ich-starken Persönlichkeit, die schließlich auch imstande wäre, sich aus einengenden Abhängigkeitsverhältnissen zum Elternhaus zu lösen (vgl. Rinne 1976, 176 ff.). Als die Kernpunkte einer so verstandenen (vor-) politischen Erziehung bzw. eines erfolgreichen politisch-sozialen Lernens galten, dass »die Kinder angeleitet [werden], ihr Zusammenleben in der Gruppe selbst zu regulieren, Entscheidungen gemeinsam zu treffen, solidarisches Verhalten zu üben, Problemlösungsverfahren zu entwickeln« (ebd., 178) und mithin in die Lage versetzt werden sollten, familiale Einflüsse zu korrigieren bzw. zu kompensieren.

Für die Elementarpädagogik der zurückliegenden zwei Jahrzehnte ist festzuhalten, dass die sukzessive gewandelten Vorstellungen, die einen Weg von der politischen Sozialisation, Erziehung und Bildung über das politische Lernen hin zu einem eher als vor-politisch aufgefassten (politisch-) sozialen Lernen markieren, im »Curriculum Soziales Lernen« oder »situationsorientierten Curriculum« – dem so genannten Situationsansatz – aufgegangen sind (vgl. Zimmer 1984). Dieses Curriculum zielte ab auf die Verschränkung von sozialem und sachbezogenem Lernen. Die übergeordneten Lernziele Kompetenz, Autonomie und Solidarität schlossen beide Aspekte gleichrangig ein. Der Bezug zur Lebenswelt, zu Lebenssituationen der Kinder, macht das zentrale methodisch-didaktische Merkmal des Situationsansatzes aus. Unter realen Umständen sollen die Kinder die notwendigen Qualifikationen und Kompetenzen erwerben, die sie für deren soziale und sachliche Verarbeitung und Bewältigung sowohl aktuell als auch zukünftig benötigen. Die Dimension des sozialen Lernens erweist sich als konstitutiv eingelassen in diesen lebensweltbezogenen pädagogischen Ansatz, dessen theoretische Begründungen als klares Plädoyer für die Förderung vor-politischer Lernprozesse gelesen werden können (vgl. Zimmer 1973) – ganz im Sinne der zitierten Definition des politisch-sozialen Lernens bei Spieker (1982).

Die weithin erfolgte Implementierung des Curriculums Soziales Lernen in der Elementarpädagogik steht rückblickend betrachtet für das konzeptionell gefasste Ende eines Entwicklungsverlaufes, der eine ursprünglich forcierte politische Erziehung im Vorschulalter – häufig sogar verstanden als die Thematisierung politischer Inhalte – durch die Förderung des sozialen Lernens in den frühen Jahren ersetzte. Diesem Prozess vergleichbar konstatiert Feige (2002, 146) für die Grundschulpädagogik, dass sich auch hier bereits in den 1970er Jahren ein »Paradigmenwechsel« vollzogen habe, der die Abkehr von einem politischen Lernen im Sinne von Aufklärung hin zu sozialem Lernen bezeichne – eine Entwicklung, die von einigen Primarstufenforscherinnen und -forschern schon damals (vgl. Beck 1988, 404), zum Teil sogar bis heute, beklagt wird (vgl. im Hinblick auf den Sachunterricht in der Grundschule: Richter 1996; Scholz 2003).

Mit Blick auf die Forschung ist festzuhalten, dass bereits Anfang der 1980er Jahre vor allem methodische Kritik an den erwähnten amerikanischen Studien laut wurde. So seien die konkreten Entstehensbedingungen bei der Erhebung kindlicher Einstellungen zu gesellschaftlichen Fragen nicht berücksichtigt worden. Ebenso habe das Problem der Übertragbarkeit jener Befunde auf die bundesrepublikanischen Verhältnisse zu wenig Beachtung gefunden (vgl. Beck 1988, 403). Zwar wisse man durch die bisher angewandten Untersuchungsverfahren nun ungefähr, *was* die Kinder »im Hinblick auf politische Objekte und Prozesse« gelernt hätten. »Die Frage, *wie* politische Lernprozesse verlaufen und *wer wann* darauf Einfluss nimmt, kann dagegen mit den herkömmlichen Methoden der politischen Sozialisationsforschung nur sehr unbefriedigend beantwortet werden« (Wasmund 1982, 33, Herv. D. B./I. D.). Die Grundlagenforschung zum politischen Lernen im Kindesalter, so Beck (1988, 405), sei bedauerlicherweise nicht weitergeführt worden, was sowohl für den Bereich der institutionalisierten politisch-sozialen Erziehung (intendiertes Erziehungshandeln) im Vorschulalter als auch für den Bereich der Sozialisation (nicht-intendierte, ungesteuerte Lernprozesse) in der Familie und in Vorschuleinrichtungen zutreffe (vgl. Colberg-Schrader/Derschau 1991). Was in diesen Aussagen die Situation vor knapp 20 Jahren beschreibt, wird bis heute in vergleichbarer Weise formuliert: Van Deth (2005) stellt aus Sicht der Politischen Wissenschaft fest, dass es innerhalb seiner Disziplin zwar zwei dominierende Thesen zur politischen Sozialisation in der frühen Kindheit gebe – die Kristallisationsthese, welche die starke Prägekraft früh erworbener Kompetenzen und Einstellungen betone, und die Persistenzthese, welche die Nachhaltigkeit jener Kenntnisse, Fähigkeiten und Orientierungen hervorhebe –, aber keine empirische Forschung, die diese Thesen untermauern könnte. »Die beiden Thesen bieten eine sehr plausible Grundlage für jede Betrachtung über politische Sozialisation. Was man jung lernt, wird später angewandt, und was später gemacht wird, hängt von früheren Erfahrungen ab. Leider unterliegt diese Betrachtungsweise einer klaren Beschränkung: Eine überzeugende empirische Untermauerung politischer Lernprozesse fehlt bis heute. Auf die ursprüngliche Begeisterung für die politische Sozialisation junger Kinder folgte gegen Ende der siebziger Jahre eine Ernüchterung, welche bis heute die weitere Entwicklung der Sozialisationsforschung beeinträchtigt. Die Untersuchung des politischen Lernens junger Kinder kam fast völlig zum Erliegen« (Van Deth 2005, 5).

Van Deth ist bestrebt, die politische Sozialisationsforschung im Kindesalter wieder zu beleben und spricht dezidiert von ›politischer Sozialisation‹. Er verweist sowohl auf die alten US-amerikanischen Befunde, die besagen, dass junge Kinder in politischer Hinsicht keine »unbeschriebenen Blätter« seien, als auch auf neue Ergebnisse, die belegen, dass auch sie sich sinnvoll mit politischen Themen zu beschäftigen verstehen (vgl. Berton/Schäfer 2005, zitiert nach van Deth 2005, 6). Aber wie schon zu Beginn der 1980er Jahre sei bis heute nicht klar – und dies mache eine der größten Herausforderungen für die politische Sozialisationsforschung aus –, was aus rudimentär entwickelten politischen Kenntnissen, Fähigkeiten und Kompetenzen am Ende einen demokratisch denkenden und handelnden Erwachsenen mache (vgl. ebd.).

Anders als van Deth plädiert Preuss-Lausitz (2003, 27) im Kontext der grundschulpädagogisch geführten Diskussion um das »Demokratielernen«, mit dem neuerdings eine politische Sozialisations- und Erziehungsaufgabe der Grundschule definiert wird (s. Burk/Speck-Hamdan/Wedekind 2003), für eine begrifflich-konzeptionelle Hinwendung zur »zivilgesellschaftlichen Sozialisation« oder auch zum »demokratischen Habitus«. Dass er anstelle der »politischen Bildung« oder der »politischen Sozialisation« diesen Konzepten den Vorzug gibt, begründet er folgendermaßen: »Die Entstehung direkten politischen Wissens und politischer *Einstellungen* und Handlungsbereitschaften für Aktivitäten im Bereich politisch-gesellschaftlicher Organisationen können wir als politische Bildung im engeren Sinn kennzeichnen. Die Entwicklung von *Engagement und Fähigkeiten* für den gleichberechtigten, respektvollen und *alltäglichen* Umgang der Menschen in Partnerschaften und Freundschaften, in Zwangsgemeinschaften – wie der Schule oder der Klasse –, bei Freizeitaktivitäten, aber auch gegenüber Unbekannten im öffentlichen Raum gehört in den zivilgesellschaftlichen Bereich. [...] Zivilgesellschaftliche Sozialisation schließt die Bereitschaft und Kompetenz ein, *gemeinsam mit anderen* die *ganz konkreten Lebensverhältnisse mitgestalten zu wollen* und auch zu können, in der Kindergruppe, in der Familie, in Freizeitgruppen und auch in der Schule, und *für andere Fürsorge, Hilfsbereitschaft und Engagement zu zeigen*« (Preuss-Lausitz 2003, 27; Herv. i.O.).

Was Preuss-Lausitz das zivilgesellschaftliche Lernen bzw. die zivilgesellschaftliche Sozialisation nennt, ist seinen Ausführungen zufolge durch solche äußeren Bedingungen zu erreichen, die zivilgesellschaftliche Erfahrungen in der Familie, in Form von Mediennutzung und in der Schule ermöglichen. Sie, so sein Fazit, münden schließlich in »zivilgesellschaftliches Demokratie-Lernen« (vgl. ebd., 35). Inwieweit sich dies jedoch trennscharf vom sozialen Lernen in einem gängigen grundschulpädagogischen Verständnis abhebt, thematisiert er nicht.

Demgegenüber trachtet Scholz (2003) danach, das soziale Lernen in der Grundschule auch auf äußere, also politisch-gesellschaftliche Aspekte zu beziehen und so der begrifflichen Unentschiedenheit im Hinblick auf das soziale und politische Lernen innerhalb der grundschulpädagogischen Diskussion der vergangenen 30 Jahre ein Ende zu machen. »Voraussetzung dafür ist, dass die Beziehungen zwischen Individuum und sozialem und politischem Rahmen zum Gegenstand der Betrachtung werden« (ebd., 48). Die Auffassung, dass Handeln sowohl soziales wie politisches Handeln im Rahmen spezifischer sozialer und politischer Gegebenheiten ist, lässt Scholz für eine dezidiert begriffliche Unterscheidung des sozialen und des politisch-gesellschaftlichen Lernens plädieren.

Die grundschulpädagogische Debatte um das soziale Lernen bzw. eine im weitesten Sinne politische Bildung bezieht sich insofern auch auf die frühe Kindheit, als sie die Phase des Anfangsunterrichts umfasst. Gleichwohl verlaufen die elementar- und die primarpädagogischen Diskussionen in diesen Punkten erstaunlich unverbunden und im Grunde kaum aufeinander bezogen. Im Primarbereich geht es vor allem um (programmatische) begrifflich-konzeptionelle Kontroversen, in denen darum gestritten wird, ob der alles dominierende Begriff des sozialen Lernens nicht zu einer unverantwortbaren Missachtung politischer Lernprozesse im Grundschulalter geführt habe. Dagegen kreist die elementarpädagogische Debatte um die Frage, wie die Bildung junger Kinder ganz generell zu definieren sei – und zwar jenseits expliziter begrifflicher Vergewisserungen. Gleichwohl ist beiden Diskurssträngen gemeinsam, dass sie sich – wie bereits festgestellt – noch immer durch einen weitgehenden Mangel an empirischer Fundierung auszeichnen.

2. (Vor-)Politische oder politisch-soziale Bildung implizit

Das Konzept einer Politischen Bildung im Elementarbereich wurde, so lassen sich die Debatten der zurückliegenden Jahre wohl zusammenfassen, zugunsten eines Ansatzes aufgegeben, der die Förderung der Persönlichkeitsentwicklung und der sozialen Kompetenzen der Kinder im Sinne einer vor-politischen Bildung fokussiert. Eine von Anfang an gestärkte und optimal geförderte Persönlichkeit bringe, so die Vorstellung, die Voraussetzungen für eine autonome und kritikfähige sowie sozial verantwortliche Haltung der späteren Erwachsenen mit sich. Politische Bildung, verstanden als die kognitive Auseinandersetzung mit Gesellschaft, könne daran anknüpfen. Dieser Auffassung entsprechend sind die Entwicklung von Ich-Stärke wie auch die Fähigkeit, sich in Gruppenprozessen konstruktiv zu verhalten, als Lernziele im Situationsansatz curricular verankert. Obwohl über sie bis heute ein breiter Konsens innerhalb der Elementarpädagogik herrscht, ist der situationsorientierte Ansatz im Zuge jener neuen Bildungsdebatte in die Kritik geraten (vgl. Krappmann 1998).

Ausgelöst wurde die Diskussion um die Fragen, wie sich Bildung für das Vorschulalter präziser definieren lasse und wie sie sich von einem schulischen Bildungsverständnis unterscheide, zunächst durch die Verabschiedung des Kinder- und Jugendhilfegesetzes (KJHG) im Jahr 1991. Es schrieb erstmals für die Arbeit im Kindergarten neben der Erziehung und Betreuung auch die Bildung der Vorschulkinder als eine Aufgabe elementarpädagogischer Praxis ausdrücklich fest. Diese Debatte war bereits im vollen Gange, als dann die Ergebnisse der ersten PISA-Studie des Jahres 2001 für eine weitere Beförderung und Intensivierung der Bildungsdiskussion sorgten. Auch die erste internationale Vergleichsstudie *»Starting strong«*, die wie die PISA-Studie von der OECD (2001), allerdings ohne Einbezug der Bundesrepublik Deutschland, durchgeführt wurde und sich ganz auf den Systemvergleich im Hinblick auf die frühe Bildung konzentrierte, regte die Diskussion allgemein ebenso an wie die groß angelegten europäischen Forschungsprojekte wie EPPE *(Effective Provision of Pre-School Education)* und ECCE *(European Child Care and Education Study)* aus demselben Jahr (vgl. Tietze 2004). Obschon PISA in den einbezogenen nationalen Schulsystemen die 15-Jährigen testete, strahlte die Auseinandersetzung um das schlechte Abschneiden der deutschen Teilnehmer/innen sogleich auch auf den Vorschulbereich aus. Unter den Stichworten Prävention und Kompensation wurden dem Kindergarten verstärkt Bildungsaufgaben zugeschrieben und mithin Nachhaltigkeit der hier geleisteten pädagogischen Arbeit zugestanden.

Die praktische Konsequenz aus beiden Ereignissen – dem im Kinder- und Jugendhilfegesetz formulierten Bildungsauftrag des Kindergartens einerseits und dem »PISA-Schock« andererseits – ist die im Jahre 2004 auf der Ebene der Jugend- und Kultusministerkonferenz getroffene Vereinbarung, in jedem Bundesland einen trägerübergreifenden Bildungsplan für die pädagogische Arbeit in den Kindertagesstätten zu entwickeln. Hierfür existiert ein gemeinsamer Rahmen, der im Sinne einer Orientierung die Bildungsziele für die elementarpädagogische Arbeit umreißt, ohne die jeweiligen Gestaltungsmöglichkeiten auf Länderebene oder in jeder einzelnen Einrichtung einzuschränken (s. Jugendministerkonferenz/Kultusministerkonferenz 2004). Als wesentliche Bildungsaufgabe der Kindertageseinrichtungen werden hier genannt: die Vermittlung grundlegender sozialer Kompetenzen sowie die Stärkung persönlicher Ressourcen (vgl. ebd., 30).

In den einzelnen Bildungsplänen tauchen diese allgemeinen Bildungsziele programmatisch gefasst wieder auf. Ein vergleichender Blick auf die vorliegenden Pläne fördert zu Tage, in welche Inhalte und Teilziele sich die so benannte Bildungsaufgabe des Elementarbereiches operationalisiert. Mehr noch: Es wird deutlich, dass alle Lern-, Sozialisations-, Erziehungs- und Bildungsbereiche, die in der Vergangenheit unter Begriffen wie ›politische Sozialisation/Erziehung/Bildung‹ oder ›politisch-soziale Bildung‹ beschrieben wurden, zwar *implizit* in den Plänen enthalten, explizit aber nicht mehr in dieser Begrifflichkeit präsent sind.

Eine Synopse zu den Bildungsplänen der Länder nennt unter Abschnitt C ›Bildungsbereiche‹ die religiöse und ethische Bildung sowie die Werteerziehung und Philosophie, aber auch Gemeinschaft und Gesellschaft als diejenigen Bereiche, an denen sich in Baden-Württemberg, Bayern, Niedersachsen, Rheinland-Pfalz, Mecklenburg-Vorpommern und Bremen die vorschulische Arbeit orientieren soll. Hinzu kommen, und dies auch in anderen Bundesländern, Aufgabenbeschreibungen, die dem Bildungsbereich »Soziales Lernen« eindeutig zuzuordnen sind: soziales Leben (Brandenburg), soziale und kulturelle Umwelt (Berlin), soziales Lernen und Kultur (Bremen), kulturelle Umwelt (Nordrhein Westfalen), (inter-)kulturelle und soziale Grunderfahrung (Sachsen-Anhalt), interkulturelles Lernen und Förderung sozialer Kompetenz (Rheinland-Pfalz). In Thüringen, Niedersachsen, Sachsen und Schleswig-Holstein wird das so gefasste soziale Lernen überdies an die personale und emotionale Entwicklung geknüpft. Es ist dann etwa von »personaler, sozialer und kultureller Entwicklung« die Rede. Die Umweltbildung und -erziehung oder auch Naturerfahrung und Ökologie nehmen darüber hinaus einen breiten Raum in den Bildungsplänen ein (vgl. http://www.agj.de/pdf/3-4/jmksynopse-zu-top504.pdf).

Alle genannten Bildungsbereiche kommen dem nahe, was im Vorangegangenen als ›vor-politische‹ oder ›politisch-soziale Bildung‹ bezeichnet wurde. Vorstellungen davon lassen sich demnach mittels dieser in den neuen Bildungsplänen aufgeführten Bereiche operationalisieren. Um zu konkretisieren, was in den Bildungsplänen zur vor-politischen oder politisch-sozialen Bildung junger Kinder enthalten ist, wird für den folgenden Argumentationsgang der hessische Bildungsplan (2005) exemplarisch herangezogen. Er heißt »Bildung von Anfang an« und bedeutet insofern eine Besonderheit, als er sich nicht wie im Falle der anderen Pläne auf Länderebene auf den Vorschul- oder Kindertagesstättenbereich, das meint auch auf die pädagogische Arbeit im Hort, beschränkt, sondern die Primarstufe einbezieht. Er stellt einen »Bildungs- und Erziehungsplan für Kinder von 0 bis 10 Jahren« dar. Die zitierte Synopse enthält unter Abschnitt C noch keine Angaben zum hessischen Plan. Vieles war zum Zeitpunkt ihrer Entstehung noch nicht konkretisiert. Der hessische – wie auch der bayerische – Bildungsplan vermag in seinen Ausführungen sehr weit reichende Hinweise und Anknüpfungspunkte zu liefern, ohne sie als solche immer explizit zu kennzeichnen.

Ausdrücklich wird hier, und dies trifft im Grunde auf alle anderen Bildungspläne ebenso zu, auf das Demokratieprinzip verwiesen, das als »gelebte Alltagsdemokratie« das Bildungsgeschehen trage und sich in der partnerschaftlichen ko-konstruktiven Aushandlung von Entscheidungsprozessen zwischen Kindern, Eltern, Pädagogen, Trägern und anderen Beteiligten manifestiere (vgl. Hessisches Sozialministerium/Hessisches Kultusministerium 2005, 24 f.). Mit Blick auf die Lern- und Bildungsprozesse der Kinder wird dieses Prinzip folgendermaßen beschrieben: »Nur durch geteiltes Engagement kann es Erwachsenen gelingen, mit Kindern die Ziele und Werte der Gesellschaft zu reflektieren. Damit Kinder die Bedeutung eines Lebens in demokratischer Gemeinschaft verstehen, ist es für sie wichtig zu lernen, den Status quo zu hinterfragen und zu überlegen, ob Dinge besser werden können, wenn man sie anders macht« (ebd., 25). Geht es um Handlungskompetenzen im sozialen Kontext, wird der hessische Bildungsplan noch konkreter. Als Voraussetzung demokratischer Teilhabe werden genannt: das Einhalten und Akzeptieren von Gesprächs- und Abstimmungsregeln, das Einbringen und Überdenken des eigenen Standpunktes sowie das Zuhören und Aushandeln. In den Grundsätzen und Prinzipien, die diesem Plan zugrunde liegen, heißt es: »Neben der Stärkung individueller Autonomie wird auch die Mitgestaltung der sozialen und kulturellen Umgebung und die entwicklungsangemessene Übernahme von Mitverantwortung betont« (ebd., 15). An anderer Stelle wird dazu ausgeführt: »Bildung ist darauf zu richten, dem Kind Achtung vor den Menschenrechten und Grundfreiheiten, seinen Eltern, seiner kulturellen Identität, seiner Sprache und den kulturellen Werten des Landes zu vermitteln. Sie ist ferner darauf zu richten, das Kind auf ein verantwortungsvolles Leben in einer freien Gesellschaft im Geist der Verständigung, des Friedens, der Toleranz, der Gleichberechtigung der Geschlechter und der interkulturellen Verständigung vorzubereiten« (ebd., 18). All diese gesellschaftsbezogenen und -relevanten Aspekte menschlichen Handelns zielen auf demokratiepolitische Kompetenzen des Individuums, die es – ganz im Sinne der politisch-sozialen Sozialisation und Bildung der vergangenen Diskussionen – bereits früh, und das heißt eher über implizite Wirkungen zu erreichen gilt. Bezogen etwa auf die vorfindbaren sozio-ökonomischen Differenzen im Alltag sollen die Kinder Sensibilität für die schwierigen Lebenslagen anderer entwickeln, Rücksicht, Solidarität und Hilfsbereitschaft erwerben, wenn es um Armut geht. Sie sollen aber auch lernen, davon abzusehen, ob jemand arm oder reich ist, das heißt, einen anderen Menschen nicht über seine soziale Herkunft zu definieren, und erkennen, dass Wohlstand nicht allein ausschlaggebend für ein erfülltes Leben ist (vgl. ebd., 43).

Einen ausgesprochen breiten Raum nehmen im Zusammenhang mit dem frühen politischen Lernen all jene Kompetenzen, Fähigkeiten und Erfahrungen ein, die das Zusammenleben in einer ethnisch heterogenen Gesellschaft betreffen (vgl. hierzu auch den Beitrag von Petra Wagner in diesem Band). Bildungsziele sind hier das selbstverständliche Miteinander verschiedener Sprachen und Kulturen, die zu »kultureller Aufgeschlossenheit und Neugier« führen sollen. Vor allem geht es um den Erwerb von »Fremdheitskompetenz« (Hessisches Sozialministerium/Hessisches Kultusministerium 2005, 41). Sie soll ermöglichen, »die eigene Sichtweise als eine Perspektive unter vielen verschiedenen Perspektiven« zu erkennen und zu reflektieren, »mit Fremdheitserlebnissen umzugehen« und zu »akzeptieren, dass man manche Traditionen und Lebensformen von anderen Kulturen nicht verstehen kann« (ebd.). In direktem Zusammenhang dazu stehen die »Sensibilisierung für unterschiedliche Formen von Diskriminierung« und deren Bekämpfung sowie die Entwicklung eines »Grundverständnisses darüber, dass alle Menschen die gleichen Rechte haben, unabhängig von ihrer Herkunft, ihrer Kultur und Religion« (ebd.).

3. Ist politische Bildung in Kindergarten und Vorschule überholt?

Die eingangs unternommene Rekonstruktion der zurückliegenden Debatten um politische Bildung, Erziehung und Sozialisation lässt den Eindruck entstehen, als seien alle pädagogischen Anstrengungen zum Erliegen gekommen, die im Hinblick auf eindeutig gesellschaftsbezogene Bildungsaufgaben bereits in den frühen Jahren ansetzen wollten. Mit der Umstellung der Begrifflichkeit vom politischen zum sozialen Lernen sind, so scheint es, gesellschaftskritische Aspirationen endgültig verlorengegangen. Sowohl die synoptische wie textanalytische Betrachtung der Curricula für die sozialpädagogische Arbeit mit jungen Kindern zeigt indes, dass hier ausgehend von einem Ansatz, der die Ich-Stärkung und emotionale Förderung als Grundvoraussetzung für ihre soziale Entwicklung sieht, ein starker Bezug zur näheren und weiteren Umwelt der Kinder konzeptionell in Betracht gezogen wird. Vergegenwärtigt man sich, was allein der hessische Bildungsplan an explizitem ebenso wie implizitem Gesellschaftsbezug aufführt, so wird deutlich, dass man innerhalb der elementarpädagogischen – im Gegensatz zur grundschulpädagogischen – Diskussion der so genannten Verfrühungsthese offenbar eindeutig abgeschworen hat (vgl. Richter 2000, 30). Die lange und weit verbreitete Annahme von der Schutzbedürftigkeit der jungen Kinder vor der »negativen« Umwelt geht historisch auf Rousseau zurück und dominierte die sozialpädagogische Debatte unter den Stichworten »Schutzraum« oder »Moratorium« bis in die jüngste Zeit. Erst die intensiv geführte Bildungsdebatte der 1990er Jahre (vgl. Laewen/Andres 2002) sowie die neue Kindheitsforschung (vgl. Honig 1999) scheinen die entscheidende Wende eingeleitet zu haben. Unter *theoretischen* Gesichtspunkten werden seither die Möglichkeiten und Potenziale des aktiven Kindes im Sinne eines kompetenten Akteurs ausgelotet, der seine Wirklichkeit inter-aktiv in Auseinandersetzung mit seiner personellen und sachlichen Umwelt ko-konstruiert. Zwar ist diese Vorstellung vom Kind unter *empirischen* Gesichtspunkten noch nicht allzu gründlich fundiert, gleichwohl liegen einige aussagekräftige Befunde aus dem anglophonen Sprachraum vor (vgl. die Sammelbände: Fried/Büttner 2004; Fthenakis/Oberhuemer 2004) ebenso wie die heftig diskutierten Ergebnisse der Neurophysiologie (vgl. Singer 2003). In *praktischer* Hinsicht jedenfalls haben diese Entwicklungen ihren Niederschlag in den Bildungsplänen wie dem hessischen gefunden, in denen teilweise recht ausführliche und kleinschrittige Darstellungen zu den einzelnen Bildungsbereichen wie zu unterschiedlichen didaktisch-methodischen Ansätzen für die elementarpädagogische Arbeit der Erzieherinnen formuliert sind. Hier zeigt sich, dass sich die Perspektive auf die Kinder geändert hat, so dass eindeutige und direkte Aspekte dessen, was als politisches Lernen bezeichnet werden kann, Eingang in die Curricula gefunden hat. Was Feige (2002, 149) für die Grundschule reklamiert, scheint im Vorschulbereich realisiert: »Es ist also an der Zeit, das unsinnige Gegeneinanderausspielen des sozialen und des politischen Lernens zu überwinden. Beides gehört zusammen, und eine stufige Sichtweise nach dem Muster: soziales Lernen sei die Voraussetzung für politisches Lernen gilt es zu transzendieren. Beide Bereiche müssen von Anfang an aufeinander bezogen vermittelt werden«.

Literatur

Beck, Gertrud (1973): Autorität im Vorschulalter. Eine soziologische Untersuchung zur politischen Sozialisation in der Familie. Weinheim/Basel.
Beck, Gertrud (1988): Politisches Lehren und Lernen in ausgewählten Schulformen und Schulbereichen. In: Mickel, Wolfgang W./Zitzlaff, Dietrich (Hrsg.): Handbuch zur politischen Bildung. Opladen, S. 402–406.
Beck, Gertrud / Grauel, Gabriele (1975): Soziales Lernen in Vorklassen und Eingangsklassen der Grundschule. Frankfurt a. M.
Berton, Marina / Schäfer, Julia (2005): Politische Orientierungen von Grundschulkindern. Ergebnisse von Tiefeninterviews mit Pretests mit 6- bis 7-jährigen Kindern. Arbeitspapiere – Mannheimer Zentrum für Sozialforschung, 86. URL: http://www.mzes.unimannheim.de/publications/wp/wp-86.pdf
Colberg-Schrader, Hedi / Derschau, Dietrich von (1991): Sozialisationsfeld Kindergarten. In: Hurrelmann, Klaus/Ulrich, Dieter (Hrsg.): Neues Handbuch der Sozialisationsforschung. Weinheim/Basel, S. 335–353.
Diehm, Isabell (1997): Politische Erziehung im Vorschulalter. In: Sander, Wolfgang (Hrsg.): Handbuch politische Bildung. Schwalbach/Ts., S. 143–156.

Feige, Bernd (2002): Politische Bildung in der Grundschule – ein geplatzter Traum der 70er Jahre? In: Petillon, Hanns (Hrsg.): Individuelles und soziales Lernen in der Grundschule – Kinderperspektive und pädagogische Kompetenz. Jahrbuch Grundschulforschung 5. Opladen, S. 145–150.

Fried, Lilian / Büttner, Gerhard (Hrsg.) (2004): Weltwissen von Kindern. Zum Forschungsstand über die Aneignung sozialen Wissens bei Krippen- und Kindergartenkindern. Weinheim/München.

Fthenakis, Wassilios E. / Oberhuemer, Pamela (Hrsg.) (2004): Frühpädagogik international. Bildungsqualität im Blickpunkt. Wiesbaden.

Hessisches Sozialministerium / Hessisches Kultusministerium (Hrsg.) (2005): Bildung von Anfang an. Bildungs- und Erziehungsplan für Kinder von 0 bis 10 Jahren in Hessen. Entwurf. Wiesbaden.

Hielscher, Hans (Hrsg.) (1986): Sozialerziehung konkret. Bd. 1, (5. Aufl.), Hannover.

Honig, Michael-Sebastian (1999): Entwurf einer Theorie der Kindheit. Frankfurt a. M.

Jugendministerkonferenz / Kultusministerkonferenz (2004): Gemeinsamer Rahmen der Länder für die frühe Bildung in Kindertageseinrichtungen. In: FORUM Jugendhilfe; (3), S. 30–34.

Köbberling, Almut / Müller-Ountrum, Heidi (1972): Leben in sozialen Bezügen. In: Belser, Helmut u. a.: Curriculum-Materialien für die Vorschule. Weinheim/Basel, S. 49–67.

Krappmann, Lothar (1998): Reicht der Situationsansatz aus? Nachträgliche und vorbereitende Gedanken zu Förderkonzepten im Elementarbereich. In: Neue Sammlung, 35 (4), S. 109–124.

Laewen, Hans-Joachim / Andres, Beate (Hrsg.) (2002): Bildung und Erziehung in der frühen Kindheit. Bausteine zum Bildungsauftrag von Kindertageseinrichtungen. Weinheim/Berlin/Basel.

OECD (Organisation of Economic Cooperation and Development) (2004): Starting Strong. Early Childhood Education and Care. Paris.

Preuss-Lausitz, Ulf (2003): Möglichkeiten zivilgesellschaftlicher Sozialisation – Wie man von Anfang an Demokratie lernen kann. In: Burk, Karlheinz/Speck-Hamdan, Angelika/Wedekind, Hartmut (Hrsg.): Kinder beteiligen – Demokratie lernen? Grundschulverband – Arbeitskreis Grundschule e. V., Frankfurt a. M., S. 25–38.

Richter, Dagmar (1996): Didaktikkonzepte von der Heimatkunde zum Sachunterricht – und die stets ungenügend berücksichtigte politische Bildung. In: George, Siegfried/Prote, Ingrid (Hrsg.): Handbuch zur politischen Bildung in der Grundschule. Schwalbach/Ts., S. 261–284.

Richter, Dagmar (2000): Politisches Lernen in der Grundschule. In: Grundschule, (4), S. 30–34.

Rinne, Helga (1976): Politische Sozialisation als exemplarischer Bereich des Curriculum für die Elementarerziehung. In: Claußen, Bernhard (Hrsg.): Materialien zur politischen Sozialisation. München, S. 174–183.

Scholz, Gerold (2003): Gesellschaftliches Lernen in der Grundschule – Wider das Verschwinden der politischen Bildung. In: Burk, Karlheinz/Speck-Hamdan, Angelika/Wedekind, Hartmut (Hrsg.): Kinder beteiligen – Demokratie lernen? Grundschulverband – Arbeitskreis Grundschule e. V., Frankfurt a. M., S. 39–53.

Singer, Wolf (2003): Der Beobachter im Gehirn. Essays zur Hirnforschung. Frankfurt a. M.

Spieker, Dagmar (1982): Wie bedingen sich politische Sozialisation im Kindesalter und politisch-soziales Lernen im Elementar- und Primarbereich? In: Claußen, Bernhard/Wasmund, Klaus (Hrsg.): Handbuch der politischen Sozialisation. Braunschweig, S. 180–200.

Tietze, Wolfgang (2004): Pädagogische Qualität in Familie, Kindergarten und Grundschule und ihre Bedeutung für die kindliche Entwicklung. In: Faust, Gabriele u. a. (Hrsg.): Anschlussfähige Bildungsprozesse im Elementar- und Primarbereich. Bad Heilbrunn, S. 139–154.

Van Deth, Jan W. (2005): Kinder und Politik. In: Aus Politik und Zeitgeschichte, (41), S. 3–6.

Wasmund, Klaus (1982): Ist der politische Einfluss der Familie ein Mythos oder eine Realität? In: Claußen, Bernhard/Wasmund, Klaus (Hrsg.): Handbuch der politischen Sozialisation. Braunschweig, S. 23–63.

Zimmer, Jürgen (Hrsg.) (1973): Curriculumentwicklung im Vorschulbereich. Bd. 1, München.

Zimmer, Jürgen (1984): Der Situationsansatz als Bezugsrahmen der Kindergartenreform. In: ders. (Hrsg.): Enzyklopädie der Erziehungswissenschaft. Bd. 6, Stuttgart, S. 21–38.

Raingard Knauer

Außerschulische Formen politischer Partizipation von Kindern

We are not the sources of problems; we are the resources that are needed to solve them.
We are not expenses, we are investments. We are not just young people, we are people
and citizens of this world. [...] You call us the future, but we are also the present.
(Statement to the UN General Assembly Special Session on Children by child delegates, 8 May
2002)

»Das Kind wird nicht erst Mensch, es ist schon einer!«
(Janusz Korczak, 1878–1942)

Kinder ernst zu nehmen und ihre Rechte zu achten, ist ein altes Prinzip der
Pädagogik und gleichzeitig eine aktuelle Herausforderung – für Pädagogik
(in Schule, Jugendhilfe und Jugendverbänden) und Politik. Der folgende
Aufsatz nimmt hauptsächlich außerschulische Partizipation in den Blick,
thematisiert aber auch die Verbindungen zur Schule. Er will so deutlich
machen, dass Partizipation eine gemeinsame Aufgabe aller Akteure in der
Gesellschaft ist und insbesondere eine Anforderung an Erwachsene.

1. Partizipation – Begriff und Begründungen

Unter Partizipation wird die Beteiligung Jugendlicher an Entscheidungen
und Planungen, die ihr eigenes Leben betreffen, verstanden. Darüber hinaus
kann man Partizipation auch als Teilhabe an ökonomischen Ressourcen
(Armutsdebatte) oder an Bildungsressourcen (hier geben die PISA-Studien
interessante Hinweise) verstehen. Der Leiter des Büros »ProKids« in Herten,
Richard Schröder (1995), liefert folgende Definition: »Partizipation heißt,
Entscheidungen, die das eigene Leben und das Leben der Gemeinschaft betreffen, zu teilen und gemeinsam Lösungen für Probleme zu finden.« Ob
Partizipation stattfindet oder nicht lässt sich nach dieser Definition an der
Frage festmachen: Hatten die Kinder und Jugendlichen Einfluss auf die Entscheidungen? Partizipation – so wird hier deutlich – hat immer auch mit
der Verteilung gesellschaftlicher Macht zu tun.

Die Idee, Kinder und Jugendliche zu beteiligen, speist sich aktuell vor
allem aus *drei Begründungsmustern* (vgl. Knauer/Sturzenhecker 2005): einem

politischen, einem dienstleistungstheoretischen und einem pädagogischen. Die Beteiligung von Kindern und Jugendlichen ist aus *politischer* Perspektive einerseits mit der Hoffnung verbunden, sie zu politischem Engagement zu motivieren, durch ihre Einbindung Probleme zu vermindern und letztlich Politik zu legitimieren. Andererseits wird aus dieser Perspektive auch demokratietheoretisch argumentiert und betont, »dass Partizipation nicht nur Instrument ist, sondern einen Eigenwert besitzt und die Maximierung von Partizipation folglich als genuines Ziel demokratischer Gesellschaften anzusehen ist« (Schnurr 2001, 1331).

Auch die Diskussion der Sozialen Arbeit als *Dienstleistung* verweist in doppelter Weise auf Partizipation. Die Beteiligung der Betroffenen und Beteiligten ist eine Möglichkeit, Bedarf und Angebot stärker aufeinander auszurichten. Nur durch sie kann die Dienstleistungsgestaltung z.B. der Jugendhilfe auf die subjektiven Bedürfnisse ausgerichtet werden. Wird Soziale Arbeit als Ko-Produktion verstanden, ist Partizipation darüber hinaus notwendige Voraussetzung für die Mitarbeit der Kinder und Jugendlichen am Produkt der Jugendhilfe-Dienstleistung.

In der *Pädagogik* ist Partizipation mit der klassischen Frage nach dem Menschenbild verbunden. Es geht darum, welche rechtliche und gesellschaftliche Stellung junge Menschen haben sollen. Heinrich Kupffer (1980, 19) stellt die Frage, die in der Pädagogik bewusst oder unbewusst immer beantwortet werden muss: »Welche Konstellation zwischen ungleichen Partnern halten wir für angemessen?«. Auch wenn Kinder und Jugendliche aufgrund ihres Alters noch »unmündig« sind und Selbstbestimmung erst lernen müssen, darf dies nicht dazu führen, den Anspruch auf den Subjektstatus einzugrenzen. Eine Pädagogik, die Kinder und Jugendliche als Subjekte begreift, darf nicht die Frage stellen, *ob* Partizipation notwendig ist, sondern *wie* sie stattfinden kann, welche Unterstützung Kinder und Jugendliche benötigen, um als Subjekte über ihre Belange mitentscheiden zu können. Schon in der Reformpädagogik (Korczak, Makarenko, Bernfeld, Neill etc.) hat es zahlreiche Ansätze gegeben, die Rechte der Kinder, ihren Subjektstatus unabhängig von der Gnade der Erwachsenen zu verankern (vgl. Knauer/Brandt 1998). Pädagogik hat hier insbesondere die Aufgabe, Kinder und Jugendliche auch immer wieder herauszufordern und »Zonen nächster Entwicklung« (Vygotskij 2002, orig. 1925) zu eröffnen. In der aktuellen Debatte um Bildung wird die Bedeutung von Partizipation für Selbstbildungsprozesse und die Konstruktionsleistungen der Kinder insbesondere in der Jugendhilfe (Kindertageseinrichtungen und offene Jugendarbeit) betont. In allen Begründungsmustern wird deutlich, dass Partizipation unterschiedlich ausgeprägt sein kann. Sie findet statt in einem Kontinuum, das überspitzt formuliert von den Polen »Partizipation als Gnade« und »Partizipation als Recht« eingefasst wird.

»*Partizipation als Gnade*« findet immer dann statt, wenn es von dem guten Willen der Erwachsenen abhängig ist, ob Jugendliche sich beteiligen dürfen. Vor allem Argumentationsmuster, die den Nutzen von Partizipation in den Vordergrund stellen, verfahren häufig nach diesem Muster. Hier wird die Gewährung von Partizipation vom Nutzen-Leistungs-Verhältnis abhängig gemacht: ›Lohnt es sich, auch den fünften Spielplatz noch gemeinsam mit den Kindern zu planen, oder haben wir nach vier Planungen schon so viel Wissen, dass wir das für die Kinder machen können?‹ ›Die Jugendlichen wollen ihren Wunsch nach einem Disco-Bus auf der nächsten Gemeinderatssitzung vortragen – eigentlich ist das Geld schon für die Feuerwehr reserviert, diese Diskussion verkompliziert das ganze Verfahren nur‹! Ob Partizipation gewährt wird, ist in diesen Fällen abhängig von der Gnade der Erwachsenen.

»*Partizipation als Recht*« verweist dagegen auf das Vorhandensein von Strukturen, in denen Kinder und Jugendliche ihre Beteiligungsrechte unabhängig von der Zustimmung Erwachsener wahrnehmen können. Wenn der Jugendbeirat einer Gemeinde Rederecht im Sozialausschuss hat, wenn Jugendliche in einem Verband satzungsgemäß ein Anrecht auf 20 Prozent der Gremienplätze haben, wenn die Kinder einer Kindertageseinrichtung wissen, dass freitags in der Kinderversammlung die Zettelwand besprochen wird, an die jeder während der Woche seine Ideen, Wünsche, etc. anhängt (die Kinder malen Bilder oder bitten Erwachsene, ihre Wünsche aufzuschreiben) – dann können sie ihre Rechte unabhängig von der situativen Gestimmtheit der Erwachsenen wahrnehmen. Nur dann sind sie mündigkeitsfähige Subjekte von demokratischen Entscheidungen.

Das *Recht auf Partizipation* von Kindern und Jugendlichen ist auf verschiedenen Ebenen gesetzlich verankert: International fordert es die UN-Kinderrechtskonvention von 1989. Für die Jugendhilfe ist Partizipation bundesweit im SGB VIII (Kinder- und Jugendhilfegesetz) festgeschrieben, hier vor allem in den §§ 8, 36, 80. Darüber hinaus ist das Recht von Kindern und Jugendlichen auf Beteiligung in verschiedenen Ausführungsgesetzen des SGB VIII auf Landesebene formuliert (z. B. KiTaG, JuFöG). Derzeit haben fünf Bundesländer – Rheinland-Pfalz (§ 16 c GO), Hessen (§ 8 c GO), Niedersachsen (§ 22 e GO), das Saarland (§ 49a GO) und Schleswig-Holstein (§ 47 f GO) die Beteiligung von Kindern und Jugendlichen in ihren Gemeindeordnungen geregelt. Am weitesten geht hier Schleswig-Holstein mit der Formulierung: »Die Gemeinde muss bei Planungen und Vorhaben, die die Interessen von Kindern und Jugendlichen berühren, diese in angemessener Weise beteiligen. Hierzu muss die Gemeinde [...] geeignete Verfahren entwickeln« (§ 47 f Gemeindeordnung Schleswig-Holstein).

Resümee: Partizipation meint Einflussmöglichkeiten auf Entscheidungen, die das eigene Leben betreffen und muss als Recht von Kindern und Jugendlichen verankert sein.

2. Politische Bildung als Partizipation

Im Folgenden wird zwischen politischer *Bildung* und politischer *Erziehung* unterschieden und die These vertreten, dass Partizipation den Schlüssel für die *Aneignung von Kompetenzen* für politisches Handeln darstellt.

Politische Bildung

Bildung verweist seit Wilhelm v. Humboldt auf die Tätigkeit des Subjekts. »Bildung ist die Anregung aller Kräfte eines Menschen, damit diese sich über die Aneignung der Welt in wechselseitiger Ver- und Beschränkung harmonisch-proportionierlich entfalten und zu einer sich selbst bestimmenden Individualität oder Persönlichkeit führen, die in ihrer Idealität und Einzigartigkeit die Menschen bereichere« (Humboldt, zit. n. Hentig 1999, 38). Hartmut von Hentig (1999, 37) betont: »Bilden ist sich bilden«. Bildung findet damit überall statt (in der Familie, in der Kindertageseinrichtung, im Jugendtreff, auf der Straße, auf dem Schulhof – und auch im Unterricht).

Insbesondere die Diskussion um Bildung in Kindertageseinrichtungen verweist darauf, dass Bildung nicht von außen hergestellt werden kann, sondern immer die Aktivität des Einzelnen ist. So stellt Hans-Joachim Laewen fest (2002,14): »Es besteht keine Möglichkeit einer direkten Übertragung von Erfahrung/Wissen/Kompetenzen vom Erwachsenen auf Kinder. Zwischen der anzueignenden Kultur und dem Kind steht grundsätzlich eine Konstruktionsleistung des Kindes. Pädagogik muss deshalb auf die Vorstellung verzichten, Kindern (oder Erwachsenen) etwas beibringen zu können«. Aus dieser Perspektive besteht die Aufgabe der Pädagoginnen und Pädagogen vor allem darin, Bildungsprozesse der Subjekte zu begleiten und Bildungsmöglichkeiten zu erweitern. Damit dies gelingt, muss Bildung als ein individueller Prozess betrachtet werden, der sich bei jedem Kind und bei jedem Jugendlichen anders gestaltet und deshalb verschieden begleitet werden muss. Partizipation wird damit zu einem zentralen Schlüssel für Bildung (vgl. Hansen/Knauer/Friedrich 2004).

Dies gilt auch für politische Bildung. Sie findet statt, wenn Kinder und Jugendliche sich politisches Wissen und Können selbsttätig aneignen. Demokratische Kompetenzen können nur beschränkt vermittelt, sie müssen handelnd erfahren werden. Die von Behrmann, Grammes, Reinhardt und Hampe 2004 für die gymnasiale Oberstufe definierten Kernkompetenzen eines Curriculums Politik lassen sich zielgruppenspezifisch angepasst auf alle Felder der politischen Bildung übertragen. Die Autoren nennen fünf Demokratie-Kompetenzen. Es handelt sich dabei um die Fähigkeit,

– andere Perspektiven wahrzunehmen (Perspektivenübernahme),
– diskursiv konkurrierende Ideen und Interessen zu klären (Konfliktfähigkeit),
– soziale Realität problemorientiert zu analysieren (sozialwissenschaftliches Analysieren),
– gesellschaftliche Problemlagen, politisches Handeln und Handlungsalternativen einzuschätzen und zu bewerten (politische Urteilsfähigkeit) und
– sich selbst an politischen und sozialen Prozessen zu beteiligen (Partizipationsfähigkeit/demokratische Handlungskompetenz).

All diese Kompetenzen werden handelnd – in realer Beteiligung z. B. in der Kommune – am intensivsten erworben. Partizipation wird damit zum zentralen Moment politischer Bildung.

Politische Erziehung

Erziehung und Bildung sind zwei Seiten einer Medaille. Während Letztere die Tätigkeit der Kinder meint, verweist Erstere auf die Aktivität der Erwachsenen (vgl. Knauer 2006). Erziehung ist auf Erziehungs*ziele* ausgerichtet, die Erwachsene mit ihrem Handeln zu erreichen versuchen. Damit ist sie immer normativ und mit einer Vorstellung davon verbunden, was richtig und falsch ist, welche Kompetenzen und Verhaltensweisen für notwendig und richtig gehalten werden. Um erziehen zu können, brauchen Erwachsene eine Vorstellung von der (erwünschten oder befürchteten) Welt von morgen. Das gilt auch und insbesondere für politische Erziehung, die sich in einem demokratischen Staat als eine Erziehung zur Demokratie verstehen muss. Politische Erziehung steht vor der Frage, wie sie durch ihr Handeln die oben genannten Kompetenzen unterstützen kann.

(Politische) Bildung und Erziehung

Erziehung will Bildungsprozesse bei den Kindern hervorrufen, hat aber immer nur begrenzt Einfluss auf diese Bildungsprozesse. Sie ist stets auf die Mitwirkung der Kinder und Jugendlichen angewiesen – oder wie Comenius formulierte: »In der Erziehung [...] darf und kann nichts geformt werden, was sich nicht selber formt« (zitiert nach Laewen 2002, 44). Hier begegnen sich Bildung und Erziehung. Politische Erziehung kann dazu beitragen, die Kinder und Jugendlichen in der Aneignung demokratischer Handlungskompetenzen zu unterstützen. Dies gelingt vermutlich leichter, wenn Erwachsene sich selber als politisch Handelnde verstehen. Deren Erfahrungen in politischem Handeln und Beteiligung, »aktive Zeitgenossenschaft« (v. Hentig), können wiederum bei Kindern und Jugendlichen das Interesse an politischem Handeln anstoßen. Eigene Erfahrungen im Lernprozess zur Mündigkeit und Realisierung von Demokratie helfen im pädagogischen Prozess auftretende Schwierigkeiten und Wege des Lernens demokratischen Handelns bei Kindern und Jugendlichen zu verstehen. Nur wer seine eigenen Interessen vertritt, kann offen für die Interessen von Kindern und Jugendlichen sein. Bei der Partizipation geht es um genau dieses Aushandeln von Interessen. Im Ernstfall gemeinsamer Planung und Entscheidung (z. B. der gemeinsamen Spielraumplanung) kann Erziehung (z. B. durch die Formulierung und Einhaltung von Abstimmungsregeln und demokratischen Verfahren der Auseinandersetzung) besonders intensiv stattfinden und Prozesse der politischen Bildung anregen.

Resümee: Politische Bildung realisiert sich für Kinder und Jugendliche primär über Partizipationserfahrungen, die sie in und außerhalb der Schule machen können.

3. Handlungsfelder von Partizipation

Politische Bildung ist nicht nur Aufgabe der Schule, sondern findet (wie Bildung insgesamt) in allen Handlungsfeldern statt, in denen Kinder und Jugendliche ihren Alltag verbringen. Im Folgenden werden die zentralen Handlungsfelder skizziert, in denen Kinder Partizipation erfahren können: die Familie, die Schule, Einrichtungen der Jugendhilfe, die Kommune sowie Vereine und Verbände (näheres vgl. Knauer/Friedrich/Hermann, et al. 2004, 19 ff.).

Die Familie:

Partizipation beginnt mit der Geburt. Schon früh erfahren Kinder, ob ihre Wünsche, ihre individuellen Wege, sich mit der Welt und sich selbst auseinanderzusetzen, geachtet werden, ob man sich für ihre Perspektive interessiert oder nicht. In vielen Familien herrscht heute ein verhandlungsorientierter Erziehungsstil vor. Er stellt an Eltern spezifische Anforderungen. Nicht selten fühlen sich Mütter und Väter mit den selbstbewusster auftretenden Kindern überfordert, was den Erfolg von Elternschulen erklärt. Dennoch gibt es nach wie vor Kinder und Jugendliche, die in ihren Familien nur wenig Anerkennung erfahren und wenig Partizipation erleben. Dies sind vermutlich insbesondere Kinder und Jugendliche in benachteiligten Lebensverhältnissen, die auch in den Pisa-Studien als Risikogruppe identifiziert wurden.

Die Schule:

Partizipation von Schülerinnen und Schülern ist in den Schulgesetzen der Länder verankert. Beteiligung findet aber nicht nur im Rahmen der Schülervertretung statt, obwohl es sich auch hier viel zu häufig nur um eine Scheinbeteiligung handelt (vgl. u. a. Freitag 2006). Partizipation in der Schule heißt, Schülerinnen und Schüler in allen sie betreffenden Angelegenheiten an Planungen und Entscheidungen zu beteiligen. Das betrifft das gesamte Schulleben, auch und ganz besonders curriculare und didaktische Fragen.

Die Jugendhilfeeinrichtungen:

In Kindertageseinrichtungen, Einrichtungen der Jugendarbeit oder der Hilfen zur Erziehung ist Partizipation spätestens seit dem achten Jugendbericht ein Qualitätsmerkmal geworden (vgl. BMJFF 1990) und im SGB VIII an verschiedenen Stellen rechtlich verankert (u. a. § 8, § 36; § 80). Dabei gilt auch hier: Der Absichtserklärung folgt nicht immer die reale Beteiligung.

Die Kommune:

Politik erfahren Kinder und Jugendliche zunächst in ihrem direkten Umfeld – der Kommune. »Der Stadtteil, das Quartier ist der Ort, an dem die sozialen Netze nach wie vor besonders dicht sind, auf den sich das besondere Interesse der Menschen (die ihre Umwelt in konzentrischen Kreisen von der Wohnung ausgehend »aufbauen«) richtet, an dem die Lebensqualität (und wohl auch die Standortqualität) einer Stadt konkret wird, an dem die Schnittstelle zwischen Verwaltung, Politik und Bürgern gestaltet werden kann und muss, an dem Demokratie konkret (erlebbar) wird« (Selle 2002, 311). Einige Bundesländer haben das Recht auf Beteiligung in der Gemeindeordnung verankert. Aber auch hier reicht es nicht aus, Jugendlichen lediglich das Recht einzuräumen. Partizipation muss von Erwachsenen immer aktiv herausgefordert sowie individuell begleitet und unterstützt werden. So gibt es in einigen Bundesländern ausgebildete Moderatorinnen und Moderatoren für Alltagspartizipation, die Beteiligungsprozesse in der Kommune professionell planen und begleiten.

Vereine und Verbände:

Diese bieten Jugendlichen ganz unterschiedliche Angebote und vielfältige Möglichkeiten zum Engagement. Je stärker Jugendliche Beteiligungsmöglichkeiten besitzen, desto eher werden sie die Verbände als interessant und mitgestaltbar erleben.

Im Forschungsprojekt »MitWirkung« der Bertelsmann Stiftung konnte gezeigt werden, dass zwischen den verschiedenen Handlungsfeldern von Partizipation Zusammenhänge bestehen. Insbesondere die Partizipationsintensität in der Schule hat positiven Einfluss auf die Partizipationsintensität am Wohnort (vgl. Fatke/Schneider 2005, 38). Aber auch Partizipationserfahrungen in Vereinen und Verbänden scheinen großen Einfluss auf die Bereitschaft zu politischer Mitwirkung junger Menschen zu haben (ebd., 39).

Resümee: In den Handlungsfeldern ergeben sich jeweils spezifische Möglichkeiten und Bedingungen für Partizipation, die sich gegenseitig beeinflussen.

4. Formen von Partizipation

Allgemein werden drei Formen von Partizipation unterschieden: repräsentative, offene und an Projekten orientierte. *Repräsentative Partizipationsformen* sind dadurch gekennzeichnet, dass einige Kinder und Jugendliche sich stellvertretend für andere an Planungen und Entscheidungen beteiligen. Ihre Ermächtigung kann dabei unterschiedlich zustande kommen. Sie können von den jungen Menschen gewählt werden, sie können (z. B. von Jugendverbänden) benannt werden, sie können über Bewerbungsverfahren in dieses Amt kommen. Wichtig ist, dass die Verfahren transparent sind. Der Vorteil repräsentativer Verfahren liegt darin, dass die Rechte der Kinder und Jugendlichen auf Partizipation hier strukturell verankert sind. Sie eignen sich insbesondere für eine überregionale Implementierung von Beteiligung bzw. für große Einrichtungen. Sie sind allerdings nicht für alle Kinder und Jugendlichen geeignet bzw. müssen von Erwachsenen zielgruppenspezifisch begleitet und unterstützt werden. Wenn Jugendbeiräte z. B. durch einen Jugendtreff oder den örtlichen Jugendring in ihrer Tätigkeit begleitet werden, gelingt die Verstetigung der Arbeit leichter.

Offene Partizipationsformen sind offen für alle interessierten Jugendlichen. Dabei kann es sich um Versammlungen handeln, um Meckerkästen, um Internetforen etc. Der Vorteil dieser Verfahren liegt in ihrer Niedrigschwelligkeit, der Nachteil darin, dass sie eher punktuelle Beteiligung ermöglichen und damit einen eher niedrigen Grad von Verbindlichkeit haben. *Projektorientierte Partizipationsformen* sind i. d. R. thematisch fokussiert, zeitlich begrenzt und richten sich an spezifische Zielgruppen. Eine der bekanntesten Partizipationsformen dieser Kategorie ist die Zukunftswerkstatt oder die Beteiligungsspirale (vgl. u. a. Stange 1996). Der Vorteil von Partizipationsprojekten liegt darin, dass sie zielorientiert arbeiten, am Ende häufig ein Produkt steht und der Erfolg für alle Beteiligten damit schnell sichtbar wird. Außerdem können spezifische Zielgruppen gezielt angesprochen werden. Insbesondere in der kommunalen Beteiligung haben sich Partizipationsprojekte bewährt. Der Nachteil besteht darin, dass Partizipationsprojekte eben nur punktuell eine Beteiligung ermöglichen.

Meint man Partizipation ernst, empfiehlt sich eine Verbindung der drei Partizipationsformen, da sich so die spezifischen Vorteile der Partizipationsformen ergänzen. So können aus einem Jugendbeirat heraus Beteiligungsprojekte initiiert werden oder aus offenen Beteiligungsformen Anstöße für die Arbeit des Jugendbeirats gegeben werden.

Resümee: Die verschiedenen Formen von Partizipation haben Vor- und Nachteile. Letztlich müssen sie sich in einer Institution und Region ergänzen, damit eine Partizipationskultur entstehen kann.

5. Standards von und Anforderungen an Partizipation

Auch wenn Jugendliche mit zunehmendem Alter ihre Beteiligung selbst einfordern (können), ist Partizipation zunächst vor allem eine Herausforderung für die Erwachsenen. Die Feststellung von Heinrich Kupffer, dass Pädagogik es immer mit der Frage zu tun habe, welche Konstellation zwischen ungleichen Partnern für angemessen erachtet werde, gilt für alle Angebote an junge Menschen: »Die Freiheit des jungen Menschen ergibt sich nicht von selbst, sie muss gewollt, beschlossen und gestaltet werden« (Kupffer 1980, 19).

Damit Partizipation gelingt, sind vor allem folgende Aspekte zu berücksichtigen, die sowohl Standards der Struktur-, als auch der Prozessqualität ansprechen (näheres vgl. in Knauer/Sturzenhecker 2005):

Strukturelle Anforderungen an Partizipation von Kindern und Jugendlichen:
Die Strukturqualität von Partizipation fragt danach, ob die Strukturen einer Einrichtung Partizipation befördern oder eher hinderlich wirken. Zu ihr gehören insbesondere folgende Aspekte:

- Partizipation muss *strukturell verankert* sein, z. B. in Formen repräsentativer Beteiligung (Kinderräte in Kindertageseinrichtungen, Jugendbeiräte im Jugendtreff oder der Kommune, Klassensprecher und Schülervertretungen in der Schule). Nur so ist die Beteiligung der Jugendlichen unabhängig von der Laune der Erwachsenen möglich. Nur so wird aus der »Gnade auf Partizipation« ein »*Recht auf Partizipation*« (s. o.).
- Die Jugendlichen müssen über ihre Beteiligungsrechte im Jugendhaus, im Verband, in der Schule etc. *informiert* sein. Die Untersuchung der Bertelsmann Stiftung hat darauf hingewiesen, dass insbesondere der Informationsstand einen großen Einfluss auf das Partizipationsverhalten der Jugendlichen hat. Ihre Autoren stellen für kommunale Beteiligung fest: »Demzufolge bestätigt sich die Hypothese, dass Kinder und Jugendliche, die sich im Hinblick auf Partizipationsangebote gut informiert fühlen, tatsächlich stärker mitwirken, und umgekehrt« (Fatke/Schneider 2005, 39).
- Die Beteiligungsmöglichkeiten müssen für Kinder und Jugendliche aus ihren individuellen Lebenswelten heraus *zugänglich* sein. Das stellt Anforderungen an die konkrete Planung von Partizipation, z. B. in Bezug auf die zeitliche oder räumliche Dimension. Zugänglichkeit erfordert auch, dass Beteiligungsangebote auf die konkrete Zielgruppe abgestimmt sind.
- Partizipation braucht *Ressourcen*. Neben materiellen (Zeit, Geld und Raum) benötigt Beteiligung vor allem personelle Ressourcen. Kinder und Jugendliche brauchen Erwachsene, die sie in ihrer Beteiligung begleiten und das auch können. Erwachsene, die spezifisch für Partizipationsverfahren ausgebildet sind (z. B. Moderatorinnen und Moderatoren für Alltagsdemokratie), können hier insbesondere in der Einstiegsphase wichtige Unterstützung leisten.
- Die Beteiligung von Kindern und Jugendlichen basiert auf *Offenheit* und tatsächlichen *Entscheidungsalternativen*. Wenn man Kinder und Jugendliche wirklich beteiligt, weiß man eben nicht, wie das Ergebnis aussehen wird. Partizipation – ernst gemeint – verlangt auch mit unbequemen Themen umzugehen und Kindern und Jugendlichen das Recht zu geben, sich auch bei zentralen Fragen einzumischen (z. B. bei der Personalplanung oder Fragen des Haushalts). Vor allem Letzteres wird vermutlich erst möglich sein, wenn Erwachsene bereits positive Erfahrungen mit Partizipation gewonnen haben.

Prozessorientierte Herausforderungen:

Die Verankerung des Rechts auf Partizipation ist aber nur die eine Seite der Medaille. Gute Strukturqualität wird Partizipation nur ermöglichen, wenn auch die Prozesse Unterstützung leisten. Das Recht, in der Gemeinde mitzubestimmen, wird von Jugendlichen vermutlich weniger wahrgenommen, wenn sie dort in endlosen Sitzungen immer wieder auf Erwachsene treffen, die sich nicht für ihre Belange interessieren. Zur Prozessqualität von Partizipation gehören insbesondere folgende Aspekte:

– Partizipation basiert auf der Bereitschaft und Fähigkeit zu *symmetrischer Kommunikation*. Die Beteiligten artikulieren in Partizipationsprozessen ihre subjektiven Sichtweisen und Interessen, versuchen die der anderen zu verstehen und handeln gemeinsame Lösungen aus.

– *Gleiche Rechte* bedürfen der *Anerkennung der Verschiedenheit*. Mädchen und Jungen, Jugendliche unterschiedlicher kultureller oder Bildungsmilieus brauchen spezifische Zugänge zur Partizipation. Partizipation ist nur zielgruppenorientiert möglich.

– Partizipation erfordert die Bereitschaft zur *Offenheit* und setzt die Existenz *echter Alternativen* voraus. Sie darf nicht auf »Beteiligungsspielwiesen« abgeschoben werden. Sie muss die Themen aufgreifen, die für Jugendliche wichtig sind. Auch hier gibt die Untersuchung der Bertelsmann Stiftung Hinweise. Sie stellt für die Familie fest: »Eltern sind offenbar weniger bereit, ihre Kinder dann mitbestimmen zu lassen, wenn es sich um Themen und Bereiche handelt, bei denen sie selbst mitbetroffen sind, d.h. bei denen sie von ihrer Verfügungsmacht einen Teil abgeben müssen« (Fatke/ Schneider 2005, 14). Ähnliches konnten sie für die Mitwirkungsbereitschaft von Lehrkräften feststellen. Es ist davon auszugehen, dass diese Haltung auch bei Erwachsenen in Verbänden vorkommt. Beteiligung hat es immer auch mit Abgabe von Macht zu tun und setzt die Bereitschaft voraus, sich darauf einzulassen, dass vielleicht etwas anderes herauskommt, als man sich vorher gedacht hat. In ernsthaften Beteiligungsverfahren weiß man eben nicht, welche Ergebnisse am Ende des Prozesses stehen.

– Das Aushandeln unterschiedlicher Interessen ist oft auch mit Konflikten verbunden. Partizipation braucht daher (vor allem bei den Erwachsenen) *Konfliktbereitschaft und Konfliktfähigkeit*. Sie erfordert auch, sich »zu Ende« zu streiten und Lösungen zu finden, die für alle Seiten akzeptable Kompromisse darstellen. Konfliktfähigkeit ist oben als eine der fünf Demokratie-Kompetenzen beschrieben worden.

– Partizipation von Jugendlichen basiert auf einem *Vertrauensvorschuss*. In Partizipationsverfahren wird Kindern und Jugendlichen Verantwortung zugetraut. Es wird nicht danach gefragt, *ob* sie Verantwortung übernehmen können, sondern *wie* dieses gelingen kann. Welche Aufgaben können Kinder und Jugendliche eigenverantwortlich übernehmen und welche Unterstützung brauchen sie dazu? Partizipation basiert auf einer kontrafaktischen Mündigkeitsunterstellung: Obwohl Kinder und Jugendliche entwicklungsbedingt noch nicht die Kompetenzen voller Mündigkeit und somit auch Partizipationsfähigkeit erlangt haben, unterstellt man ihnen – gelegentlich gegen die Fakten, also kontra-faktisch – einen Subjektstatus, den man ermöglichen will. Man fordert die Mündigkeit der Jugendlichen heraus, indem man ihnen Gelegenheit bietet, selbstbestimmt zu handeln und gleichberechtigt mitzuentscheiden (vgl. Knauer/ Sturzenhecker 2005). Der Vertrauensvorschuss kann im Sinne von »Zumutung« (Laewen) Bildungsprozesse initiieren.

– Damit verbunden ist ein *Recht auf Scheitern*. Es gibt keine Erfolgsgarantie für Partizipation. Nicht gelungene Partizipationsprojekte dürfen nicht dazu führen, weitere Beteiligung in Zukunft zu unterbinden.

– Schließlich ist Partizipation ein Recht, keine Pflicht. Jugendliche haben ein Recht auf *Verweigerung von Partizipation*.

Resümee: Partizipation ist eine vielschichtige Herausforderung und stellt vor allem an Erwachsene Anforderungen in Bezug auf die Gestaltung der Strukturen und der Prozesse in einer pädagogischen Institution.

6. Partizipation als gemeinsame Aufgabe

Politische Bildung braucht, so soll abschließend dargestellt werden, Partizipationsmöglichkeiten für Kinder und Jugendliche in schulischen und außerschulischen Handlungsfeldern. Insbesondere die Kooperation zwischen Schule, Jugendhilfe und Kommune kann demokratisches Lernen unterstützen. Dabei gilt es, die unterschiedliche Verankerung von Partizipation in den Handlungsfeldern zu beachten, Partizipation als gemeinsame Aufgabe zu begreifen und ihre Bedeutung jenseits des Nutzens zu erkennen.

6.1 Traditionelle Verankerung von Partizipation in den Handlungsfeldern

Partizipation hat in den geschilderten Handlungsfeldern eine unterschiedliche Tradition. In der *Jugendhilfe* gehört sie durch das Konzept der Lebensweltorientierung zu den Leitprinzipien. In Kindertageseinrichtungen, Jugendtreffs, Einrichtungen der erzieherischen Hilfen u.a. ist Betroffenenbeteiligung fachlicher Standard. Sowohl die Strukturen der Jugendhilfe als auch ihre Handlungskonzepte ermöglichen die Beteiligung junger Menschen. Das gilt zumindest theoretisch. In der Praxis findet Partizipation auch in der Jugendhilfe viel zu häufig nur eingeschränkt statt.

Kommunale Politik basiert zwar auf der Beteiligung von Bürgerinnen und Bürgern, versteht darunter allerdings in der Regel Erwachsene. Die Forderung nach Kinder- und Jugendbeteiligung stellt die in der Kommune Handelnden (aus Politik und Verwaltung) vor zum Teil große Herausforderungen, verfügen sie doch kaum über professionelle Erfahrungen im Umgang mit diesen Zielgruppen. In der Untersuchung schleswig-holsteinischer Partizipationsprojekte in der Kommune betonten vor allem Nicht-Pädagogen in der Rückschau immer wieder, wie wichtig die Unterstützung durch partizipationserfahrene Pädagoginnen und Pädagogen gewesen sei (vgl. Knauer/Friedrich/Hermann u. a. 2004, 140 f.).

In der *Schule* schließlich sind Beteiligungsrechte formal in den Schulgesetzen der Länder verankert (z. B. in den Regelungen über Klassensprecher und Schülervertretungen). Als professionelle Aufgabe auch der Lehrkräfte wird Partizipation allerdings nach wie vor kaum wahrgenommen. »Für den Alltag wird [...] immer wieder beklagt, dass Schülerinnen und Schüler tatsächlich nicht am Prozess der inneren Schulentwicklung partizipieren. Deshalb sind die Forderungen zur Beteiligung junger Menschen in der Schule von sehr grundsätzlicher Art [...] Neben einer Ausweitung der Kompetenzen institutioneller Mitwirkungsformen ist die Demokratisierung der Schule auch durch Beteiligung innerhalb der Lehr- und Lernarrangements sowie durch Kooperation mit außerschulischen Institutionen notwendig« (BMFSJ 2005, 194). Dies wird auch durch die Studie der Bertelsmann-Stiftung bestätigt: Mitwirkung ist in der Schule wenig ausgeprägt. Nur 14,5 Prozent der Kinder und Jugendlichen gaben an, dass sie dort viel oder sehr viel mitwirken (Fatke/Schneider 2005, 15).

6.2 Partizipation als gemeinsame Aufgabe

Sich in ihre eigenen Angelegenheiten einmischen zu können, erleben Kinder und Jugendliche in allen Handlungsfeldern, wenn auch in spezifischer Art und Weise. Es muss darum gehen, die Beteiligungsmöglichkeiten junger Menschen in allen Feldern zu erweitern. Dies ist zunächst Aufgabe der hier tätigen Erwachsenen. Damit sich Kinder einmischen können, braucht es eine Entscheidung für Partizipation, die Bereitstellung von Partizipationsräumen und die individuelle Begleitung bei der Beteiligung. Lehrkräfte und Sozialpädagogen/innen, Erzieher/innen und Verwaltungsfachkräfte, Eltern und Politiker, Fachkräfte der Wohnungswirtschaft und Polizei. Sie alle übernehmen innerhalb ihrer Rollen Verantwortung für die Bedingungen, unter denen Kinder und Jugendliche heute aufwachsen. Die Autorinnen und Autoren des Zwölften Kinder- und Jugendberichts nennen dies »Aufwachsen in öffentlicher Verantwortung« (vgl. BMFSFJ 2005, 191 ff.). In öffentlicher Verantwortung liegt damit auch die Aufgabe, Kinder und Jugendliche zu beteiligen und sie als Subjekte der Demokratie ernst zu nehmen. Partizipation ist damit eine gemeinsame Aufgabe in allen Handlungsfeldern.

Bei der konkreten Gestaltung der Beteiligung gilt es, die traditionell unterschiedlichen Zugänge zu Partizipation und die jeweiligen Handlungssysteme zu berücksichtigen. Ziel ist es, dass Kommune, Schule und Jugendhilfe ihre Handlungsspielräume zur Erweiterung von Partizipationsmöglichkeiten nutzen:

– In der Kommune können Kinder und Jugendliche den Ernstfall von politischem Handeln erleben. Die dortigen Partizipationsprozesse bieten sowohl der Schule als auch der Jugendhilfe ein wichtiges Lernfeld für Demokratie.
– Beteiligung in der Schule erlaubt Kindern und Jugendlichen, die Institution aktiv mitzugestalten, in der sie einen großen Teil ihres Tages verbringen. Partizipation ist ein wichtiger Baustein auf dem Weg von der Lehrinstitution in ein »Haus des Lebens und Lernens«. Für Kommune und Jugendhilfe ist die Schule als Partner in Kooperationsprozessen auch deshalb interessant, weil hier alle Kinder und Jugendlichen angesprochen werden können.
– Die Jugendhilfe wiederum verfügt über vielfältige Kompetenzen in der Anbahnung und Begleitung von Partizipation. Ihr Status als nicht-formelle Bildungsinstitution – insbesondere ihre Möglichkeit, Lernfelder jenseits schulischer Bewertung anzubieten – ist ein wichtiger Baustein für Beteiligung. Beides macht sie sowohl für die Schule als auch für die Kommune zu einem interessanten Partner in Partizipationsverfahren.

Wie in allen Kooperationsprojekten gilt es, die gemeinsamen Ziele und die Rollen der jeweils Beteiligten genau zu bestimmen. Jugendhilfe, Schule und Kommune können so gemeinsam Partizipation ermöglichen und Politik erfahrbar machen.

6.3 Partizipation als Recht – auch jenseits von Nutzen

Abschließend sei nochmals auf das bereits eingangs dargestellte Dilemma von Partizipation hingewiesen: Beteiligung bewegt sich auf einem schmalen Grat zwischen Nutzen und Recht. Dies gilt es in allen Handlungsfeldern zu beachten. Wie wichtig es ist, für dieses Dilemma sensibel zu sein, veranschaulicht folgende Geschichte: Auf einer Fachtagung, auf der unter anderem die schleswig-holsteinischen Studie zu Partizipationsprojekten vorgestellt wurde, reagierten Jugendliche und Erwachsene deutlich unterschiedlich auf deren Ergebnisse. Während Letztere die Argumente des Nutzens von Partizipation beifällig registrierten, wurden Erstere immer unruhiger. Schließlich kritisierten sie genau diese Perspektive auf Beteiligung. Eine Jugendliche bemängelte: »Ihr beteiligt uns nur, wenn es euch nützt! [...] Mich interessiert nicht, ob sich eine Gemeinde ein Schild ›Kinderfreundliche Region‹ an den Ortseingang hängen darf, was auch immer das dann bedeutet. Uns interessiert, ob wir tatsächlich ernst genommen werden« (Knauer u. a. 2004, 172).

Diese Jugendlichen verweisen auf die Problematik, dass Partizipation häufig vor allem unter Nützlichkeitserwägungen gewährt wird: Wenn wir Jugendliche beteiligen, erhoffen wir uns dadurch eine Qualitätssteigerung der Angebote – in der Kommune, in der Jugendhilfe, in der Schule. Was aber, wenn aus Sicht der Erwachsenen der Nutzen nicht mehr gegeben ist? Endet dann die Partizipation?

Aus strategischer Sicht kann es sinnvoll sein, sich für die Implementierung von Partizipation der Argumentation »Partizipation lohnt sich« zu bedienen. Wenn das aber der einzige Grund für Beteiligung ist, werden die Kinder und Jugendlichen genau dieses merken und sich nur eingeschränkt beteiligen. Partizipation verweist auf das Grundprinzip der Demokratie, auf das Recht auf freie, gleichberechtigte und öffentliche Teilhabe der Bürgerinnen und Bürger an *gemeinsamen* Diskussions- und Entscheidungsprozessen in Gesellschaft, Staat und Institutionen. Daher gilt für die Partizipation von Kindern und Jugendlichen in allen Handlungsfeldern: Partizipation wird gerade dort interessant, wo der Nutzen aufhört.

Literatur

Behrmann, Günther C. / Grammes, Tilman / Reinhardt, Sibylle (2004): Politik. Kerncurriculum Sozialwissenschaften in der gymnasialen Oberstufe. In: Tenorth, Heinz-Elmar (Hrsg.): Kerncurriculum Oberstufe II. Biologie, Chemie, Physik, Geschichte, Politik. Weinheim/Basel, S. 322–406.

BMJFF (Bundesministerium für Jugend, Familie, Frauen und Gesundheit) (1990): Achter Jugendbericht. Bericht über Bestrebungen und Leistungen der Jugendhilfe. Bonn.

BMFSFJ (Bundesministerium für Familie Senioren Frauen und Jugend) (2005): Zwölfter Kinder- und Jugendbericht: Bericht über die Lebenssituation junger Menschen und die Leistungen der Kinder- und Jugendhilfe in Deutschland; Bildung, Betreuung und Erziehung vor und neben der Schule. Berlin.

Fatke, Reinhard / Schneider, Helmut (2005): Kinder- und Jugendpartizipation in Deutschland. Daten, Fakten, Perspektiven. Gütersloh.

Freitag, Michael (2006): Frühe Rechte – späte Chancen. Eine Standortbestimmung der Arbeit der Schülervertretungen an schleswig-holsteinischen (Grund- und) Hauptschulen. Berlin.

Hansen, Rüdiger / Knauer, Raingard / Friedrich, Bianca (2004): Die Kinderstube der Demokratie. Partizipation in Kindertageseinrichtungen. Kiel.

Hentig, Hartmut von (1999): Bildung. Weinheim/Basel.

Knauer, Raingard (2004): Beteiligungsprojekte mit Kindern und Jugendlichen in der Kommune vom Beteiligungsprojekt zum demokratischen Gemeinwesen. Wiesbaden.

Knauer, Raingard (2006): ›Kooperation von Jugendhilfe und Schule im Spannungsfeld unterschiedlicher Anforderungen‹. In: Deinet, Ulrich/Icking, Maria (Hrsg.) Jugendhilfe und Schule. Analysen und Konzepte für die kommunale Kooperation. Opladen.

Knauer, Raingard u. a. (2004): Beteiligungsprojekte mit Kindern und Jugendlichen in der Kommune: vom Beteiligungsprojekt zum demokratischen Gemeinwesen. Wiesbaden.

Knauer, Raingard / Sturzenhecker, Benedikt (2005): ›Partizipation im Jugendalter‹. In: Hafeneger, Benno/Jansen, Mechtild/Niebling, Torsten (Hrsg.) Kinder- und Jugendpartizipation im Spannungsfeld von Akteuren und Interessen. Opladen, S. 63–93.

Kupffer, Heinrich (1980): Erziehung – Angriff auf die Freiheit. Essays gegen Pädagogik, die den Lebensweg des Menschen mit Hinweisschildern umstellt. Weinheim/Basel.

Laewen, Hans-Joachim (Hrsg.) (2002): Bildung und Erziehung in der frühen Kindheit. Weinheim/Berlin/Basel.

Schnurr, Stefan (2001): ›Partizipation‹. In: Otto, Hans-Uwe/Thiersch, Hans (Hrsg.): Handbuch Sozialarbeit, Sozialpädagogik. München/Basel, S. 1330- 1345.

Schröder, Richard (1995): Kinder reden mit! Beteiligung an Politik, Stadtplanung und Stadtgestaltung. Weinheim/Basel.

Selle, Klaus (2002): ›Bürgerorientierte Stadtteilentwicklung – räumliche Identifikationspunkte für bürgerschaftliche Mitwirkung vor Ort‹. In: Pröhl, Marga/ Sinning, Heidi/Nährlich, Stefan (Hrsg.): Bürgerorientierte Kommunen in Deutschland. Anforderungen und Qualitätsbausteine. Gütersloh, S. 56–71.

Stange, Waldemar (1996): Planen mit Phantasie. Zukunftswerkstatt und Planungszirkel für Kinder und Jugendliche. Berlin/Kiel.

Vygotskij, Lev S. [1925] (2002): Denken und Sprechen. Psychologische Untersuchungen. Weinheim/Basel.

B. Themenfelder des Unterrichts

Joachim Detjen

Die Gemeinde als Gegenstand des Sachunterrichts – Chancen für politische Bildung

Einleitung

Wenn Kinder etwas über Politik lernen sollen, ist es sinnvoll, dieses Lernen so eng wie möglich im Kontakt mit ihrer Lebenswelt stattfinden zu lassen. Diese Bedingung erfüllt der Gegenstandsbereich Gemeinde in hervorragender Weise. Das lokale Umfeld gestattet nämlich einen unmittelbaren Zugang zur Politik. So sind die politischen Akteure in kleinen und mittleren Gemeinden ihren Bewohnern oft direkt bekannt. Die Namen dieser Akteure und die Bewertung ihrer Tätigkeit erfahren Kinder aus den Gesprächen der Erwachsenen. Die Entscheidungen, die in der Gemeinde getroffen werden, sind in ihren Auswirkungen meist direkt zu beobachten. Sofern sie Angelegenheiten der Kinder betreffen, bilden sich auch bereits Kinder ein Urteil über die Kommunalpolitik. Weiterhin sind auf der kommunalen Ebene Unterrichtsgänge möglich, die zu einer direkten Begegnung mit Politikern, politischen Institutionen und politischen Prozessen führen. Schließlich steht die Kommunalpolitik in begrenztem Maße sogar einer Beeinflussung durch Kinder offen.

Die Gemeinden agieren in einem Geflecht vielfältiger rechtlicher Bestimmungen. Neben dem Grundgesetz sind vor allem die *Gemeindeordnungen* der Länder wichtig, die als eine Art kommunaler Verfassung Regelungen über die innere Ordnung und die Aufgaben der Gemeinden treffen.

Während die Kommunalpolitiker nach den Vorgaben ihrer jeweiligen Gemeindeordnung handeln, sich in ihr also gut auskennen, gilt dies in aller Regel nicht für Lehrende. Studierenden des Faches Politische Bildung (Sozialkunde, Politik) werden äußerst selten Lehrveranstaltungen zur Kommunalpolitik angeboten. Noch schlechter dürfte die Lage für fachfremd unterrichtende Lehrer aussehen. Bei nüchterner Einschätzung der Lage muss man bei Pädagogen also ein eher rudimentäres Wissen über die kommunale Selbstverwaltung annehmen. Solide Kenntnisse über die Kommunalpolitik sollten aber vorhanden sein, wenn einer Grundschulklasse die Gemeinde näher gebracht werden soll.

In einem ersten Schritt wird deshalb ein Abriss über die wichtigsten Eigentümlichkeiten des deutschen Kommunalrechts gegeben. Zwar sind die Regelungen in den Ländern nicht identisch, gleichwohl gibt es viele Gemeinsamkeiten. Die Darlegungen stellen das Gemeinsame, also das überall Geltende dar. Hier und da wird aus Gründen der exemplarischen Verdeutlichung auf Regelungen in Niedersachsen zurückgegriffen. In einem zweiten Schritt werden didaktische Überlegungen zum Gegenstandsfeld Gemeinde angestellt und einige Vorschläge zur unterrichtlichen Gestaltung unterbreitet.

1. Übersicht über die kommunale Selbstverwaltung in Deutschland

1.1 Verfassungsrechtliche Grundlagen der kommunalen Selbstverwaltung

Der Parlamentarische Rat, der vor fast 60 Jahren das Grundgesetz konzipierte, hat das Recht der Gemeinden auf Selbstverwaltung für so wichtig erachtet, dass er es mit einer institutionellen Garantie versehen hat. Das bedeutet, dass man die Selbstverwaltung nicht mit einer einfachen Gesetzesänderung abschaffen kann. In Artikel 28 schreibt das Grundgesetz ausdrücklich vor, dass den Gemeinden das Recht gewährleistet sein *muss*, alle Angelegenheiten der örtlichen Gemeinschaft im Rahmen der Gesetze in eigener Verantwortung zu regeln.

Darüber hinaus bestimmt das Grundgesetz, dass das Volk in den Gemeinden eine Vertretung haben muss, die aus demokratischen Wahlen hervorgegangen ist. Es erlaubt aber auch, an die Stelle einer gewählten Körperschaft eine Gemeindeversammlung treten zu lassen. Drückt ein gewähltes Gremium den Gedanken der repräsentativen Demokratie aus, so eine Gemeindeversammlung das Prinzip der direkten Demokratie. Bemerkenswert ist in beiden Fällen, dass das Grundgesetz für die Gemeindeebene zwingend die Anwendung des Demokratieprinzips vorschreibt. Die Demokratie gilt also nicht erst ab der Ebene des Staates.

Schaut man sich die Grundgesetzvorschrift etwas genauer an, so sieht man, dass die Gemeinde nicht für alles Erdenkliche zuständig ist, sondern nur für die *Angelegenheiten der örtlichen Gemeinschaft*. Typische örtliche Angelegenheiten sind das Bauwesen, der Nahverkehr, die Straßenreinigung, die Wasser- und Energieversorgung, die Abfallbeseitigung, die Totenbestattung, die Erwachsenenbildung sowie die Einrichtung von Theatern, Museen und Sportstätten.

Dann heißt es, dass die Gemeinde *in eigener Verantwortung* handeln können soll. Das meint erstens, dass sie grundsätzlich weisungsfrei im eigenen Namen handeln können muss. Zweitens meint Selbstverantwortung, dass die Gemeinde über bestimmte, ihr prinzipiell zustehende Handlungsräume, d. h. Hoheitsrechte, verfügen muss, die ihr ein eigenständiges Gestalten ermöglichen. Diese Handlungsräume sind die Voraussetzung der Eigenverantwortung. Handeln in eigener Verantwortung bedeutet, dass die Gemeinde ihr Tun nicht vor einer Aufsichtsbehörde, sondern vor der Gemeindebevölkerung *verantwortet*, das heißt *begründet* und *rechtfertigt*.

Das Bundesverfassungsgericht hat festgestellt, dass der Gemeinde sechs Hoheitsbereiche zustehen. Es sind dies: Organisations-, Personal-, Rechtsetzungs-, Steuer-, Finanz- und Planungshoheit.

1. Die *Organisationshoheit* gibt der Gemeinde das Recht, ihre Verwaltungsorganisation selbst zu gestalten. Wie also eine Gemeindeverwaltung aufgebaut und die internen Abläufe und Entscheidungszuständigkeiten geregelt sind, ist von Gemeinde zu Gemeinde verschieden.

2. Die *Personalhoheit* umfasst das Recht, die Gemeindebediensteten auszuwählen, zu befördern und zu entlassen. Wer im Rathaus arbeitet, ist kein Beamter des Landes oder gar des Bundes, sondern Angestellter oder Beamter der Gemeinde.

3. Die *Rechtsetzungshoheit* ist die Befugnis, die eigenen Angelegenheiten durch Erlass von Satzungen zu regeln. Satzungen sind Rechtsvorschriften, die wie Gesetze wirken. Die wichtigste Satzung ist die Hauptsatzung, eine Art Verfassung für die Gemeinde. Ebenfalls sehr wichtig ist die jedes Jahr neu zu verabschiedende Haushaltssatzung, die die Einnahmen und Ausgaben der Gemeinde auflistet. Daneben kann es viele weitere Satzungen geben, so für die freiwillige Feuerwehr, die Abwasserbeseitigung, den Markt, den Friedhof, die Hundesteuer und die Vergnügungssteuer. Ob eine Gemeinde eine dieser Satzungen erlässt oder nicht, ist in ihr Belieben gestellt.

4. Die *Steuerhoheit* umfasst das Recht zur Erhebung eigener Steuern. Die Vergnügungssteuer ist ein Beispiel hierfür. Manche Gemeinden erheben für Zweitwohnungen eine so genannte Zweitwohnungssteuer. Bei zwei Steuern, die sehr wichtig für den Gemeindehaushalt sind, kann die Gemeinde den Hebesatz selbst bestimmen. Es handelt sich um die Grundsteuer und die Gewerbesteuer. Deshalb gibt es aus der Sicht von Grund-

stückseigentümern und Gewerbetreibenden teure und preiswerte Gemeinden.

5. Die *Finanzhoheit* enthält das Recht zur eigenen Einnahmen- und Ausgabenwirtschaft. Dies schließt die Verwaltung des eigenen Vermögens ein. Deutlichster Ausdruck der Finanzhoheit ist der Erlass der jährlichen Haushaltssatzung. In der politischen Wirklichkeit wird die Finanzhoheit der Gemeinden allerdings zunehmend beeinträchtigt durch die Auferlegung kostenträchtiger Aufgaben seitens des Landes oder des Bundes.

6. Die *Planungshoheit* enthält das Recht, jedoch auch die Pflicht, vorausschauend die für die weitere Entwicklung der Gemeinde maßgeblichen Entscheidungen zu treffen. Hierzu zählt vor allem die Gestaltung des Gemeindegebietes. Maßgebliche Instrumente hierfür sind Flächennutzung- und Bebauungspläne. Zu den Planungsaufgaben gehört aber auch die Sorge um die Verbesserung der örtlichen Wirtschaftsstruktur und die Schaffung von Arbeitsplätzen durch Ansiedlung von Betrieben.

Dass das Grundgesetz der Gemeinde das Demokratieprinzip vorschreibt, ist Ausdruck der Überzeugung, dass die Gemeinde die Grundlage des demokratischen Staates bildet. Zu dieser Überzeugung gehört die berechtigte Annahme, dass die Lebens- und Bürgernähe der Kommunalpolitik die Demokratie besonders intensiv erfahrbar macht. Diese Erfahrung bezieht sich nicht nur auf der Wahrnehmung des Handelns der Organe der Gemeinde. Sie ergibt sich aus der bürgerschaftlichen Einflussnahme auf diese Organe, die ohne allzu großen Aufwand möglich und im Erfolgsfalle auch spürbar ist. Es stimmt also, wenn man sagt, dass die Demokratie in der Gemeinde anfängt. Man kann auch der These zustimmen, dass die Beteiligung an der kommunalen Selbstverwaltung erzieherisch wirken kann. Und da eine Demokratie ohne Demokraten auf Dauer keinen Bestand hat, ist die Bürgerbeteiligung an der Kommunalpolitik eine unverzichtbare Schule der Demokratie.

1.2 Tätigkeitsfelder der Gemeinde

Die Aufgaben der Gemeinde sind vielfältig. Man schätzt, dass etwa 80 Prozent aller Angelegenheiten, die den Bürger in Kontakt mit dem Staat bringen, von der Gemeinde erledigt werden. Das ist ein immenser Vorteil. Denn dem Bürger bleiben so weite Wege erspart. Weiterhin nimmt der Bürger, ohne dass ihm dies vermutlich bewusst ist, Tag für Tag eine Fülle von Leistungen und Angeboten in Anspruch, die von der Gemeinde bereitgestellt werden. Sein Wohlbefinden ist dementsprechend zum nicht geringen Teil das Ergebnis der gemeindlichen Selbstverwaltung.

Die Gemeindeordnungen machen der Gemeinde dies aber auch zur Pflicht. So heißt es beispielsweise in § 1 der Niedersächsischen Gemeindeordnung, dass die Selbstverwaltung das Ziel hat, das Wohl der Einwohnerinnen und Einwohner zu fördern. Und in § 2 steht, dass die Gemeinde in den Grenzen ihrer Leistungsfähigkeit die für ihre Einwohnerinnen und Einwohner erforderlichen sozialen, kulturellen und wirtschaftlichen öffentlichen Leistungen bereitzustellen hat.

Wenn man aus der Sicht des Einwohners das Spektrum des Leistungsangebotes der Gemeinde betrachtet, ergibt sich ein facettenreiches Bild:

1. *Versorgung* und *Entsorgung*: Wasser-, Strom- und Gasversorgung, Abwasser- und Abfallbeseitigung.
2. *Infrastruktur*: Straßen, Gehwege, Grünanlagen, Friedhöfe, Bereitstellung von Flächen für Gewerbe und Wohnbebauung.
3. *Soziale Sicherheit* und *Gesundheit*: Auszahlung der sozialen Grundsicherung und des Wohngeldes, Altenbetreuung, Altersheime, Obdachlosenunterkünfte, Krankenhäuser.
4. *Dienstleistungen*: Straßenreinigung, öffentlicher Personennahverkehr, Wochenmarkt.
5. *Öffentliche Sicherheit und Ordnung*: Feuerwehr, Personenstandswesen (Registrierung von Geburten, Heiraten und Todesfällen), Meldewesen (Ausstellung von Personalausweisen und Reisepässen).
6. *Erziehung*, *Bildung* und *Kultur*: Kindergärten, Schulen, Volkshochschule, Bücherei, Museum, Theater.
7. *Sport* und *Freizeit*: Jugendzentrum, Spielplätze, Sportstätten, Schwimmbad (Detjen 2000, 20 f.).

Es muss allerdings zweierlei gesehen werden. Erstens: Die Einwohner sind zwar Nutznießer des Angebotes, müssen es in Gestalt von Steuern, Beiträgen oder Gebühren (Eintrittsgelder) aber auch bezahlen. Zweitens: Nicht jede Gemeinde erbringt jede Leistung. Unschwer kann man sich vorstellen, dass kleine Gemeinden aufgrund ihres geringen Finanzvolumens auf einen Kern an Leistungen beschränkt sind. So gibt es Krankenhäuser, Volkshochschulen und Museen in der Regel nur in Städten. Dörfliche Gemeinden können sich aber zu Verbänden zusammenschließen und diesen bestimmte Aufgaben übertragen, zum Beispiel die Wasserversorgung, die Abwasserreinigung (Klärwerk) und die Müllabfuhr. Häufig ist es auch so, dass der Landkreis Aufgaben übernimmt, welche die Leistungskraft der einzelnen Gemeinden übersteigen. Der Landkreis ist nämlich nicht nur die untere Verwaltungsbehörde des Landes, sondern zugleich auch Gemeindeverband. Die Eigenschaft als Gemeindeverband verpflichtet ihn, die gemeindliche Aufgabenerfüllung dort zu ergänzen, wo die Kommunen überfordert sind.

1.3 Aufgaben des eigenen und des übertragenen Wirkungskreises

Was sich aus der Sicht des Einwohners als nicht weiter zu differenzierender Katalog gemeindlicher Zuständigkeiten ausnimmt und den Eindruck erweckt, als könne die Gemeinde hierüber autonom und selbstverantwortlich entscheiden, verhält sich unter rechtlichen Gesichtspunkten ganz anders.

Die kommunalen Aufgaben lassen sich nämlich unterscheiden in solche des *eigenen* und in solche des *übertragenen Wirkungskreises*. Das Selbstverwaltungsrecht der Gemeinde kommt dabei lediglich im eigenen Wirkungskreis zur Geltung. Nur hier besitzt sie eigene politische Gestaltungsmöglichkeiten, und das völlig uneingeschränkt auch nur in einem Teilgebiet.

Der eigene Wirkungskreis unterteilt sich in die so genannten *freiwilligen Selbstverwaltungsaufgaben* und die so genannten *pflichtigen Selbstverwaltungsaufgaben*. Zu Letzteren wird die Gemeinde durch Gesetz verpflichtet. Daher die Bezeichnung *pflichtige* Aufgaben.

Zu den *freiwilligen Aufgaben* gehören insbesondere kulturelle Angelegenheiten, Sport- und Erholungseinrichtungen und die Förderung der örtlichen Vereine. Nur bei ihnen hat die Gemeinde die Möglichkeit, nicht nur über das »Ob« der Einführung, sondern auch über das »Wie« der Erledigung zu entscheiden. Ausschließlich hier hat sie einen echten Gestaltungsspielraum, der freilich von den finanziellen Möglichkeiten abhängt. Angesichts leerer Kassen vieler Kommunen ist es mit dieser Autonomie seit einer Reihe von Jahren nicht besonders gut bestellt.

Zu den *pflichtigen Aufgaben* zählen die Aufstellung und Unterhaltung einer Feuerwehr, die Wasserversorgung, die Abwasser- und Abfallbeseitigung, die Aufstellung von Flächennutzungs- und Bebauungsplänen und die Unterhaltung von Schulen im Primar- und Sekundarbereich. Bei ihnen ist die Freiheit der Einführung oder Nichteinführung der betreffenden Aufgabe schon nicht mehr gegeben. Die Gemeinde hat hier keine Möglichkeit der Zurückweisung, weil sie vielleicht im Bereich der freiwilligen Aufgaben eine kostenintensive Maßnahme plant, wie den Bau eines Hallenbades oder eines Museums. Die Gemeinde hat hier nur noch einen Spielraum hinsichtlich der Art und Weise, also des »Wie« der Ausführung.

Bei den Aufgaben im *übertragenen Aufgabenkreis* erfüllt die Gemeinde Aufgaben, die eigentlich dem Staat obliegen und die dieser aus Gründen der Zweckmäßigkeit kraft Gesetz der Gemeinde zur dauerhaften Erledigung übertragen hat. Die Zweckmäßigkeit besteht vor allem in dem Sachverhalt, dass der Staat sich die vor Ort vorhandene Verwaltung zunutze macht, die aufgrund dieser Gegebenheit zudem noch bürgernah ist. Der Staat ist entweder der Bund oder das Land. Die Wahrnehmung der übertragenen Aufgaben bindet etwa drei Viertel der Verwaltungskraft einer Gemeinde.

Innerhalb des übertragenen Aufgabenkreises gibt es zum einen die *Pflichtaufgaben nach Weisung* und zum anderen die *Auftragsangelegenheiten*. Bei Ersteren handelt die Gemeinde als unterste Ebene der Landesverwaltung. Sie tut dies beispielsweise, wenn sie Baugenehmigungen erteilt, Kommunal- und Landtagswahlen organisiert und die Gewerbeaufsicht durchführt. Bei Letzteren handelt die Gemeinde im Auftrag des Bundes. Beispiele hierfür sind Tätigkeiten im Bereich des Zivil- und Katastrophenschutzes, der Wehrerfassung und die Ausstellung von Personalausweisen und Reisepässen.

Die Gemeinde handelt bei den übertragenen Aufgaben als Staatsverwaltung. Zwar vollzieht sie diese Aufgaben in eigenem Namen, unterliegt dabei jedoch uneingeschränkt dem staatlichen Aufsichts- und Weisungsrecht. Von einer eigenverantwortlichen Selbstverwaltung und damit von einer Gestaltungsfreiheit kann hier mithin keine Rede sein (Gern 2003, 162 ff.).

Der Gemeindeeinwohner kann nicht ohne weiteres erkennen, zu welchem Wirkungskreis ein kommunales Aufgabenfeld gehört. Denn die Ämter im Rathaus sind nach Gegenstandsbereichen eingeteilt, nicht nach Wirkungskreisen. Dennoch kann man ganz grob den eigenen Wirkungskreis daran erkennen, dass zu ihm die Grundversorgung mit Infrastruktur, das Angebot an Dienstleistungen sowie die Bereitstellung von Einrichtungen für Bildung, Kultur und Freizeit gehören. Im Mittelpunkt des übertragenen Wirkungskreises stehen dagegen Aufgaben der öffentlichen Sicherheit und Ordnung.

Es gibt auch ein formales Kriterium, mit dessen Hilfe man mit ziemlicher Sicherheit die Zugehörigkeit bestimmen kann: Es ist die Frage, wer für die Erledigung einer Aufgabe letztlich zuständig ist. Ist es der Gemeinderat, handelt es sich um eine Selbstverwaltungsaufgabe. Ist es ausschließlich der Bürgermeister, handelt es sich um die Ausführung staatlicher Aufgaben.

1.4 Die Organe der Gemeinde

Mit Ausnahme des übertragenen Wirkungskreises, bei dem die Gemeinde als reine Verwaltungsbehörde handelt, ist die kommunale Selbstverwaltung mehr als nur Verwaltung. Sie ist im Kern eine politische Gestaltungsaufgabe. Hierfür benötigt die Gemeinde Organe. Organe sind Gremien, die einen *eigenständigen* Willen artikulieren und *verbindliche* Entscheidungen fällen und somit *wirklich* politisch gestalten können. Die meisten Gemeindeordnungen kennen nur zwei Organe. Es sind der *Gemeinderat* (manchmal auch Rat oder

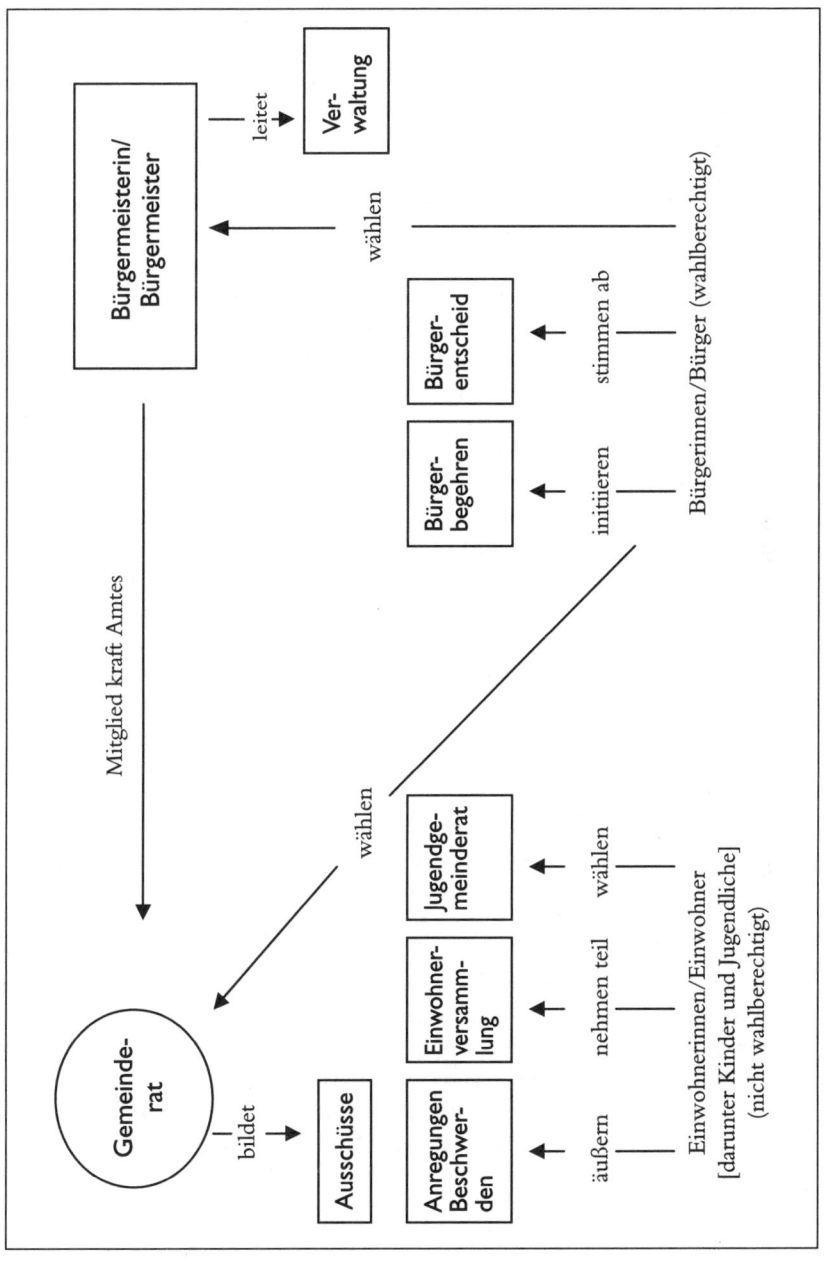

Abb. 1: Schema der Kommunalverfassung

Gemeindevertretung genannt) und der *Bürgermeister* (manchmal auch Erster Bürgermeister oder Oberbürgermeister genannt).

Hessen kennt statt des aus einer Person bestehenden Organs Bürgermeister einen kollegialen *Gemeindevorstand* (manchmal auch Magistrat genannt), der sich aus dem Bürgermeister und mehreren Beigeordneten zusammensetzt.

Einige Gemeindeordnungen konstituieren noch ein drittes Organ. Es heißt entweder *Verwaltungsausschuss* oder *Hauptausschuss* und setzt sich aus dem Bürgermeister und den Beigeordneten zusammen. Letztere sind Ratsmitglieder, die im Verhältnis zur Stärke der Fraktionen im Gemeinderat in den Verwaltungs- bzw. Hauptausschuss gewählt werden. Mit beratender Stimme können noch die leitenden Beamten der Gemeindeverwaltung hinzutreten. Aufgrund seiner überschaubaren Größe und der Mitgliedschaft der maßgeblichen Politiker und Verwaltungsbeamten, vor allem aber dank der Tatsache, dass dieser Ausschuss verbindliche Entscheidungen treffen darf, gilt er als besonders wichtiges Organ (Gern 2003, 209 ff., 232 ff., 273).

Der Gemeinderat ist die gewählte Volksvertretung auf Gemeindeebene. Viele Gemeindeordnungen bezeichnen ihn ausdrücklich als *Hauptorgan* der Gemeinde. Das entspricht dem demokratischen Gedanken, in der gewählten Volksvertretung das Herzstück der kommunalen Selbstverwaltung zu sehen. Der Rat verfügt über die Beschlusskompetenz in wichtigen, wenn auch nicht allen Gemeindeangelegenheiten. Jedenfalls werden sämtliche *Satzungen* von ihm beschlossen, darunter auch die *Bauleitplanungen*. Die grundlegenden wirtschaftlichen und finanziellen Entscheidungen liegen ebenfalls in seiner Kompetenz: So beschließt er die *Haushaltssatzung*, legt die *öffentlichen Abgaben*, also die Höhe der *Gebühren, Beiträge* und *Steuern*, fest und befindet auch über die *Aufnahme von Krediten*.

Als Unterorgane des Gemeinderates gibt es *Ausschüsse*. Diese sollen die Beschlüsse des Rates vorbereiten. Sie dürfen empfehlen, aber nicht beschließen. Man darf diese Ausschüsse also nicht mit dem oben dargestellten Verwaltungs- und Hauptausschuss verwechseln. Der Gemeinderat kann die Zahl der Ausschüsse und ihre Aufgaben frei bestimmen. Häufig vorkommende Ausschüsse sind die für Finanzen, Schulen, Soziales, Ortsplanung und Umweltschutz und für das Bauen.

Der Gemeinderat besteht aus *Fraktionen* sowie *Gruppen*, gegebenenfalls auch aus fraktions- und gruppenlosen Ratsfrauen sowie Ratsherren. Fraktionen und Gruppen steuern die Meinungsbildung und Beschlussfassung und erleichtern so den Ablauf der Ratssitzungen. Eine Fraktion besteht üblicherweise aus Mitgliedern des gleichen Wahlvorschlages. Demgegenüber ist eine Gruppe ein Zusammenschluss von Einzelmitgliedern oder von Einzelmitgliedern mit einer Fraktion.

Der *Bürgermeister* ist der vom Gemeindevolk direkt gewählte *Hauptverwaltungsbeamte*. Er leitet und beaufsichtigt die Gemeindeverwaltung, ist also Vorgesetzter jedes Gemeindebediensteten. Viele Gemeindeordnungen legen fest, dass der Bürgermeister kraft seines Amtes auch Mitglied des Gemeinderates ist. Er hat dann dort Antrags-, Rede- und Stimmrecht. Er hat auch das Recht, an den Sitzungen aller Ratsausschüsse teilzunehmen.

Als Chef der Verwaltung ist der Bürgermeister verantwortlich für die Ausführung der Beschlüsse des Rates. Er ist aber nicht nur »Exekutor«. Die Gemeindeordnungen übertragen ihm ausdrücklich die *repräsentative Vertretung* der Gemeinde. Dazu gehört auch die Befugnis, Rechts- und Verwaltungsgeschäfte mit Dritten zu tätigen. Verbindlich werden solche Geschäfte nur, wenn er sie handschriftlich unterzeichnet hat. Der Bürgermeister ist schließlich verantwortlich für die Erledigung der Aufgaben des übertragenen Wirkungskreises.

1.5 Die Beteiligung von Einwohnern und Bürgern an der Kommunalpolitik

Zwar werden in der Gemeinde die verbindlichen Entscheidungen von den jeweils zuständigen Organen getroffen, aber auch ihre Bewohner haben diverse Rechte, sich in die Kommunalpolitik einzumischen. Diese partizipatorischen Rechte stehen Bürgern und Einwohnern in unterschiedlichem Maße zu.

Bürger sind alle zur Wahl des Gemeinderates und des Bürgermeisters berechtigten Einwohner. Es handelt sich um Deutsche und EU-Bürger, die, je nach Bundesland, entweder das 16. oder 18. Lebensjahr vollendet haben. Man kann immer nur Bürger einer Gemeinde sein. Hat man noch einen zweiten Wohnsitz, ist man dort Einwohner.

Einwohner sind alle sonstigen Personen, die in der Gemeinde ihren Wohnsitz oder ständigen Aufenthalt (zum Beispiel Soldaten) haben. Gemeinsam ist ihnen, dass sie nicht das Wahlrecht besitzen, weil sie entweder Minderjährige oder Ausländer sind oder weil sie in der Gemeinde nur ihren Zweitwohnsitz haben. Kinder sind also Einwohner. Wie alle anderen Einwohner besitzen sie mithin die Einwohnerrechte.

Den Gemeindebewohnern steht eine ganze Palette unterschiedlicher Partizipationsinstrumente zur Verfügung. So haben sie die Möglichkeit, sich an der – wichtigen – *Bauleitplanung* zu beteiligen, sich in der *Einwohnerfragestunde* während der Ratssitzungen zu Wort melden und einen *Einwohnerantrag* an den Gemeinderat zu richten. Mittels *Bürgerbegehren* und *Bürger-*

entscheid können sie sogar bestimmte Angelegenheiten selbst und unter Umständen konträr zum Gemeinderat entscheiden.

Im Folgenden sollen drei weitere Partizipationsmöglichkeiten vorgestellt werden, die auch für Kinder relevant sind. Es handelt sich um die Beteiligung von Kindern und Jugendlichen an kommunalen Entscheidungsprozessen, um das Recht zu Anregungen und Beschwerden sowie um die Einwohnerversammlung.

Die *Beteiligung von Jugendlichen und Kindern* findet sich beispielsweise in § 22 e der Niedersächsischen Gemeindeordnung. Dort heißt es: »Die Gemeinde soll Kinder und Jugendliche bei Planungen und Vorhaben, die ihre Interessen berühren, in angemessener Weise beteiligen. Hierzu soll die Gemeinde über die in diesem Gesetz vorgesehene Beteiligung der Einwohnerinnen und Einwohner hinaus geeignete Verfahren entwickeln und durchführen.«

Die Interessen junger Menschen können berührt sein bei der Aufstellung von Bauleitplänen, beim Bau bzw. Ausbau von Gemeindestraßen, beim Bau eines Schwimmbades, bei der Organisation der Schülerbeförderung und bei weiteren Gelegenheiten. Wie die Gemeinde die Jugendlichen und Kinder beteiligt, bleibt ihr überlassen. Viele Gemeinden haben *Jugendgemeinderäte* oder *Jugendparlamente* als Vertretungen für junge Menschen im Alter von etwa 12 bis 18 Jahren eingerichtet. Sie gehen aus allgemeinen Wahlen hervor. Das Vorbild sind die mehr als 700 *Conseils des jeunes* in Frankreich. Die Erfahrung zeigt, dass Jugendgemeinderäte fast immer auf Initiative des Rates unter Assistenz des örtlichen Jugendhilfeausschusses gegründet werden. Sie beschäftigen sich fast ohne Ausnahme mit Gegebenheiten ihres unmittelbaren Umfeldes – vom Schul- und Verkehrswesen über Freizeit- und Spielangebote bis hin zu Umweltfragen sowie Drogen- und Gewaltproblemen. Unterschiedlich wird mit den Anregungen der Jugendgremien umgegangen. In vielen Gemeinden werden sie wie Einwohneranträge behandelt, d. h. vom Gemeinderat beraten.

Das *Recht zu Anregungen und Beschwerden*, auch Petitionsrecht genannt, ist in Niedersachsen in § 22 c der Gemeindeordnung wie folgt geregelt: »Jede Person hat das Recht, sich einzeln oder in Gemeinschaft mit anderen schriftlich mit Anregungen und Beschwerden in Angelegenheiten der Gemeinde an den Rat zu wenden [...]. Die Antragstellerin oder der Antragsteller ist über die Art der Erledigung der Anregung und Beschwerde zu unterrichten.«

Das Recht zu Anregungen und Beschwerden steht jeder Person zu, unabhängig davon, ob sie in der Gemeinde wohnt oder sich nur in ihr aufhält. Auch *Kinder* können es folglich ausüben. Darüber hinaus muss das Petitionsrecht nicht individuell praktiziert werden. Mehrere oder gar viele Personen können in ein und derselben Angelegenheit beim Rat vorstellig werden. Das bedeutet, dass auch eine *Schulklasse* eine Petition in einer ihr wichtig erscheinenden Sache verfassen kann. Bedeutsam für Petenten ist, dass sie einen Anspruch auf eine Antwort haben. Wie immer diese lautet: Die Petenten wissen, dass die Gemeinde sich mit ihrer Anregung oder Beschwerde auseinandersetzen musste.

Die *Einwohnerversammlung* ist ein Diskussionsforum, in dem neben der Unterrichtung und Erläuterung auch eine Diskussion wichtiger Gemeindeangelegenheiten möglich ist. Teilnahmeberechtigter Personenkreis ist aus guten Gründen die Einwohnerschaft. Das schließt also *Minderjährige* ein. Eine Schulklasse kann mithin an einer Einwohnerversammlung teilnehmen und dort hautnah miterleben, was die Gemeinde plant und wie die Einwohner dazu stehen.

Die Niedersächsische Gemeindeordnung schreibt in § 62 vor: »Die Bürgermeisterin oder der Bürgermeister unterrichtet die Einwohnerinnen und Einwohner in geeigneter Weise über wichtige Angelegenheiten der Gemeinde. Bei wichtigen Planungen und Vorhaben der Gemeinde soll sie oder er die Einwohnerinnen und Einwohner rechtzeitig und umfassend über die Grundlagen, Ziele, Zwecke und Auswirkungen unterrichten. Die Unterrichtung ist so vorzunehmen, dass Gelegenheit zur Äußerung und zur Erörterung besteht. Die Bürgermeisterin oder der Bürgermeister soll zu diesem Zwecke Einwohnerversammlungen für die ganze Gemeinde oder für Teile des Gemeindegebiets durchführen.«

Niedersachsen hat sich für eine relativ schwache Form der Einwohnerversammlung entschieden. In anderen Bundesländern, so in Bayern und Baden-Württemberg, ist sie ein starkes Instrument bürgerschaftlicher Einwirkung auf die Gemeinde. Die Einwohnerversammlung muss dort nämlich in festen Abständen stattfinden. Und sie kann Beschlüsse fassen, die der Gemeinderat dann als Anträge behandeln und über die er anschließend abstimmen muss (Detjen 2000, 57 ff.).

2. Didaktische Überlegungen zum Gegenstandsfeld Gemeinde

2.1 Didaktische Ortsbestimmung des Gegenstandsfeldes Gemeinde

Die meisten Sachunterrichtspläne spiegeln die Absicht wider, dass politisches Lernen in der Grundschule nur eine untergeordnete Rolle spielen soll.

Generell dominieren in den Lehrplänen des Sachunterrichts naturwissenschaftliche und technische Themen. Mit einigem Abstand folgen dann solche mit geographischer und geschichtlicher Ausrichtung. Wenn sozialwissenschaftliche Bezüge auftauchen, sind sie nicht unbedingt ein Beitrag zur politischen Bildung. So gibt es zwar verbreitet die Themen Umwelt, Dritte Welt, Menschen nichtdeutscher Herkunft, Kinderrechte, Medien und Aspekte des Zusammenlebens. Gar nicht selten taucht auch die Gemeinde auf. In den Erläuterungen fehlen aber durchgängig Hinweise darauf, dass die politischen Dimensionen dieser Sachbereiche zu erschließen sind. Positive Ausnahmen bilden die Lehrpläne Niedersachsens und Bayerns. Ihnen kann man bescheinigen, dass sich auf ihrer Basis bereits in der Grundschule ein Politikverständnis anbahnen lässt. Denn sie nehmen Bezug auf die Dimensionen des Politischen, also auf Polity, Politics und Policy. Lehrende haben damit die Chance, das Politische zu strukturieren und seine Komplexität in übersichtlicher Form im Unterricht zu vermitteln (Richter 2002, 166 f.).

Niedersachsen führt in der Anhörfassung des Kerncurriculums Sachunterricht vom Januar 2006 ausdrücklich *Gesellschaft und Politik* als eine von fünf fachlich orientierten Perspektiven auf. Die Kinder sollen unter einer politischen Perspektive nach verschiedenen Interessen gesellschaftlicher Gruppen fragen und ihre Aufmerksamkeit auf die institutionellen Rahmen richten, in denen diese artikuliert, vertreten und ausgehandelt werden (Politics, Polity). Weiterhin sollen sie nach Entscheidungsprozessen und den dabei relevanten Verfahren fragen. Im Zentrum sollen Regeln und Formen des Zusammenlebens und Prozesse der Verständigung stehen. Dabei sollen ausgewählte Institutionen, Ämter und deren Funktionen betrachtet und untersucht werden (Polity).

Dass Niedersachsen hierbei vorzugsweise an die Gemeinde denkt, wird ersichtlich bei den von den Schülern erwarteten Kompetenzen am Ende des Schuljahrganges vier. Sie sollen nämlich wichtige öffentliche Institutionen und deren Aufgaben sowie Möglichkeiten der Partizipation kennen. Und sie sollen ausgewählte politische Ämter des Staates kennen und sie in ihrer Funktion beschreiben können. Zur Überprüfung dieser Kenntnisse wird angeregt, die Kinder Fallbeispiele aus der Gemeinde (wie Verkehrsberuhigung oder Supermarkt auf der grünen Wiese) unter Berücksichtigung der Kriterien Einflussnahme, Zuständigkeiten und kommunale Einrichtungen erörtern zu lassen (Policy, Politics, Polity). Alternativ hierzu sollen die Kinder auch die Möglichkeit haben, eine argumentativ gestützte Aktion vor Ort zu planen und durchzuführen.

Der seit einer Reihe von Jahren in Kraft befindliche bayerische Lehrplan für den Heimat- und Sachunterricht führt unter anderem das Lernfeld *Individuum und Gemeinschaft* auf. In diesem Lernfeld sind verschiedene Themenbereiche zu behandeln, unter anderem *Zusammenleben, Leben mit der Natur* und *Erkunden der Umwelt*. Für die Jahrgangsstufe 4 ist in den genannten Themenbereichen die Kommunalpolitik mehrfach enthalten. So die Themen »Zusammenleben in der Gemeinde«, »Wasserversorgung und Abwasseraufbereitung« und »Abfallentsorgung«.

Verweisen die beiden zuletzt genannten Themen auf klassische kommunale Aufgaben, also auf den Policy-Aspekt, so das Thema »Zusammenleben in der Gemeinde« auf alle drei Dimensionen des Politischen. Die Kinder sollen sich nämlich zum einen über die Aufgaben der Gemeinde informieren (Policy). Zu diesem Zweck wird ihnen ein Unterrichtsgang zum Rathaus sowie das Sammeln von Informationen nahegelegt. Die Kinder sollen dann Möglichkeiten der Meinungsbildung und Entscheidungsfindung kennenlernen, insbesondere den Akt der Beschlussfassung und das Mehrheitsprinzip (Politics, Polity). Empfohlen wird der Besuch von meinungsbildenden Informationsveranstaltungen sowie von Sitzungen des Gemeinderates. Schließlich sollen die Kinder Mitwirkungsmöglichkeiten der Bürger kennenlernen. Dabei sollen sie mit einer ganzen Palette von kommunalen Partizipationsinstrumenten bekannt gemacht werden, so der Wahl, dem Gespräch mit Mandatsträgern, der schriftlichen Eingabe, der öffentlichen Meinungsäußerung sowie dem Bürgerbegehren und dem Bürgerentscheid (Polity, Politics).

Eine prinzipielle Frage besteht darin, ob Kindern im Grundschulalter die Welt der Politik überhaupt schon zugänglich ist. Auch wenn man bisher noch wenig über ihre Wahrnehmung des Politischen und über die kindliche Verarbeitung politischer Erfahrungen weiß, ist wohl Skepsis angebracht hinsichtlich ihrer Möglichkeiten, die Komplexität politischer Entscheidungsprozesse vor allem auf nationaler und erst recht internationaler Ebene zu verstehen. Ebenso sind abstrakte politische Strukturen, Funktionen und Funktionsweisen politischer Institutionen, komplexe Kosten-Nutzen-Überlegungen oder gar politische Ideengebäude sehr weit entfernt von der kindlichen Erlebniswelt. Kindern fehlen eben noch weitgehend die Fähigkeiten zur Perspektivenübernahme und zum abstrakten Denken. Ihr Erfahrungsschatz ist beschränkt, und ihre Einblicke in die Wahrnehmungs- sowie Verarbeitungsweisen von Politikern sind begrenzt. Dennoch kann man davon ausgehen, dass Kinder ein Vorverständnis von Politik aus ihrer alltäglichen Lebenswelt in den Unterricht mitbringen, ist diese Lebenswelt doch zwangsläufig mit Politik durchsetzt (Reeken 2001, 20 f.). Etwa mit dem fünften Lebensjahr entstehen bei Kindern Vorformen politischer Einstellungen und Verhaltensmuster. Sie entwickeln in diesem Alter Alltagstheorien, aber auch Vorurteile über ihre politische Umwelt. Kinder haben aus diesem Grunde einen Anspruch auf politische Aufklärung (Richter 1997, 77). Angesichts der beschriebenen Sachlage sind der politischen Bildung in der Grundschule insbesondere vier Ziele aufgegeben. Dabei passt der Gegenstandsbereich Gemeinde wie kaum ein anderer zum Horizont dieser Ziele.

Die politische Bildung soll erstens *Interesse an der Politik wecken*: Schon Kinder sollten lernen, dass politische Entwicklungen und Entscheidungen mit ihrem eigenen Leben zu tun haben, um die Bereitschaft zu entwickeln, auf diese Prozesse Einfluss zu nehmen. Es steht außer Frage, dass die Abhängigkeit des eigenen Wohls von politischen Entscheidungen gerade in der Gemeinde evident ist. Sichere Schulwege, angemessene Öffnungszeiten und Eintrittspreise des örtlichen Schwimmbades und die Ausstattung der Schule mit modernen Medien sind nicht naturgegeben, sondern das Ergebnis kommunalpolitischer Entscheidungen.

Die politische Bildung soll zweitens bereits *vorhandenes politisches Wissen differenzieren, erweitern und richtig stellen*: Grundschüler haben zu vielen politischen Problemen bereits Vorwissen aus Gesprächen in der Familie oder der Peer-Group sowie aus den Medien. Dieses Wissen ist heterogen, zum Teil unverstanden und manchmal auch einfach falsch. Der Unterricht muss das Wissen der Kinder einerseits ernst nehmen, es andererseits aber auch den Kindern in seiner Begrenztheit und gegebenenfalls Einseitigkeit und Falschheit bewusst machen. Er sollte deshalb das Wissen mit neuen Deutungen und Perspektiven konfrontieren und dadurch vorhandene Sichtweisen differenzieren, erweitern und korrigieren. Hinzu kommt, dass von Grundschülern zwar nicht explizit gewusste, aber doch geahnte Konzepte der Politik wie Gewaltenteilung und Repräsentation anhand der Verhältnisse in der Gemeinde erweitert und vertieft werden können.

Die politische Bildung soll drittens die *Besonderheiten des Politischen bewusst machen*: Kinder neigen dazu, politische Vorgänge nach lebensweltlichen Mustern zu beurteilen. Sie sehen zwar die politischen Akteure, nicht jedoch die dahinter stehenden Institutionen und vorgegebenen Verfahrensvorschriften. In ihren Augen hängen Entscheidungen vor allem von der Gutwilligkeit der Verantwortlichen ab. Ebenso sehen sie kaum den Unterschied zwischen Privatheit und Öffentlichkeit. Sie neigen deshalb dazu, Verhaltensweisen aus der Familie oder dem Freundeskreis auf die Welt des Öffentlich-Politischen zu übertragen.

Gerade wegen ihrer Mischung aus Vertrautheit und Fremdheit lässt sich anhand der Kommunalpolitik im Vertrauten das ganz Andere der Politik vor Augen führen.

Die politische Bildung soll viertens *zum politischen Handeln in den Lebenswelten der Kinder befähigen*: Kinder sollen in die Lage versetzt werden, die ihnen offen stehenden Partizipationsmöglichkeiten wahrzunehmen. Ein prominentes Beispiel für diese Möglichkeiten sind die Kinder- und Jugendparlamente. Es gibt aber auch andere, weniger formelle Partizipationsformen. Der besondere Wert der Gemeinde in dieser Hinsicht besteht darin, dass Partizipation für Kinder oberhalb der kommunalen Ebene aus mancherlei bzw. verschiedenen Gründen kaum realisierbar ist (von Reeken 2001, 50 ff.).

2.2 Anregungen für die Vermittlung des Gegenstandsfeldes Gemeinde

Eine wichtige Voraussetzung für ein lokal orientiertes politisches Lernen im Sachunterricht ist die *lokale Kompetenz* der Lehrkraft. Das heißt, die Lehrkraft muss sich mit den Institutionen, Personen, Kräfteverhältnissen, Interessen, Partizipationsmöglichkeiten und Sachproblemen in ihrer Gemeinde vertraut machen. Ist das gegeben, kann sie ohne große Schwierigkeiten geeignete Unterrichtsgegenstände entdecken und Kontakte mit der Verwaltung und anderen Einrichtungen der Gemeinde herstellen. Stärker als in anderen Schulstufen muss die politische Bildung in der Grundschule an lebensweltlich generierten Wahrnehmungen und Erfahrungen ansetzen und in dieser Lebenswelt dann die systemischen Einflüsse, das heißt die Einwirkung öffentlicher Regelungen, aufzeigen (Richter 2002, 168). Nach dieser Maßgabe sind die Spielplätze, Freizeiteinrichtungen, örtliche Verkehrsführungen, lokale Umweltprobleme und die Verhältnisse der jeweiligen Schule geeignete Gegenstände. Die Vernetzung des privaten und öffentlichen Lebens lässt sich auch gut an der Abhängigkeit des täglichen Wohlbefindens von den Leistungen der Gemeinde (Wasser- und Energieversorgung, Abwasser- und Abfallentsorgung, öffentlicher Personennahverkehr, Kultur- und Freizeiteinrichtungen) demonstrieren.

Das Gegenstandsfeld Gemeinde lässt sich analytisch aufgliedern. Entsprechend der Aufgliederung lassen sich unterrichtliche Schwerpunkte setzen. Zum einen kann man die Aufgaben der Gemeinde und die ihrer Erfüllung dienenden Einrichtungen in Augenschein nehmen (Policy). Zum anderen kann man sich auf die mit der kommunalen Selbstverwaltung bzw. der Kommunalpolitik betrauten Organe konzentrieren (Polity). Schließlich kann man, drittens, den interessenbehafteten, auf das örtliche Wohl zielenden politischen Prozess beobachten und sich gar in ihn einmischen (Politics). Die Schwerpunkte verlangen unterschiedliche methodische Zugangsweisen. Um Einblicke in das Aufgabenspektrum einer Gemeinde zu erhalten, empfehlen sich Unterrichtsgänge (Lerngänge) zu den betreffenden kommunalen Einrichtungen. Es bieten sich das Wasserwerk, das Klärwerk, die Mülldeponie sowie der gemeindeeigene Bau- und Betriebshof an. Je nach Situation können aber auch Kultur- und Freizeiteinrichtungen (Museum, Theater, Schwimmbad, Jugendzentrum) besucht werden. Selbst ein Blick »hinter die Kulissen« der eigenen Schule, verbunden mit einem Besuch des Schulamtes, kann lohnend sein. Kinder können dabei erfahren, wie der Organismus Schule funktioniert und dass die Gemeinde für die Finanzierung der Schule zuständig ist. Sie können erfragen, welche jährlichen Kosten die Unterhaltung ihrer Schule verursacht (Herdegen 1999, 65 f.). Weniger günstig ist dagegen die so genannte Rathausbesichtigung. Die meisten Ämter werden den Kindern fremd bleiben, weil die dort zu beobachtenden Schreibvorgänge mit ihrem hohen Formalisierungsgrad für sie kaum nachvollziehbar sind.

Schwieriger gestaltet sich die unterrichtliche Vermittlung der kommunalen Organe und der Verfahrensvorschriften. Die in der didaktischen Literatur immer wieder empfohlenen Besuche einer Ratssitzung und des Bürgermeisters sind nicht unproblematisch. Ratssitzungen finden in der Regel in den Abendstunden statt und sind in ihrer Dauer nicht zu kalkulieren. Die Themen sind häufig sehr speziell. Die Aussprache nimmt auf den Verständnishorizont von Kindern keine Rücksicht. Der Besuch einer Ratssitzung sollte deshalb nur dann ins Auge gefasst werden, wenn ein kindernahes Thema auf der Tagesordnung steht.

Der Besuch beim Bürgermeister kann leicht daran scheitern, dass die Kinder keine sinnvollen, das heißt auf Kompetenzen, Handlungsspielräume und Beziehungen zum Gemeinderat gerichteten Fragen stellen. Er kann auch daran scheitern, dass der Bürgermeister über die Köpfe der Kinder hinwegredet. Möchte man aber am Besuch beim Bürgermeister festhalten, sollte versucht werden, ein Mitglied des Gemeinderates hinzuzuziehen, das Sinn und Aufgaben des Rates darstellt. Das Gespräch kann nur dann Erfolg haben, wenn es intensiv im Unterricht vorbereitet wurde. Es müssen Fragen entwickelt werden, die auf den Kern der Sache zielen: Welche Berufsausbildung benötigt ein Bürgermeister? Welche Eigenschaften sollte er besitzen? Woher weiß der Bürgermeister, was in der Gemeinde zu tun ist? Wie offen ist sein Ohr für die Bürger? Wozu benötigt man einen Gemeinderat? Kann der Bürgermeister die Gemeindeangelegenheiten nicht alleine regeln? Wenn es schon einen Gemeinderat geben muss: Wofür ist er zuständig, und wie steht er zum Bürgermeister? Warum werden bestimmte wünschenswerte Maßnahmen nicht durchgeführt? Im geglückten Falle erfahren die Kinder Elementares über die politischen Kernkonzepte der Repräsentation, der Gewaltenteilung und des Gemeinwohls. Und sie hören etwas über die knappe Ressource Geld, über deren Verwendung die unterschiedlichen Interessen streiten.

Eine Gelegenheit, den kommunalen politischen Prozeß zu erfahren, ergibt sich dann, wenn ein schulisches oder ein die Kinder anderweitig betreffendes Problem (Umbau oder Schließung der Schule, Neugestaltung der örtlichen Verkehrsführung, Bau von Spielplätzen) Gegenstand der lokalen Agenda ist. Die Klasse kann einen Ortstermin mit einem Ratsmitglied vereinbaren, ein Gespräch mit einem Sachbearbeiter des einschlägigen Amtes führen, an einer anberaumten Einwohnerversammlung teilnehmen, die betreffende öffentliche Ratssitzung besuchen und während des gesamten Prozesses aufmerksam die einschlägigen Presseberichte lesen.

Darüber hinaus kann die Klasse – sofern sie eine geschlossene Position vertritt – versuchen, aktiv auf den politischen Prozeß einzuwirken. Sie kann sich an den Jugendgemeinderat wenden, das Recht zu Anregungen und Beschwerden wahrnehmen und auf dieser Basis dem Gemeinderat ihre Position schriftlich zur Kenntnis geben sowie auch einen Leserbrief an die Lokalzeitung schreiben. In all diesen Fällen nehmen die Kinder Partizipationsrechte in Anspruch, die ihnen als Einwohnern zustehen (Behrmann 1996, 140).

Viele didaktische und methodische Chancen für die politische Bildung eröffnen sich, wenn die Grundschule in einer Gemeinde liegt, die ein *Kinderbüro* eingerichtet hat. Dies dürfte in aller Regel in Großstädten der Fall sein. Ein Beispiel ist Karlsruhe. Die Aufgabe des von der Stadt unterhaltenen Kinderbüros ist es, Kindern mehr Gehör zu verschaffen und sie in Stadtplanung und Gestaltung mehr zu berücksichtigen. Das Kinderbüro ermutigt Kinder, ihre Anliegen, Wünsche, Beschwerden und Probleme vorzubringen, und unterstützt sie bei der Artikulation und Umsetzung ihrer Vorstellungen.

Die folgenden Aktionen wurden in Karlsruhe unternommen und sind durchweg auch für Grundschulklassen geeignet.

Erste Aktion: *Kinder »erobern« das Rathaus.* Wenn Kinder an der Gestaltung ihres Umfeldes aktiv beteiligt werden sollen, dann gehört dazu, ihnen den Zugang zu Verantwortlichen in Politik und Verwaltung zu ermöglichen. Die Stadt lädt zu diesem Zweck alle Kinder im Alter von acht bis 15 Jahren an einem bestimmten Tag ins Rathaus ein, wo sie »Rathausluft« schnuppern können und ihnen der Oberbürgermeister und die Dezernenten für Gespräche zur Verfügung stehen.

Zweite Aktion: *Kinderversammlung im Rathaus.* Zweck der Versammlung ist es, Zeit für alle Kinder von sechs bis 15 Jahren in der »Regierungszentrale der Stadt« zu schaffen. Gesprächspartner sind Vertreter der städtischen Ämter, des Polizeipräsidiums, des Staatlichen Schulamtes und Mitglieder des Jugendhilfeausschusses. Die Kinder tragen ihre Vorschläge vor. Immer wiederkehrende Schwerpunkte sind: Mehr Spielstraßen und Fahrradwege, mehr Spielraum, interessantere Schulhöfe und Klagen über Umweltverschmutzung. Das Kinderbüro leitet die Anfragen und Hinweise an die zuständigen Ämter weiter mit der Bitte um Bearbeitung und schreibt dann den Kindern, dass sie von dort Antwort bekommen würden.

Dritte Aktion: *Kinderstadtteilversammlungen.* Hier handelt es sich um ein öffentliches Gespräch zwischen Kindern und Verantwortlichen aus Politik und Verwaltung. Kinder haben das Wort und formulieren ihre Meinung, Wünsche und Kritik. Die Erwachsenen erfahren so deren Bedürfnisse aus erster Hand, beziehen Stellung dazu, nehmen Anregungen auf und verpflichten sich, sich um die vorgebrachten Anliegen zu kümmern. Bei Stadtteilkinderversammlungen geht es um den Stadtteil als Lebensraum von Kindern. Vorbereitet werden diese Versammlungen zusammen mit Stadtteileinrichtungen wie Schule, Schülerhort, Kirchengemeinden und Bürgerverein. Sie finden in Einrichtungen statt, die den Kindern vertraut sind (Schule, Jugendtreff).

Vierte Aktion: *Kinderbeteiligung bei der Stadtsanierung.* An der vorbereitenden Untersuchung zur Sanierung anstehender Gebiete werden auch Kinder beteiligt. Städtische Einrichtungen führen mit den ihnen anvertrauten Kindern Stadtspaziergänge durch. Die Kinder dokumentieren gefährliche Verkehrssituationen, fotografieren für sie relevante Stellen, beschreiben Mängel im Sanierungsgebiet und äußern Wünsche und Vorschläge.

Fünfte Aktion: *Stadtforscherprojekt.* Kinder von acht bis zwölf Jahren machen einen Gang durch ihr Stadtviertel und beantworten dabei einen Fragebogen, der eine Mischung aus Checkliste und offenen Fragen darstellt. Es gibt Fragebögen zu den Themen »Spielen im Stadtteil« und »Meine Wege«. Die Stadt will wissen, wie kinderfreundlich der betreffende Stadtteil ist. Kindern fallen hässliche Schulhöfe, fehlende Ampeln, Radwege und Zebrastreifen und zu schmale Gehwege auf. Weitere Themen für Stadtforschungsprojekte: Wie kann eine bestimmte Straße in eine kindergerechte Straße umgewandelt werden? Wie sieht ein optimaler Spielort aus? Was ist bei der Planung eines schöneren Schulhofes zu beachten?

Insgesamt zeigt sich, dass der Gegenstandsbereich Gemeinde vielfältige Chancen des politischen Lernens bietet. Der Sachunterricht ist jedenfalls nicht dazu verurteilt, beim sozialen Lernen stehen zu bleiben.

Literatur

Behrmann, Gisela (1996): Demokratisches Lernen in der Grundschule. Voraussetzungen und Möglichkeiten im handlungsorientierten Sachunterricht. In: George, Siegfried/Prote, Ingrid (Hrsg.): Handbuch zur politischen Bildung in der Grundschule. Schwalbach/Ts., S. 121–150.

Detjen, Joachim (2000): Demokratie in der Gemeinde. Bürgerbeteiligung an der Kommunalpolitik in Niedersachsen. Hannover.

Gern, Alfons (2003): Deutsches Kommunalrecht (3. Aufl.). Baden-Baden.

Herdegen, Peter (1999): Soziales und politisches Lernen in der Grundschule. Grundlagen – Ziele – Handlungsfelder. Ein Lern- und Arbeitsbuch. Donauwörth.

Reeken, Dietmar von (2001): Politisches Lernen im Sachunterricht. Didaktische Grundlegungen und unterrichtspraktische Hinweise. Baltmannsweiler.

Richter, Dagmar (1997): Kinder und politische Bildung. In: Köhnlein, Walter/Marquardt-Mau, Brunhilde/Schreier, Helmut (Hrsg.): Kinder auf dem Wege zum Verstehen der Welt. Bad Heilbrunn, S. 76–89.

Richter, Dagmar (2001): Sachunterricht – Ziele und Inhalte. Ein Lehr- und Studienbuch zur Didaktik. Baltmannsweiler.

Jürgen Hasse

Heimat – Von der Kunde des Regionalen zur Erkundung von Beziehungen

Die (fach-)didaktischen Wurzeln des modernen Sach- bzw. Sachkunde-Unterrichts liegen in der Heimatkunde, wie sie bis in die 1960er Jahre betrieben wurde. Der Weg von der Heimatkunde zum Sachunterricht spiegelt die für das allgemeinbildende Schulwesen seit den 1970er Jahren charakteristische Verwissenschaftlichung des Unterrichts wider. Man kann in diesem Wandel auch eine Distanzierung von gefühlsmäßigen Implikationen schulischen Lernens zugunsten einer Pragmatisierung oder Versachlichung von Selbst- wie Weltbezügen erkennen. Ausgangspunkt des Lernens ist der *abstrakte* Blick auf Sach-, Sozial- und Weltzusammenhänge.

In der bildungspolitischen Distanzierung von den ideologischen Hinterlassenschaften einer indoktrinären Bildung im Dritten Reich schien die programmatische Verlagerung des Lernens in den Bereich kognitivistischer Abstraktion eine Zone politischer Unangreifbarkeit zu sichern. Es ist denkwürdig, dass überwiegend bis heute an diesem rationalistischen Dogma festgehalten wird. Es ist wenig nachvollziehbar, dass die Heimat-Kunde (welcher didaktischen Konzeption auch immer) ungebrochen im Schatten gleichsam vorprogrammierter ideologischer Entgleisungen (Gesinnungsbildung) gesehen wird (vgl. Götz 2002). Wie jedes kognitivistische Metakonzept von Unterricht das Lernen pragmatisiert, so fungiert die Umgehung jedweder Heimat-»Kunde« als Ausblendung gefühlsbezogener Momente subjektiver Betroffenheit von (z. B. lokalen) Sachverhalten. Gegen jede strukturelle Ausblendung emotionaler Selbst- und Weltbezüge aus dem schulischen Lernen lässt sich einwenden, dass sich eine Umschiffung des Emotionalen zwar propagieren, nie aber bildungspraktisch auch erreichen lässt. Während thematisierte Gefühle reflektierbar und (in ihrer evaluativen Bedeutung für Lebenssituationen) auch kritisierbar sind, entziehen sie sich jeder sprachlich-rationalen Kritik, wenn sie erst einmal didaktisch tabuisiert sind.

Die im Folgenden mehrfach auftauchenden kursiv gesetzten Texteinschübe wollen eine Brücke zwischen der Theorie und (Unterrichts-)Praxis schlagen. Im Sinne didaktischer Kommentare annotieren sie Möglichkeiten und Denkrichtungen eines »Heimat« thematisierenden Unterrichts.

1. Heimat – Eine Annäherung

Der Heimat-Begriff weckt emotionale Assoziationen. Dies schon deshalb, weil die biographischen Wurzeln von Heimat in der Kindheit liegen, die man stets hinter sich hat, wenn man sich an sie erinnert. Das geweckte Empfinden grenzt einen gefühlsmäßigen Sonderraum ab, in dem Identität und Umgebung zu einer mitunter sentimental eingefärbten Erinnerungscollage verschmelzen. Als *erinnerte* Heimat ist Kindheits-Heimat immer konstruierte Heimat. Von »erwachsener« Heimat unterscheidet sie sich dadurch, dass ihr Identität biographiehistorisch im Nachhinein erst zugeschrieben wird – als positivierte Vorstellung ungetrübten Einklangs von Selbst und bergender Welt.

Der heimatlich-idealisierte Ort ist eine historisierende Fiktion, die die Vergangenheit verklärt und als romantizistischer Zerrspiegel subjektiven Erinnerns seine psychologischen Funktionen in und für eine *Gegenwart* entfaltet. Heimat wird in der Form eines konzentrierten Gefühls eingefriedet und in eine »feeling map« des näheren und weiteren Umgebungsraumes »eingetragen«. In der Heimat ist das Bekannte, Vertraute und Identitätsstiftende versammelt, um als schützender Wall Sicherheit vor allem Außen zu verheißen, das als fremd empfunden wird.

Der Ortscharakter von Heimat ist in ontologischer Sicht ein doppelter. Zum einen »hat« Heimat ihren (pluralen) topographischen, *relationalen Ort* im mathematischen Raum. Zum anderen hat sie aber auch ihren *absoluten Ort* in einem bestimmten leiblichen Befinden des Hier-Seins und Hier-her-Gehörens. Beide Orte bilden ein untrennbares Gefüge, das sich mit dem Fortgang der Geschichte häutet. Die frühe Kindheits-Heimat passt nicht mehr zum späteren Leben, bleibt aber ein evaluativer Bezugspunkt der emotionalen Relativierung aktuellen Erlebens. Die Heimat der traditionellen bürgerlichen Gesellschaft des 19. Jahrhunderts passt nicht mehr zu den gesellschaftlichen Realitäten posttraditioneller, postfordistischer und postmoderner Gesellschaften der Gegenwart. Mit dem Verlassen der Kindheit auf dem entbergenden Gang durch die Adoleszenz wird das Individuum in eine fremde Welt gestellt. In ihr begegnet es seiner Identität als Nicht-Identität. Mit dem Eintritt in eine »neue« Zeit finden sich auch gesellschaftliche Gruppen in eine fremde Welt gestellt, in der alte emotionale Bezugspunkte der Lebensorientierung aufgegeben werden müssen. Heimat ist ein anthropologisches *und* ein kulturelles Phänomen. Sie gehört zu jedem individuellen Leben wie zu jeder Kultur.

Wie vertragen sich Heimat und die weite (fremde) Welt und wo überschneiden sich beide Welten im täglichen Leben der Kinder?

Zur Metapher der »Heimat als umfriedetem Raum« gehört die Bedeutung der Tür, die das eigene Haus mit der äußeren Welt verbindet und das Nahe und Vertraute in ein Netz des Fernen und Fremden verspannt. Auf der Schwelle der Tür ins Ungewisse der Weltereignisse und -gegebenheiten blickend, glaubt man stärkende Vertrautheit im Rücken zu haben. In dieser zwischen Eigenem (Ge-wohntem) und Fremdem (noch Un-ge-wohntem) unterscheidenden Funktion liegt ein mehrschichtiger politischer Kern. Heimat macht zum einen *unbewusst* fremd und grenzt aus, was wegen seiner Exotik nicht ins heimatliche Welt- und Lebensgefühl integriert werden kann. Zum anderen hält sie aber Fremdes auch *bewusst* ausgrenzend draußen, indem sie wie eine ideologische Passstelle fungiert, an der einer äußeren (mitunter als feindlich empfundenen) Welt nur kontrolliert und dosiert Einlass gewährt wird.

2. Heimat-Kunde(n) – Politik-didaktische Implikationen

Es ist bekannt und viel diskutiert worden, in welcher Weise die Heimat-Kunde im Dritten Reich für eine ideologische Schule der Kriegsvorbereitung in Dienst genommen wurde (vgl. Götz 1997). Eduard Spranger hatte mit seinem berühmten Aufsatz über den »Bildungswert der Heimatkunde« aus dem Jahre 1923 in höchst indirekter, von ihm kaum zu verantwortenden Weise, einen Baustein für dieses üble Gebilde geliefert. »Heimat ist erlebbare und erlebte Totalverbundenheit mit dem Boden« (14) heißt es bei ihm. Gut zehn Jahre später wird daraus beim Geographen Passarge: »Erziehung zu Vaterlands- und Heimatliebe, zu dem Geist brüderlicher Volksgemeinschaft und dem Bewusstsein der unabwendbaren Schicksalsgemeinschaft [...] mit einem Wort durch Erziehung zu echtem Nationalismus im Sinne des Führers« (Passarge 1936, 115/116).

Der Umstand des unbestreitbaren politischen Missbrauchs des anthropologischen und kulturellen Phänomens Heimat durch die Programmatik der Nationalsozialisten war seit der Curriculumreform bis in unsere Gegenwart immer wieder Grund für die gänzliche Ausklammerung von Heimat wie insgesamt von gefühlsbezogenen Raum- und Umwelt-Beziehungen aus dem Unterrichtsgeschehen. So sehr Vorsicht im unterrichtlichen Umgang mit Gefühlen, die politisch instrumentalisierbar sind, auch geboten ist, so fällt sich Kritik und politisch-historische Sensibilität doch dann selbst in den Rücken, wenn sie glaubt, anthropologische und grundlegende psychologische Dimensionen menschlichen Lebens in gewisser Weise »abschalten« zu können. In der politischen Bewältigung des »Problems ›Heimat‹« sind in der

Vergangenheit nicht nur Verblendungszusammenhänge aufgedeckt, sondern auch neue geschaffen worden. So ist nicht ausreichend verdeutlicht worden, dass der politische Missbrauch emotionaler Selbst- und Weltbeziehungen nicht zu vereiteln ist, indem man die Dimension der Gefühle durch die des Verstandes ersetzt. Dem Missbrauch dürfte viel eher in seinem eigenen *strukturellen* Medium zuvorzukommen sein – in der kritischen Alphabetisierung des *Gebrauchs* der eigenen Gefühle, die immer ja schon ansatzweise und potenziell instrumentalisiert sind (z. B. durch Massenkultur und Ökonomie, also jene Kräfte, die Adorno mit dem Begriff der »Kulturindustrie« identifizierte). Politische Bildung müsste sich in ihrer Wissenschaftlichkeit ad absurdum führen, wenn sie der Vorstellung erläge, dem Problem des didaktischen Umgangs mit Gefühlen durch die szientistische Verarmung des Unterrichts auf ein rationalistisches Niveau gerecht werden zu können. Vielmehr gilt in einem umgekehrten Sinne, dass nur im Medium des Missbrauchs die Strukturen des Missbrauchs offen gelegt werden können. Mit anderen Worten: Wenn aus (Heimat-)Gefühlen politisches Kapital geschlagen werden kann, dann kann die Prozessdynamik solcher Instrumentalisierung nur auf dem Wege der Reflexion von (Heimat-)Gefühlen durchsichtig werden. Solche Reflexion gelingt aber nie auf einem allein rationalistischen Wege. Sie muss vielmehr an konkreten (Heimat-)Gefühlen ihren Ausgang nehmen, die ohne Gefahr ihrer Stigmatisierung und Diskreditierung als solche auch im Unterricht ausgedrückt werden dürfen.

Wie empfinden Kinder ihre Heimat, woran spüren sie, dass sie (nicht) zu Hause sind?

Es gibt nicht *keine* Heimat! Heimat ist eine gefühlsmäßige Beziehung zur Welt, in der man lebt, über die man spricht, zu der man sich auch über große Distanzen denkend in Beziehung setzt. Heimat-Kunde, deren Aufgabe es wäre, *Erfahrung* von Nähe-Ferne-Verhältnissen durch (Selbst)-Reflexion mit dem Ziel der Ein-wohnung des Ungewohnten anzubahnen, könnte ein ganz anderes »Kunde«-Verständnis vermitteln, als man es aus der politisch affirmativen Heimat- und Vaterlandskunde zur Zeit des Nationalsozialismus kennt. Heimat-Kunde, die das Ziel verfolgen würde, das *Gefühl* »Heimat« durch pragmatisch vermitteltes Nahraum-Wissen zu ersetzen, müsste sich einen Bärendienst erweisen. Geboten wäre dagegen eine »Kultur der Gefühle«, die auf dem Boden eines zu erlernenden Sprechens über Heimat – d. h. immer auch über Gefühle – zu einer diskursiven »Verhandlung« eigener Gefühle gelangen würde. Heimat-»Kunde«, deren didaktischer Ertrag darin bestünde, das *gefühlsmäßige* Leben in und mit Heimaten mit einer kritischen Reflexion dieses Lebens zu verknüpfen, gelangt zu einer gelebten Synthese von Vergangenheit, Gegenwart und Zukunft, in der Heimat als

Atmosphäre wie Stimmung sein dürfte, zugleich aber in ihrer sozialpsychologischen Funktion transparent würde.

Heimat wird als Gegenstand der unterschiedlichen Fächer dann in einem aufklärungsorientierten Sinne politisch, wenn die erfahrungsorientierte Rekonstruktion heimatlicher Fenster zur Welt als bildungstheoretische Aufgabe definiert wird. Zwar hätte jedes unbewusste Übergehen wie planvolles Vergessenmachen von Heimat grundsätzlich eine politische Bedeutung im Bildungsprozess, gleichwohl mit dem Unterschied zur erfahrungsorientierten Reflexion, als sie ihre Potenziale auf dem dunklen Feld des »Heimlichen Lehrplans« entfalten würde. Die didaktische Aufgabe jeder aufklärungsorientierten Thematisierung von Heimat lässt sich auch als selbst- und kulturkritische *Restauration* heimatlicher Fenster zur Welt definieren – als selbstreferentielle Reflexion der Funktionsweisen von Heimat – als eine Art »Kartographie« von Heimat im psychologischen Sinne.

3. Heimat in Rahmen- und Lehrplänen heute

In den 1980er Jahren kommt es zu einer feuilletonistischen, kultur- und sozialwissenschaftlichen und in der Konsequenz auch zu einer erziehungswissenschaftlichen (vgl. insbes. Bundeszentrale für politische Bildung 1990) Renaissance von Heimat. Diese Wiederaufnahme eines alten Themas war von konzeptionellen Differenzen geprägt. Die ambivalente Bewertung von »Heimat« aus erziehungswissenschaftlicher Sicht (vgl. Richter 2002 sowie Rauterberg 2002, 22 ff.) spiegelt sich auf der formal-curricularen Ebene der Lehrpläne wider. Ich muss hier aus Platzgründen auf eine Rekonstruktion der Renaissance neuer didaktischer Heimat-Konzepte und – (»)Kunden(«) verzichten (vgl. bes. Rauterberg 2002 und Götz 1997). Ich beschränke mich auf eine knappe Skizze aktueller curricularer Verortungen von Heimat.

Das Fach Heimatkunde gibt es nicht mehr. Die meisten Bundesländer haben in den 1970er Jahren den Sachunterricht an dessen Stelle eingeführt. Nur in Bayern, Baden-Württemberg und Schleswig-Holstein heißt das Fach Heimat- und Sachunterricht. Die didaktisch auf unterschiedliche Weise vollzogene Distanz zur Heimatkunde, wie sie bis in die 1960er Jahre gelehrt wurde, muss aber nicht automatisch auch bedeuten, dass die Heimatkunde nach 1970 tatsächlich tot war. Rauterberg (2002, bes. 261–270) legt auf dem Hintergrund einer empirischen Studie hier eine differenzierte Analyse vor. Mitunter tauchen heimatkundliche Spurenelemente (oder auch statisch tragende Teile) mit unterschiedlichen didaktischen Vorzeichen in den Lehrplänen des Sachunterrichts wieder auf. Manchmal fehlt der Bezug zum gesamten psychologischen Gegenstandsbereich »Heimat« aber auch. Ich verweise an dieser Stelle lediglich auf zwei Beispiele, die ihrerseits zwei sehr konträre didaktische Eckpunkte in der neuerlichen Bewertung von »Heimat« markieren. Der Schleswig-Holsteinische Lehrplan Grundschule weist »Heimat und Fremde« als Lernfeld aus. Bezugspunkt ist hier aber nicht das emotionale Heimaterleben. Vielmehr ist die sozialwissenschaftliche Analyse des jeweiligen Bundeslandes als potenziell multikultureller Lebensraum intendiert. Hier sind Elemente einer alten regional- und landeskundlichen Heimatkunde mit Akzenten einer in den 1980er Jahren geführten Diskussion über Perspektiven einer kritischen Heimat-»Kunde« verschnitten worden. Der Unterricht ist kognitivistisch-rationalistisch (vgl. die Übersicht auf dem Stand von ca. 2001 bei Rauterberg 2002, 11 f.). Das Programm enthält keine Zeichen, die zu einer reflexionsorientierten Arbeit an Gefühlen auffordern (vgl. Ministerium für Bildung, Wissenschaft, Forschung und Kultur des Landes Schleswig-Holstein 1997/98).

Unter ganz anderen Vorzeichen steht der Lehrplan für die bayerische Grundschule aus dem Jahre 2000. In seiner Präambel stützt er sich auf Art. 131 der Verfassung des Freistaates Bayern. Darin heißt es in Abs. 3: »Die Schüler sind im Geiste der Demokratie, in der Liebe zur bayerischen Heimat und zum deutschen Volk und im Sinne der Völkerversöhnung zu erziehen.« Dieser unmittelbar emotionale Erziehungsauftrag setzt sich auf der Ebene des Lehrplanes bedingt um. Der Lehrplan schließt sich an ein modernes demokratisches und kulturellen Differenzen gegenüber sensibel aufgeschlossenes Heimat-Konzept an. In seinen fachspezifischen Erläuterungen setzt der Lehrplan zwar auch – zumindest optional – gefühlsspezifisch selbstreflexive Akzente. Dazu gehören z. B. die Themen »Ich und meine Erfahrungen«, »Ein Erlebnis in meinem Leben« oder »Erfahrungen mit Wetter« (vgl. Bayerisches Staatsministerium für Unterricht und Kultus 2000, 36). Sie haben aber keinen expliziten Heimatbezug. Ob Heimat-»Kunde« in Bayern also den emotionalen Kern individueller Heimat(en) auch zum Unterrichtsthema macht, bleibt hier offen.

4. Heimat in einer globalisierten Welt?

Ich plädiere dafür, die Aufgabe politischer Bildung heute darin zu begreifen, Heimat in ihren »Ingredenzien« bewusst und reflektierbar zu machen. Bis in die 1960er Jahre bestand der Kern der Heimatkunde in einer im engeren Sinne geographischen Kunde von Nahraum, Region und Heimat(bundes)land. Auf den ersten Blick war dieses Lernen nur auf eine *»räumliche«*

Objektwelt gerichtet. Implizit vermittelte solch »harmlose« Heimatkunde infolge der routinisierten Wiederkehr der räumlich begrenzten Bezugspunkte eine Identifikation mit dem behandelten Raum, die als solche aber nie thematisiert wurde. Diese Verdecktheit dürfte in diesem Sinne auch intendiert gewesen sein, stellt gleichwohl ein bildungstheoretisches Legitimationsproblem dar, weil der Weg zur emotionalen Identifikation intransparent und damit für Lernende wie (im Allgemeinen auch) ihre Eltern nicht nachvollziehbar war.

In einer globalisierten Welt stellt sich die individuelle und kulturelle Aufgabe »Heimat« unter veränderten Vorzeichen. Die Bezugspunkte des Dort und Hier, des Eigenen und des Fremden sind durcheinander geraten. In Zeiten der »Hyperkulturalität« (vgl. Han 2005) ist das Andere und Fremde schon lange zu einem Teil des Vertrauten im Eigenen geworden. Wenn der »gelebte Raum« mobiler Menschen nicht mehr nur an *einem* Ort ist, spannt solches Dasein ein *Netz* biographisch bedeutsamer Orte. Heimat ist dann nicht mehr singulär und auch nicht mehr konzentrisch geordnet. Sie hat keine räumliche Mitte mehr, um die herum ein fremder Raum sukzessive an (Heimat-)Bedeutung verliert (vgl. Abb. 1). Sie ist – zumindest der Möglichkeit nach und abhängig von den individuellen und kollektiven Lebenspraxen – *auch* an anderen Orten, die auf höchst unterschiedliche Art und

Abb. 1: Die mobilitätsbedingte Pluralisierung von Heimat

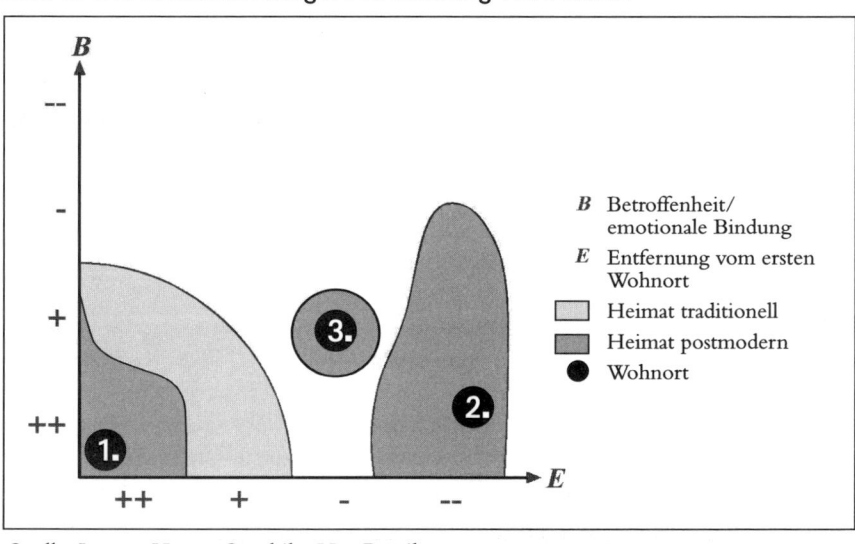

Quelle: Jürgen Hasse; Graphik: Uta Pareik.

Weise räumlich vernetzt und emotional verflochten sein können (vgl. die Heimaten 1 bis 3 in Abb. 1). Wenn Heimat eine Metapher für einen gefühlsräumlich-evaluativen Bezug zu einem Lebensraum (bzw. zu mehreren Lebensräumen) ist, so sagt der Sachverhalt einer Bindung nichts über die Bedeutungen solcher Bindungen. Heimat kann eine idealisierend-verklärende und darin wärmende Fiktion sein, ebenso kann sie aber auch als idiosynkratisch und deshalb als fremd und kalt empfunden werden.

In den postmodernen Heimat-Collagen verdienen nicht nur die sich mobilitätsbedingt pluralisierenden Orte Beachtung. Auch ohne individuelle Teilhabe an den großen Strömen der Mobilität kommt die fremde und ferne Welt in die heimatlichen Nischen selbst des Dörflichen – und zerrt am Gefühl des Vertrauten. Unter dem Blickwinkel der politischen Bildung sind die *implosiven* Diffusionseffekte der Globalisierung von mindestens so großer Bedeutung wie das aktive Hinausgehen in die »fremde« Welt. In jedem heimatlich noch so verklärten Dorf stellt sich heute die Frage: Wie wird das Neue und (noch) Fremde mit dem Eigenen verbunden und wie wird es abgewiesen? Die Antworten weisen auf Praktiken des Übergangs hin, an denen sich nicht nur zeigt, wie Fremdes aus- oder eingemeindet wird, sondern auch, wie Menschen Perspektiven möglicher Entwicklung kreativ auf sich zu beziehen in der Lage sind.

Gibt es eine Gegend, in der man sich zu Hause fühlt, in der man immer nur »auf dem Weg« (mit dem Auto, dem Bus, der Straßenbahn usw.) – von einem Ort zum anderen – ist?
Mobilität verbindet mindestens zwei Orte vorübergehenden Aufenthaltes miteinander. Der »gelebte Raum« mobiler Menschen wird – mit einem Wort Heideggers – nicht mehr allein an fixen Orten »eingewohnt«. Die verkehrslogistischen Transversalen *zwischen* den Lebensorten – die Strecken im Raum – werden zu »Achsen« einer expandierenden und räumlich dispersen Heimat. Das traditionelle Heimat-Denken war noch auf die stationären Bezugspunkte der örtlichen Lebensführung fixiert. Dieses Denken wird der mobilen Gesellschaft nicht mehr gerecht. Die Zeit, deren *Dauer* die emotionale Bindung an einen (Lebens-) Ort erst prägt, wirkt auf wiederkehrenden Passagen zwischen mehreren Heimatorten prinzipiell nicht anders als *an* einem Ort. »Heimat an Ort und Stelle« hat ortsbezogenen Charakter; sie konstituiert einen genius loci. Heimat, die »auf dem Wege« zwischen Heimatorten entsteht, hat raumbezogenen Charakter; sie konstituiert einen genius mundi (vgl. auch Abb. 2). Die globalisierungsbedingte Mobilität begründet also neue *ästhetische* (zur didaktischen Bewertung der politisch-ästhetischen Dimension von Heimat vgl. auch Hasse 1992/ 1994 sowie Richter 2002, 164 ff.) Vernetzungen zwischen Ort und Raum

Abb. 2: Die Transformation von Heimat von traditionalistisch-immobilen bis zu postmodern-hypermobilen Lebensformen

K u l t u r	
lokal	global

Bewegung - mental →

(Vertikal links: R a u m)
(Vertikal: Bewegung - lokomotorisch)
(lokal / global)

	traditionalistisch-immobil	posttraditionalistisch-immobil
lokal	absolutes Hier	relatives Hier
global	traditionalistisch-mobil	postmodern-hypermobil
	entortetes Hier	flüssiges Hier

HEIMAT

Narrativ: ›Mobilität der Reise‹	Narrativ: ›Mobilität der Zugehörigkeit‹

Quelle: Jürgen Hasse; Graphik: Uta Pareik.

(vgl. Müller/Dröge 2005), die das subjektive wie kollektive Erlebnisbild von »Heimat« erweitern. Während Peter Sloterdijk (2005, 237) von der weitgehenden Selbstlosigkeit von Transit-Räumen (wie Bahnhöfen, Häfen, Straßen, Plätzen, Einkaufszentren etc.) ausgeht, spricht vieles dafür, dass diese Passagen-Räume gerade auf neue mobile und flüchtige Weise mit Bedeutung verknüpft und in die immer weiter werdenden Netze von Heimat eingewoben werden.

Wo identifizieren Kinder ihre »Heimat«, d. h. die Gegend, in der sie sich zu Hause fühlen?

Ein Heimat-Begriff, der eine lange schon überwundene räumlich-*singuläre* Struktur von Heimat unterstellt, bleibt hinter der gegenwärtigen sozialen Wirklichkeit zurück. Er wird dem Leben der von Globalisierung betroffenen Menschen, die ja in höchst *unterschiedlicher* Weise (je nach ihrer Stellung und Funktion im sozioökonomischen Gefüge) an Mobilität teilhaben und so in der Folge auch auf höchst unterschiedliche Weise ihre je eigene Heimat konstituieren, nicht gerecht. Heimat bedeutete in der traditionalistisch-immobilen Gesellschaft ein absolutes Hier (vgl. Abb. 2). In den postfordistischen Gesellschaften, die Träger der Globalisierung sind, entwickeln sich postmodern-hypermobile Lebensstile, deren räumlicher Bezugshorizont in einem flüssigen Hier oszilliert. Auch im globalisierten Leben bleibt das Bedürfnis, an konkreten Orten ein Gefühl der Zugehörigkeit zu verankern. Heimat kann bei geringer mentaler und lokomotorischer Mobilität (im mathematischen Raum) ebenso entstehen wie bei einem hohen Maß kultureller Hybridisierung und mentaler Mobilität im kulturellen Raum.

Während traditionalistische Ortsbindungen der Rationalität des Narrativs der Reise verhaftet waren, verschiebt sich der Bezugspunkt bei posttraditionalistischen und postmodernistischen Heimaten. Während das Narrativ der Reise ja stets auf den emotionalen Entlastungspunkt der Rück- bzw. *Heim*-Kehr bezogen war, ist das Narrativ der Zugehörigkeit entörtlicht, d. h. es kann sich prinzipiell an jedem Ort – eben im Gefühl der Zugehörigkeit (welcher Art auch immer) konstituieren. Heimat ist weder an einen *singulären* noch einen *bestimmten* Ort gebunden; sie ist prinzipiell flüssig (vgl. Abb. 2). Während Eduard Spranger seinen oft falsch interpretierten Topos »erlebter Totalverbundenheit mit dem Boden« auf einen traditionalistisch-immobilen Heimat-Begriff bezogen haben dürfte, lässt sich Zygmunt Baumann (1997, 159) zeitgemäß verstehen: »Heimweh ist ein *Traum von Zugehörigkeit* – wenigstens einmal nicht nur *an* einem Ort, sondern auch *von* dort zu sein«.

Gibt es mehrere Gegenden, in denen Kinder sich zu Hause fühlen? In welcher Weise wird dieses Sowohl-als-auch erlebt? Gibt es eine Konkurrenz und wie wird sie gegebenenfalls gelebt?

5. Heimat-Kunde – postmodern

Zukunftsorientierte Heimat-Kunde, die um ihre politischen Implikationen weiß, kann nicht als Regional- oder Landes-Kunde gelingen. Ein Gegenmodell will ich auf der bildungstheoretischen Seite dessen skizzieren, was Michel Foucault mit Alkibiades als »Sorge um sich selbst« beschreibt. Damit ist weniger in erster Linie das Delphische Motiv der (gnostischen) Selbsterkenntnis gemeint, als eine (pathische) Kultur der eigenen »Lebensführung« (i. d. S. vgl. Böhme 2003), eine bewusste Begleitung subjektiven Befindens

149

in vitalen Situationen des Lebens. Nur scheinbar öffnet sich damit das Tor für eine Didaktik des Narzissmus. Vielmehr offenbart die Kehrseite der »Sorge um sich selbst« eine politische Dimension: »Sich um sich selbst kümmern, ist ein Privileg; es ist Zeichen gesellschaftlicher Überlegenheit im Gegensatz zu denjenigen, die sich als Diener um andere kümmern oder ein Handwerk ausüben müssen, um leben zu können.« (Foucault 1981/82, 601). Man sorgt sich um seiner selbst willen um sich selbst. Das Vermögen, »in sich selbst wohnen« (ebd., 603) zu können, um dort zu verweilen, schafft Heimat. Diese entsteht zwar im (politischen) Handeln und Tun, aber sie kann nie als *Ziel* angestrebt werden; sie ist Nebeneffekt gelebten Lebens und nicht Resultat von Entscheidungen. Heimat-Kunde stellt sich in dieser (bildungstheoretisch ungewöhnlichen) Perspektive als eine sich und die Welt verklammernde »Technologie des Selbst« dar (so Foucault 1993). Diese Selbstsorge ist in ihrem Kern nicht narzisstisch, sondern politisch. Das Politische ereignet sich aber auf keinem Oberflächenniveau des Institutionell-Politischen. Seine erste Bühne ist die Imagination, die Bildung des Politischen als eine Art »Rahmen« für Selbstkonzepte, Weltbilder und Menschenbilder. Das Politische ereignet sich auf verdeckten Schichten. Die Konstitution von Heimat ist sogar als Bedingung einer gelingenden Partizipation der Individuen an politischen Prozessen anzusehen.

Was Peter Sloterdijk (2005, 403 ff.) über das (der Heimat verwandte) Wohnen sagt, lässt sich ganz in diesem Sinne verstehen: »Wer einwohnt, verhält sich zu seiner Wohnung und deren Um- und Mitwelt nicht als Kartograph oder Landvermesser. […] Einwohnen ist passives Engagiertsein für die eigene Situation, ein Erleiden und Miterzeugen ihrer vagen und unverwechselbaren Ausgedehntheit«. Heimat ist ihrerseits nie etwas *allein* Aktives; sie ist stets notwendig auch etwas Passives. Ebenso wenig ist sie *allein* etwas Gnostisches, das sich in erster Linie kognitiv und rationalistisch rekonstruieren ließe; sie ist ebenso etwas Pathisches, das sich im Fluss biographischen und darin stets zugleich gesellschaftlichen Lebens im »gelebten Raum« wie in der »gelebten Zeit« herauskristallisiert. An diesen Zonen der Bewusstwerdung der gefühlten Qualität des eigenen Lebens setzt Heimat-Kunde als Selbstsorge an, die einen politischen Korridor der Übergänge zwischen Subjekt und Gesellschaft zum Thema macht. Leider fehlt der modernen Didaktik nahezu jedes Verständnis für die nicht-aktive, nicht-zielgerichtete, nicht-verstandesmäßige Seite menschlichen Lebens. Die Verengung des Menschenbildes auf die intelligible *Subjekt*-Seite des Menschen ist Resultat einer wissenschafts-*gläubigen* Verwissenschaftlichung der Schule ab 1970. Kritisch zu dem damit verbundenen erziehungswissenschaftlichen Menschenbild sowie zur Reduktion des sozialwissenschaftlichen Menschenbildes auf die Vorstellung des Menschen als Akteur äußern sich Rumpf (1995) und Hasse (2006).

6. Ansatzpunkte einer Heimat-Kunde als »Sorge um sich selbst«

Ich werde die folgenden Ausgangspunkte für eine politische Heimat-Kunde im skizzierten Sinne umreißen. Die einzelnen Aspekte sollen deutlich machen, dass Heimat heute nicht obsolet wird, weil die Welt mobil und die Ortsbezüge plural geworden sind. Vielmehr haben sich die Bezugspunkte einer nachempfindenden Thematisierung und reflexiven Durchdringung von Heimat in ihren politischen Dimensionen erweitert.

6.1 Der gelebte Raum der Heimat

Heimat ist im Sinne von Dürckheim »gelebter Raum«. Ort und Raum, der kraft seiner gefühlsmäßigen Bedeutung für das eigene Leben als Heimat empfunden wird, versteht er als »leibhaftige Herumwirklichkeit« (Dürckheim 1932, 395), als »Erfüllungsort eines sich erfüllenden Lebens« (ebd., 396). Der Raum der Heimat ist in seiner »leibhaftigen und bedeutungsvollen Ganzheit »gegenwärtig« […] man hat ihn im »Innesein«, hat ihn in den Gliedern und im Gefühl […]« (ebd., 399). Heimat ist also als leibliche Disposition *spürbar*. Wenn sich die Orte der Heimat pluralisieren, gabeln sich auch die Gefühle der Heimat. Es gibt nicht nur potentiell viele Ortsheimaten, sondern auch potentiell viele *gefühlte* Heimaten.

Die Kinder beschreiben, wie sich ihre Heimat anfühlt und was sich (a) über dieses Empfinden und (b) über die Heimat sagen lässt.
Angesichts der kognitivistischen Ausrichtung schulischen Lernens seit der Curriculumreform spielen Gefühle im Unterricht eine nachrangige Rolle. Am ehesten werden sie noch als Störfaktoren zur Kenntnis genommen. Überkommene Menschenbilder sind – aktuellen Forschungen über die Bedeutung der Gefühle im menschlichen Leben folgend – einer dringenden Revision zu unterziehen.

6.2 Der physische Raum der Heimat

Ohne die materiellen Substrate der Welt kann es kein Leben geben und keine Heimat. Der Körper des Menschen gehört selbst in die Reihe der materiellen Objekte, durch die und mit denen er lebt. Vor allem kulturelle

Artefakte werden zum Gegenstand symbolischer Verzifferung. Heimat findet ihre Bezugspunkte in den Netzknoten der sozialen Welt wie an den Objekten im relationalen Raum. Gerade der physische Raum der Heimat wird immer wieder zum Anlass politischer Konflikte, wenn eine intendierte Veränderung in der materiellen Welt die gefühlsmäßige Repräsentation der Dinge im Bedeutungsrelief der Heimat tangiert.

Welche Dinge und Menschen werden als zur Heimat gehörig empfunden?

6.3 Der symbolische Raum der Heimat

Nicht nur Dinge werden symbolisch überschrieben. Wenn Dürckheim den gelebten Raum als leibhaftige und bedeutungsvolle Ganzheit aufgefasst hat, so schließt dieses Verständnis auch solche Bedeutungen ein, die man an und mit Dingen wie Menschen erlebt. Sein Verweis auf die Ganzheit, in welcher die lebensweltlichen Bedeutungen erscheinen, macht auf ein Merkmal von Heimat aufmerksam, das sich moderner konstruktivistischer Denkart entzieht. Im Rückgriff auf radikalen Konstruktivismus und Systemtheorie bestreitet in der Grundschulpädagogik z. B. Joachim Kahlert die Möglichkeit, Ganzheiten wahrzunehmen. Ganzheitliches sieht er im Reich von Esoterik und Religiosität: »Ganzheit ist nicht von dieser Welt.« (vgl. Kahlert 1997, 106). Nach Kahlert können wir die Welt nur durch Unterscheidung erschließen, die uns dank der Selektion einzelner Sinnesreize denkend möglich wird. Die Ganzheit mag es »als Erlebnisqualität geben, aber sie ist von nicht mitteilbarer Intimität und Einsamkeit«, argumentiert Kahlert. Man kann »zwar über alles reden, aber nicht auf einmal.« (ebd., 102). Lernen heißt für Kahlert, neue Unterscheidungen zu erwerben. Der gesamte Bedeutungshof des Ganzheitlichen wird damit als quasi-esoterisch diskreditiert. Das Beispiel zeigt, welchen Schatten der Szientismus auf die Möglichkeiten wirft, reflexiv zugänglich und erklärbar zu machen, was zu Zeiten der Lebensphilosophie am Beginn des 20. Jahrhunderts in einer theoretisch klar differenzierten und begrifflich explizierten Sprache noch unterscheidungsfähig war. Während der Konstruktivismus nur Konstellationen und Perspektiven kennt, geht die Phänomenologie von *ganzheitlichen Situationen* aus, die für das Erleben und Verstehen der Welt grundlegend sind. Heimat ist eine ganzheitliche Situation par excellence. Hermann Schmitz (1994, 76 u. 2005, 25 ff.). sieht sie als unpersönliche gemeinsame zuständliche Situation mit implantierendem Charakter. Sie birgt die Summe der symbolischen Bezüge eines Ortes *und* Raumes in einem die subjektive oder kollektive Lebenswelt rahmenden Sinne.

Ihre politischen Potenziale entfaltet Didaktik auf einem Metaniveau nicht zuletzt dann, wenn sie diskursinterne theoretisch verarmte Perspektiven aufzubrechen und (dialektische) *Zusammenhänge* in den Blick zu nehmen in der Lage ist, die zum Verstehen von Heimat unentbehrlich sind.

6.4 Der atmosphärische Raum der Heimat

Heimat ist in ihrem gefühlsräumlichen Charakter ein atmosphärischer Raum. In ihm kommt der ganzheitliche Zusammenhang von Selbst und Gegend im Medium der Empfindungen zur Geltung. Hubert Tellenbach (1968) machte mit dem Begriff der »Atmosphärisierung« auf die Herstellbarkeit atmosphärischer Gefühle aufmerksam. Die Essenz einer heimatlichen Atmosphäre liegt aber nun gerade nicht in einer allgemeinen, die individuelle Ebene des Erlebens übergreifenden Spürbarkeit einer Umgebungsqualität. Vielmehr hat Heimat als Atmosphäre einen höchstpersönlichen Charakter. Daran ändert auch der Umstand nichts, dass Heimat von Vielen in derselben Gegend in ähnlicher Weise erlebt werden kann. In jedem (einzelnen) Fall ist der Kern solcher Heimat-Atmosphäre durch emotionale Betroffenheit gekennzeichnet. Atmosphäre wird deshalb, sobald sie das individuelle Befinden ergreift, zur Stimmung.

Für die Politik-Didaktik ist die Unterscheidung zwischen Heimat als *Atmosphäre* und Heimat als Stimmung insofern von Bedeutung, als Heimat-Atmosphären am Verhalten anderer Menschen gleichsam »abgelesen« werden und dann auf einer (sozialwissenschaftlichen) Objektebene ge- und erklärt werden können. Wer solche Atmosphäre registrierend und verstehend zur Kenntnis nimmt, muss selbst kein emotionaler »Teilhaber« solchen Heimat-Gefühls werden. Die Möglichkeit, Heimat als Atmosphäre außerhalb des Wirkungskreises individueller – gleichsam vitaler – Betroffenheit ansprechen zu können, garantiert erst die oben reklamierte und für die bildungstheoretische Reflexion von Heimat unverzichtbare Distanz zu menschlichem Erleben. Das heißt aber nicht, dass sich deshalb die Reflexion *eigener* Heimat-Gefühle als Heimat-Stimmungen erübrigt. Im Gegenteil sollte das reflexive »Eintauchen« in Heimat-Atmosphären mit und ohne Betroffenheit als ein dialektisches Bildungsbemühen verstanden werden. Nur wenn konkret (am eigenen Leib) auf dem Hintergrund individuellen wie kollektiven Erlebens nachvollziehbar werden kann, dass der gnostische »Gegenstand« Heimat auch eine pathische Seite hat, kann die Balance zwischen dem Begreifen einer Facette der Welt und dem Wissen um die eigene Situiertheit in dieser Welt gelingen.

Literatur

Baumann, Zygmunt (1997): Flaneur, Spieler und Touristen. Essays zu postmodernen Lebensformen. Hamburg.

Bayerisches Staatsministerium für Unterricht und Kultur (Hrsg.) (2000): Lehrplan für die bayerische Grundschule..

Böhme, Gernot (2003): Leibsein als Aufgabe: Leibphilosophie in pragmatischer Hinsicht. Zug.

Bundeszentrale für politische Bildung (Hrsg.) (1990): Heimat. Zwei Bände, Schriftenreihe Bd. 294/I und II. Bonn.

Dürckheim, Karlfried Graf von (1932): Untersuchungen zum gelebten Raum. Erlebniswirklichkeit und ihr Verständnis. Systematische Untersuchungen II. In: Krüger, Felix (Hrsg.): Neue Psychologische Studien, Bd. 6, München, S. 383–480.

Foucault, Michel [1981/82] (2004): Hermeneutik des Selbst. Frankfurt a. M.

Foucault, Michel [o. J.] (1993): Technologien des Selbst. In: Foucault, Michel u. a.: Technologien des Selbst. Frankfurt a. M., S. 24–62.

Götz, Margarete (1997): Die Grundschule in der Zeit des Nationalsozialismus: eine Untersuchung der inneren Ausgestaltung der vier unteren Jahrgänge der Volksschule auf der Grundlage amtlicher Maßnahmen. Bad Heilbrunn.

Götz, Margarete (2002): Der unterrichtliche Umgang mit Heimat in der Geschichte der Heimatkunde der Grundschule. In: Engelhardt, Wolf/Stoltenberg, Ute (Hrsg.): Die Welt zur Heimat machen? Bad Heilbrunn, S. 51–56.

Han, Byung-Chul (2005): Hyperkulturalität. Kultur und Globalisierung. Berlin.

Hasse, Jürgen (1992): Heimat: Ein Gegenstand politischer Ästhetik für den Sachunterricht? In: Geographie und ihre Didaktik, 20. Jg., Heft 1, S. 1–19 sowie in: Oberliesen, Rolf (Hrsg.) (1994): Heimatkunde – Sachunterricht wohin? Dokumentation Erziehungswissenschaft, Heft 8, S. 21–34.

Hasse, Jürgen (2006): Der Mensch ist (k)ein Akteur – Zur Überwindung szientistischer Scheuklappen in der Konstruktion eines idealistischen Menschenbildes. In: Wolkenkuckucksheim. Internationale Zeitschrift für Theorie und Wissenschaft der Architektur, 10. Jg., Heft 2.

Kahlert, Joachim (1997): Vielseitigkeit statt Ganzheit. Zur erkenntnistheoretischen Kritik an einer pädagogischen Illusion. In: Duncker, Ludwig/Popp, Walter (Hrsg.): Über Fachgrenzen hinaus. Chancen und Schwierigkeiten des fächerübergreifenden Lehrens und Lernens. Heinsberg, S. 92–118.

Ministerium für Bildung, Wissenschaft, Forschung und Kultur des Landes Schleswig-Holstein (Hrsg.) (1997/98): Lehrplan Grundschule. Kiel.

Müller, Michael / Dröge, Franz (2005): Die ausgestellte Stadt. Zur Differenz von Ort und Raum. Bauwelt Fundamente 133 (hrsg. v. Ulrich Conrads und Peter Neitzke). Basel/Boston/Berlin.

Passarge, Siegfried (1936): Die deutsche Landschaft. Berlin.

Rauterberg, Marcus (2002): Die »Alte Heimatkunde« im Sachunterricht. Bad Heilbrunn.

Richter, Dagmar (2002): »Nicht alle sehen alles gleich«. Möglichkeiten politisch-ästhetischen Lernens, sich dem Unterrichtsgegenstand »Heimat« zu nähern. In: Engelhardt, Wolf/Stoltenberg, Ute (Hrsg.): Die Welt zur Heimat machen? Bad Heilbrunn, S. 158–170.

Rumpf, Horst u. a. (1995): Die unbekannte Nähe. Über Wahrnehmungsverluste. Heiligenberger Vorträge. Seeheim-Jugenheim.

Schmitz, Hermann (1994): Neue Grundlagen der Erkenntnistheorie. Bonn.

Schmitz, Hermann (2005): Situationen und Konstellationen. Wider die Ideologie totaler Vernetzung. Neue Phänomenologie, Bd. 1. Freiburg/München.

Sloterdijk, Peter (2005): Im Weltinnenraum des Kapitals. Frankfurt a. M.

Spranger, Eduard [1923] (1952): Der Bildungswert der Heimatkunde, Stuttgart.

Tellenbach, Hubert (1968): Geschmack und Atmosphäre. Salzburg.

Dagmar Richter

»Familie« als politisches Unterrichtsthema

1. Familie – Kein triviales Thema

Die ›Familie‹ erscheint auf den ersten Blick als ein sehr anschaulicher Gegenstand, der die meisten Grundschüler/innen interessiert. Es ist ein emotionaler Gegenstand, der ohne Zweifel einen sensiblen Zugang braucht, denn die ›Familie‹ steht nicht nur für Idylle, sondern kann von ihren Mitgliedern auch in Form von Krisen erlebt werden. ›Familie‹ ist ein ›klassisches‹ Thema des Sachunterrichts, denn sie wird seit langem als die zentrale primäre Sozialisationsinstanz der Kinder angesehen. Der Themenbereich ›Familie‹ steht in (fast) jedem Bildungsplan für Sachunterricht und findet sich in vielen Unterrichtsmaterialien. Doch vielfach zeigt sich gerade hier die »Wiederholung des Alltagswissens der Kinder« (Duncker/Popp 1993, 250), indem im Unterricht lediglich Generationenbezeichnungen wie Großeltern oder Enkel benannt, Familienformen (Ein-Eltern-Familie, Zwei-Kind-Familie etc.) unterschieden und einige Beispiele diesen Formen zuzuordnen sind. Familie wird so im Idealfall zu einem Beispiel für die Kategorien Verschiedenheit – Gleichheit: Was unterscheidet die Familienformen voneinander, was ist gleich? Vergleichen und Differenzieren sind wichtige Denkformen, die zu üben sind. Des Weiteren werden Geschlechterrollen thematisiert und manchmal auch Eltern-Kind-Beziehungen beschrieben: Wer entscheidet was? Wer übernimmt welche Aufgaben in der Familie? Oder: Müssen Kinder gehorsam sein? Aber ist das schon alles, was ›Familie‹ zu bieten hat?

Selten findet man in Unterrichtsmaterialien eine Definition, die das Charakteristische der Familie so in den Blick rückt, dass sie von anderen Gemeinschaften bzw. Gruppen unterschieden werden kann: Was ist eine ›Familie‹? Wie unterscheidet sie sich von anderen Gruppen, in denen Kinder aktiv sind (z. B. Klassengemeinschaft, Hort, Sportverein etc.)? Gerade der Wechsel zwischen verschiedenen Gruppen der Gesellschaft und das Einnehmen von jeweils unterschiedlichen Rollen stellen eine zentrale Herausforderung in komplexen Gesellschaften dar. Bruchartige Übergänge bzw. Transitionen in den Biographien – z. B. der Schuleintritt, das Verlassen des Elternhauses etc. – werden von der Familienforschung als wichtige Faktoren im Leben von Kindern und Jugendlichen beschrieben, die nicht immer gelingen (Griebel/Niesel 2004). Wie können Kinder unterstützt werden?

Zur Beantwortung dieser Fragen ist zunächst das sozialwissenschaftliche Fachkonzept ›Familie‹ zu klären (vgl. dazu auch Böhnisch/Lenz 1997) – im Unterschied z. B. zum biologischen Konzept, das nur auf verwandtschaftlichen Beziehungen beruht. Im zweiten Schritt ist dann zu überlegen, mit welchen Zielen eine didaktische Übersetzung erfolgen kann.

2. Familie – Definitionen und Funktionen

Dem *Verfassungsbegriff* entsprechend ist Familie eine Lebensgemeinschaft, die überwiegend aus Eltern und Kindern besteht. Sie beruht auf Abstammung oder entsprechender Fürsorge- und Erziehungsverantwortung (z. B. Adoptiv-, Stief-, Pflegekinder). »Ihre gesellschaftliche Bedeutung besteht vor allem in ihrer Funktion als Vermittlungsinstanz von Individuum und Gesellschaft, insbesondere im Blick auf die (frühe) Sozialisation der Heranwachsenden« (Christoph 1992, 249). Die *Zugehörigkeit* zur Familie kann über Verwandtschaft (Verwandtschaftsfamilie), über einen gemeinsamen Haushalt (Haushaltsfamilie) oder über familienrelevante Funktionen (funktionale bzw. ›wahrgenommene‹ Familie) erfolgen. Die Familienforschung hat kreative Begriffe für die verschiedenen Formen und Entstehungsmöglichkeiten für Familien gefunden: Es gibt unter anderem »Patchwork-Familien«, »multilokale Mehrgenerationenfamilien« oder auch »postfamiliale Familien« (partizipatives Modell der Familie; vgl. Beck-Gernsheim 1998, 135).

Die historische Entwicklung der Familie gilt als Beispiel par excellence für die Trennung der Gesellschaft in *öffentliche und private Bereiche*: Im Zuge der Industrialisierung werden produktive Formen aus dem Haushalt ausgelagert und im Markt bzw. im Staat als betriebliche Arbeit organisiert. »Im Haus« konnte familiale Intimität als »Privatsphäre« kultiviert werden und sich im Laufe der Zeit die Familie als Paradigma für das Private herausbilden. In der modernen Idealform bietet die Familie ihren Mitgliedern Schutz, Fürsorge und Liebe sowie Bildung. Insbesondere viele Fürsorgefunktionen wurden in den letzten Jahrzehnten unter dem Aspekt ihrer *Sicherungsfunktion* Gegenstand politischer Verhandlungen und zunehmend auf den Staat (Kranken-, Invaliden-, Rentenversicherung) übertragen. Damit reduzieren sich die Funktionen von Familie signifikant auf ›emotionale Fürsorge‹ und Liebe; sozialer Schutz wird zur *emotionalen Geborgenheit*. Dies spiegelt sich auch in den Einstellungen vieler Menschen: Die Familie wird »als ausschließlich privater Raum empfunden, der insbesondere gegenüber der verdinglichten Arbeitswelt (Entfremdung) emotionale Entlastung und Geborgenheit verspricht« (Christoph 1992, 249). Diese Aussage gilt vermutlich für die Mehrheit der Bevölkerung, doch die Empfindung von Geborgenheit hat nicht jeder. Gewalt in der Familie oder kontrollierende Hausbesuche vom Sozial- oder Jugendamt, von Einwanderungsbehörden etc. zeigen die Verletzbarkeit des privaten Raumes – und seine Ideologie.

Die Familie, von vielen sozialen Sicherungsfunktionen entweder befreit oder genauen gesetzlichen Regelungen unterworfen (z. B. Ausbildungsförderungen), gilt mit dem, was »übrig« bleibt, als *private Angelegenheit*, in die sich niemand von außen einmischen soll. Es wird der »Schein einer prinzipiellen Trennung von öffentlich und privat« erzeugt: »Die private Sphäre der Familie wird damit gleichsam tabuisiert, was auch bedeutet, dass sich Gesellschaftliches (und damit auch Herrschaft) umso naturwüchsiger durchsetzen kann« (Christoph 1992, 250). In Familien gab und gibt es *Autoritätsstrukturen, Abhängigkeits- und Unterordnungsverhältnisse*, in die sich in der Regel ›Außenstehende‹ nicht einmischen. Die Familie ist aber nicht ganz so privat wie ihr ideologischer Schein – anscheinend insbesondere in Deutschland (vgl. BMFSFJ 2005 a, 21) – es vermittelt. Ganz anders sieht es in den USA aus, wo zunehmende Eingriffe der ›community‹ in familiale Bereiche wie Haushalt, Gesundheit oder Heirat als präventive Maßnahmen begrüßt werden (vgl. z. B. Anderson/Doherty 2005).

Rechtlich gesehen genießt die Familie einen besonderen Status mit Verfassungsrang:

Der Staat stellt die Familie unter »besonderen Schutz« (Art. 6 GG):

(1) Ehe und Familie stehen unter dem besonderen Schutze der staatlichen Ordnung.

(2) Pflege und Erziehung der Kinder sind das natürliche Recht der Eltern und die zuvörderst ihnen obliegende Pflicht. Über ihre Bestätigung wacht die staatliche Gemeinschaft.

(3) Gegen den Willen der Erziehungsberechtigten dürfen Kinder nur auf Grund eines Gesetzes von der Familie getrennt werden, wenn die Erziehungsberechtigten versagen oder wenn die Kinder aus anderen Gründen zu verwahrlosen drohen.

(4) Jede Mutter hat Anspruch auf den Schutz und die Fürsorge der Gemeinschaft.

(5) Den unehelichen Kindern sind durch die Gesetzgebung die gleichen Bedingungen für ihre leibliche und seelische Entwicklung und ihre Stellung in der Gesellschaft zu schaffen wie den ehelichen Kindern.

Nur scheinbar ist die Familie ein verbliebener ›freier Raum‹ in der Gesellschaft, der sich den *Verrechtlichungen* mit ihren als Zumutung empfundenen Vorschriften entziehen kann. So liegt es zwar zunächst in der *Verantwortung* ihrer Mitglieder, in welcher Qualität sie die Funktionen der Familie erfüllen. ›Liebe‹ und ›Fürsorge‹ lassen sich als lebensweltliche Handlungsbereiche weder normieren noch messen. Doch können sie so reduziert sein, dass von emotionaler Verwahrlosung oder Formen der Gewalt gesprochen werden kann. Dann zeigen sich (hoffentlich) die – begrenzten und leider auch ambivalent zu deutenden – Eingriffsmöglichkeiten des Staates. Bürokratische Eingriffe und gerichtliche Kontrollen dringen legal als systemische Handlungsbereiche in die Familie ein (vgl. Habermas 1981, 541). Der ursprünglich rein kommunikative Handlungszusammenhang in der Familie wird rechtlich ergänzt und überformt, die Beziehungen zwischen den Familienmitgliedern werden formalisiert. Diese »Kolonialisierung der Lebenswelt« bedeutet für die Beteiligten »eine Objektivierung und Entweltlichung des formell geregelten familiären […] Zusammenlebens« (ebd.) und neben dem Schutz auch neue Formen von Abhängigkeiten. Die Kernbereiche des *Familienrechts* beziehen sich auf die Eheschließung und -scheidung, Unterhaltspflicht, eheliches Güterrecht, auf elterliche Sorge und Vormundschaft. Auch für Kinder gelten rechtstaatliche Grundsätze. Rechtsprechung und Gesetzgebung haben die patriarchale Stellung des Vaters bzw. Ehemannes prinzipiell aufgehoben.

In *politischer Perspektive* ist die Familie eine Institution. Sie gilt als »Investor in kommunale Netzwerke« (BMFSFJ 2005a, 19), da die Lebens- und Entwicklungschancen der Familienmitglieder von den kommunalen Bedingungen wie Schulen, Arbeitsplätze, Wohnmöglichkeiten etc. abhängen und von ihnen entsprechend aktiv mitgestaltet werden (sollten). Die Vernetzungen »zwischen dem Privatraum Familie, den kommunalen Netzwerken und öffentlichen Angeboten« (ebd., 18) werden derzeit neu diskutiert. Der Staat ist familienpolitisch aktiv (Steuervergünstigungen, Eltern- und Kindergeld usw.). Insbesondere die *Bildungsfunktion* der Familie wurde in letzter Zeit Gegenstand öffentlicher und politischer Diskussionen. Glaubte man, dass Bildung durch die allgemeine Schulpflicht gleichfalls aus den Familien ›ausgelagert‹ wurde und in die ›öffentliche Hand‹ von Bildungsinstitutionen übergegangen sei, so stellte sich dies doch immer wieder als Irrglaube heraus: Viele Studien zeigen, dass der *soziale Status* einer Familie mit ihren Bildungsleistungen zusammenhängt und dies bislang auch in allgemeinbildenden Schulen nicht ausgeglichen werden kann. Insbesondere Familien mit Migrationshintergrund sind in dieser Hinsicht oftmals benachteiligt, da bei ihnen neben einer traditionellen ›Bildungsferne‹ häufig ungenügende deutsche

Sprachkenntnisse hinzukommen. »Familie ist die einzige bildungsrelevante Sozialform, in der Bildungs-, Betreuungs- und Erziehungsprozesse permanent ineinander übergehen; in diesem Sinne sind die Interaktionsbeziehungen der Familie diffus, reziprok und universell. Zugleich ist die Familie nach wie vor auch die wichtigste Hintergrundvariable zur Erklärung bildungsbezogener Unterschiede« (BMFSFJ 2005 b, 123). Der übliche Unterricht stößt hier schnell an seine Grenzen; Elternarbeit und bildungsrelevante Unterstützung für Familien (je nach Bedarf Aufklärung über das deutsche Bildungssystem, über fördernde Erziehungsmethoden, Sprachvermittlung etc.) müssten seine Bemühungen flankieren (siehe dazu Furtner-Kallmünzer/Hössl 2004). Insofern hat die vergleichsweise enge Einbindung von Familien in die Kommunen in den USA auch positive Aspekte.

Für Bildungsprozesse interessant sind des Weiteren die *Sozialisationsprozesse* der Kinder und Jugendlichen, die mit den Entwicklungen der Familien zusammenhängen. Auch hier gibt es ambivalente Entwicklungen: Hopf und Hopf (1997) haben herausgearbeitet, dass die Art und Weise, wie Kinder (und Jugendliche) die Bindungen zu ihren Eltern wahrnehmen, mit ihren politischen Orientierungen zusammenhängt. Insbesondere schwache, ablehnende Bindungswahrnehmungen korrelieren mit autoritären, rechtsextremen Haltungen: die Kinder und Jugendlichen entwickeln wenig Empathie für Andere, zeigen wenig mitbürgerliche Verantwortungsübernahme (vgl. Schuster u. a. 2000). Dagegen führt eine partnerschaftliche und aushandlungsbereite Erziehung eher zu positivem sozialen Verhalten.

Habermas analysiert die Folgen des Strukturwandels der bürgerlichen Kleinfamilie, die sich selbst als autonom betrachtet und eine zunehmend liberale Erziehung praktiziert. Statt der früheren ödipalen Probleme, die durch Autoritäts- und Ablösungskonflikte mit den Eltern entstanden, treten heute verstärkt Adoleszenzkrisen auf: Jugendliche treten in öffentlichen Bereichen in formal-organisierte Handlungsbereiche ein, auf die sie in den kommunikativ-strukturierten Handlungsbereichen der Familie als dem Ort des Privaten nicht vorbereitet wurden. Zudem stellten die »in der Familie freigesetzten Kommunikationsstrukturen ebenso anspruchsvolle wie anfällige Sozialisationsbedingungen« dar (Habermas 1981, 569). Die damit verstärkt auftretenden »Instabilitäten des elterlichen Verhaltens« können sich negativ, »im Sinne sublimer Verwahrlosung auswirken« (ebd). Dies bedeutet neben der Elternarbeit auch eine stärkere Aufmerksamkeit für Transitionen, also für Übergänge zwischen Familie und öffentlichen Bereichen. Auch von der Familienforschung wird dies als gesellschaftliche Herausforderung gekennzeichnet. Für politische Bildung besteht eine Aufgabe daher darin, die Sozialisation von Grundschüler/innen zu unterstützen, indem ihre Prozesse der Individualisierung, der zunehmenden Autonomie und der Partizipation auch in öffentlichen Bereichen ihrer Lebenswelten zum Gegenstand von Unterricht werden.

3. Anregungen für den Unterricht

Familie, soviel sollte deutlich geworden sein, ist ein komplexes Phänomen, das in der Perspektive der Lebenswelt, also durch Familienangehörige, anders wahrgenommen wird als unter fachlichen Gesichtspunkten: Familie lässt sich soziologisch, politikwissenschaftlich oder auch rechtlich betrachten. Diese – oder auch andere – Definitionen und Beschreibungen von »Familie« enthalten sozialwissenschaftliche Fachkonzepte. Didaktisch ist zu überlegen, welche von ihnen beim Unterricht über »Familie« – neben den ›üblichen‹ Themen wie Familienformen oder Generationen – einzuführen sind. Des Weiteren können die Aufgaben der »Erziehung«, die Familie zu leisten hat, thematisiert werden (Vermittlung von Sprache, Werten, Wissen und Können, von Verhaltensmodellen, von Fähigkeiten zur allgemeinen Lebensführung usw.). Auch das Recht und die Gesetze, die Familie und ihre Mitglieder schützen, können thematisiert werden (vgl. hierzu den Beitrag von Wegener-Spöhring in diesem Buch).

Hier kann und soll nicht jedes mögliche Thema skizziert werden. Die ›üblichen‹ Fragen, was eine Familie ist oder wer dazu gehört, sind in vielen Unterrichtsmaterialien zu finden. Aktuelle Daten zu Familien werden regelmäßig im DJI-Familiensurvey veröffentlicht sowie in den Familienberichten des BMFSFJ; statistische Angaben zu Privathaushalten finden sich im Mikrozensus vom Statistischen Bundesamt in Wiesbaden (s. URL: www.de statis.de/themen/d/thm_mikrozen.php [Stand 20. 5. 2006]). Beispiele für mögliche sozialwissenschaftlich orientierte bzw. politische Themen zum Inhaltsbereich ›Familie‹ lassen sich übersichtsartig formulieren:
1. Die *Vielfalt von den Familienformen* an kulturellen/historischen Beispielen beschreiben und Gründe für das Leben in Familien aus verschiedenen Perspektiven nennen (Interessen einzelner Familienmitglieder aneinander beschreiben; Perspektivenübernahmen üben). Hierbei Ergebnisse der Familienforschung aufgreifen.
2. Die *Beziehungen* (Kommunikationen, Interaktionen, Erziehungsprozesse) von Familienmitgliedern mit Begriffen wie Liebe, Verantwortung, Autorität, Fürsorge beschreiben und mit Beziehungen zu Freunden und Klassenkameraden vergleichen (Deutungen verschiedener Formen des Zusammenlebens z. B. in Form von Netzen zeichnen lassen).

3. *Aufgaben* in der Familie mit Aufgaben in der Schule vergleichen und mit Hilfe von Begriffen wie Arbeit, Regeln, Rechte, Pflichten erklären (Einführung von privat – öffentlich).
4. Normative Dimensionen der *Wertevermittlung* herausarbeiten: z. B. Geschlechter- und Kinderrollen oder Familiendarstellungen im historischen Vergleich mit Hilfe von Bildern erarbeiten (vgl. zum ästhetischen Lernen den Beitrag von Schelle und Meister hier im Buch). Welche Leitbilder von Familie, welche Beziehungen innerhalb der Familie zeigen sich? (Auch: Diskrepanzen zwischen Bildern und Realität; als mögliches Anschlussthema: Gewalt in der Familie).
5. Öffentliche und private *Erziehung* vergleichen.
6. Den »*Haushalt* einer Familie« mit dem »Haushalt einer Gemeinde« vergleichen und Unterschiede herausarbeiten (ökonomisches Lernen).
7. Bezüge zu *aktuellen öffentlichen Diskussionen* aufgreifen. So unter anderem den Einfluss von Gesetzen mit konträren oder unterschiedlichen Bestimmungen in ihren jeweiligen Einflüssen auf Familien darstellen (z. B. feste oder flexible Arbeitszeiten der Eltern, Schulpflicht mit Zeiten von Halb- oder Ganztagsschulen).

Hier soll exemplarisch auf einige in der Einleitung skizzierte Basiskonzepte im Zusammenhang mit dem Inhaltsbereich ›Familie‹ sowie auf die Kompetenzdimension ›Kommunikation‹ eingegangen werden. Mit dem Interesse, kumulativen Wissensaufbau zu fördern und entsprechend verschiedene Unterrichtsthemen systematisch miteinander zu verbinden, kann beim Unterrichtsthema »Familie« an die Konzepte angeknüpft werden; oder sie sind einzuführen – je nach Lernstand der Klasse und curricularen Entscheidungen.

3.1 Privat – Öffentlich

Vieles kreiste im obigen Abschnitt um das Spannungsverhältnis privat – öffentlich. Seine Pole sind nicht dichotom einander gegenübergestellt; Privatheit und Öffentlichkeit sind vielfach miteinander verwoben, wie gerade das Beispiel ›Familie‹ zeigt. ›Privat‹ ist ein Konzept aus dem Weltwissen, das heißt Menschen haben aufgrund ihrer alltagsweltlichen Erfahrungen eine (ideologische) Vorstellung davon, was ›privat‹ bedeutet. ›Öffentlichkeit‹ ist ein politisches Fachkonzept. Insofern bietet es sich an, am Beispiel ›Familie‹ die Konzepte ›privat‹ und ›öffentlich‹ einzuführen.

Die Basis der Regeln in der Gesellschaft sind verallgemeinerungsfähige Kriterien der Geltung von Argumenten, Grundsätzen und Handlungen. Es sind Regeln der Öffentlichkeit, in der Kinder lernen müssen sich zu bewegen und zu handeln. Ein Vergleich zwischen Familie und Schule macht das deutlich: In der Schule gelten allgemeine Formen wechselseitiger Anerkennung, spezifische Rollen (z. B. als Lehrerin, als Schüler) und definierte Handlungsbereiche (z. B. im Unterricht, in der Pause), oftmals mit festgelegten Rechten und Pflichten. Für die Schüler/innen bedeutet ein Wechsel zwischen Familie und Schule auch ein Wechsel zwischen ihren Perspektiven: Von den ›Innenperspektiven auf eigene Bedürfnisse‹ zu den ›Außenperspektiven auf eine Gruppe‹. Während Erstere ihre primäre Bedeutung für das Private und für die Persönlichkeitsentwicklung hat, dient Letztere verstärkt dem Aufbau der Gruppenidentität, der Gemeinschaft. Sie ist wichtig für die Rolle als Gesellschaftsmitglied.

Didaktisch ist es ratsam, am Weltwissen der Schüler/innen anzuknüpfen und das Fachkonzept mit Hilfe des soziologischen Konzepts ›Privatheit‹ einzuführen. So erfolgt der Zugang auch in dem US-amerikanischen Curriculum »Foundations of Democracy«, das als ein Teilcurriculum »Learning about Privacy« enthält (vgl. CCE 2000). Folgende Beispiele zu den Fachkonzepten sind – ohne dass dies stets explizit genannt wird – in freier Anlehnung an Beispiele aus diesem Curriculum formuliert.

Zunächst ist »Privatheit« zu definieren. Dies erfolgt in der Grundschule üblicherweise in Form einer Wesensdefinition: Bereiche der Privatheit sind zu benennen, und es ist über das Herstellen von Privatheit zu diskutieren. Des Weiteren sind als Beispiele verschiedene Situationen zu bestimmen, in denen Privatheit besteht, und ihre Bedeutung ist zu klären.

Hierzu eignen sich kleine Geschichten zum Thema: Thomas will ›allein‹ sein, weil er ungestört telefonieren, nachdenken, in sein Tagebuch schreiben oder ein Geburtstagsgeschenk für seine Mutter basteln möchte.

Die Eltern wären gerne allein, weil... Eventuell ist der Unterschied zwischen Privatheit, Einsamkeit und Isoliert-sein zu klären. Beispiele, bezogen auf »Familie«:
– Gibt es in der Familie keine Geheimnisse voreinander?
– Wann dürfen Eltern Geheimnisse ihrer Kinder weitererzählen, wann nicht?
– Wann dürfen Kinder Geheimnisse ihrer Eltern weitererzählen, wann nicht?
Deutlich werden sollte, dass Privatheit kein uneingeschränktes Recht ist. Es gibt Situationen, in denen sie begrenzt werden muss, und solche in der Öffentlichkeit, wo sie unangebracht ist.

Als Differenzbegriff ist ›Öffentlichkeit‹ einzuführen, der in der Literatur auch als »Begriff von bemerkenswerter Schwammigkeit« (Negt/Kluge 1972,

17 ff.) bezeichnet wird. Eine mögliche Frage zur Überleitung kann lauten: Wann sollten Dinge/Ereignisse privat sein und wann nicht? Zu lernen ist, dass Öffentlichkeit ein Kommunikationsbereich ist, der allgemeine Zugänglichkeit meint. Auch hier bieten sich Situationen als Beispiele an, die zu diskutieren sind:

- Thomas hat einen Fehler in seiner Arbeit gemacht. Die Lehrerin nimmt den Fehler als Beispiel, um das Problem noch einmal für alle Schüler/innen zu erklären.
- Die Lehrerin sagt alle Noten der letzten Klausur an.
- Die Lehrerin fragt Alexandra leise, warum Shirin traurig ist.
- Klaus fragt Cem im Morgenkreis, was er gestern Nachmittag getan hat.
- Die Lehrerin fragt Lara im Morgenkreis, welche Krankheit Sarah hat.
- Tobias ist neu in der Klasse und einsam.

Mögliche Leitfragen zu den skizzierten Situationen sind: Warum ist es wichtig, dass es einen privaten Bereich/Raum gibt? Wer hat Zugang? Was möchten Menschen oder die Schüler/innen ›privat‹ lassen, was machen sie ›öffentlich‹? Warum?

Nach Klärung von ›privat‹ und ›öffentlich‹ können für einige wichtige Konzepte wie ›Verantwortung‹ bzw. ›Verantwortlichkeit‹ die Unterschiede und Gemeinsamkeiten am Beispiel ›Familie‹ aufgezeigt werden. Verantwortung kann freiwillig oder als Pflicht übernommen werden. Oben wurden schon Pflichten der Familie skizziert. Dies kann man vertiefen, indem weitere Beispiele für freiwillig übernommene Verantwortung und Pflichten einzelner Familienmitglieder gesucht und diskutiert werden. Folgende Leitfragen sind denkbar:

- Warum sind Menschen in bestimmten Situationen für etwas bzw. für jemanden verantwortlich? (Aufgrund einer privaten Verabredung, moralischer oder rechtlicher Regelungen, aus Tradition, aus beruflichen Zwängen usw.).
- Kann man sich aussuchen, wofür man verantwortlich ist? (Unterschied zwischen freiwillig übernommener Verantwortung und gesetzlich geregelten Pflichten).
- Welche Gründe kann es geben, eine Verantwortung nicht zu übernehmen? (Persönliche und materielle Gründe).
- Was passiert, wenn die Verantwortung nicht übernommen wird? (Verschiedene Formen von Strafe diskutieren).

Ist der Unterschied allen verständlich, können Beispiele aus der Familie im Zusammenhang mit öffentlich kontrollierter ›Verantwortung‹, die qua Gesetz geregelt ist, bearbeitet werden. Auch hierzu lassen sich aktuelle Beispiele finden oder Beispiele passend zum Kinder- und Jugendhilfegesetz (KJHG) konstruieren (Das derzeit gültige »Achte Buch Sozialgesetzgebung« ist als Download verfügbar auf den Internetseiten des BMFSFJ; URL: www. bmfsfj.de/Kategorien/Publikationen/Publikationen, did=3578.html [Stand Mai 2006]).

Mögliche Leitfragen:
– Können Kinder die Verantwortung für das Haustier ablehnen?
– Können Eltern die Verantwortung für die Erziehung ihrer Kinder ablehnen? (Nein, laut § 1626 BGB).
– Welche Pflichten haben Kinder? (z. B. Schulpflicht, Pflicht sich erziehen zu lassen, Dienstleistungen im Haus § 1619 BGB).
– Welche Pflichten haben Eltern? Taschengeld geben? Welche Rechte haben Kinder im Hinblick auf ihr Taschengeld? (Die Verwendung ist ihre ›private‹ Angelegenheit: vgl. dazu § 110 BGB, den ›Taschengeldparagraphen‹, der für Kinder ab sieben Jahren gilt).

Aus dem Bürgerlichen Gesetzbuch (BGB), Stand 2002:

§ 110 Bewirken der Leistung mit eigenen Mitteln
Ein von dem Minderjährigen ohne Zustimmung des gesetzlichen Vertreters geschlossener Vertrag gilt als von Anfang an wirksam, wenn der Minderjährige die vertragsmäßige Leistung mit Mitteln bewirkt, die ihm zu diesem Zweck oder zu freier Verfügung von dem Vertreter oder mit dessen Zustimmung von einem Dritten überlassen worden sind.

§ 1619 Dienstleistungen in Haus und Geschäft
Das Kind ist, solange es dem elterlichen Hausstand angehört und von den Eltern erzogen oder unterhalten wird, verpflichtet, in einer seinen Kräften und seiner Lebensstellung entsprechenden Weise den Eltern in ihrem Hauswesen und Geschäft Dienste zu leisten.

§ 1626 Elterliche Sorge, Grundsätze
(1) Die Eltern haben die Pflicht und das Recht, für das minderjährige Kind zu sorgen (elterliche Sorge). Die elterliche Sorge umfasst die Sorge für die Person des Kindes (Personensorge) und das Vermögen des Kindes (Vermögenssorge).
(2) Bei der Pflege und Erziehung berücksichtigen die Eltern die wachsende Fähigkeit und das wachsende Bedürfnis des Kindes zu selbständigem verantwortungsbewusstem Handeln. Sie besprechen mit dem Kind, soweit es nach dessen Entwicklungsstand angezeigt ist, Fragen der elterlichen Sorge und streben Einvernehmen an.
(3) Zum Wohl des Kindes gehört in der Regel der Umgang mit beiden Elternteilen. Gleiches gilt für den Umgang mit anderen Personen, zu

denen das Kind Bindungen besitzt, wenn ihre Aufrechterhaltung für seine Entwicklung förderlich ist.

(Das jeweils aktuelle BGB kann kostenlos als pdf-Datei über mehrere Adressen aus dem Internet kopiert werden).

3.2 Autorität und Macht

›Autorität‹ und ›Unterordnung‹ regeln das Gefüge innerhalb der Familie, mit unterschiedlichen kulturellen und milieuspezifischen Ausprägungen, die auch zu weitgehendem Verzicht auf Autorität führen können. In so genannten Mittelschichtsfamilien wurde meist die frühere autoritäre von der autoritativen Erziehung abgelöst, bei der die Eltern zwar ›Autoritätspersonen‹ sind, die aber auch jüngere Kinder als Verhandlungspartner für familiale Fragen ansehen. In der heterogenen deutschen Gesellschaft gibt es jedoch auch andere Formen von Autoritätsverhältnissen in Familien. Wie auch immer Autorität konkret gehandhabt wird, es ist ein soziologisches Konzept, mit dem Familien beschrieben werden können. So z. B. von Habermas, der die Entwicklungen differenziert betrachtet: Der »Funktionsverlust und [...](die) Schwächung« der autoritären Stellung des Vaters« führt dazu, dass der familiale Schonraum mediatisiert wird, die »Heranwachsenden immer mehr dem sozialisatorischen Zugriff außerfamilialer Instanzen preisgegeben« werden (Habermas 1981, 557). Hierbei ist der Einfluss der Schule geringer einzuschätzen als der von Peers oder auch der von Medien. Autorität ist gleichfalls im öffentlichen Raum zu finden, strukturell verknüpft mit einem Amt; der Parteichef hat Autorität, die Kanzlerin usw. Das in der Domäne Politik der ›Autorität‹ analoge Konzept ist ›Macht‹. Es ist ebenso wie ›Öffentlichkeit‹ ein politisches Basiskonzept.

Am Beispiel kleiner Szenen, in denen verschiedene Personen Macht ausüben, können die Schüler/innen lernen Machtausübung zu erkennen. Autorität wird im US-amerikanischen Teilcurriculum »Learning about Authority« explizit als Definition eingeführt: »When someone has the right to tell others what to do in certain situations, we say he or she has authority. Authority is the right to use power to influence or control the behavior of others« (CCE 1997, 9). Diese Definition ist im angloamerikanischen Sprachgebrauch geläufig; im Deutschen werden Autorität und Macht meist anders konnotiert. Es ist daher zu überlegen, entweder beide Begriffe als Synonyme zu verwenden – was der Definition von Max Weber nahe kommt: Herrschaft als legitime Macht – oder eine Unterscheidung im Sinne der Definition einzuführen.

Mögliche Leitfragen zur Autorität:
- Ein Einbrecher mit Pistole hat Macht, aber hat er auch Autorität?
- Warum hat eine Person Autorität, z. B. Vater oder Mutter, der größere Bruder oder das Kind der Nachbarn? (Tradition, Gesetz, moralische Regel, körperliche Kraft, besondere Erfahrungen bzw. Wissen, guter Charakter, Position als Chef...).
- Beispiele für Situationen suchen, in denen die Autorität einer Person sehr hilfreich ist (Und als Gegensatz: in denen sie Schaden anrichten kann).
- Aus der Zeitung Texte ausschneiden, in denen Personen mit Autorität vorkommen. Wie erhielten sie ihre Autorität bzw. von wem?
- Was darf eine Autoritätsperson verlangen, was nicht? Gibt es Grenzen?

An konkreten Beispielen lassen sich die Grenzen jeweils herausarbeiten. Gerade die letzte Frage kann einen Übergang zum Politischen eröffnen: Autorität kann ja auch durchaus negativ geformt werden; z. B. sind ›autoritäre Regierungen‹ eine Art Synonym für Diktaturen.

Autorität ist, wie oben schon angedeutet, ein wichtiges Konzept zum Beschreiben der Beziehungen innerhalb einer Familie. Angesichts verschiedener kultureller und sozialer Milieus in Deutschland kann ein Unterricht, der dieses Thema aufgreift, zur Verständigung zwischen ihnen beitragen. Aufgrund möglicher Betroffenheiten der Schüler/innen sind hier (fiktive) Geschichten empfehlenswert, in denen die Kinder sich eventuell wiederfinden, die aber unabhängig von ihren eigenen (privaten) Geschichten diskutiert werden können. Die Geschichten sollten verschiedene Autoritätsstrukturen in Familien mit ihren jeweiligen Vor- und Nachteilen aus der Sicht der verschiedenen Familienangehörigen zeigen.

4. Kompetenzdimension: Kommunikation

Familien haben die Kinder in den letzten Jahrzehnten zunehmend partnerschaftlich an den Entscheidungsprozessen beteiligt. Die kommunikative Form der Mitbestimmung ist zu üben, aber auch auf einer Metaebene zu reflektieren. Insofern bietet es sich an, als Unterrichtsthema Kommunikationsformen in der Familie, in der Schule und beispielsweise in einem Sportverein miteinander zu vergleichen und so die Unterschiede herauszuarbeiten. So können die Schüler/innen das von ihnen Erlebte, das schon Bekannte in Beziehung zueinander setzen und auf einer Metaebene im Unterricht reflektieren. Ihre Reflexionen werden durch kommunikative Prozesse in der Klassengemeinschaft bereichert. Es werden Bildungsprozesse angestoßen, die über die Grundschulzeit hinaus Relevanz besitzen: Industriegesellschaften muten ihren Mitgliedern »die kompetente Handhabung der Differenz« zu; dies ist »in der scharfen Grenzziehung zwischen Arbeitswelt und öffentlicher Sphäre und den diversen Formen primärer Gemeinschaftsbildung allenthalben spürbar« (Allert 1998, 7).

Die typischen Kommunikationen werden von jüngeren Kindern noch nicht vollzogen. »Kinder [...] sind naturwüchsige Entdecker von Sinnstrukturen und Anschlussalternativen der Kommunikation. Ihre Art, sich zu beteiligen, ist die kontextfremde Option gerade außerhalb des thematisch jeweils Gegebenen« (Allert 1998, 8). Doch für ältere Grundschüler/innen ist der Vergleich ein lohnendes Thema. Typisch für Kommunikationen in der Familie sind nach Allert (1998, 10):

– »Maßgabe einer prinzipiell offenen ›thematischen Unbegrenztheit‹ (Tyrell)«,
– identitätsverbürgende Vornamen,
– alltägliche Routinen,
– Plausibilitäten,
– kleine Geschichten.

Die skizzierten Charakteristika sind prototypisch für ›Privatheit‹. Familienmitglieder können in einer intimen Atmosphäre, stark verknüpft mit ihrer Innenperspektive, sich an den Kommunikationen beteiligen und Formen und Inhalte unter sich regeln (Dabei sollte diese Sphäre jedoch nicht als ›uneingeschränkt gut‹ idealisiert werden.). Einige Charakteristika greift die Grundschule auf: Sie spricht die Schüler/innen mit identitätsverbürgenden Vornamen an, sie schafft Routinen im Schulalltag, es werden kleine Geschichten erzählt. Eine scharfe Gegenüberstellung von Privatheit und Öffentlichkeit ist auch hier Ideologie. Aber ein entscheidender Unterschied zeigt sich im ersten Punkt: eine prinzipiell offene thematische Unbegrenztheit ist nicht gegeben, das typisch ›Private‹ fehlt. Weder bestehen hierfür die intimen Vertrauensverhältnisse, noch entspricht dies den Curricula der Unterrichtsfächer.

Kommunikationen in öffentlichen bzw. halb-öffentlichen Räumen der Schule und des Unterrichts lassen sich gleichfalls charakterisieren. In Letzteren müssen Schüler/innen sich positionieren, ihren Platz in der Gemeinschaft finden und zugleich ihre eigenen Interessen verfolgen:

– Es sind Spielräume für eigene, aber formalisierte Tätigkeiten in der Gruppe auszuhandeln (Gruppendienste wie Klassenbibliothek ordnen etc.).
– Regeln der Kommunikation sind zu achten, das heißt Regeln sind einzuhalten oder gemeinsam neue aufzustellen. Explizit formulierte Regeln haben hier einen höheren Grad der Verbindlichkeit als im Privaten.

– Verhältnisse wechselseitiger Anerkennung als gleichberechtigte Teilnehmende sind von den Schüler/innen in der Klassengemeinschaft zu schaffen.
– Lehrer-Schüler-Beziehungen unterliegen generalisierten Formen (bzgl. der gestellten Handlungserwartungen und entsprechend den jeweiligen Rollen, der (Noten-) Beurteilung usw.).
– Von allen ist ein gemeinsamer Situationsbezug zu stiften, indem entsprechende thematische Bezüge hergestellt werden.

Nötig ist hierfür das Einnehmen einer Außenperspektive auf das gemeinsame Kommunikations- und Handlungsinteresse. Generalisierte und formalisierte Formen des Miteinanderhandelns sind vorrangig. Zwar werden Erlebnisse und Erfahrungen der Schüler/innen prinzipiell in den Unterricht einbezogen, doch geschieht auch dies in der Klassengemeinschaft in allgemeiner Form. Nicht jede Schülerin »kommt dran«. Nicht jeder Schüler möchte allen von seinen Erfahrungen berichten, da sie damit zugleich öffentlich werden.

Literatur

Allert, Tilman (1998): Die Familie. Fallstudien zur Unverwüstlichkeit einer Lebensform. Berlin/New York.

Anderson, Jared R. / Doherty, William J. (2005): Democratic Community Initiatives: The Case of Overscheduled Children. In: Family Relations. Vol. 54, No 5, Blackwell Publishing, S. 654–665.

Beck-Gernsheim, Elisabeth (1998): Was kommt nach der Familie? Einblicke in neue Lebensformen. München.

BMFSFJ (Bundesministerium für Familie, Senioren, Frauen und Jugend) (Hrsg.) (2005 a): Siebter Familienbericht. Familie zwischen Flexibilität und Verlässlichkeit. Perspektiven für eine lebenslaufbezogene Familienpolitik. URL: www. bmfsfj.de/Kategorien/Forschungsnetz/forschungsberichte.html [Stand: 20. 5. 2006].

BMFSFJ (Hrsg.) (2005 b): Zwölfter Kinder- und Jugendbericht. Bericht über die Lebenssituation junger Menschen und die Leistungen der Kinder- und Jugendhilfe in Deutschland. Bildung, Betreuung und Erziehung vor und neben der Schule. URL: www.bmfsfj.de/Kategorien/Forschungsnetz/forschungsberichte. html [Stand 20. 5. 2006].

Böhnisch, Lothar / Lenz, Karl (Hrsg.) (1997): Familien. Eine interdisziplinäre Einführung. Weinheim/München.

CCE (Center for Civic Education) (1997): Authority. Foundations of Democracy. Upper Elementary. Calabasas, CA.

CCE (Hrsg.) (2000): Learning About Foundations of Democracy. Teacher's Guide for Primary Grades. Calabasas, CA.

Christoph, Klaus (1992): Familie. In: Drechsler, Hanno/Hilligen, Wolfgang/Neumann, Franz (Hrsg.): Gesellschaft und Staat. Lexikon der Politik. München, S. 248–251.

Duncker, Ludwig / Popp, Walter (1993): Der schultheoretische Ort des Sachunterrichts. In: Haarmann, Dieter (Hrsg.): Handbuch Grundschule. Fachdidaktik: Inhalte und Bereiche grundlegender Bildung, Bd. 2, Weinheim/Basel, S. 239–250.

Beck-Gernsheim, Elisabeth (1998): Auf dem Weg in die postfamiliale Familie – Von der Notgemeinschaft zur Wahlverwandschaft. In: Beck, Ulrich/Beck-Gernsheim, Elisabeth (Hrsg.): Riskante Freiheiten. Frankfurt a. M., S. 115–138.

Furtner-Kallmünzer, Maria / Hössl, Alfred (2004): Der Start in die Schule. Leistungsrückmeldungen und Belastungen aus der Sicht von Kindern und Eltern. Deutsches Jugendinstitut e. V. München.

Griebel, Wilfried / Niesel, Renate (2004): Transitionen: Fähigkeit von Kindern in Tageseinrichtungen fördern, Veränderungen erfolgreich zu bewältigen. Weinheim/Basel.

Habermas, Jürgen (1981): Theorie des kommunikativen Handelns, Bd. 2: Zur Kritik der funktionalistischen Vernunft, Frankfurt a. M..

Hopf, Christel / Hopf, Wulf (1997): Familie, Persönlichkeit, Politik. Eine Einführung in die politische Sozialisation. Weinheim/München.

Negt, Oskar / Kluge, Alexander (1972): Öffentlichkeit und Erfahrung. Frankfurt a. M..

Schuster, Beate u. a. (2000): Bedingungen mitbürgerlichen Engagements: Interaktionserfahrungen in der Familie und Verantwortungsübernahme durch Heranwachsende. In: Kuhn, Hans-Peter/Uhlendorff, Harald/Krappmann, Lothar (Hrsg.): Sozialisation zur Mitbürgerlichkeit. Opladen, S. 19–35.

Gisela Wegener-Spöhring

Kinderrechte in der Grundschule

1. Einleitung

Zu Beginn eine Provokation: Ist Schule ein rechtsfreier Raum, in dem das Grundgesetz nicht gilt? Es gibt beispielsweise keine Versammlungsfreiheit oder keine Freiheit, die eigene politische Meinung auszudrücken. Das ist nicht zu bestreiten. Und ebenfalls gilt hier ein »besonderes Gewaltverhältnis« zwischen Lehrenden und Lernenden (Merk 2003, 92), das sich in der Schulpflicht und der institutionellen Schulhierarchie ausdrückt. Was also sollen Kinderrechte innerhalb einer solchen »Zwangsbeziehung« (ebd., 93)? Die Praxis scheint sich diese Frage auch zu stellen. Eine Recherche im Internetauftritt von Kölner Grundschulen ergab, dass kaum eine auf Kinderrechte rekurriert. Der großen Mehrheit meiner Kölner Lehramtsstudierenden sind die Kinderrechte ebenfalls unbekannt; in öffentlicher Meinung und Politik wird das kaum besser sein. Ein diesbezüglicher Tadel der UN, dass den Rechten und Mitbestimmungsmöglichkeiten von Kindern in Deutschland zu wenig Beachtung geschenkt werde, verwundert deshalb nicht. Die BRD ist nämlich im Hinblick auf die Kinderrechte einschlägige gesetzliche Verpflichtungen eingegangen, die ich im Folgenden erläutern werde. Zunächst soll jedoch eine Begriffsklärung vorgenommen werden.

2. Begriffsklärungen

Eine *Regel* ist eine Richtlinie, Norm oder Vorschrift, auf die sich eine Gruppe verständigt. Zwar kann sie mitunter über einen langen Zeitraum gelten (so wie die historisch gewachsenen Spielregeln), doch ist sie prinzipiell veränderbar. Eine *Verabredung* ist dagegen kurzlebiger und punktueller; sie wird zwischen einander bekannten Personen für einen bestimmen Zweck getroffen und verschwindet meist nach dessen Erreichung. Sehr viel dauerhafter, allgemeiner und von größerer Tragweite ist ein *Gesetz*. Es handelt sich hier um eine vom zuständigen Parlament gesetzte Regel, die rechtsverbindlich ist, in ihrer Abstraktheit für unbestimmt viele Sachverhalte und Personen gilt und das zukünftige Zusammenleben ordnet. Die Gesamtheit der staatlich institutionalisierten Regeln bildet die Rechtsordnung. Das *Recht* muss demokratisch legitimiert und staatlich institutionalisiert sein. Über die Institutionen wird die Rechtsordnung umgesetzt und kontrolliert, über die demokratische Legitimation und Kontrolle wird sie in zumeist längeren Zeitabständen veränderten gesellschaftlichen Bedingungen angepasst. Das gilt nicht für die *Menschenrechte* als Rechte, die jedem Menschen unabhängig von seiner Stellung in Staat, Gesellschaft, Familie, Beruf, Religion und Kultur bereits dadurch zustehen, dass er als Mensch geboren ist. Der leitende normative Begriff ist die Menschenwürde, zentral ist die Anerkennung des Einzelnen als Träger gleicher Freiheit. In den Verfassungen der Staaten erscheinen die Menschenrechte in der Regel als *Grundrechte*. Der entscheidende Unterschied zu den vorab vorgestellten Begriffen liegt in dem Faktum, dass Menschen- bzw. Grundrechte nicht geschaffen oder verändert, sondern lediglich anerkannt werden können. Ein Gleiches gilt für die *Kinderrechte*, die so als Menschenrechte erscheinen (vgl. Auswärtiges Amt 2001). Ein gravierender Unterschied zu anderen Rechten besteht allerdings in der Tatsache, dass Kinderrechte noch nicht allzu lange im Bewusstsein unserer Gesellschaft existent sind; folglich gibt es bezüglich ihrer Anerkennung Desiderate (vgl. die einschlägigen Stichworte der ständig revidierten Online-Fassung http://www.brockhaus-enzyklopaedie.de 2006).

Die elementaren Kinderrechte (www.unicef.de) sind: Das Recht auf Gleichheit. Das Recht auf Gesundheit. Das Recht auf Bildung. Das Recht auf Spiel und Freizeit. Das Recht auf freie Meinungsäußerung, Information und Gehör. Das Recht auf gewaltfreie Erziehung. Das Recht auf Schutz vor wirtschaftlicher und sexueller Ausbeutung. Das Recht auf Schutz im Krieg und auf der Flucht. Das Recht auf elterliche Fürsorge. Das Recht auf Betreuung bei Behinderung.

3. Entwicklungen

Die historische Entwicklung der Kinderrechte ist rasch berichtet. Zwar gab es bereits 1924 eine einschlägige Genfer Deklaration des Völkerbundes, der allerdings erst 1959 die »Erklärung über die Rechte des Kindes« der Vereinten Nationen folgte. Auf der Basis der UN-Deklaration von 1978 fand 1979 das erste Internationale Jahr des Kindes statt. Vor allem aber bildete sie die Grundlage der eingangs erwähnten UN-Verpflichtung, der *Konvention »Übereinkommen über die Rechte des Kindes«* von 1989, die 1992 durch die

BRD ratifiziert wurde und der das Land Nordrhein-Westfalen 1991 als erstes beigetreten ist. Die Europäische Union erkannte Kinderrechte 2000 in der Charter of Fundamental Rights an (vgl. du Bois-Reymond 2004, 81). Unicef (2001, 8) stellt die Konvention als »ein Grundgesetz für Kinder« vor, dessen vier Grundprinzipien lauten: Das Recht auf Gleichbehandlung, das Prinzip des besten Interesses des Kindes, das Recht auf Leben und persönliche Entwicklung und die Achtung vor der Meinung des Kindes. Das Kind wird erstmals als Rechtssubjekt begriffen, dem Meinungsfreiheit, Gedankenfreiheit und Versammlungsfreiheit zuerkannt wird sowie ein Recht auf gewaltfreie Erziehung, Bildung, Freizeit und Spiel. Unterzeichnet haben bisher 191 Staaten, außen vor geblieben sind dabei Somalia und die USA.

Die Konvention – »Man sollte sie auswendig kennen«, sagen Frädrich und Jerger-Bachmann (1995, 20) – ist ein Dokument von großer Bedeutung, auch wenn die vielen Kompromisse unübersehbar sind, die die Staatengemeinschaft in den zähen Verhandlungen der Entstehungszeit akzeptiert hat. In Zusatzprotokollen konnten weitere Fortschritte erzielt werden, so zum Kinderhandel und zum militärischen Einsatz von Kindern. Nach Ansicht von Frädrich und Jerger-Bachmann ist aus bundesrepublikanischer Sicht zu kritisieren, dass den ökologischen Kinderrechten nicht mehr Nachdruck verliehen wurde. Die Unterzeichner-Staaten stehen in der Pflicht, die oben genannten Grundprinzipien und Rechte in ihren nationalen Gesetzen zu verwirklichen. Diese Verpflichtung wird allerdings durch die Tatsache geschwächt, dass viele Länder nur unter Vorbehalten beigetreten sind. Auch Deutschland machte solche Vorbehalte geltend. Der schwerwiegendste betrifft die Anwendung des bestehenden Asylrechts auch auf Kinder. Das kommt einem Verstoß gegen die Konvention gleich.

Die Durchsetzung der Konvention bleibt sehr schwierig. Alle fünf Jahre müssen die Unterzeichnerstaaten der UN darüber einen Bericht vorlegen. Schon dieses erledigt die Bundesregierung nur mit Verspätung. Sie spricht von »erheblichen Fortschritten« (BMFSFJ 2001 b, 87), verschweigt allerdings auch nicht den bereits erwähnten UN-Tadel. Ein wirkliches Kontrollorgan ist lediglich die Öffentlichkeit, die bei Nichtbefolgen der Konvention auf Rechtfertigungen besteht. In Deutschland haben diese Rolle die regierungsunabhängigen Kinder- und Jugendorganisationen wie Kinderschutzbund, Kinderhilfswerk, Unicef u. a. übernommen. Im Zusammenschluss mit staatlichen Institutionen wie den Kinderbeauftragten bilden sie die National Coalition und treten durch Berichte an die Öffentlichkeit. Eine Beteiligung von Schule und Schulpädagogik ist kaum zu verzeichnen; Ausnahmen bilden lediglich der Grundschulverband, der Arbeitskreis Hauptschule und die Gewerkschaft Erziehung und Wissenschaft.

In ihrem Bericht von 2002 stellte die Coalition einleitend heraus, dass die Situation deutscher Kinder zu großer Besorgnis Anlass gebe; Beispiele seien strukturelle Rücksichtslosigkeit in Arbeitswelt und Freizeitbereich, Bedrohung kindlicher Freiräume, Armutsrisiko und ökonomische sowie ökologische Entscheidungen zu Lasten der nachwachsenden Generation (National Coalition 2002, 4). Dringend müsse die BRD deshalb für die »Entwicklung und Stärkung einer öffentlichen ›Kultur des Aufwachsens‹« Sorge tragen (ebd., 7). Auch wenn Verbesserungen gesehen werden, bleibt das Fazit, »dass das Wohl des Kindes in vielen Politikbereichen nicht die notwendige Priorität hat« (ebd., 5). Eine Verankerung der Kinderrechte im Grundgesetz wird empfohlen (ebd., 7). Drei Jahre später klingt das fast identisch: »Der UN-Ausschuss für die Rechte des Kindes hat bei der Umsetzung der Rechte des Kindes in Deutschland wesentliche Mängel festgestellt und bis 2009 konkrete Fortschritte angemahnt« (National Coalition 2005, 3).

Die Konvention hatte zu der Zeit ihrer Entstehung eine Signalwirkung und erzeugte in Deutschland weitere Initiativen. Seit 1987 gibt es Kinderbeauftragte der Fraktionen, 1988 wurde die Kinderkommission des Deutschen Bundestages berufen, 1991 der Deutsche Kinderrat gegründet. Seit 1995 besteht die National Coalition (vgl. o.). 1998 bringt die Reform des Kindschaftsrechtes einen neuen Beruf hervor, den »Anwalt des Kindes«, der die Interessen des Kindes bei familiengerichtlichen Verfahren vertritt. Und 2001 – endlich! – tritt das Gesetz zur Ächtung von Gewalt in der Erziehung in Kraft: »Kinder haben ein Recht auf gewaltfreie Erziehung«, heißt es in § 1631 BGB. Körperliche Bestrafungen, seelische Verletzungen und andere entwürdigende Maßnahmen sind unzulässig. Es soll nochmals darauf hingewiesen werden, dass unser Grundgesetz keinerlei Kinderrechte vorsieht. Von großer Bedeutung für die Kinderrechte in Deutschland war das Kinder- und Jugendhilfegesetz (KJHG) von 1990, das in § 1 Abs. 4 die Unterstützung einer kinder- und familienfreundlichen Umwelt und in § 8 eine Beteiligung und Mitsprache von Kindern und Jugendlichen an den Entscheidungen der öffentlichen Jugendhilfe vorschreibt. 1994, 1998, 2002 und 2005 legte die Bundesregierung Kinder- und Jugendberichte vor, die nunmehr vom KJHG gefordert waren. Ein neues Kinderbild gewinnt Konturen; Kinder erscheinen als eigenständige Persönlichkeiten, die ihren eigenständigen Beitrag zur Gesellschaft leisten.

Darüber hinaus müssen bedeutsame internationale Ereignisse genannt werden. Die wichtigsten waren 1990 der Weltgipfel für Kinder in New York und 1992 die Rio-Konferenz zu Umwelt und Entwicklung, bei der in der Agenda 21 das Recht von Kindern und Jugendlichen auf nachhaltige Entwicklung und ihre Beteiligung auf allen für sie relevanten Entscheidungsebenen festgelegt wurde. Konkrete Auswirkungen hatte dieses in der lokalen Agenda vieler Kommunen. Wie finden nun diese gesellschaftspolitischen Entwicklungen Eingang in die deutsche Grundschule?

4. Kinderrechte und die fehlende Partizipation in der (Grund-)Schule

Die eingangs vorgetragene Provokation hatte vorfindliche Schwierigkeiten bereits brennpunktartig benannt. Das Hauptproblem lautet: In deutschen Schulen ist eine mangelnde Umsetzung von Partizipation zu beklagen. Über die Hälfte der Schüler/innen der sechsten und neunten Jahrgänge stimmt dem folgenden Item zu: »In unserer Schule bleibt uns nichts Anderes übrig, als den Unterricht so hinzunehmen, wie er ist« (Melzer 2001, 175); und nur 20 Prozent von ihnen sieht in der Schule partizipative Möglichkeiten eingeräumt (ebd., 179). Eine solche Abwesenheit von Partizipation wird sowohl von Melzer als auch von den Autoren der Civic Education Study (Studie zur politischen Bildung der IEA 2002) als besonders fatal bewertet, denn: Nur »solche Schulen, die Demokratie praktizieren, können staatsbürgerkundliches Wissen und Engagement fördern« (Civic Education Study 2002, 4). Ähnliche Aussagen finden sich im 12. Kinder- und Jugendbericht der Bundesregierung: »In der schulischen Praxis ist (politische) Partizipation [...] eher selten anzutreffen« (BMFSFJ 2005, 346). Die Folge ist: »Besonders ungünstig sieht es im internationalen Vergleich bezüglich der Partizipationsbereitschaft deutscher Jugendlicher in der Schule aus« (ebd., 143). Und eine weitere Konsequenz lautet: »Insgesamt gesehen hat somit die Schule gegenwärtig bei der Vermittlung sozio-politischer Kompetenzen nur einen relativ geringen Stellenwert« (ebd.). Sie bereitet »nur bedingt auf gesellschaftliche Teilhabefähigkeit vor« (ebd., 274). Die Kinderrechte finden übrigens im 12. Kinder- und Jugendbericht bei aller partizipatorischen Wertschätzung keinerlei Erwähnung.

Hier wie auch in den früheren Kinder- und Jugendberichten fungieren nach Vorstellung der Berichtsautoren die Kommune sowie die Institutionen der Kinder- und Jugendhilfe als Grundlage und Motor von kindlicher politischer Teilhabe, da dort im Vergleich zur Schule »weitaus mehr Möglichkeiten der Partizipation eingeräumt« würden (ebd., 346). Der Schule wird empfohlen, mit den außerschulischen Bildungsinstitutionen zu kooperieren und durch veränderte offenere Strukturen Voraussetzungen dafür zu schaffen (ebd.; vgl. den Beitrag von Knauer hier im Buch). Folgerichtig wird die Bedeutung des »Zusammenspiels« unterschiedlicher Bildungsorte und Lernwelten sehr betont (BMFSFJ 2005, 41 ff.). Dem ist zuzustimmen. Doch wird die Schule nicht allzu sehr aus der partizipatorischen Verantwortung entlassen? Muss nicht – im Sinne der o. a. Autoren – dringend über ihre demokratischen Verbesserungsmöglichkeiten nachgedacht werden? Schule ist der einzige gesellschaftliche Ort, den alle Kinder und Jugendlichen durchlaufen müssen; die Grundschule zudem der einzige Ort, an dem alle Kinder dieser Gesellschaft gemeinsam erzogen und unterrichtet werden.

Tatsache ist, dass es im Schulbereich auf verfassungsrechtlicher Grundlage »keine ableitbaren, konkret bestimmbaren Ansprüche auf Mitwirkungs- oder Mitbestimmungsrechte von Schülern und Schülerinnen sowie Eltern« gibt, so die Aussage des BMFSFJ (2001 a, 34) an anderer Stelle. Daran hat sich seitdem nichts geändert. Der erste Info-Brief der National Coalition des Jahres 2006 berichtet über eine Veranstaltung zum Thema »Die Rechte des Kindes im deutschen Schulwesen«. Die Fotos zeigen eher dürftig gefüllte Räume, und in der Rede des Berliner Staatssekretärs kommen strukturelle Partizipations- und Rechtsprobleme nicht vor. Sollen also Kinderrechte in den (Grund-)Schulen realisiert werden, müssten die aufgezeigten Rechtsunsicherheiten angegangen werden und schulische Strukturen sich öffnen. Hurrelmann und Bründel (2003, 200) schreiben: »Schulen sind nach dem Muster militärischer Einheiten aus dem vorvorigen Jahrhundert aufgebaut, geleitet von der Idee, die pädagogische Arbeit mit Kindern sei ein reglementierbarer staatlicher Akt [...]«. Das entspricht, so die Autoren, keinesfalls den Aufgaben modernen Schulunterrichts; vielmehr sollten Schulen selbstständiger werden und über ein erweitertes Angebot verfügen (ebd., 201 f.). Die Lehrerrolle ändere sich – und das durchaus auch in den Grundschulen, in denen »die Mitbestimmungsfähigkeit der Kinder an allen sie betreffenden Belangen gestärkt werden« sollte (ebd., 203). Der Schluss des zitierten Kapitels gehört der UN-Konvention, deren Umsetzung Hurrelmann und Bründel endlich auch direkt für den Schulbereich einfordern: Eine Kinderpolitik auf dieser Grundlage »setzt auf die Selbstbestimmung und Mitbestimmung von Kindern. [...] Je mehr Entscheidungsspielräume ihnen gewährt werden, desto fähiger werden sie, diese sinnvoll zu nutzen« (ebd., 214). Die Autoren folgern deshalb, dass in den Schulgesetzen der Länder die Anhörungs-, Beratungs- und Vorschlagsrechte der Kinder erweitert werden müssen (vgl. ebd., 215). Es hat lange gedauert, bis solche sich unmittelbar aus der Kinderrechtskonvention ergebenden Forderungen mit dieser Klarheit für die Schule erhoben wurden. Was nun liegt zu Kinderrechten und einer entsprechenden politischen Bildung in der Grundschule vor?

5. Kinderrechte – Didaktik in der Grundschule

5.1 Prinzipien

Erst durch die Klärung der im vorhergehenden Abschnitt herausgestellten Rechtsunsicherheiten mit entsprechenden Strukturveränderungen könnte zu einer wirklichen Beachtung von Kinderrechten in der Schule vorgedrungen werden. Dieses wäre das erste und entscheidende Prinzip jeder schulischen Kinderrechtsdidaktik. Eine Veränderung der Lehrer/innen-Rolle wäre die Folge und würde das zweite unabdingbare Prinzip hervorbringen: Das Annehmen von kindlicher Unabhängigkeit und eigener Weltsicht im Unterricht. Ich möchte ein Ergebnis aus einer kleinen Sachunterrichtsstudie anführen, in der wir Ausschnitte heutiger Grundschulrealität beobachtet haben (vgl. Wegener-Spöhring 2004). Kaum eine Lehrperson war bereit, ein wenig Freigeist und Widerständigkeit von den Kindern zu akzeptieren, jedenfalls nicht freiwillig. »Ich melde mich doch gar nicht«, sagte ein Junge, als ihn die Lehrerin bei hochgestrecktem Arm aufgerufen hatte, »Das ist nur meine Radioantenne«. Muss man so etwas wirklich sanktionieren? Fast alle Lehrerinnen und Lehrer taten es. Ich erinnere an das in der Kinderrechtskonvention und in den Kinder- und Jugendberichten transportierte neue Kinderbild: Kinder erscheinen als eigenständige Persönlichkeiten, die einen eigenständigen Beitrag zur Gesellschaft leisten. Ihnen kommt Meinungs- und Gedankenfreiheit zu (vgl. o.). Und du Bois-Reymond (2004, 82) beschreibt das Paradigma der neuen Kindheitsforschung: »Die Rolle des rechtlosen Kindes hat […] abgedankt zugunsten des mündigen Kindes«. Es ist an der Zeit, dass dieses Kinderbild auch in der (Grund-)Schule ankommt. Wiederum erscheint es aussichtsreich, zunächst die außerschulischen Bildungsorte zu betrachten.

5.2 Außerschulische Bildungsorte als Vorreiter

Um den Bekanntheitsgrad zu steigern, druckte und verbreitete das BMFSFJ (vgl. 2001 b, 32 ff.) für Kinder oder Erwachsene aufbereitete Exemplare der Kinderrechtskonvention. Diese wurden über die Institutionen der Kinder- und Jugendhilfe verteilt und – worauf ausdrücklich hingewiesen wird – in den Publikationsorganen der Kinderärzte veröffentlicht. An den Schulen fand nichts dergleichen statt. Die außerschulischen Bildungsinstitutionen brachten ähnliche Exemplare in Umlauf, und die meisten sind als sehr gelungen zu bezeichnen. Der vom BMFSFJ entwickelte »Kinderrechtekoffer« mit Unterrichtsmaterialien war teuer und wurde nicht einmal den in der

Lehrerbildung oder Multiplikatorenausbildung Tätigen zur Verfügung gestellt. Zur Zeit ist er vergriffen; erhältlich ist nur noch ein Kinderrechte-«Starterpack« bei der National Coalition.

Zu einer Kinderrechte-Didaktik im weiteren Sinne zählt die Forderung von Klaus Hurrelmann, das Wahlalter zu senken (2002). Der Gedanke ist einleuchtend: Praktizierte Partizipation im gesellschaftlichen Ernstfall. Allerdings konnte dafür bei den Kindern und Jugendlichen nicht viel Interesse gefunden werden. Es wäre durch eine weiter reichende praktizierte Partizipation erst zu wecken – ein Paradox. Die außerschulischen Bildungsorte mit ihren einschlägigen Institutionen sind hier Vorreiter. Es gibt Kinderkommissionen, Kinderbeauftragte, Kinderanwälte und Kinderbüros. Es gibt Kinderbeiräte, Kinderparlamente, Kinderforen und Kinderkonferenzen. Und es gibt Kinderfreundlichkeitsprüfungen mit »Prüfsteinen« und Kriterien. Beeindruckend war die vom Deutschen Kinderhilfswerk veranstaltete »Kinderkarawane«, die sechs Jahre lang mit Kinderrechts-Informationen durch 147 Städte und Gemeinden zog und in deren Hauptveranstaltungen Politiker/innen vor Ort mit Kindern diskutierten. Die Bekanntheit von Kinderrechten konnte so entscheidend verbessert werden. Ein Gleiches gilt für die 1998/99 vom Aktionsbündnis für Kinder (Unicef u. a.) durchgeführten »Kinderrechtswahl«, an der über 100 000 Kinder und Jugendliche teilnahmen. Der Kurzbericht über ein besonders positives Beispiel der außerschulischen Kinder- und Jugendarbeit wird am Schluss dieser Ausführungen stehen. Überzeugend fand die Verfasserin auch das Amt einer Unicef-Juniorbotschafterin, die unter Gleichaltrigen als Multiplikatorin für Kinderrechte fungiert (vgl. Kölner Stadtanzeiger, 13. 9. 2005). Der WDR bringt eine Nachrichtensendung eigens für Kinder; auch hat er das Projekt »Kinder haben Rechte« initiiert. »Dabei nimmt der WDR in besonderer Weise seinen öffentlich-rechtlichen Auftrag wahr« (Fesenfeld 2001, 135) – ein Auftrag, der auch den (Grund-)Schulen gut anstünde. Diesem soll im Folgenden nachgegangen werden.

5.3 Wissensvermittlung

Am Beginn muss natürlich eine kindgerechte Wissensvermittlung über Kinderrechte stehen. Positiv dürfte sich dabei auswirken, dass die Beschäftigung mit politischen Sachverhalten in neueren Sachunterrichtswerken für die Grundschule an Bedeutung gewonnen hat (vgl. Reeken 2002; Richter 2002 u. 2004). Wie bereits erwähnt hat das BMFSFJ die Druckexemplare der Kinderrechtskonvention in den Schulen nicht verteilt, und bei der angeführten Auflistung von Maßnahmen zur Bekanntmachung heißt es lapidar, das Ministerium habe eine einschlägige Befassung des Schulausschusses angeregt. Dieser hat allerdings eine Bekanntmachung nicht mehr für notwendig befunden, da »Inhalte und Ziele der Konvention bereits Eingang in den Unterricht und in eine Vielzahl von Schulbüchern gefunden haben« (BMFSFJ 2001 b, 37) – ein Tatbestand, der der Verfasserin freilich verborgen geblieben ist. Vielmehr ist das Monitum der National Coalition, das Fehlen einer systematischen Verankerung der Kinderrechte in den Lehrplänen der Schulen sei zu beklagen, sehr berechtigt (ebd. 2002 a, 6).

Im Ausland gibt es zu einer politischen Wissensvermittlung im Grundschulalter mehr Erfahrungen. In England finden wir schon seit längerer Zeit dezidierte Bemühungen, eine staatsbürgerkundliche Erziehung, »education for citizenship«, in allen Schularten zu etablieren. Ein Forschungsaufenthalt in Kanada machte mich mit Kollegen/innen aus der Grundschulpädagogik bekannt, die ein Curriculum für den Unterricht über Rechte und Gesetze entwickelt hatten, mit dem sie ihre angehenden Grundschullehrer/innen an der Simon-Fraser-Universität in Vancouver ausbildeten (vgl. Cassidy/ Yates 1998). Denn eines ist ganz klar: Wer Rechte und Gesetze nicht kennt, kann kaum von ihnen profitieren. Im Umkehrschluss gilt, dass einschlägige Kenntnisse ein Motor für eine weitere Demokratisierung sind: »Je besser die beteiligten Kinder und Jugendlichen über ihre Rechte Bescheid wissen, desto geringer wird der Spielraum der Erwachsenen, hierarchische Entscheidungsstrukturen beizubehalten« (BMFSFJ 2001 a, 47). Bei der Wissensvermittlung sollte man internationale Erfahrungen übernehmen und sie mit den hierzulande vorliegenden, vorrangig von den Institutionen der Kinder- und Jugendhilfe und der Jugendarbeit entwickelten Verfahren kombinieren.

5.4 Materialien und Aktionen zum Thema

Das – wenige – vorliegende Arbeitsmaterial sollte hinzukommen. Zunächst sei der bereits angeführte vergriffene Kinderrechtekoffer des BMFSFJ erwähnt; er enthält neben Leitfaden, einschlägigen Publikationen und Medien eine »Aktivmappe« und weitere Materialien. Das nachfolgende »Kinderrechte Starter-Pack« der National Coalition ist ähnlich aufgebaut: Broschüren, Poster, Aufkleber. Angeführt sei weiter das Arbeitsmaterial, das in den Grundschulzeitschriften publiziert wurde: »Kinder leben Rechte« (1996), »Kinderfreundliche Schule« (1997), »Kinder beteiligen« (2002), Leibold-Lang: »Schüler wollen mitbestimmen. Kinderrechte kennen lernen« (2004), Faseler: »Grundschüler erinnern an ihre Rechte« (2005). Durchaus gute Umsetzungshilfen finden sich in dem von Carle und Kaiser herausgegebenen Buch »Rechte der Kinder« (1998), zumal es Kindheit in unterschiedlichen Perspektiven betrachtet: Aussiedlerkindheit, türkisch/kurdische Kindheit, Mädchen-/Jungenkindheit.

Einige dieser nach 2000 erschienenen Vorschläge sollen exemplarisch betrachtet werden. In dem Themenheft der Grundschulzeitschrift »Kinder beteiligen« (2002) wird die Funktion des Klassenrates nicht so sehr auf wirkliche Beteiligung und Partizipation in schulischen Belangen fokussiert als vielmehr auf die Lösung kindlicher Konflikte (ebd., 14). Das ist in anderen Beiträgen ähnlich: »Das Miteinander geregelt wissen« (ebd., 18). Auch das Schulparlament (ebd., 46 ff.) befasst sich weniger mit unterrichtlichen oder schulpolitischen Entscheidungen, sondern mit der »Leseoase«, dem Fußballfest und der Umwandlung eines Regenwasserbaches auf dem Schulgelände in einen Naturbach. Bemerkenswert erscheint der Vorschlag, die Unterrichtsplanung in drei Strängen zu sehen – dem Bildungsplan, dem Lehrerplan und dem Kinderplan (ebd., 50). Wie aber dann die »Verständigung« zwischen Lehrkraft und Kindern verläuft, bleibt ungeregelt. In »Schüler wollen mitbestimmen« (2004) ist immerhin ein Mitspracherecht bei Sachunterrichtsthemen vorgesehen (ebd., 24); die anderen Mitbestimmungsthemen sind den eben angeführten vergleichbar: Pausenhofwünsche, Leseecken-Ausgestaltung, Morgenkreis-Organisation. Bei »Grundschüler erinnern an ihre Rechte« (2005) werden Viertklässler über die UN-Konvention informiert und gestalten dann Plakate und Texte, mit denen sie an die Öffentlichkeit gehen. Eine sinnvolle Aktion, die so freilich die schulische Partizipationsfrage gar nicht thematisiert. Es wird also kaum zu einer wirklichen Beteiligung von Kindern vorgestoßen, und das wundert angesichts der vorgetragenen strukturellen Probleme nicht.

Das BLK-Programm der Bund-Länder-Kommission für Bildungsplanung und Forschungsförderung »Demokratie lernen und leben« wird in einem bundesweiten Schulentwicklungsprogramm mit etwa 150 Schulen aus zwölf Bundesländern von 2002 bis 2007 erprobt (www.blk-demokratie.de). Ziel ist die Demokratisierung von Unterricht und Schulleben und die Förderung der Bereitschaft junger Menschen, an der Zivilgesellschaft aktiv mitzuwirken. Die Internet-Seiten berichten von lebendigen und tragfähigen Praxisbeispielen; die Frage der Kinderrechte wird allerdings nicht thematisiert. Ähnlich hat der Grundschulverband »Bildungsansprüche von Grundschulkindern – Standards zeitgemäßer Grundschularbeit« veröffentlicht; »Grundschule als Lernfeld für Demokratie« ist einer davon (2003, 7): »Die Mitwirkung an der Gestaltung einer gerechten und für alle Menschen lebenswerten Welt müsse schon im Grundschulalter geübt werden« (ebd.). Auch hier sei die Empfehlung formuliert, einen expliziten Bezug auf Kinderrechte nachzutragen.

5.5 »Stolpersteine« bei einer Kinderrechtsdidaktik

Nach den vorausgegangenen Ausführungen muss man erwarten, bei der Realisierung einer Kinderrechtsdidaktik auf Probleme, übersehene Schwierigkeiten oder nur teilweise angemessene Problemlösungen zu stoßen. Diese sollen als »Stolpersteine« bezeichnet werden.

Der erste liegt in der Unterschätzung oder gar Ignorierung der vorab dargestellten schulischen Strukturen, die hierarchisch und herrschaftsmächtig sind. Sie vertragen sich nicht mit Kinderrechten, und ändern kann dies die einzelne Lehrkraft nur in Nuancen.

Im Zusammenhang damit steht ein zweiter und häufig anzutreffender Stolperstein: Die Verkürzung von Kinderrechten auf ein relativ unpolitisches soziales Lernen: Eigenständiges Blumengießen, Konfliktlösungen, in denen die Lehrperson und schulische Strukturen außen vor bleiben, oder das Verleiben in punktuellen und plakativen Aktionen. Die in Abschnitt 5.4 angeführten Praxisbeispiele und Aktionen waren nicht frei davon.

Ein weiteres allfälliges Problem ist eine reine Wissensvermittlung über Kinderrechte und eine formalisierte Abbildung von Rechts- und Politikprozessen, die Kinder nicht interessieren. Eine Kinderrechtsdidaktik, eine Kinderpolitik bedarf spezieller Handlungsformen. Sie muss so umgesetzt werden, dass Kinder an einer Beteiligung Interesse ausbilden können. »Auf das spielerische Element kommt es an«, heißt es in der einschlägigen Publikation des BMFSFJ (2001 a, 88). Dazu sagte der Münchener Kinderkultur-Fachmann Zacharias: Negative Beispiele seien Kinderparlamente, die das reale Parlamentsgeschehen abbilden. Solche formalen Prozesse entsprächen Kinderinteressen nicht. »Ich verstehe jetzt, warum so vieles nicht funktioniert«, äußerte beispielsweise ein betroffenes Kind. Vielmehr gehe es um politikanaloge, symbolische Formen, um spielerische Prozesse, die dennoch nicht ganz folgenlos bleiben (vgl. Wegener-Spöhring 1992, 291).

Um diesen Stolperstein zu vermeiden trat Anfang der 1990er-Jahre eine Düsseldorfer Sozialpädagogin in buntem Kostüm als »Till Eulenspiegel« auf und fungierte so als Anwältin der Kinder an öffentlichen Orten. Es hatte etwas Rührend-Mutiges: Sie wollte das spielerische Moment von Kinderpolitik repräsentieren und die Grenzen zwischen Kindern und Erwachsenen vermindern (vgl. Till Eulenspiegel […] 1991). Das wird sich nicht jede Vertretung von Kinderrechten antun wollen, schon gar nicht in der Schule. Es ist ja auch stark zu befürchten, dass man nicht ernst genommen würde in den gesellschaftlichen Organisationen – und das wäre den Kinderinteressen nicht dienlich. Ein wirklicher Stolperstein! Das angekündigte positive Beispiel soll den Schluss der Ausführungen bilden.

6. Ein gelungenes Beispiel zum Schluss

Es ist die Spielstadt Mini-München, die Simulation der Kommune, die im Zweijahresrhythmus während der Ferienzeit in München stattfindet. Stadt – das ist der Lebensraum, die Wirklichkeit der Kinder, ihr alltäglicher Erfahrungsstoff. Stadt als Thema, das interessiert, bietet viele Informationen, Spielanlässe und auch Ernstfälle. Ein Ziel des Stadtspiels lautet: Das Zusammenwirken von Arbeit, Politik, Kultur, Freizeit im ›ernsten Spiel‹ erleben und ein wenig durchschauen, indem die Kinder als »Bürgermeister/in«, »Müllmann« oder »Geschäftsfrau« spielerisch Rollen ausüben, Zwänge erfahren, Rechte kennen und einfordern lernen, Veränderungen erproben, Lösungen diskutieren und aushandeln. Über die Kinderrechte wird jeder Bürger/jede Bürgerin Mini-Münchens durch eine kindgerechte Broschüre informiert, und die in der Spielstadt erworbenen Kompetenzen kommen oftmals im Münchener Kinderparlament zur Geltung, dem Kinder- und Jugendforum – eine geglückte und effektive Verbindung. Ich habe noch niemals so sozial-kompetente und in gutem Sinne selbstbewusste Kinder erlebt (vgl. dazu Grüneisl/Zacharias 1989; Wegener-Spöhring 1989; www. kulturundspielraum.org/kalender.php?anz=208). Nachahmungen gibt es in etlichen Städten, wenngleich meines Wissens nicht in der Münchener Größenordnung.

Eine Spielstadt ist in der Schule nicht realisierbar. Aufgegriffen sei deshalb nochmals die Forderung des 12. Kinder- und Jugendberichtes, die Schule möge die Kooperation mit Akteuren der Kinder- und Jugendhilfe »als ihre eigenständige Aufgabe begreifen und in ihrer Organisations- und Personalstruktur entsprechend berücksichtigen« (BMFSFJ 2005, 346). Im dort geforderten »Zusammenspiel« von außerschulischen Lernorten und Schule und den in der Folge möglichen Strukturveränderungen scheint der Verfasserin derzeit der entscheidende Schlüssel zu einer schulischen Kinderrechtsdidaktik zu liegen. Vielleicht ist es auf diese Weise möglich, sich einer Realisierung des Menschenrechtes auf Beteiligung an das eigene Leben betreffenden Entscheidungen in der Schule zu nähern.

Literatur

Auswärtiges Amt (2001): »Kinderrechte sind Menschenrechte«. Berliner Konferenz »Kinder in Europa und Zentralasien«. Dresden.

BLK (Bund-Länder-Kommission für Bildungsplanung und Forschungsförderung) (2006): Programm »Demokratie lernen und leben« 2002–2007. URL: www.blk-demokratie.de [Stand: 28. 3. 2006].

BMFSFJ (Bundesministerium für Familie, Senioren, Frauen und Jugend) (1998): Zehnter Kinder- und Jugendbericht. Bonn.

BMFSFJ (2001 a): Partizipation – ein Kinderspiel? Beteiligungsmodelle in Kindertagesstätten, Schulen, Kommunen und Verbänden. München.

BMFSFJ (2001 b): Bericht der Bundesrepublik Deutschland an die Vereinten Nationen über die Rechte des Kindes. Bonn.

BMFSFJ (2002 a): Elfter Kinder- und Jugendbericht. Bonn.

BMFSFJ (2002 b): »Eine Welt – fit für Kinder!« Aktionsplan der UN-Sondergeneralversammlung zu Kindern. Weltkindergipfel. Bonn.

BMFSFJ (2005): Zwölfter Kinder- und Jugendbericht. Bonn.

BMFSFJ (Hrsg.) (1999): Ein Koffer voller Kinderrechte. Bonn.

Bois-Reymond, Manuela du (2004): Lernfeld Europa. Eine kritische Analyse der Lebens- und Lernbedingungen von Kindern und Jugendlichen in Europa. Wiesbaden.

Brockhaus Enzyklopädie Online (ständig aktualisierte Ausgabe 2006): URL: http://www.brockhaus-enzyklopaedie.de [Stand: 28. 3. 2006].

Carle, Ursula / Kaiser, Astrid (Hrsg.) (1998): Rechte der Kinder. Baltmannsweiler.

Cassidy, Wanda / Yates, Ruth (1998): Let's talk about law in Elementary School. Calgary, Alberta/Kanada (Detselig Enterprises Ltd.).

Civic Education Study (2002) IEA: International Association for the Evaluation of Educational Achievement. URL: http://www2.rz.hu-berlin.de/empr_bf/ies_e1.htm

Faseler, Tanja (2005): Grundschüler erinnern an ihre Rechte. Eine Plakataktion gegen Kinderrechtsverletzungen. In: Grundschulmagazin, (3), S. 27–30.

Fesenfeld, Bergit (2001): Kinderrechte sind (k)ein Thema! Münster.

Frädrich, Jana / Jerger-Bachmann, Ilona (1995): Kinder bestimmen mit. München.

Grundschule als Schule der Demokratie (1996): Die Grundschulzeitschrift, Themenheft 15, (100).

Grundschulverband – Arbeitskreis Grundschule (2002): Leitkonzept zeitgemäßer Grundschularbeit. In: Grundschulverband aktuell, (81), Frankfurt a. M., S. 5–8.

Güthoff, Friedhelm / Sünker, Heinz (Hrsg.) (2001): Handbuch Kinderrechte. Münster.

Holtappels, Heinz Günter (2004): Beteiligung von Kindern in der Schule. In: Deutsches Kinderhilfswerk e. V. (Hrsg.): Kinderreport Deutschland 2004. München, S. 259–274.

Grüneisl, Gerd / Zacharias, Wolfgang (1989): Die Kinderstadt: eine Schule des Lebens. Handbuch für Spiel, Kultur, Umwelt. Reinbek.

Hurrelmann, Klaus (2002): Das Wahlalter deutlich senken. In: SZ (20. 8. 2002).

Hurrelmann, Klaus / Bründel, Heidrun (2003): Einführung in die Kindheitsforschung. (2. überarb. Aufl.) Weinheim/Basel.

Kinder beteiligen (2002): Die Grundschulzeitschrift, Themenheft 16, (157).

Kinder- und Jugendhilfegesetz (KJHG) (1998): Sozialgesetzbuch – Achtes Buch. Textausgabe. (5. Aufl.) Frankfurt a. M.

Leibold-Lang, Bettina (2004): Schüler wollen mitbestimmen. Kinderrechte kennen lernen. In: Grundschulmagazin, (2), S. 23–26.

Lohrenscheit, Claudia (2004): Das Recht auf Menschenbildung. Grundlagen und Ansätze einer Pädagogik der Menschenrechte. Frankfurt a. M. und London.

Melzer, Wolfgang : Schülerpartizipation 2001. In: Güthoff, Friedhelm/Sünker, Heinz (Hrsg.): Handbuch Kinderrechte. Münster, S. 172–187.

Merk, Kurt-Peter (2003): Schüler-Partizipation? In: Palentien, Christian/Hurrelmann, Klaus: Schülerdemokratie. Neuwied, S. 85–100.

National Coalition (2002): Kinderrechte in Deutschland. Bericht. URL: http://www.oneworldweb.de/tdh/materialien/files/nc-bericht.pdf

National Coalition (2004): Kinderrechte in Deutschland und Europa. Meckenheim.

National Coalition (2005): Verwirklichung der Kinderrechte. Berlin.

National Coalition (2006): NC Infobrief, (1).

Palentien, Christian / Hurrelmann, Klaus (2003): Schülerdemokratie. Neuwied.

Reeken, Dietmar von (2001): Politisches Lernen im Sachunterricht. Baltmannsweiler.

Richter, Dagmar (2002): Sachunterricht – Ziele und Inhalte. Ein Lehr- und Studienbuch zur Didaktik. Baltmannsweiler.

Richter, Dagmar (Hrsg.) (2004): Gesellschaftliches und politisches Lernen im Sachunterricht. Bad Heilbrunn.

Till Eulenspiegel kämpft für Kinder (1991). In: Spielraum und Freizeitwert 12, (1), S. 34–35.

Unicef / Deutsches Komitee (2001): Kinder haben Rechte! Die UN-Konvention über die Rechte des Kindes. Eine Einführung, Dokumentation Nr. 11, Köln.

Unicef / Deutsches Komitee (o. J): Kinder haben Rechte. Ergebnisse der Kinderrechtswahl 1998–1999. Köln.

Wegener-Spöhring, Gisela (1989): Mini-München zwischen Spiel und Realität. Erlebnisse, Eindrücke, Gedanken. In: Grüneisl, Gerd/Zacharias, Wolfgang: Die Kinderstadt: eine Schule des Lebens. Handbuch für Spiel, Kultur, Umwelt. Reinbek, S. 374–389.

Wegener-Spöhring, Gisela (1992): Moderne Kindheit und Politik für Kinder. In: Zeitschrift für Pädagogik, (Beiheft 29), S. 288–291.

Wegener-Spöhring, Gisela (2003): Kinderrechte und Kinderpolitik in der Grundschule. In: Burk, Karlheinz u. a. (Hrsg.): Kinder beteiligen – Demokratie lernen? Grundschulverband. Frankfurt a. M., S. 79–92.

Wegener-Spöhring, Gisela (2004): Aufmüpfigkeit und Freude unerwünscht. Lebensweltliche Kinderinteressen im Sachunterricht. In: Korte, Petra (Hrsg.): Kontinuität, Krise und Zukunft der Bildung. Analysen und Perspektiven. Münster, S. 135–15.

Christiane Dettmar-Sander / Wolfgang Sander

Krieg und Frieden, Terror und politische Gewalt

1. Ein komplexer Gegenstand: Sachaspekte des Themenfeldes

Soweit wir wissen, ist der Krieg so alt wie die Menschheit selbst: »*Von unseren Urvätern haben wir ihn übernommen; seit der Kindheit der Welt ist es zu Kriegen gekommen*«, so schrieb 1757 Jaucourt zu Beginn seines Artikels »Krieg« in der berühmten Encyclopédie von Diderot und d'Alembert (zit. nach Selg/Wieland 2001, 210). Als extremste Form politisch motivierter Gewalt scheint er zum Alltag der frühen Stammesgesellschaften gehört zu haben, und aus allen bekannten Hochkulturen ist bekannt, dass Kriege geführt wurden (vgl. zur Geschichte des Krieges Sutor 2004 und zur Geschichte der Theorie des Krieges Münkler 2002a). Alt ist aber auch das Bewusstsein dafür, dass der Krieg ein Übel darstellt. Im 8. Jahrhundert vor Christus beschrieb Jesaja das Ende der Zeit und den Tag des Gottesgerichtes als Beginn des ewigen Friedens: »Und er wird richten unter den Heiden und zurechtweisen viele Völker. Da werden sie ihre Schwerter zu Pflugscharen und ihre Spieße zu Sicheln machen. Denn es wird kein Volk wider das andere das Schwert erheben, und sie werden hinfort nicht mehr lernen, Krieg zu führen« (Jes. 2,4). Aus der Antike sind uns erste theoretische und historische Analysen überliefert, allen voran die umfangreiche und in ihrer Unterscheidung zwischen Anlass und Ursache von Kriegen bis heute bedeutsame Geschichte des Peloponnesischen Krieges im fünften Jahrhundert vor Christus von Thukydides. Auch kennt die Antike bereits religiös begründete kriegsrechtliche Vorstellungen, mit denen zwischen legitimen und illegitimen Kriegen unterschieden wurde. Der Krieg als solcher aber galt als ein durchaus normaler Zustand zwischen politischen Einheiten, seien es Stämme, Städte oder Völker: »Friede dagegen ist nicht von Natur aus da, er muss vielmehr hergestellt werden. Das geschieht durch Verträge, bei den Griechen spondai genannt, bei den Römern pacta. [...] Der lateinische Grundbegriff für Friede, pax, ist abgeleitet von pacisci, das heißt, einen Vertrag schließen; das Ergebnis ist das pactum, der Vertrag, und der in ihm gründende Zustand ist die pax, der Friede« (Sutor 2004, 10).

Damit sind bereits wesentliche Aspekte des Themenfeldes, um das es in diesem Beitrag geht, angesprochen:

– Der *Krieg* ist ein sehr altes Phänomen im menschlichen Zusammenleben, aber er ist kein Naturgesetz. Er ist eine Form extremer Gewalt, aber kein spontaner Gewaltausbruch; immer verbinden sich mit ihm bestimmte Ziele und Absichten politischer Akteure. Dies meinte Carl von Clausewitz, wenn er vom Krieg als einer Fortsetzung der Politik mit anderen Mitteln sprach, auch wenn die Vorstellung vom begrenzten Zweck und damit einer »Einhegung« des Krieges, die in dieser berühmten Definition mitgedacht war, nicht für alle bekannten Kriege aus Geschichte und Gegenwart zutrifft. Kriege können gewissermaßen »außer Kontrolle« geraten und ein Maß an Zerstörung bewirken, das in keinem Verhältnis zu den ursprünglichen Zielen der kriegsführenden Parteien steht. Aber ihre jeweils konkreten Anlässe und Ursachen lassen sich rekonstruieren und mit ihnen die Situationen, an denen die politischen Weichen hätten anders gestellt werden können, um den Krieg möglicherweise zu vermeiden oder doch zumindest auf einem niedrigeren Niveau der Gewaltanwendung zu beenden.

– Entsprechend ist auch der *Friede* kein Naturzustand des Menschen. In einem sehr weit gefassten Sinn steht der Begriff des Friedens auch für die (utopischen und/oder religiösen) Visionen einer Aufhebung aller Gegensätze (z. B. Friede mit Gott, Friede mit der Natur). Wir verstehen Friede hier jedoch in einem engeren Sinn als Zustand des gewaltfreien Zusammenlebens zwischen Gesellschaften (und innerhalb von Gesellschaften zwischen Gruppen mit unterschiedlichen Interessen). Als solcher ist der Friede wie der Krieg eine *Möglichkeit* im Zusammenleben von Gesellschaften, und zwar eine, die über den reinen guten Willen hinaus der politischen Anstrengung bedarf: »Die bloß Friedliebenden haben noch keinen Krieg verhindert. Das Friedenschließen ist eine Technik, keine Gesinnung« (Hartmut von Hentig, zit. nach Heck/Schurig 1991, 113). Dies gilt nicht nur für den Frieden nach der Beendigung eines Krieges, den so zu schließen, dass er nicht den Keim des nächsten Krieges schon in sich trägt, ein erhebliches Maß an politischer Weitsicht und Klugheit erfordert. Dies gilt auch schon für die Prävention von Kriegen, die im Kern auf dem politischen Ausgleich von Interessenkonflikten und einer klugen Stiftung von Interessenverflechtungen beruht. Ein herausragendes Beispiel für den Erfolg einer solchen langfristig orientierten Friedenspolitik ist die europäische Integrationspolitik seit den frühen 1950er Jahren.

– So alt wie der Krieg sind das Leiden an ihm und der Wunsch nach Frieden. Dennoch stand der Krieger über die bei weitem längste Zeit der menschlichen Geschichte auch in hohem Ansehen, galt das Heldentum im Kampf als Tugend. Lange galt, auch in der christlichen Theologie, die Lehre vom gerechten im Unterschied zum ungerechten Krieg. Schon bei Augustinus (354 – 430) findet sich die Argumentation, dass der Krieg nur zur Wiederherstellung der Ordnung und eines gerechten Friedens legitim sei. Aber erst nach dem verheerenden Dreißigjährigen Krieg kam es in Europa nach und nach zu einer deutlicheren *Verrechtlichung* und damit zu rechtlich greifbaren Versuchen einer Begrenzung des Krieges. Das staatliche Gewaltmonopol setzte sich durch, womit der Krieg zu einer Angelegenheit der Staaten bzw. der Fürsten wurde, die sich bei der Kriegsführung an rechtliche Regeln zu halten hatten. So bestimmte schon der Westfälische Friede, mit dem der Dreißigjährige Krieg beendet wurde, dass Kriegsgefangene nach Ende des Krieges freizulassen seien, was die ältere Vorstellung von deren legitimer Versklavung ablöste. Die Genfer Konventionen von 1864 und 1929 sowie die Haager Landkriegsordnung von 1899 und 1907 waren weitere wesentliche Schritte zur Verrechtlichung des Staatenkrieges. Aber erst nach der zweiten großen Katastrophe Europas, den Weltkriegen im 20. Jahrhundert, setzte sich die prinzipielle Ächtung des Krieges als Mittel der Politik (mit Ausnahme der Verteidigung gegen einen Angreifer) als normative Leitvorstellung durch: Global bei der Gründung der Vereinten Nationen, in Deutschland durch das Verbot des Angriffskrieges im Grundgesetz.

Gleichwohl hat auch das Ende der weltweiten Blockkonfrontation 1989 nicht, wie vielfach erhofft, den Krieg zu einem Phänomen der Vergangenheit gemacht. Zwar spricht vieles für die These, dass die »Ära der Staatenkriege […] offenkundig zu Ende« geht (Münkler 2003, 12). Aber es scheint, dass wir damit nur eine der vielen Metamorphosen des Krieges erleben: An die Stelle von Staaten als Akteure des Krieges treten immer mehr Bürgerkriegsparteien, Warlords, private Kriegsunternehmer und global vernetzte terroristische Organisationen. Die »neuen Kriege« (Münkler 2002 b u. 2003) gleichen in mancher Hinsicht mehr den Verhältnissen im Dreißigjährigen Krieg als denen der großen Staatenkriege. Trotz der geringeren Kosten sind sie von äußerster Brutalität vor allem gegen Zivilisten gekennzeichnet und nur schwer zu beenden. Sie stellen in politischer wie militärischer Hinsicht eine gewaltige Herausforderung für die Staatengemeinschaft dar; nicht zufällig fanden die ersten militärischen Einsätze der Bundeswehr *nach* dem Ende der Ost-West-Konfrontation statt, die ihre Existenz begründet hatte. Aber auch in moralischer Hinsicht führen die »neuen Kriege« dazu, dass der moralische Status militärischer Gewalt seine Eindeutigkeit wieder verloren hat. Es kann bei diesen Kriegen durchaus sehr gute moralische Gründe dafür geben, von außen mit militärischer Gewalt zu intervenieren, um noch größere humanitäre Katastrophen zu verhindern.

Eine weitere Folge der »neuen Kriege« ist es, dass die Abgrenzung des Krieges von anderen Formen politisch motivierter Gewalt unscharf geworden ist. Offenkundig erfasst eine Definition des Krieges als gewaltsamer Konflikt zwischen Staaten dessen Realität am Beginn des 21. Jahrhunderts nicht zureichend; ebenso offenkundig ist es nicht sinnvoll, die Anschläge der Roten Armee Fraktion im Deutschland der 1970er Jahre schon als »Krieg« zu klassifizieren. Auf der anderen Seite ist es mehr als eine Metapher, wenn in den USA vom »war against terror« gesprochen wird, denn in der Tat operiert der Gegner global vernetzt mit einer militärischen Logik, die schon Tausende von Toten zur Folge hatte. Ihm ist mit den Mitteln der innerstaatlichen Polizei allein nicht beizukommen. Schon vor den Anschlägen des 11. September 2001 konnte vom heutigen Terrorismus als dem »unerklärte(n) Krieg« gesprochen werden (Hoffman 1999/2002). Nach ihnen stellte die NATO erstmals in ihrer Geschichte den Bündnisfall fest und betrachtete sie damit als Angriff auf die USA und gemäß Artikel 5 des NATO-Vertrages gleichzeitig auf alle NATO-Staaten.

Diese Metamorphosen sprechen für die Sicht Alexander Kluges (2001, 215), dass »der Krieg als Ganzer ein viel zu großes wechselhaftes und zum Teil verborgenes Objekt ist für menschliche Kräfte: Krieg ist ein Monster. Was wir ebenfalls wissen ist, dass jedem *einzelnen* Element des Krieges mit der Zeitbomben-Entschärfungstechnik der letzten 350 Jahre beizukommen ist«. Diese Sätze wurden vor dem 11. September 2001 geschrieben, und es muss sich erst noch erweisen, ob und auf welche Weise die Erfahrungen mit Einhegung und Prävention des Krieges, die Europa zwischen dem Dreißigjährigen Krieg und 1989 gemacht hat, tatsächlich auf die Bewältigung der »neuen Kriege« übertragbar sind. In jedem Fall aber sind die Prävention des Krieges und die Sicherung des Friedens am Ende *politische* Aufgaben. Deshalb muss Friedenserziehung im Kern als Teil politischer Bildung verstanden werden (vgl. auch Dettmar-Sander/Sander 1996, Sander 2005).

2. Die Bedeutung des Themenfeldes für die Grundschule

Gelegentlich wird gegen die Auseinandersetzung mit Krieg und Frieden, Terror und politischer Gewalt in der Grundschule das Argument der »Verfrühung« vorgebracht: Kinder im Grundschulalter seien zu jung für diese schwierigen Themen und mit ihnen überfordert. Es sind im Wesentlichen zwei Gründe, die gegen dieses Argument und für die Thematisierung dieses Problemfeldes im Grundschulunterricht sprechen. Der erste ist die Bedeutung der *Medien* im Lebensumfeld von Kindern in modernen Gesellschaften. Globale politische Ereignisse und Konflikte gehören, wie sich z. B. an den Anschlägen vom 11. 9. 2001 gezeigt hat, vermittelt über die Medien zur Lebenswelt der Kinder im 21. Jahrhundert. Auch in einer Befragung von 87 Sechs- bis Elfjährigen durch das Internationale Zentralinstitut für das Jugend- und Bildungsfernsehen während der ersten Woche des Irakkriegs 2003 gaben 70 Prozent von ihnen an, im Fernsehen Sendungen zu diesem Krieg gesehen zu haben (vgl. Götz 2006 c, 2).

Die Fragen, die sich für Kinder dann oft ergeben, richten sie auch an ihre Lehrerinnen und Lehrer, die Gesprächsanlässe bieten müssen und sich der Auseinandersetzung mit ihnen nicht entziehen dürfen, wenn sie die Schülerinnen und Schüler und ihre politischen Lerninteressen ernst nehmen wollen. Dies gilt umso mehr, als dieses Themenfeld bei Kindern oft mit *Ängsten* besetzt ist. So zeigt eine Studie mit niederländischen Kindern, dass »Krieg und Terroranschläge [...] die größten Angstthemen für mehr als 50 % der Kinder« sind (Götz 2006 a, 1). Innerhalb der Grundschulzeit gibt es unterschiedliche pädagogische Schwerpunkte im Umgang mit solchen Ängsten. Götz empfiehlt bei jüngeren Kindern (bis etwa sieben Jahre) primär mit emotionaler Zuwendung und Beruhigung zu reagieren. Zwar sehen auch Acht- bis Zwölfjährige Angst erregende Kriegsbilder äußerst ungern. Aber etwa ab diesem Alter stellen neben dem Gefühl der Geborgenheit kognitive Strategien wie Informationen und ernsthafte Gespräche eine altersadäquate Form der Angstbewältigung dar (vgl. Götz 2006 a, 2).

Das berührt bereits den zweiten Grund für die Auseinandersetzung mit diesem Themenfeld in der Grundschule. Bekanntlich beginnt die *politische Sozialisation* bereits im frühen Kindesalter. Zu deren Wirkungen – nicht zuletzt, wenn auch nicht alleine vermittelt über Medien – gehört, dass Kinder bereits zu Beginn der Grundschulzeit über Vorstellungs- und Erklärungsmuster zu Krieg und Frieden verfügen. Das wurde bereits 1965 von Peter Cooper nachgewiesen (vgl. den Beitrag von Götzmann hier im Band) und durch eine empirische Untersuchung an Hamburger Grundschülern im Jahr 2000 von Müller und Schernikau (2000, 89–92) bestätigt. Die Grundschule trägt daher dieses Themenfeld nicht künstlich an Kinder heran, sondern muss sich im Sinne politischer Bildung mit der Frage auseinandersetzen, wie sie durch geeignete Lernangebote deren bereits vorhandene Vorstellungen weiter entwickeln und verbessern kann.

Häufig erweisen sich diese Vorstellungen aus der fachlichen Sicht politischer Bildung als *Fehlkonzepte*, also als falsche beziehungsweise mindestens sehr problematische Deutungsmuster. Typische Fehlkonzepte sind, wie in den folgenden Beispielen, Personalisierung von Kriegsursachen und Analogisierung zu eigenen Alltagserfahrungen: »Sean, ein 11-jähriger Junge aus Amerika, stellte sich Krieg als eine Art Schulhofprügelei vor« (Götz 2006 b, 1).

»Krieg kann entstehen, wenn vielleicht ein Nachbar zum anderen sagt: ›Du, dein Kind ist zu laut!‹ « – »Oder ›Warum schießt dein Kind Schneebälle an unsere Fensterscheibe?‹ « – »Erst sind es Nachbarn, dann holen die ihre Familien, dann holen sie die Polizei, dann die Bundeswehr, [...] dann ist bald Krieg.« (Schüleräußerungen aus einer vierten Klasse, zit. nach Richter 2002, 140).

An Beispielen von Äußerungen deutscher und amerikanischer Kinder während des letzten Irakkriegs lässt sich ferner zeigen, wie unzureichende Information dazu führen kann, dass Kinder aus der Übernahme von Stimmungen in der (Medien-)Öffentlichkeit problematische Deutungen des Geschehens konstruieren. So zeigte sich bei deutschen Kindern eine ausgesprochen anti-amerikanische Grundstimmung: »Für die deutschen Kinder sind die Aggressoren die Amerikaner und die Person George Bush im Besonderen. [...] Besonders eindrucksvoll malte dies Julia (neun Jahre). Drei amerikanische Soldaten schießen mit einem Lächeln im Gesicht auf irakische Kinder. [...] Auf die Nachfrage im Interview, ob es Absicht gewesen sei, dass die Soldaten lächeln, bejahte Julia: ›Die wollen ja die Kinder erschießen!‹« (Götz 2006 c, 5). In den USA herrschte dagegen in der Öffentlichkeit die Haltung vor, Kinder müssten vor konkreten Kriegsbildern beschützt und der Krieg solle als ein weit entferntes Ereignis dargestellt werden. Das führte in vielen Fällen dazu, dass »US-Kinder ein eher cartoonhaftes Verständnis von Gewalt (hatten). Sie sahen den Krieg als einen persönlichen Konflikt zwischen Bush und Hussein« (Seiter/Pincus 2006, 6).

Es gibt auch empirische Hinweise darauf, dass Kinder im Grundschulalter gerade bei aktuellen gewaltsamen Konflikten, von denen sie über Medien erfahren, sich vielfach mehr für ihr Alter geeignete *Informationen* wünschen und ein starkes Bedürfnis nach Austausch mit anderen entwickeln. So wurden während des Irakkrieges Online-Foren stark genutzt, in denen die Kinder nach Möglichkeiten suchten, Antworten auf ihre Fragen zum Krieg zu erhalten. Beispielsweise berichtet die Redakteurin der Kindernachrichtensendung »logo«, sie habe während des Irakkrieges 2003 im Rahmen eines Internetforums täglich über 100 E-Mails von Kindern zum Thema erhalten (vgl. Egbringhoff 2003). Auch die von Götz während dieser Zeit befragten Kinder waren »weitestgehend darüber einig, dass das Thema Krieg für Kinder nicht ausgespart werden solle« (Götz 2006 c, 3).

3. Ziele und Aufgaben des Unterrichts zum Themenfeld

Traditionell wird für die pädagogische Auseinandersetzung mit dem Themenfeld dieses Beitrags der Begriff der *Friedenserziehung* verwendet. Was Friedenserziehung heißen soll und was sie in der Schule leisten kann, ist durch die ganze Geschichte der Bundesrepublik hindurch diskutiert worden, teilweise auch mit Rückgriff auf ältere pädagogische Traditionen (vgl. Heck/Schurig 1991). Frühe, stark idealistisch geprägte und wenig sozialwissenschaftlich fundierte Ansätze waren unter dem Eindruck des Zweiten Weltkriegs und des atomaren Wettrüstens in den 1950er und 1960er Jahren wirksam. In den 1970er und 1980er Jahren dominierten als Folge der Studentenbewegung und der Neuen Linken Konzepte einer »kritischen Friedenserziehung«, die sich an kapitalismuskritischen Gesellschaftstheorien orientierten und Frieden erst in einer Situation weltweiter sozialer Gerechtigkeit für möglich hielten. Zu Beginn der 1980er Jahre scheiterte nach massiven politischen Konflikten um die Stationierung neuer Mittelstreckenraketen (»Nachrüstungsbeschluss« der NATO von 1979) ein Versuch der Kultusministerkonferenz, eine gemeinsame Empfehlung zur Friedenserziehung zu verabschieden. Stattdessen wurden 1983 getrennte und inhaltlich konträre Empfehlungen der SPD- und der CDU/CSU-regierten Bundesländer veröffentlicht. Auffällig ist, dass in den 1990er Jahren die Diskussion um Friedenserziehung weitgehend eingeschlafen ist.

Die friedenspädagogischen Ansätze aus früheren Jahrzehnten können hier nicht im Einzelnen dargestellt und kritisch gewürdigt werden (vgl. Sander 2005, 443 ff.). Problematisch ist bei vielen, ansonsten durchaus gegensätzlichen Ansätzen, vor allem eine gemeinsame Tendenz, den didaktischen Ansatz einer Erziehung zum Frieden in den sozialen Interaktionserfahrungen der Schülerinnen und Schüler zu suchen. Hier, im sozialen Nahbereich, sollte durch gewaltfreies Handeln gewissermaßen der Keim zur Friedensstiftung gelegt oder doch zumindest, wie in der kritischen Friedenserziehung, gewaltförmigen Strukturen entgegengewirkt werden. Viele Beobachtungen sprechen dafür, dass diese Grundvorstellung auch heute noch in vielen Grundschulen lebendig ist.

Nun soll nicht bestritten werden, dass die Einübung gewaltfreien Sozialverhaltens und gewaltfreier Lösung von Alltagskonflikten im Sinne sozialen Lernens eine sinnvolle Aufgabe der Grundschule ist. Aber soziales Lernen führt für sich genommen nicht zum Verständnis politischer Probleme und Konflikte. Vielmehr ist zu befürchten, dass falsche Parallelisierungen zwischen dem Handeln im sozialen Nahbereich und dem Handeln politischer Akteure auf der Ebene des politischen Systems und der internationalen

Politik das Verständnis von Politik eher ver- als erschließen. Ein Beispiel: Am 9. Mai 2006, nach Freigabe entsprechender polnischer Akten, veröffentlichte die Tageszeitung DIE WELT (auf S. 3) Angriffspläne des Warschauer Paktes gegen Westeuropa. Auf einer Karte aus dem Jahr 1970, die den Plan für die »Angriffsoperation der Seefront« zeigt, ist (u. a. neben Atomangriffen auf Bremen, Wilhelmshaven, Cuxhaven, Emden, Antwerpen und Amsterdam) zu sehen, dass die polnische 12. Mechanisierte Division für die Umzingelung Hamburgs vorgesehen war. Diese Division gehört nun zum deutsch-polnisch-dänischen NATO-Korps Nordost; ihr Einsatzort 2006 ist jedoch der Irak. Dies mag exemplarisch für weltpolitische Veränderungen in den letzten Jahrzehnten stehen, aus der Erziehungsgeschichte der beteiligten Soldaten sind diese Veränderungen aber nicht zu erklären.

Wir verstehen das Themenfeld dieses Beitrags dezidiert als Gegenstand politischer Bildung, ohne dass es damit auf den Sachunterricht beschränkt sein muss. Zwar ist in der Grundschule der Sachunterricht das Kernfach der politischen Bildung. Aber auch andere Fächer, vor allem Deutsch, Religion und Kunst, können Aspekte dieses komplexen Themenfeldes behandeln und mit ihren fachlichen Perspektiven eine multiperspektivische Auseinandersetzung fördern. Im Kern aber geht es bei Krieg und Frieden, Terror und politischer Gewalt um Grundprobleme des Politischen, die so alt sind wie Politik selbst und die, so ist zu erwarten, auch in der absehbaren Zukunft von Bedeutung sein werden. Friedenserziehung als Teil politischer Bildung zielt letztlich auf *friedenspolitische Urteilsbildung*. Sie hat die Aufgabe Menschen zu befähigen, als Teil des Souveräns in der Demokratie Fragen von Krieg und Frieden kritisch und kompetent beurteilen zu können. Solche Urteilsfähigkeit ist ein Gegengewicht gegen die Mobilisierbarkeit von Ängsten und Ressentiments, aber auch gegen eine gutwillige Moralität, die, wenn sie nur überzeugungsstark, aber analytisch und im reflexiven Bedenken möglicher Folgen von Entscheidungen schwach ist, auch das Gegenteil des moralisch Gewollten bewirken kann.

Politische Bildung hat schon in der Grundschule die Aufgabe, *Fehlkonzepten* von Kindern bei der Wahrnehmung und Deutung dieses Problemfeldes (siehe oben Abschnitt 2) entgegenzuwirken und ihre friedenspolitische Urteilsfähigkeit auf einem altersgemäßen Niveau entwickeln zu helfen. Hierbei sehen wir für den Sachunterricht insbesondere die folgenden Aufgaben:

- Einen Ort des Gesprächs über Eindrücke aus Medien bei einschlägigen aktuellen Ereignissen zu bieten und die Kinder dabei zu unterstützen, Eindrücke, vor allem aber auch Ängste zur Sprache zu bringen sowie Fragen zu formulieren, mit denen der Unterricht sich weiter auseinandersetzen kann;

- bei aktuellen Konflikten Hintergrundinformationen zu vermitteln, um Kindern zu helfen, Medieneindrücke sinnvoll einordnen, gegebenenfalls auch relativieren zu können;
- die Unterscheidung zwischen privaten und politischen Konflikten einzuführen und an geeigneten Beispielen die Bedeutung von kollektiven Interessen und politischen Akteuren für Krieg, Terrorismus und politische Gewalt verstehbar zu machen;
- die Wirklichkeit von Kriegen, Terror und politischer Gewalt im Unterschied zu Kriegsspielen zu verdeutlichen, dabei aber auch verstehbar machen, dass sich hinter dem Begriff des Krieges sehr unterschiedliche Formen und Intensitäten von Gewalt verbergen können;
- Kriege und gewaltsame politische Konflikte an geeigneten Beispielen multiperspektivisch zu betrachten, also Kinder anzuregen, verschiedene Positionen von Beteiligten gedanklich hinzuzunehmen und sich dabei auch mit der Frage auseinanderzusetzen (z.B. bei der Frage humanitär begründeter Interventionen), ob es legitime Formen militärischer Gewalt geben kann;
- an Beispielen (etwa aus der Europäischen Union oder der UNO) Modelle erfolgreicher Friedensstiftung und die Arbeit internationaler Organisationen für die Friedenssicherung kennenzulernen.

Der Sachunterricht trägt damit in der Auseinandersetzung mit diesem Themenfeld zum Erreichen vor allem der folgenden Standards bei, die der Entwurf der GPJE für nationale Bildungsstandards in der politischen Bildung für das Ende der Klassenstufe vier definiert (GPJE 2004, 19):

»Die Schülerinnen und Schüler können

- an Beispielen Aufgaben ausgewählter öffentlicher Institutionen auf verschiedenen politischen Ebenen erklären; [...]
- zu aktuellen politischen Ereignissen und Konflikten, die auf das eigene Interesse stoßen, Fragen und Meinungen formulieren; [...]
- eigene Urteile zu fachlichen Fragen formulieren und begründen sowie andere Positionen tolerieren«.

4. Zugänge im Unterricht – Beispiele

Krieg und Frieden, Terror und politische Gewalt bilden ein so breit gefächertes Themenfeld, dass wir hier nur an einigen Beispielen Hinweise zu konkreten Zugängen und Arbeitsweisen im Unterricht geben können. In den meisten Fällen wird sich die Auseinandersetzung mit der Thematik durch *aktuelle Ereignisse* ergeben, wie die Beispiele des Irakkrieges oder terroristischer Anschläge aus den letzten Jahren zeigten. Die Planung der konkreten Lernvorhaben ist dann mehrfach nur kurzfristig möglich. Oft werden Gespräche im Morgen- oder Montagskreis einen Ausgangspunkt für ein entsprechendes Lernvorhaben bilden. Da die Kinder rasch Antworten auf ihre Fragen erwarten, bieten sich hier als primäre Informationsquelle Internetrecherchen an. Eine für Kinder im Grundschulalter besonders geeignete Suchmaschine stellt die »Blinde Kuh« (www.blinde-kuh.de) dar. Weitere prinzipiell für Kinder geeignete *Informationsangebote im Internet*, bei denen eine gute Chance besteht, auch zu aktuellen Konflikten nähere (Hintergrund-)Informationen zu erhalten, sind insbesondere Kinderseiten des Bayrischen Rundfunks (www.br-kinderinsel.de) oder des Südwestrundfunks (www.kindernetz.de/infonetz), die der Zeitschrift »Geolino« (www.geo.de/GEOlino) sowie die Politikseiten im Rahmen des Kinderangebotes »Kindersache« des Deutschen Kinderhilfswerks (www.kindersache.de/politik/default.htm). Wichtige Hilfen für die Auseinandersetzung mit aktuellen Ereignissen im Unterricht bieten Kindernachrichtensendungen im Fernsehen und im Radio, deren Redaktionen zudem auch im Internet vertreten sind. Die wichtigsten sind »WDR5 Radio Lilipuz« (www.lilipuz.de/klicker), »logo« im ZDF (www.tivi.de/logo) und »neun1/2« in der ARD (www.daserste.de/checkeins/neuneinhalb). Ein aktuelles Beispiel für die Möglichkeiten dieser Angebote: Mitte Mai 2006 brachte »neun1/2« zwei Sondersendungen zum Nahost-Konflikt, die auch im Internet zur Verfügung standen. Mitschnitte der TV-Nachrichtensendungen für Kinder lassen sich – kostenpflichtig – bestellen, für logo bei programmservice@zdf.de und für »neun1/2« unter mitschnittservice@wdr.de. Die Kinderseite der Bundeszentrale für Politische Bildung »Hanisauland« (www.hanisauland.de) bietet unter anderem ein Politiklexikon, das dort auch als Buchpublikation verfügbar ist (Schneider/Toyka-Seid 2006). Es enthält zahlreiche für das Themenfeld dieses Beitrags einschlägige Artikel, darunter: Attentat, Frieden, Friedensnobelpreis, Kalter Krieg, Kindersoldaten, Krieg, Kriegsrecht, Kriegsverbrechen, NATO, UNO-Friedenstruppe und Weltkrieg.

Einen längerfristig planbaren Ausgangspunkt für Lernvorhaben zum Themenfeld Krieg und Frieden, Terror und politische Gewalt bilden *Bilder- und Kinderbücher*, die Geschichten von Menschen erzählen, ohne dass sie Kriegsursachen auf problematische Weise personalisieren. Das gemeinsame Anschauen, Vorlesen und Lesen von Literatur ermöglicht den Kindern, sich mit den Protagonisten zu identifizieren. Gerade weil die Thematik bei den Kindern Ängste und unangenehme Gefühle auslösen kann, bieten solche

Bücher einen gewissermaßen indirekten Zugang, weil sie – soweit es sich um fiktionale Literatur handelt – mit der Gewissheit verbunden sind, dass die Geschichten letztlich erfunden sind, die dargestellten Ereignisse die Kinder also nicht unmittelbar bedrohen können.

Leider ist die Auswahl an Bilder- und Kinderbüchern, die sich für den Einsatz in der Grundschule eignen und sich mit unserem Themenfeld beschäftigen, erheblich geringer, als an Publikationen, die sich speziell auf den Holocaust beziehen. Meist fokussieren Bilder- und Kinderbücher, die sich als Beitrag zur Friedenserziehung verstehen, auf den Aspekt des gewaltfreien, friedlichen Miteinanders, wobei die politische Dimension häufig unberücksichtigt bleibt.

Auf ein für Grundschulkinder ab etwa acht Jahren besonders geeignetes Buch möchten wir hinweisen. In »Otto – Autobiographie eines Teddybären« erzählt Tomi Ungerer im Spiegel der Erlebnisse eines Teddybären eine Geschichte von Verfolgung, Krieg und Versöhnung aus den letzten 70 Jahren. Der Bär ist das Weihnachtsgeschenk für den Jungen David und erlebt mit dessen Freund Oskar viele Streiche. Doch dann muss David einen Judenstern tragen und wird in ein KZ gebracht. Der Bär bleibt bei Oskar, dessen Vater in den Krieg zieht und getötet wird. Er erlebt die Kriegswirren mit Luftschutzkeller, Kampfhandlungen und amerikanischen Soldaten, bis er schließlich mit einem GI nach Amerika gelangt, wo er nach einigen Wirren und vielen Jahren zu einem Antiquitätenhändler kommt. Oskar, der im Alter als Tourist die USA besucht, entdeckt und erkennt den Bären. Weil die Geschichte in den Medien Schlagzeilen macht, wird auch David, der in die USA emigriert war, auf die beiden aufmerksam. So finden sich die Freunde, die als einzige ihrer Familien überlebt haben, dank des Bären im Alter wieder und bleiben zusammen.

Bei den Bildern handelt es sich um aquarellierte Bleistiftzeichnungen, die realitätsnah sind, ohne schockierend zu wirken. Das Buch spricht eine Fülle von Aspekten unseres Themenfeldes an. Die schrecklichen Seiten des Krieges werden in den Bildern nicht ausgespart, drängen sich aber nicht in den Vordergrund und bieten viele Ansatzpunkte für Fragen und zur vertiefenden Weiterarbeit. Ungerers Buch hat auch der Arbeitskreis für Jugendliteratur empfohlen.

In die Auswahllisten des Arbeitskreises wurden in den letzten Jahren ferner die beiden folgenden Bücher aufgenommen, die sich mit unserem Themenfeld befassen: In »Samir und Jonathan« bildet der Nahostkonflikt den Hintergrund der Geschichte eines palästinensischen und eines jüdischen Jungen, die in einem israelischen Krankenhaus aufeinander treffen (Carmi 2000). In »Toro! Toro! Eine Freundschaft in Andalusien« schildert Michael Morpurgo (2002) die Erlebnisse eines Kindes in den 1930er Jahren in Spanien, das plötzlich mit Krieg, Gewalt und Tod konfrontiert wird.

Mit dem Krieg aus Kinderperspektive befasst sich auch die für Kinder ab acht Jahren empfohlene CD-ROM »Kinder und Krieg« (Fachhochschule Köln 2000). Gegenstand des sehr komplexen und inhaltsreichen Werkes ist der Kosovokonflikt Ende der 1990er Jahre. Ausgangs- und Mittelpunkt des Materials auf der CD-ROM bildet eine Sammlung von Fotografien, die Acht- bis 14-Jährige aus dem Kosovo nach dem Krieg 1999 hergestellt haben. Zu manchen Bildern haben sie Kommentare geschrieben, die eine sehr klare Sprache sprechen, so etwa Fatim Gashi, 14 Jahre: »Das Foto hier« (es zeigt einen Fußball spielenden Jungen auf einer Wiese) »ist gleich nach dem Krieg entstanden, auf einer Wiese neben dem Stadion. Als ich dort ankam, entdeckte ich meine Freunde und knipste sie. Ich freue mich, dass die guten Zeiten nun gekommen sind. Auch wenn es immer noch gefährlich ist für die Kinder, draußen zu spielen wegen der Minen«. Schülerinnen und Schüler können die CD über einen Pfad für Kinder (mit mehreren thematischen Unterpunkten und Hintergrundinformationen) nutzen. Hierzu gehören auch sehr anschauliche Einblicke in das Leben in einem Lager in Mazedonien. Darüber hinaus bietet sie für Lehrerinnen und Lehrer zahlreiche Texte, Filme und weitere Fotos (insgesamt ca. 1500). Hierzu gehören auch speziellere Themen wie Fragen der Kriegsfotografiegestaltung oder seelische Folgen von Kriegen für Kinder. Obwohl der Kosovokrieg ein verhältnismäßig »kleiner« Krieg mit im Vergleich zu manchen anderen Kriegen eher geringen Opferzahlen war, machen die Kinderfotos das dennoch für die Einzelnen unter Umständen dramatische Ausmaß der Zerstörung anschaulich. Die CD zeigt, dass aus einem politischen Konflikt heraus aus Nachbarn Feinde werden können und dass im Kosovo eine klare Abgrenzung in »Freund« oder »Feind« nicht immer möglich war. Gerade weil es sich um einen eher begrenzten Konflikt mit freilich komplexen politischen Ursachen handelt, ist er vielleicht besonders geeignet, Kindern die Bedeutung politischer Konflikte für die Entstehung von Kriegen zugänglich zu machen. Hierfür spricht auch, dass sich dieser Konflikt einer vorschnellen moralischen Beurteilung entzieht: Er lässt sich nicht durch eine einfache Schuldzuweisung nach einem Schwarz-Weiß-Schema erklären. Er wurde nach vergeblichen Verhandlungen durch eine militärische Intervention von außen (durch die NATO) beendet. Aber damit alleine war (und ist) der Friede unter den ehemaligen Kriegsgegnern noch nicht gesichert. Genau an solchen Ambivalenzen lässt sich friedenspolitische Urteilsbildung üben.

Literatur

Carmi, Daniella (2000): Samir und Jonathan. Aus dem Hebräischen von Anne Birkenhauer. München.

Cooper, Peter (1965): The development of the concept of war. In: Journal of Peace Research, 2 (1), S. 1–17.

Dettmar-Sander, Christiane / Sander, Wolfgang (1996): Friedenserziehung als Aufgabe der Grundschule. In: George, Siegfried/Prote, Ingrid (Hrsg.): Handbuch zur politischen Bildung in der Grundschule. Schwalbach/Ts., S. 174–195.

Egbringhoff, Verena (2003): Kinder TV: Gibt es nun einen dritten Weltkrieg? Interview. In: Chrismon, (5), S. 7.

Fachhochschule Köln (Hrsg.) (2000): Kinder und Krieg. CD-ROM.

GPJE Gesellschaft für Politikdidaktik und politische Jugend- und Erwachsenenbildung (2004): Nationale Bildungsstandards für den Fachunterricht in der Politischen Bildung an Schulen – Ein Entwurf. Schwalbach/Ts. URL: www.gpje.de/bildungsstandards.htm

Götz, Maya (2006 a): Das Alter zählt. Empfehlungen für die Bewältigung von Ängsten. Internetpublikation. URL: www.bpb.de/themen/CTMHSK.html [Stand: 28. 1. 2006].

Götz, Maya (2006 b): Zur Einführung: Krieg mit Kinderaugen. Internetpublikation. URL: www.bpb.de/themen/DLQAZW.html [Stand: 28. 1. 2006].

Götz, Maya (2006 c): Wie deutsche Kinder den Irakkrieg sehen. Internetpublikation. URL: www.bpb.de/themen/G9NYXA.html [Stand: 28. 1. 2006].

Heck, Gerhard / Schurig, Manfred (Hrsg.) (1991): Friedenspädagogik. Theorien, Ansätze und bildungspolitische Vorgaben einer Erziehung zum Frieden. Darmstadt.

Hoffman, Bruce (1999): Terrorismus – der unerklärte Krieg. Frankfurt a.M. (Lizenzausgabe Bonn 2002).

Kluge, Alexander (2001): Krieg. In: Selg, Annette/Wieland, Rainer (Hrsg.): Die Welt der Encyclopédie. Frankfurt a.M., S. 211–216.

Morpurgo, Michael (2002): Toro! Toro! Eine Freundschaft in Andalusien. Aus dem Englischen von Yvonne Hergane. Hamburg.

Müller, Michael / Schernikau, Heinz (2006): »Krieg« und »Frieden« im Bewusstsein und Urteil von Grundschülern. Ergebnisse einer empirischen Untersuchung – Ermutigung und Inspiration für die friedenspädagogische Arbeit. Internetpublikation. URL: www.friedenspaedagogik.de/themen/f_erieh/fe_scher.htm [Stand: 14. 5. 2005] Erstveröffentlichung in: unterrichten/erziehen, (2), (2000).

Münkler, Herfried (2002 a): Über den Krieg. Stationen der Kriegsgeschichte im Spiegel ihrer theoretischen Reflexion. Weilerswist.

Münkler, Herfried (2002 b): Die neuen Kriege. Reinbek.

Münkler, Herfried (2003): Die neuen Kriege und ihre Folgen. In: Kursiv, (4), S. 12–17.

Richter, Dagmar (2002): Sachunterricht – Ziele und Inhalte. Ein Lehr- und Studienbuch zur Didaktik. Baltmannsweiler.

Sander, Wolfgang (2005): Friedenserziehung. In: Ders. (Hrsg.): Handbuch politische Bildung. (3. völlig überarb. Aufl.) Schwalbach/Ts., S. 442–455.

Schneider, Gerd / Toyka-Seid, Christiane (2006): Politik-Lexikon für Kinder. Lizenzausgabe, Bonn.

Seiter, Ellen / Pincus, Megan (2006): Beschützendes Schweigen. Wie US-amerikanische Kinder den Irakkrieg sehen. Internetpublikation. URL: www.bpb.de/themen/0TZC91.html [Stand: 28. 1. 2006].

Selg, Annette / Wieland, Rainer (Hrsg.) (2001): Die Welt der Encyclopédie. Frankfurt a. M.

Sutor, Bernhard (2004): Vom gerechten Krieg zum gerechten Frieden? Stationen und Chancen eines geschichtlichen Lernprozesses. Schwalbach/Ts.

Ungerer, Tomi (1999): Otto. Autobiographie eines Teddybären. Deutsch von Anna von Cramer-Klett. Zürich.

Dietmar von Reeken

Holocaust und Nationalsozialismus als Thema in der Grundschule? Historisch-politisches Lernen im Sachunterricht

1. Einleitung

Vor einigen Wochen warnte die Parlamentarische Versammlung des Europarats in einer einstimmig verabschiedeten Entschließung »Combating the resurrection of nazi ideology« eindringlich vor einem Wiederaufleben nationalsozialistischer Ideologie in Europa (vgl. Parliamentary Assembly 2006). Die klassische Form der Reaktion auf solche Warnungen ist in der deutschen Gesellschaft der Ruf nach einer verstärkten bildungspolitischen Anstrengung. So wie nach internationalen Leistungsvergleichsstudien nach mehr oder besserem Deutsch-, Mathematik- oder Naturwissenschaftsunterricht verlangt wird, so wie nach Besorgnis erregenden Studien zur Gesundheit und körperlichen Leistungsfähigkeit der Kinder und Jugendlichen mehr oder besserer Sportunterricht gefordert wird, so sind bei galoppierender Wahlmüdigkeit unter Erstwählern oder eben angesichts von antisemitischen oder fremdenfeindlichen Ausschreitungen vor allem die historisch-politischen Fächer in der Kritik bzw. werden zum Handeln aufgefordert. Gilt dies auch für die Grundschule? Bislang sind solche Rufe selten. Immerhin forderte Anfang 2005 Bundespräsident Köhler, dem Antisemitismus müsse »schon in den Grundschulen mit altersgemäßem Unterricht über den Holocaust begegnet werden« (taz v. 5./6. 2. 2005, zit. nach Deckert-Peaceman 2006, 40).

Aber auch jenseits solcher Aktualitäten stellt sich die Frage, ob sich der Bildungsauftrag der Grundschule auch auf diesen Teil der deutschen Geschichte erstreckt. Hierauf eine Antwort zu geben und daraus Konsequenzen für die unterrichtliche Praxis zu ziehen, ist das Ziel dieses Beitrags.

2. Historisch-politisches Lernen oder: Was leistet das historische Lernen für die politische Bildung?

Angesichts der Zielsetzungen dieses Buches soll zunächst legitimiert werden, warum hier überhaupt ein Beitrag zu einem historischen Thema auftaucht, oder anders ausgedrückt: Wie ist das Verhältnis von historischer und politischer Bildung?

In der Grundschule ist das historische Lernen traditionell verankert. Schon in der Heimatkunde gehörte die Geschichte der Heimat zu den gängigen Inhalten. Auch nach der Wende zum wissenschaftsorientierten Sachunterricht in den frühen 1970er Jahren stellte niemand die Behandlung geschichtlicher Themen in Frage, auch wenn die Anteile des historischen Lernens am Sachunterricht insgesamt schwankten (vgl. etwa Blaseio 2004, 186–199). Allerdings spielten dezidiert *politik*geschichtliche Themen und Zugänge hier kaum eine Rolle – in der Heimatkunde überhaupt nicht und auch nach 1970 nur sehr vereinzelt. Geschichte im Sachunterricht hieß und heißt Alltags- und Sozial-, Lokal- und Regionalgeschichte, aber nur selten Politik oder auch nur die Einbeziehung politischer Rahmenbedingungen historischer Phänomene. Dies korrespondierte mit einer schwierigen Stellung des politischen Lernens in der Grundschule. Grundschulkinder galten lange als schlichtweg zu jung, um politische Zusammenhänge zu verstehen. Diese Perspektive scheint wissenschaftlich weitgehend überwunden zu sein. In der Bildungsadministration und den Köpfen von Lehrerinnen und Lehrern aber dürften solche Vorstellungen der »Verfrühung« noch sehr hartnäckig sein.

Warum also historisches Lernen im Rahmen politischer Bildung? Ohne Zweifel hängen beide Bildungsbereiche eng zusammen: Sie verfolgen ähnliche Lernziele, besitzen ähnliche Kategorien und verwenden zum Teil die gleichen Methoden. Wie angesichts dieser Konstellation eine Zusammenarbeit – ob in Form der Kooperation, der Korrelation oder der Integration – stattfinden könnte oder sollte, darüber gibt es in beiden Wissenschaften unterschiedliche Vorstellungen (vgl. Hedtke/Reeken 2004). In der schulischen Realität allerdings sind beide aufeinander verwiesen: Insbesondere außerhalb des Gymnasiums gibt es in der Sekundarstufe I in vielen Bundesländern Integrationsfächer (»Geschichtlich-soziale Weltkunde«, »Geschichte-Politik«, »Geschichte/Sozialkunde/Erdkunde«, »Welt-Zeit-Gesellschaft« usw.), deren Integration allerdings häufig aus einem unverbundenen Nebeneinander einzelfachlicher Unterrichtssequenzen besteht. Auch im Sachunterricht der Grundschule soll es ja erklärtermaßen nicht um die Vorwegnahme fachlicher Zugänge, sondern nur um die Beiträge der Fächer zur Bearbeitung von übergreifenden Problemen gehen.

Besonders offensichtlich ist das Aufeinanderverwiesensein von historischer und politischer Bildung bei einem Themenbereich: der Zeitgeschichte. Als historische Epoche der »Mitlebenden« hat sie eine besondere Nähe zu den Sozialwissenschaften und verfügt damit über eine Reihe von besonderen Merkmalen (vgl. zum Folgenden Reeken 2005): Bei keiner anderen Epoche ist der Bezug zu den *Lebenswelten* der Schülerinnen und Schüler so eng wie bei der Zeitgeschichte. Ihre Lebensgeschichte und erst recht die ihrer Familien sind Teil der Zeitgeschichte. Eltern und Großeltern stellen gleichsam verkörperte Geschichte dar; die geschichtlichen Erfahrungen sind zentraler Bestandteil ihres kommunikativen Gedächtnisses – wie unzureichend, verzerrt oder perspektivisch dies aus einer fachwissenschaftlichen Perspektive auch immer sein mag. Dieser unmittelbare Gegenwartsbezug der Zeitgeschichte bedeutet eine erhebliche Erleichterung für historische Lernprozesse, da die geringe zeitliche Distanz meist verbunden ist mit einer geringen Fremdheit der historischen Erfahrungen. Gleichzeitig ist keine Epoche so präsent im öffentlichen Diskurs der Gesellschaft. Man streitet sich über sie auch außerhalb der professionell damit befassten Kreise, man erinnert (z. B. in Form von neuen Gedenkstätten oder Denkmälern, in Form von zeitgeschichtlichen Fernsehsendungen usw.) bewusst an sie, oder man nimmt – ablehnend und zustimmend, als Argument oder als Waffe – Bezug auf sie, um aktuelle politische oder sonstige Interessen zu vertreten. Hier ist in den letzten Jahren die Forderung der Geschichtsdidaktik immer lauter geworden, solche Phänomene der Geschichtskultur wesentlich stärker in den Geschichtsunterricht zu integrieren mit dem Ziel, dass die Schülerinnen und Schüler »geschichtskulturelle Kompetenz« erwerben – nicht nur, aber auch und vor allem zu zeitgeschichtlichen Themen. Denn die wenigsten Menschen werden in ihrem Leben außerhalb der Schule und nach ihrer Schulzeit wohl mit Produkten der Wissenschaft zu tun haben. Der Regelfall dürfte eher die Begegnung mit anderen geschichtskulturellen Formen sein. Die Aufgabe historischer Bildung ist es daher, den Kindern einen kompetenten Umgang mit solchen Formen zu ermöglichen.

Die Geschichtsdidaktik betont weiter, dass der Genese von »epochaltypischen Schlüsselproblemen« (Klafki) zentrale Bedeutung bei der *Auswahl von Unterrichtsinhalten* zukommt. Zwar kann dies niemals alleiniges Auswahlprinzip für den Geschichtsunterricht sein, u. a. weil es beim historischen Lernen nicht nur um die Vorgeschichte der Gegenwart geht. Doch dass diese Probleme im Rahmen historisch-politischer Bildungsprozesse wichtig sind, ist durchaus Konsens, weshalb auch viele neuere Curricula ausdrücklich auf sie Bezug nehmen. Selbstverständlich kann bei der Untersuchung von Schlüsselproblemen auch der Vergleich mit Phänomenen anderer historischer Epochen wichtige Einsichten vermitteln. Was die Genese dieser Schlüsselprobleme angeht, ist aber vor allem der zeitgeschichtliche Bezug unerlässlich, ob es nun z. B. um die Entstehung unserer heutigen globalen Umwelt- oder Bevölkerungsprobleme, die Unterschiede und Konflikte zwischen »erster« und »dritter Welt« oder die Hintergründe aktueller politischer Krisenherde (Afghanistan, Irak, Nordkorea etc.) geht.

Nicht nur auf der inhaltlichen, sondern vor allem auf der *methodischen* Ebene hält die Zeitgeschichte eine Reihe von Besonderheiten bereit: Die *Zeitzeugenbefragung* etwa, deren Bedeutung für historische Lernprozesse die Geschichtsdidaktik betont, ist nun einmal aus biologischen Gründen nur für zeitgeschichtliche Fragen zu verwenden. Dabei ist auch didaktisch wichtig, dass Deutungskonflikte zwischen den »Primärerfahrungen« und den Mitteilungen des Zeitzeugen im zeitlichen Abstand auf der einen und den Ergebnissen zeithistorischer Forschung auf der anderen Seite möglich, ja in manchen Fällen geradezu konstitutiv sind. Schüler lernen also, wo die spezifischen Erkenntnismöglichkeiten und -grenzen historischer Forschung in Vergleich und Abgrenzung zu individueller und kollektiver Erinnerung liegen. Ähnlich singulär in der Didaktik der Zeitgeschichte sind im Prinzip auch manche Formen forschenden Lernens, vor allem was die *Archivarbeit* angeht. Selbstverständlich könnten Schülerinnen und Schüler auch zu anderen Epochen im Archiv arbeiten und damit das Zustandekommen historischer Erkenntnisse im eigenen Vollzug erleben. Realistisch ist eine solche Forderung aber wohl nicht: Sprach- und Schrifthürden verhindern eine wirklich intensive Arbeit an den Originalquellen meist schon im Ansatz. Dagegen ist ein Zugang zu zeitgeschichtlichen Fragen auch im Archiv durch die Durchsetzung der Schreibmaschine im 20. Jahrhundert, die Verbreitung von Zeitungen und anderen Quellen (Fotos, Filme etc.) ohne Weiteres möglich. Zu welchen Leistungen Schüler hierbei in der Lage sind, hat die mittlerweile mehr als 25-jährige Geschichte des Geschichtswettbewerbs des Bundespräsidenten gezeigt, an dem sich seit fast 20 Jahren auch Grundschulen mit Erfolg beteiligen. Hier wurde und wird forschungsnah (vor allem vor Ort) gearbeitet, und es waren daher vor allem zeitgeschichtliche Themen, die von den Klassen und Gruppen bearbeitet wurden. Ein dritter methodischer bzw. medialer Aspekt ist die *Arbeit mit Fotos, mit Audio-Material und mit Filmen.* Erst die Entwicklung der entsprechenden Techniken und ihre massenhafte Verbreitung schufen die Voraussetzung dafür, dass solche Medien auch im Geschichtsunterricht eingesetzt werden können. Das befreit den Unterricht zumindest zum Teil von seiner »Textlastigkeit«.

Nicht verschwiegen werden sollen aber auch zwei spezifische *Probleme* bei der Behandlung zeitgeschichtlicher Fragen im Geschichtsunterricht: Das erste ist die durch die fehlende zeitliche Distanz häufig vorhandene unmittelbare Betroffenheit vom behandelten Gegenstand. Dies gilt weniger für die Schüler als vielmehr für die Lehrkräfte und für die Familien der Schüler. Es gehört zur professionellen Kompetenz der Lehrkräfte, diese Betroffenheit selbst im Prozess der Unterrichtsplanung mit zu reflektieren und gegebenenfalls den Schülern gegenüber offen zu legen. Dies würde den Schülern genauso die Bedeutung historischer Erfahrungen für ihr Leben veranschaulichen wie die Besprechung familiärer Betroffenheiten und Vorbehalte. Dabei erfordert Letzteres allerdings einen sehr sensiblen Umgang seitens der Lehrerin bzw. des Lehrers. Das zweite Problem ist die schwierige Abgrenzung des Geschichts- vom Politik- oder Sozialkundeunterricht. Dies ist auf der unterrichtlichen Ebene nicht anders als in der Zeitgeschichte als Wissenschaft selbst. In der Schule bietet es sich an, bei solchen Themen eine Kooperation mit den Nachbarfächern einzugehen, um den Schülern die unterschiedlichen Zugänge der Wissenschaften deutlich machen zu können. In den Integrationsfächern wie dem Sachunterricht stellt sich die Schwierigkeit dagegen kaum.

Was bedeutet das nun für die Behandlung zeitgeschichtlicher Themen im Sachunterricht der Grundschule? Hier kann es sich nur um *historisch-politisches* Lernen handeln; anders ist dies gar nicht denkbar.

3. Die Bedeutung des Nationalsozialismus für schulische Lernprozesse

Die Erfahrung der nationalsozialistischen Herrschaft war und ist konstitutiv für die deutsche Nachkriegsdemokratie und -gesellschaft. Erinnern an diese Zeit des Zivilisationsbruchs ist geradezu ein Muss in dieser Gesellschaft (»kategorischer Erinnerungsimperativ«) – auch wenn, im Gegensatz zu anderen Nationen, die Erinnerung an etwas Negatives, an begangene (nicht nur erlittene) Verbrechen und nicht die an nationale Einigung, Siege gegen Invasoren, Einführung der Bürgerrechte oder Ähnliches für die Identität einer Gesellschaft nicht unproblematisch ist. Die Formen dieser Erinnerung sind höchst unterschiedlich und haben sich im Laufe der Geschichte seit 1945 auch verändert. Wie kulturprägend und gleichzeitig kontrovers die deutsche Erinnerungskultur ist, belegt die Tatsache, dass Auseinandersetzungen über die »richtige« Form der Erinnerung meist hoch emotionalisiert sind. Dies zeigte sich z. B. an den öffentlichen Auseinandersetzungen über die Wehrmachtsausstellung, der langen Diskussion um die Errichtung des Holocaust-Mahnmals in Berlin, der Kontroverse um die Thesen des amerikanischen Historikers Goldhagen und – immer noch andauernd – bei den Debatten um die Schaffung eines »Zentrums gegen Vertreibungen«.

Gesellschaftliche Erinnerungsdiskurse sind dabei eng verflochten mit individuellen. Durch die mittlerweile mehr als sechs Jahrzehnte, die uns von den Geschehnissen trennen, hat sich der Bezug des Einzelnen zum Nationalsozialismus allerdings geändert. Die »Erlebnisgeneration« stirbt mittlerweile aus, so dass für die heutigen Kinder und Jugendlichen der biographische Bezug zu dieser Zeit erheblich abgeschwächt ist. Die Zeitzeugen repräsentieren mittlerweile die Urgroßelterngeneration, zu der lebensgeschichtlich kaum noch Kontakte bestehen (können). Ist der Nationalsozialismus für die Jugend daher ein historisches Thema wie andere auch? Dies scheint angesichts der gesellschaftlichen Bedeutung nicht der Fall zu sein. Die Begegnung mit dem Nationalsozialismus ist in den Schulen und in den Medien sehr verbreitet; zu diesen beiden historischen Narrativen tritt noch ein weiteres, nämlich das mittlerweile gut erforschte familiäre. Hier zeigt sich, dass sich die Repräsentation des Nationalsozialismus deutlich von den Ergebnissen der Wissenschaft oder den Forderungen der Öffentlichkeit unterscheiden kann: Die nationalsozialistischen Verbrechen und der Holocaust spielen keine bedeutende Rolle im Familiengedächtnis. Dieses Ergebnis war nicht völlig unerwartet. Schon überraschender war die Erkenntnis, dass die Kinder- und Enkelgeneration, obwohl der Nationalsozialismus und seine Verbrechen durch Geschichtswissenschaft, Geschichtsunterricht, Gedenkstättenarbeit und mediale Aufbereitungen sehr präsent sind, die sehr selektiven und perspektivischen Erzählungen ihrer Großeltern bestätigen, ja sogar ein Prozess der »kumulativen Heroisierung« festzustellen ist. Das bedeutet, dass »die Kinder und Enkel Elemente der von den Großeltern erzählten Geschichten neu kombinieren und Helden- und Widerstandsgeschichten erzählen, in denen aus Antisemiten ›Judenbeschützer‹ und aus Gestapo-Beamten Widerstandskämpfer werden« (Welzer 2005, 372).

Wie stellt sich demgegenüber die Verankerung des Nationalsozialismus im schulischen Unterricht dar? Seine Behandlung ist natürlich dem Geschichtsunterricht zugeordnet, der allerdings häufig in der Praxis – nicht zuletzt aufgrund der großen Stofffülle und seiner chronologischen Anordnung in der Sekundarstufe I – bei 1933 endete (obwohl dies curricular anders vorgesehen war). Aber die Thematisierung beschränkt sich nicht auf den Geschichtsunterricht, sondern umfasst auch andere sozialkundliche Fächer, den Deutsch- und Religions- und zum Teil auch den Kunstunterricht sowie vereinzelt den Sach- und Religionsunterricht der Grundschule. In der Wahrnehmung vieler Schülerinnen und Schüler entstand und entsteht hier das Gefühl einer »Überfütterung« – zumal, wenn die Behandlung thematisch sehr ähnlich und vor allem die Deutung völlig einheitlich ist. Denn die Pluralität von Bewertungsperspektiven, die für eine pluralistische Gesellschaft, vor allem auch eine durch Migration geprägte, charakteristisch ist, gerät angesichts der Bedeutung des Nationalsozialismus für die deutsche politische Kultur schnell an ihre Grenzen: Wer die nationalsozialistischen Verbrechen leugnet oder sie ignoriert, stellt sich außerhalb der deutschen Werteordnung und Erinnerungsgemeinschaft. Schüler (zumindest die älteren) erkennen dies sehr schnell und äußern daher keine eigenständigen Urteilsbildungen und Bewertungen, sondern reproduzieren sozial erwünschte Antworten, präsentieren so ein »verordnetes Gedächtnis«. Die unterrichtliche Kommunikation über den Nationalsozialismus, dies zeigen gerade neuere empirische Untersuchungen, ist geprägt von einer inszenierten Kommunikation (vgl. Meseth/Proske/Rathke 2004).

Dies ändert aber nichts an der Notwendigkeit, sich in der Schule mit dem Thema zu befassen. Die Zielsetzungen einer solchen Thematisierung sind allerdings keineswegs einheitlich. Die so genannte »Holocaust Education«, die sich bewusst auf Adornos Überlegungen zu einer »Erziehung nach Auschwitz« bezieht, ist häufig kein Unterricht über den Holocaust, sondern eine allgemeine Erziehung zu Toleranz. Auch eine Immunisierung gegen Rechtsradikalismus und Fremdenfeindlichkeit wird von der Öffentlichkeit gefordert. Hier scheinen die Erwartungen an die Leistungsfähigkeit von Unterricht deutlich überhöht. Gerhard Henke-Bockschatz hat in Anlehnung an Joachim Rohlfes kürzlich drei Ziele des Unterrichts über den Nationalsozialismus formuliert: Die Schüler sollen

1. »sich Wissen über den Aufstieg und die Folgen der nationalsozialistischen Herrschaft aneignen (analytisch-aufklärerische Ebene), [...]
2. begreifen, welche Ungeheuerlichkeiten Menschen in dieser Zeit anderen Menschen angetan haben und darüber Betroffenheit, Entsetzen und Scham empfinden (kathartisch-appellative Ebene) [...]
3. gegen ein Wiederaufleben ähnlicher politischer Bewegungen und Ideen widerstandsfähig werden (prophylaktisch-immunisierende Ebene)« (Henke-Bockschatz 2004, 309).

Hinzufügen könnte man noch als vierte Zielsetzung, dass Schülerinnen und Schüler kompetent an den gesellschaftlichen Erinnerungsdiskursen teilnehmen können sollen.

Thematisch geht es also zum einen um eine gesellschaftsgeschichtliche Perspektive auf den Nationalsozialismus: Nur so sind der Aufstieg des Nationalsozialismus, seine Herrschaftsstrukturen und seine Anhängerschaft in der Bevölkerung zu verstehen. Besondere Bedeutung aber haben angesichts der Ziele zwei und drei zum anderen die Auseinandersetzungen mit Einzelschicksalen, die Einsichten in den Alltag der Menschen, in die Bedingungen ihres Lebens und gleichzeitig Empathie ermöglichen. Inwieweit hier auch Empathie mit den Tätern oder wenigstens Einsichten in die Bedingungen ihres Handelns möglich sind, ist bislang schwer zu beantworten. Der Unterricht konzentrierte sich vor allem auf die Opfer. Auf jeden Fall aber muss die

Ebene zwischen Tätern und Opfern, die Ebene der Zuschauer, der Mitläufer viel stärker in den Blick genommen werden, weil erst durch ihre Behandlung den Schülern deutlich werden kann, wie – jenseits der Dämonisierung einzelner Täter und der Ohnmacht der Opfer – eine solche Gesellschaft mit ihren mörderischen Konsequenzen überhaupt funktionieren konnte.

4. Holocaust und Nationalsozialismus in der Grundschule?

1997 veröffentlichte die Kultusministerkonferenz den Bericht »Zur Auseinandersetzung mit dem Holocaust in der Schule«; die Grundschule wurde in ihm nicht erwähnt. Sollte der Unterricht über den Nationalsozialismus also erst in der Sekundarstufe I beginnen? Dies ist nicht unproblematisch, wenn man bedenkt, dass aufgrund der chronologischen Reihung das Thema im Regelfall erst in der neunten oder zehnten Jahrgangsstufe behandelt wird, was eigentlich angesichts des medialen Overkills und der Festigung von Urteilen viel zu spät ist. Und der Blick über die deutschen Grenzen zeigt, dass eine Ausgrenzung der Grundschule aus den curricularen Überlegungen auch nicht selbstverständlich ist: In Israel, den USA und den Niederlanden gibt es durchaus Ansätze zur Behandlung in der Primarstufe, wenn auch nicht immer mit einer expliziten Thematisierung des Holocaust (vgl. Heyl 1997).

In Deutschland ist das Thema – und zwar sowohl der Holocaust im engeren als auch der Nationalsozialismus im weiteren Sinne – in den Grundschulcurricula bislang nicht ausdrücklich vorgesehen. Die Auseinandersetzung mit Teilphänomenen des Nationalsozialismus war und ist allerdings in einzelnen Schulformen und Fächern in der fünften und sechsten Jahrgangsstufe (z. B. Sozialkunde in der sechsjährigen Grundschule Berlins, Welt- und Umweltkunde in der bisherigen Orientierungsstufe Niedersachsens) erwähnt. Die Curricula für die ersten vier Jahrgangsstufen sind aber zumindest zum Teil offen gestaltet, so dass die allgemein formulierten Zielsetzungen und Inhalte historischen Lernens exemplarisch auch an diesem Thema verfolgt werden könnten.

Öffentlich diskutiert wird über die Integration des Themas in den Grundschulunterricht insbesondere seit Mitte der 1990er Jahre. 1996 erschien ein Themenheft der Grundschulzeitschrift, 1997 fand in Hamburg eine internationale Tagung mit dem Titel »Der Holocaust – ein Thema für Kindergarten und Grundschule?« statt, deren Vorträge als Sammelband erschienen sind (Moysich/Heyl 1998). Hier kristallisierten sich grundsätzlich zwei Positionen heraus, die die Debatte bis heute prägen:

Übersicht: Debatte über Pro- und Contra-Argumente

Pro-Argumente	Contra-Argumente
Eine Behandlung in der Sekundarstufe I ist angesichts der zahlreichen außerschulischen Beeinflussungen viel zu spät.	Es gibt eine Überfütterung der Schüler.
Andere angsteinflößende oder komplexe Inhalte werden auch in der Grundschule behandelt (Tod, Sexualität, Religion, Umweltprobleme, Dritte Welt usw.).	Gefahr einer Überforderung oder gar Traumatisierung der Kinder.
Kinder stellen Fragen zu diesem Thema – sie haben daher ein Recht auf Antwort.	
Kinder gehen mit diesem Thema offener und unbefangener um als Jugendliche und Erwachsene.	
Bei den Kindern ist Vorwissen vorhanden, das aber sehr heterogen, teilweise falsch ist und aufgeklärt werden muss.	Vorwissen zu diesem Thema ist bei vielen Kindern kaum vorhanden.
Die entwicklungspsychologischen Voraussetzungen sind eher unbedeutend.	Kinder brauchen Vertrauen in die Welt, was durch die Thematisierung des Holocausts zerstört werden kann.
Das Bild von Kindheit hat sich verändert; Schonraumvorstellungen sind realitätsfern.	
Eine Elementarisierung bzw. didaktische Reduktion ist bei jedem Thema notwendig.	Eine Behandlung des Holocausts in der Grundschule mit Ausblendung der Vernichtung stellt eine Bagatellisierung des Holocausts dar.
	Eine Verwendung des Themas für eine allgemeine Moralerziehung stellt eine Instrumentalisierung dar.

Ergänzt wurden diese beiden Positionen, für die stellvertretend die Namen Gertrud Beck und Matthias Heyl stehen, in den letzten zehn Jahren durch weitere Perspektiven: Heike Deckert-Peaceman hat sich mit der amerikanischen Variante der »Holocaust Education« befasst und hieraus Konsequenzen für die deutsche Behandlung gezogen. Außerdem hat sie gefordert, die Erkenntnisse der Kindheitsforschung stärker in die Diskussion einzubeziehen (vgl. Deckert-Peaceman 2002, 2004 und 2006). Eine Reihe von Lehrerinnen und Lehrern hat in Grundschulzeitschriften Erfahrungsberichte veröffentlicht, die Teilbereiche des Themas betreffen und häufig sehr positive Erfahrungen der Arbeit mit Grundschulkindern präsentieren. Im Rahmen von Abschlussarbeiten und wissenschaftlichen Qualifikationsprojekten entstanden und entstehen zur Zeit auch erste empirische Arbeiten, die z. B. die Einstellungen von Lehrerinnen und Lehrern und das Vorwissen von Kindern ermitteln (vgl. etwa Arndt 2000). Eine geschichtsdidaktische Fundierung – sowohl theoretisch als auch und vor allem empirisch und pragmatisch – steht allerdings bislang noch aus; dies gilt auch für die notwendige Analyse der zur Verfügung stehenden Unterrichtsmedien und -methoden.

Versucht man ein Fazit aus der Entwicklung der Forschung zu ziehen, so bleibt zweierlei festzuhalten:

1. Vertreten wird hier, ähnlich wie bei Deckert-Peaceman, die Position des »Ja, aber«. Selbstverständlich müssen die Lernvoraussetzungen von Grundschulkindern beachtet werden, doch ist eine Behandlung dieser Epoche der deutschen Geschichte sinnvoll und verantwortbar.
2. Sinnvoll erscheint aufgrund der Erfahrungen von Lehrerinnen und Lehrern – allerdings ohne dass dies bislang empirisch geprüft wäre – eine Behandlung des Themas in der 3. oder besser 4. Jahrgangsstufe. Dies lässt sich auch theoretisch begründen: Wenn es sich um ein historisch-politisches Lernen handeln soll, bei dem es nicht nur um ein Mitfühlen mit Opfern, sondern um ein Verstehen der historischen Geschehnisse gehen soll, sind Mindestanforderungen an Lesefähigkeit, Abstraktionsfähigkeit und die Fähigkeit zum Wechsel der Perspektiven zu stellen, die in der Regel eher im höheren Grundschulalter gegeben sind.

5. Perspektiven auf den Unterricht

Ein »normales« historisches Thema ist die Behandlung des Nationalsozialismus sicher vor allem dann nicht, wenn auch der Holocaust einbezogen werden soll. Man kann ihn angesichts der gesellschaftlichen Bedeutung, der öffentlichen Erwartungen, der medialen Beeinflussungen, der familiären Diskurse und der zum Teil großen emotionalen Belastungen nicht einfach »durchnehmen«. Dass dies in der Konkretion dann wiederum unterschiedlich gesehen wird, zeigt schon die Debatte über die Einbeziehung der Eltern in die unterrichtliche Arbeit: Während viele Autorinnen und Autoren der Auffassung sind, die Eltern sollten zuvor, z. B. auf einem eigens einberufenen Elternabend, über die Zielsetzungen und Inhalte einer entsprechenden Unterrichtseinheit informiert (aber nicht: um Erlaubnis gefragt!) werden, fragt sich Detlef Pech (2006, 67), »warum ausgerechnet bei der Thematisierung von Holocaust und Nationalsozialismus auf einmal die Information und das Einverständnis der Eltern eingeholt werden sollen«.

Eine besondere Bedeutung hat die Lehrkraft selbst: »Gerade bei diesem Thema sind Erwachsene als Personen gefragt, die nicht nur Wissen vermitteln, sondern Haltungen einnehmen und Orientierung anbieten« (Deckert-Peaceman 2004, 73). Voraussetzung dafür ist eine Selbstreflexion der Lehrkraft über ihre Einstellungen zu diesem Thema; erst auf dieser Grundlage ist genügend Offenheit vorhanden, um mit – bei Grundschulkindern häufig noch eher ungewöhnlichen und nicht sozial vorgegebenen – Fragen und Deutungen angemessen umgehen zu können. Auch die Unterrichtsatmosphäre ist dabei wichtig – gerade um belastende Einsichten aushalten zu können. Und nicht zuletzt muss genügend Unterrichtszeit zur Verfügung stehen. Idealerweise sind projektförmige Arbeitsweisen zu bevorzugen.

Was kann inhaltlich behandelt werden? Weitgehender Konsens herrscht darüber, dass die massenhafte Tötung in den Vernichtungslagern nicht thematisiert werden sollte. Die seelischen Belastungen wären zu hoch und es erscheint auch nicht unbedingt notwendig, dies zu behandeln. Es kann allerdings auch nicht ausgeschlossen werden, dass Kinder bereits medial damit konfrontiert wurden und ihre Fragen durchaus dazu führen, dass eine Grundschullehrerin hierüber sprechen muss. Aus anderem Grund, nämlich dem der Komplexität historischer Zusammenhänge, dürften ideologische Hintergründe, politische Entscheidungsprozesse oder ökonomische Entwicklungen keine Rolle spielen. Das heißt aber nicht, dass Kinder nicht bereits erfahren sollten, dass politische Überzeugungen und Entscheidungen den Hintergrund für Handlungen von Menschen bildeten.

Aufgrund der bisherigen Erfahrungen besonders geeignete Inhalte sind sicher die Behandlung von Kindheit und Jugend im Nationalsozialismus, die alltäglich erfahrbare Ausgrenzung der Juden und anderer Minderheiten (z. B. in Parks, Kinos, Schwimmbädern, Eisdielen usw.) sowie vor allem die Beschäftigung mit einzelnen Schicksalen und deren Einbindung in ein gesellschaftliches Umfeld, so dass auch jeweils die anderen einbezogen werden; wenn also ein Opfer im Mittelpunkt steht, würden so auch die Zuschauer, Mitläufer und Täter in den Blick kommen und umgekehrt. Letztlich steht dahinter immer die Frage: Wie sind Menschen dazu gekommen, sich so zu verhalten, wie sie es getan haben? Um die Hintergründe zu verstehen, kann es auch sinnvoll sein, jüdische Kultur und jüdisches Leben zu behandeln, insbesondere auch, um Juden nicht immer nur als Opfer zu thematisieren. Umstritten ist in der Forschung, ob nicht vorwiegend Überlebende berücksichtigt werden sollten, um die Belastungen nicht zu groß werden zu lassen und Handlungsmöglichkeiten zu vermitteln. In Israel ist dies meist der Fall. Auf der anderen Seite entsteht dadurch aber ein problematisches Bild des Holocausts, den eben nur eine kleine Minderheit überlebt hat.

Vor allem aber kommt es darauf an, für die Kinder und das Thema angemessene Zugangsweisen zu finden. Zu nennen sind hier in erster Linie:

- *Die Arbeit mit Kinder- und Jugendbüchern.* Dies ist bislang der am besten dokumentierte Bereich; es gibt wohl mehr als zweihundert Titel, die in der einen oder anderen Weise die NS-Zeit behandeln. Ihr unterrichtlicher Einsatz ist häufig Gegenstand von Erfahrungsberichten in Grundschulzeitschriften. Wissenschaftlich untersucht sind aber bislang weder die Bücher selbst (jedenfalls nicht aus geschichtsdidaktischer Sicht) noch ihre Rezeption durch die Kinder oder ihr Einsatz im Unterricht. Manche Bücher (z.B. »Rosa Weiss« oder »Damals war es Friedrich«) gelten auch durchaus als umstritten. Außerdem muss beachtet werden, dass Kinder- und Jugendbücher für Jungen eher ein problematisches Medium darstellen – ebenso wie auch für leseschwache Schülerinnen und Schüler aufgrund der erforderlichen Lesefähigkeiten.
- *Die Befragung von Zeitzeugen.* Sie ist allerdings in doppelter Weise schwierig: Zum einen stehen angesichts des wachsenden zeitlichen Abstands nur noch wenige Zeitzeugen zur Verfügung. Ihre Präsentation durch audiovisuelle Medien ist nur ein begrenzter Ersatz. Zum anderen aber ist der eigentlich notwendige kritische Umgang mit Aussagen von Zeitzeugen angesichts der Empathie mit den Opfern nur schwer zu erreichen.
- *Die Arbeit an Biographien einzelner Menschen,* die die Identifikation mit dem Schicksal konkreter Menschen erleichtert. Dabei ist es hilfreich, mit Quellenmaterial (Bildern, Erinnerungen, Gegenständen etc.) zu arbeiten und originale Orte aufzusuchen (vgl. Becher 2006).
- *Die Arbeit mit schriftlichen Quellen,* z.B. Schul- und Kinderbüchern aus der NS-Zeit oder Auszügen aus autobiographischen Erinnerungen.
- *Die Arbeit mit Filmen.* Mittlerweile gibt es hier einige auch für Grundschulkinder angemessene, auch wenn für sie noch, wie bei den Kinder- und Jugendbüchern und anderen Medien, eingehende geschichtsdidaktische Analysen fehlen. (vgl. etwa Gryglewski 1998, S. 226–229).
- *Die Arbeit mit bildlichen Quellen* (Fotos, zeitgenössische Kinderzeichnungen, Bilder in Fibeln und Kinderbüchern usw.).
- *Die lokale Spurensuche* (z.B. nach früheren Stätten jüdischer Kultur, anderen Überresten der NS-Zeit usw.). Dies beinhaltet die Suche nach baulichen Zeunissen, die Befragung von Zeitzeugen und Experten und auch die gezielte Arbeit in lokalen Archiven; die Beteiligung von Grundschulklassen am Geschichtswettbewerb des Bundespräsidenten zeigt, dass dies bereits gelingen kann.
- *Der Besuch von Gedenkstätten.* Es ist durchaus umstritten, ob Gedenkstätten geeignete Lernorte für Grundschulkinder sind. Der Skepsis, dass Orte

der Verfolgung und Vernichtung zwar authentisch sind, aber durch ihre Authentizität des Todes auch lähmend wirken könnten, stehen interessante konzeptionelle Überlegungen und erste Erfahrungen einzelner Gedenkstätten gegenüber (vgl. etwa Dietermann 2003, Hanfland 2004 und Holl-Giese 2006).

Von zentraler Bedeutung sind, wie viele Erfahrungsberichte belegen, *Gespräche*, denn Kinder dürfen mit den Verarbeitungen nicht allein gelassen werden; deshalb kann Freie Arbeit hier problematisch sein. Nur in Gesprächen können Lehrkräfte feststellen, ob die Belastungen zu groß werden. Für eine Einordnung der historischen Ereignisse und eine Bezugnahme auf die Geschichte der eigenen Familie ist die *Arbeit mit Zeitleisten* hilfreich. Auf *Rollenspiele*, die manchmal in der Literatur vorgeschlagen werden (z. B. um die Stigmatisierung der Juden durch den gelben Stern erfahrbar zu machen), sollte dagegen eher verzichtet werden. Sinnvoll ist es dagegen, die Ergebnisse der eigenen Deutungen anderen zu präsentieren, z. B. in Form von Collagen, Ausstellungen, auf Elternabenden oder Internetseiten (vgl. etwa das Projekt einer dritten Grundschulklasse zur Zwangsarbeit: http:// www.grundschule-friedrichsfehn.de/start/emslandlager/index.html). Kinder können sich auch an der lokalen Erinnerungskultur beteiligen, z. B. in der Mitgestaltung des Holocaust-Gedenktages am 27. Januar oder von lokalen Gedenkfeiern am 9. November. Dass die Zusammenarbeit mit anderen Fächern in Projekten zum Nationalsozialismus sinnvoll ist, zeigen entsprechende Erfahrungen (z. B. in Kunst, vgl. Hinkel 1995, oder Religion, vgl. Grundschule Religion 2005).

6. Fazit

Die theoretische Debatte über die Frage, ob die Behandlung des Holocaust oder – erweitert – des Nationalsozialismus in der Grundschule legitim bzw. notwendig ist, war zwar bedeutsam, erscheint aber weitgehend ausgereizt. Da keine feste curriculare Verankerung vorgesehen ist, obliegt die Entscheidung der jeweiligen Lehrkraft. Und für die Behandlung gibt es durchaus gute Argumente. Notwendig sind zum einen empirische Forschungen, z. B. zu den Lernvoraussetzungen der Kinder, zu den Vorstellungen der Lehrerinnen und Lehrer und zu den vorhandenen Unterrichtsmedien, zum anderen aber die Entwicklung und Erprobung von der Grundschule angemessenen Lernumgebungen, damit Lehrerinnen und Lehrer Hilfestellungen erhalten, ein solch schwieriges Thema kompetent unterrichten zu können. Der Autor plant ein entsprechendes Vorhaben.

Literatur

Historisch-politisches Lernen in der Grundschule

Bergmann, Klaus / Rohrbach, Rita (2001) (Hrsg.): Kinder entdecken Geschichte. Theorie und Praxis historischen Lernens in der Grundschule und im frühen Geschichtsunterricht. Schwalbach/Ts.

Michalik, Kerstin (2004) (Hrsg.): Geschichtsbezogenes Lernen im Sachunterricht. Bad Heilbrunn/Braunschweig.

Reeken, Dietmar von (2004): Historisches Lernen im Sachunterricht. Eine Einführung mit Tipps für den Unterricht. Baltmannsweiler.

Reeken, Dietmar von (2001): Politisches Lernen im Sachunterricht. Didaktische Grundlegungen und unterrichtspraktische Hinweise. Baltmannsweiler.

Schreiber, Waltraud (1999) (Hrsg.): Erste Begegnungen mit Geschichte. Grundlagen historischen Lernens. 2 Bände, Neuried.

Sachinformationen zum Thema »Nationalsozialismus/Holocaust«

Benz, Wolfgang (1995): Der Holocaust. (kompakte, allgemeinverständliche Darstellung) München.

Benz, Wolfgang (2002) (Hrsg.): Lexikon des Holocaust. München.

Brechtken, Magnus (2004): Die nationalsozialistische Herrschaft 1933–1939, Reihe »Geschichte kompakt«, Darmstadt.

Pohl, Dieter (2003): Verfolgung und Massenmord in der NS-Zeit 1933–1945, Reihe »Geschichte kompakt«, Darmstadt.

Zur einführenden Lektüre eignen sich auch die entsprechenden Themenhefte der Zeitschriften »Geschichte lernen« (24/1991, 40/1994, 57/1997, 69/1999) und »Praxis Geschichte« (5/1990, 3/1994, 6/1995, 4/2004) sowie die Hefte »Nationalsozialismus I und II« der »Informationen zur politischen Bildung« (hrsg. von der Bundeszentrale für politische Bildung).

Veröffentlichte Unterrichtsbeispiele und Unterrichtsmaterialien

Abram, Ido / Heyl, Matthias (1996): Thema Holocaust. Ein Buch für die Schule. Reinbek.

Becher, Andrea (2006): – eingesammelt – Ein Unterrichtsprojekt zum ›Lernen an Biografien‹ im Sachunterricht der Grundschule. In: Pech, Detlef/Rauterberg; Marcus (Hrsg.): Möglichkeiten und Relevanz der Auseinandersetzung mit dem Holocaust im Sachunterricht der Grundschule. (www.widerstreit-sachunterricht.de, Beiheft 3), S. 17–34.

Beck, Gertrud / Soll, Wilfried (1996) (Hrsg.): Das neue Sach- und Machbuch 4. Berlin, S. 70–73 (Schulbuchkapitel »Kinder mit dem gelben Stern«).

Dahrendorf, Malte (2004): Das Thema Nationalsozialismus in der Kinder- und Jugendliteratur. In: Grundschule, 36 (9), S. 61–63.

Deckert-Peaceman, Heike (2004): »Warum gibt es immer noch Nazis?« Annäherungen an Geschichte und Wirkung des Holocaust mit Grundschülern. In: Michalik, Kerstin (Hrsg.): Geschichtsbezogenes Lernen im Sachunterricht. Bad Heilbrunn/Braunschweig, S. 71–86 (S. 85 f. Hinweise auf empfehlenswerte Kinderbücher).

Dietermann, Klaus (2003) (Hrsg.): Erinnern – Gedenken – Lernen. Annäherung an ein schwieriges Thema der Jahrgangsstufen 4–6. Siegen.

Die Grundschulzeitschrift, (97), (1996): Holocaust als Thema in der Grundschule (inkl. Rezensionensammlung zu Kinderbüchern).

Grundschule Religion, (12), (2005): Erinnern lernen: Holocaust (inkl. Unterrichtsmaterial).

Gryglewski, Elke (1998): Angebote für 10- bis 13-jährige Schüler im Haus der Wannsee-Konferenz. In: Moysich, Jürgen/Heyl, Matthias (Hrsg.): Der Holocaust. Ein Thema für Kindergarten und Grundschule? Hamburg, S. 219–230.

Hanfland, Vera (2004): Diktatur und NS-Verbrechen als Themen für Grundschüler? In: Ahlheim, Klaus u. a.: Gedenkstättenfahrten. Handreichung für Schule, Jugend- und Erwachsenenbildung in Nordrhein-Westfalen. Schwalbach/Ts., S. 115–120.

Hinkel, Hermann (1995): Kinder in der Nazizeit. In: Kunst + Unterricht, (196), S. 22–34 (mit Material).

Holl-Giese, Waltraud (2006): »Das KZ vor der Haustüre« wird ein Haus der Erinnerung. Partizipation an (lokaler) Erinnerungskultur – eine Herausforderung an den Sachunterricht. In: Pech, Detlef/Rauterberg, Marcus (Hrsg.): Möglichkeiten und Relevanz der Auseinandersetzung mit dem Holocaust im Sachunterricht der Grundschule (www.widerstreit-sachunterricht.de, Beiheft 3), S. 3–16.

Moysich, Jürgen / Heyl, Matthias (1998) (Hrsg.): Der Holocaust. Ein Thema für Kindergarten und Grundschule? Hamburg.

Reeken, Dietmar von / Reeken, Silke von (1997): Die Zerstörung des jüdischen Friedhofs in Diepholz. Ein Projekt in der Grundschule. In: Grundschule, (7–8), S. 68–70.

Rohrbach, Rita (2001): Nationalsozialismus als Thema im frühen Historischen Lernen – Erfahrungen und Unterrichtsmaterialien. In: Bergmann Klaus/Rohrbach, Rita (Hrsg.): Kinder entdecken Geschichte. Theorie und Praxis historischen Lernens in der Grundschule und im frühen Geschichtsunterricht. Schwalbach/Ts., S. 298–365.

Weitere zitierte Literatur

Arndt, Jeannine (o. J.): »Ist der Holocaust ein geeignetes Thema für den Sachunterricht in der Grundschule? Eine Befragung zur Einschätzung von Lehrkräften. Hausarbeit zur Ersten Staatsprüfung für das Lehramt an Grund- und Hauptschulen. Hannover, URL: http://www.fasena.de/download/grundschule/Arndt.pdf [Stand: 11. Mai 2006].

Blaseio, Beate (2004): Entwicklungstendenzen der Inhalte des Sachunterrichts. Eine Analyse von Lehrwerken von 1970 bis 2000. Bad Heilbrunn/Obb.

Deckert-Peaceman, Heike (2002): Holocaust als Thema für Grundschüler? Ethnographische Feldforschung zur Holocaust education am Beispiel einer Fallstudie aus dem amerikanischen Grundschulunterricht und ihre Relevanz für die Grundschulpädagogik in Deutschland. Frankfurt a. M. u. a.

Deckert-Peaceman, Heike (2006): Holocaust – ein Sachunterrichtsthema. In: Pech, Detlef/Rauterberg, Marcus (Hrsg.): Möglichkeiten und Relevanz der Auseinandersetzung mit dem Holocaust im Sachunterricht der Grundschule (www.widerstreit-sachunterricht.de, Beiheft 3), S. 35–50.

Hedtke, Reinhold / Reeken, Dietmar von (2005) (Hrsg.): Historische und politische Bildung. Ein sowi-online-Reader. Bielefeld, URL: http://www.sowi-online. de/reader/historisch-politisch/index.html [Stand: 11. Mai 2006].

Heyl, Matthias (1997): Erziehung nach Auschwitz. Eine Bestandsaufnahme. Deutschland, Niederlande, Israel, USA. Hamburg.

Konrad, Franz-Michael (2000): Die Shoah als pädagogische Herausforderung in Deutschland und in Israel. In: Neue Sammlung, S. 479–498.

Meseth, Wolfgang / Prose, Matthias / Radtke, Frank-Olaf (2004): Nationalsozialismus und Holocaust im Geschichtsunterricht. Erste empirische Befunde und theoretische Schlussfolgerungen. In: Dies. (Hrsg.): Schule und Nationalsozialismus. Anspruch und Grenzen des Geschichtsunterrichts. Frankfurt a. M./New York, S. 95–146.

Parliamentary Assembly of the Council of Europe (2006): Combating the resurrection of nazi ideology. In: URL: http://assembly.coe.int/Main.asp?link=/Docu ments/AdoptedText/ta06/ERES1495.htm [Stand: 11. Mai 2006].

Pech, Detlef (2006): unfassbar (,) ungeklärt. Reflexionen über sachunterrichtliche Bedingungen einer Auseinandersetzung mit dem Holocaust in der Grundschule. In: Pech, Detlef/Rauterberg, Marcus (Hrsg.) (2006): Möglichkeiten und Relevanz der Auseinandersetzung mit dem Holocaust im Sachunterricht der Grundschule (www.widerstreit-sachunterricht.de, Beiheft 3), S. 51–69.

Pingel, Falk (2002): Unterricht über den Holocaust. Eine kritische Bewertung der aktuellen pädagogischen Diskussion. In: Fuchs, Eduard/Pingel, Falk/Radkau, Verena (Hrsg.): Holocaust und Nationalsozialismus. Wien, S. 11–23.

Reeken, Dietmar von (2005): Eine ganz normale Epoche? Überlegungen zur Zeitgeschichte in Geschichtskultur und Geschichtsunterricht. In: Zeithistorische Forschungen/Studies in Contemporary History, Online-Ausgabe, (2), URL:. http://www.zeithistorische-forschungen.de/16126041-Reeken-2-2005 [Stand: 11. Mai 2006].

Welzer, Harald (2005): Der Holocaust im deutschen Familiengedächtnis. In: Knigge, Volkhard/Frei, Norbert (Hrsg.): Verbrechen erinnern. Die Auseinandersetzung mit Holocaust und Völkermord. Bonn, S. 362–378.

Joachim Kahlert

Bildung für Nachhaltigkeit

1. Zur Entwicklung der Umweltbildung als politisch bedeutsame Bildung

Seitdem die Konferenz der Vereinten Nationen für Umwelt und Entwicklung 1992 in Rio de Janeiro die dauerhaft-umweltgerechte Entwicklung (sustainable development) zu einem weltweit anerkannten Leitbild staatlichen Handelns erklärte, hat sich die ökologisch motivierte Auseinandersetzung über die zulässige Beanspruchung von Wasser, Boden, Luft und Rohstoffen weiter in Richtung eines »gesellschaftspolitischen Diskurses« (Rat von Sachverständigen für Umweltfragen 1996, 50) entwickelt. Risiken werden vor dem Hintergrund von Nutzenerwartungen abgewogen. Sie erweisen sich damit als »vieldimensionales Konstrukt« (Jungermann/Slovic 1993, 201), das nicht allein auf gesichertem Wissen über gesundheitliche und ökologische Folgen der Umweltbeanspruchung basiert, sondern unter anderem auch von Wahrnehmungsgewohnheiten, Interessen, gesellschaftspolitischen Überzeugungen und Annahmen über die eigenen Einflussmöglichkeiten auf drohende Schäden beeinflusst wird (vgl. z.B. Renn 1996). Damit wächst der Bedarf nach Verständigung und Partizipation mit Meinungs- und Entscheidungsbildung auf nationaler, regionaler und lokaler Ebene (vgl. z.B. Brickwedde 2002; Moss/Muessig 2002).

Mit der Einbettung des Umweltschutzes in den Nachhaltigkeitsdiskurs haben sich auch die Erwartungen an die schulische Umweltbildung verändert. Umweltbildung versucht auf eine pädagogisch vertretbare Weise die Entwicklung von Wissen, Moral, Bedürfnissen und Fähigkeiten Lernender so zu beeinflussen, dass sie bereit und in der Lage sind, in ihrem gegenwärtigen und zukünftigen Handeln auch Anforderungen zu berücksichtigen, die als ökologisch wünschenswert gelten. In den 1970er Jahren als Aufklärungsunterricht über einen angemessenen Umgang mit der Natur begonnen, hat sich die Umweltpädagogik im Laufe der folgenden Jahrzehnte immer weiter ausdifferenziert. Nach handlungs- und situationsorientierten Konzeptionen des Umweltlernens (Eulefeld u.a. 1981), »ökopädagogischen« Krisenszenarien (z.B. Beer/de Haan 1984), ersten reflexions- und verständigungsorientierten Ansätzen (z.B. Kahlert 1991) wurde Umweltbildung zunehmend als Hilfestellung für eine vernunftorientierte Lebenspraxis (vgl. z. B. Siebert 1993), für den souveränen Umgang mit offenen und konfliktreichen Entscheidungssituationen (vgl. z. B. Claußen/Wellie 1996) und für umsichtige Zukunftsgestaltung (vgl. z. B. Weinbrenner 1989) verstanden. Heute wird ihr Beitrag zur Gestaltung des Zusammenlebens hervorgehoben (vgl. Brügge 2004; de Haan 2002). Damit kommt eine politisch bildende Funktion ins Spiel, die aus dem umweltpädagogischen Diskurs nicht mehr wegzudenken ist (vgl. Bolscho/Hauenschild 2005; de Lencastre 2004). Partizipationskompetenz ist gefragt. Was bedeutet Kompetenz und wie lässt sie sich im Hinblick auf Umweltbildung konkretisieren?

2. Kompetenzorientierung in der Umweltbildung

In der internationalen Literatur finden sich zahlreiche Kompetenzbegriffe, die zum Teil theoriefern und mehr oder weniger willkürlich genutzt werden (vgl. Klieme u. a. 2001, 181). Um Kompetenzen von anderen Konstrukten, mit denen personale Möglichkeiten erfasst werden, zu unterscheiden, betonen Erpenbeck und v. Rosenstiel die Fähigkeit zur Selbstorganisation (2003, XXIX ff.). Während Fertigkeiten und Qualifikationen eher auf die Erfüllung einer mehr oder weniger eng definierten Anforderung im Rahmen standardisierbarer Abläufe bezogen sind (ebd., XI), beschreiben Kompetenzen das Vermögen, den Anforderungen eines komplexen Aufgabengebietes gerecht zu werden (ebd., XXXI). Fähigkeiten können sowohl enger aufgabenorientiert ausgelegt sein als auch, ähnlich wie Kompetenzen, stärker die Selbstorganisation betonen. Ein Beispiel mit Bezug zur politischen Bildung: Mit Werkzeugen aus Text- und Graphikprogrammen umgehen zu können, ist eine Fertigkeit. Sie ist Teil der Kompetenz, Interessen und Meinungen in Wort und Bild zum Ausdruck zu bringen, zum Beispiel bei der Gestaltung eines Flugblatts.

In Anlehnung an und Erweiterung von Klieme u. a. (2001, 182) lässt sich Kompetenz als ein Fremd- und Selbstzuschreibungskonstrukt verstehen, das es erlaubt, die Bewältigung (mehr oder weniger klar) definierter Anforderungen in verlaufsoffenen Handlungssituationen zu erwarten und auf ein erlerntes bzw. erlernbares anforderungsspezifisches Zusammenwirken von personal verfügbaren Dispositionen, wie verschiedenen Formen des Wissens sowie Einstellungen, Motiven, Werten, Erfahrungen, Fertigkeiten zurückzuführen. Damit integrieren Kompetenzen Wissen, Können und Verstehen. Sie umfassen nicht nur Sach- und Faktenwissen *(deklaratives Wissen)*, sondern auch verfahrensbezogene Fähigkeiten und Fertigkeiten *(prozedurales Wissen)* sowie *metakognitives Wissen* mit Strategien der Informationserarbeitung, -bewertung und -nutzung. Diesem Verständnis entsprechen auch die Standards für politische Bildung, die die Kompetenzentwicklung könnensorientiert auf die politische Urteilsfähigkeit (deklaratives und metakognitives Wissen), auf die politische Handlungsfähigkeit (deklaratives und prozedurales Wissen) und auf methodische Fähigkeiten (prozedurales und metakognitives Wissen) beziehen (vgl. GPJE 2004, 13).

Mit Blick auf die drei Dimensionen »politische Urteilsfähigkeit«, »politische Handlungsfähigkeit« und »methodische Fähigkeiten« lässt sich der politisch bildende Gehalt umweltpädagogischer Kommunikation konkretisieren:

- *Politische Urteilsfähigkeit:* sich ein reflektiertes und altersangemessenes Urteil über Umweltrisiken zu bilden und dabei auch Gütekriterien für die Beurteilung der Umweltqualität zu berücksichtigen, wie ökologische Zusammenhänge, kurz- und langfristige Risikolagen, ästhetische Ansprüche;
- *Politische Handlungsfähigkeit:* Maßnahmen für die Umweltverbesserung erkennen und verstehen, zum Beispiel Kriterien für nachhaltige Entwicklung, Nutzen und Kosten von Umweltmaßnahmen, Nutzungskonflikte gegenüber der Umwelt, Reflexion und Prüfung von Wünschen und Bedürfnissen, Rahmenbedingungen für Konsum, Arbeit, Verkehrsmittelwahl, Erkundung und Reflexion eigener Gestaltungsmöglichkeiten in Verbänden, Parteien, Bürgerinitiativen, informellen Gruppen sowie im Alltag;
- *Methodische Fähigkeiten:* sich selbstständig Informationen zu verschaffen und zu bewerten, um zum Beispiel die Angemessenheit von umweltverbessernden Maßnahmen unter Berücksichtigung ihrer möglichen, wahrscheinlichen, beabsichtigten und unbeabsichtigten Folgen zu beurteilen.

Umweltbezogene Urteilsfähigkeit, Handlungsfähigkeit sowie methodische Fähigkeiten können und müssen bereits in den ersten Jahren des schulischen Bildungsganges grundgelegt werden.

3. Ausgewählte Lernvoraussetzungen im Grundschulalter

Einer der entscheidenden Entwicklungsfortschritte im Grundschulalter ist die sich erweiternde Fähigkeit, Gegenstände und Ereignisse unter verschiedenen Gesichtspunkten und Perspektiven zu betrachten und verschiedene

Beziehungen und Vorstellungen miteinander in Verbindung zu bringen. Neben der Entwicklung allgemeiner kognitiver Fähigkeiten, wie zum Beispiel der Gedächtnisleistungen (vgl. Schneider/Büttner 2002), lassen sich auch bereichsspezifische Entwicklungsverläufe erkennen, die eine frühe umweltpolitische Bildung sinnvoll machen:

- Eine entscheidende Kompetenz für die Teilhabe am Nachhaltigkeitsdiskurs besteht darin, andere Perspektiven als nur die eigene einzunehmen. Diese Fähigkeit zur *sozialen Perspektivenübernahme* wächst im Grundschulalter, allerdings nicht automatisch, sondern durch entsprechende Anregungen, die die Vielfalt und Vieldeutigkeit von sozialen Prozessen wahrnehmbar und erfahrbar machen (vgl. Kanning u. a. 2003; Petermann 1999; Richter 2004, 200 f.).
- Schon seit langem bekannt ist das große *moralische Orientierungsbedürfnis* der Kinder (vgl. McPhail 1980), das sich im Laufe der Grundschulzeit – bei entsprechender Förderung – zur Orientierung an anerkannten Regeln entwickeln kann.
- Begleitende Fähigkeiten für den Nachhaltigkeitsdiskurs wie *Zeitgefühl* (von Reeken 2004), *soziologisches Verständnis* (Gläser 2002) und *ökonomische Einsichten* (Claar 1996) entwickeln sich ebenfalls im Grundschulalter weiter – vorausgesetzt, sie werden entsprechend gefördert.
- Im Hinblick auf das *Wissenschaftsverständnis* unterscheiden Kinder zwar durchaus schon wissenschaftliche Einsichten von anderen Vorstellungen. Aber es überwiegt ein Verständnis, das Wissenschaft als Suche nach richtigen Fakten versteht, während die Prüfung und Revision von Vorstellungen und Theorien noch keine Rolle spielen (Carey u. a. 1989).
- An Fragen des Umweltschutzes im engeren Sinne sind Kinder im Grundschulalter interessiert. Wie eine Voruntersuchung zum Politikverständnis von Sechs- und Siebenjährigen zeigt, kennen Kinder Umweltprobleme und können auch über sie berichten (vgl. Berton/Schäfer 2005, 25 f.). Sie räumen dem Schutz anderer Lebewesen einen hohen Stellenwert ein (vgl. Gebauer 2005), interessieren sich für die Qualität der ihnen vertrauten Umgebung (Matthews 1985) und äußern allgemein die Überzeugung, Umweltschutz sei wichtig (Stachelscheid/Dziewas 2004). Eine Untersuchung mit Vorschulkindern ergab, dass sogar einigen Vierjährigen klar ist, Abfall würde die Umwelt belasten; im Alter von sechs Jahren finden sich differenzierte Vorstellungen über Beeinträchtigungen verschiedener Lebewesen durch Abfall und über den Umgang mit Müll (vgl. Grodzinska-Jurczak u. a. 2004).

Die erwähnten bereichsspezifischen und allgemein kognitiven Entwicklungsmöglichkeiten im Grundschulalter unterstreichen, dass Umweltbildung in der Grundschule möglich und pädagogisch sinnvoll ist. Allerdings entwickelt sich damit nicht automatisch die für die Nachhaltigkeitsdiskussion geforderte Fähigkeit, sich Fragen der Umwelt unter verschiedenen Perspektiven zu widmen und die im Nachhaltigkeitsdiskurs geforderte Vielperspektivität zu bewältigen. Bereichsspezifisches Wissen und Können ist dafür eine notwendige, jedoch keine hinreichende Voraussetzung. Denken und Orientieren in Zusammenhängen stellt sich nicht automatisch als Folge von fachlichem Wissen und Können ein, sondern muss eigens gefördert und entwickelt werden. Zu Recht gilt daher mit Blick auf Nachhaltigkeit der fächerübergreifende (vgl. Gräsel 1999), interdisziplinäre (Leal Filho 2004) oder vielperspektivische (vgl. Wehrspaun/Schoembs 2002) Zuschnitt von Umweltbildung als notwendig. Es geht darum, die faktisch gegebene komplexe Praxis, in die ein jeder eingewoben ist, orientierungsmächtig zu erschließen.

4. Vielperspektivität fördern – Umweltbildung didaktisch vernetzen

Obwohl bereits seit Jahrzehnten gefordert, ist die fächerübergreifende Gestaltung der Umweltbildung noch nicht zufriedenstellend gelungen (siehe z. B. Gräsel 2002, 685). Verantwortlich dafür dürften viele Bedingungen sein. In der Grundschule unterrichten die Lehrkräfte zwar viele Fächer, sind aber nicht für alle speziell ausgebildet. In den weiterführenden Schulen schränkt die eher fachspezifische Ausbildung der Lehrenden den Blick für die Kooperationspotenziale anderer Fächer ein. Der Stundenplan begünstigt fachspezifische Arbeitsweisen. Übergreifende Projekte sind mit hohem organisatorischen Aufwand verbunden. Eine wichtige Zukunftsaufgabe und -perspektive der politischen Umweltbildung ist es daher, die Komplexität der von ihr aufgegriffenen Problemlagen didaktisch verfügbar zu machen.

Dafür wird vorgeschlagen, Inhalte und Themenbereiche des politischen Umweltlernens an einem Modell »didaktischer Netze« zu orientieren (vgl. zum didaktischen Grundkonzept Kahlert 2005, 219 ff.). Dieses Modell soll helfen, die politisch-bildenden Potentiale domänenspezifischer Zugänge für die Umweltbildung zu erschließen.

Das Bild von didaktischen Netzen, die es zu knüpfen gilt, ist bewusst gewählt. Verknüpft werden sollen verschiedene Perspektiven bei der Entfaltung eines Umweltthemas, und zwar so, dass sowohl den motivationalen und inhaltlichen Lernvoraussetzungen der jeweiligen Lerngruppe als auch der

Komplexität des jeweils kommunizierten Sachverhalts angemessen Rechnung getragen werden kann. Dabei geht es nicht um ein Schema, das standardisiert angewendet werden könnte, sondern um eine letztlich immer neu zu erstellende, auf Zeit brauchbare Konstruktion.

Eine entscheidende Bedeutung nehmen dabei die Perspektiven ein, die im didaktischen Netz zusammengeführt werden sollen. Sie lassen sich als *theoriefähige*, das heißt im Prinzip begründbare *Konstruktionsrichtungen* ansehen, unter denen erste Ideen für Fragestellungen und Themen weiter entfaltet werden können. Die Perspektiven grenzen sich weder scharf voneinander ab, noch können sie garantieren, einen Sachverhalt vollständig zu erschließen – und dies ist auch nicht ihre Funktion. Es geht nicht um die Kategorisierung aller möglichen Aspekte, sondern darum, der Aufmerksamkeit bei der Entfaltung eines Themas verschiedene, theoretisch begründbare Richtungen zu geben.

Auf den ersten Blick mag es erstaunen, dass im Rahmen politischer Bildung dabei auch naturwissenschaftliche und technische Perspektiven angeboten werden. Berücksichtigt man aber den Anspruch der politischen Bildung, rationale Orientierungen und Entscheidungen zu fördern, dann stellt sich im Zusammenhang mit dem Nachhaltigkeitsanspruch auch die Anforderung, Risiken auf der Basis von Sachinformationen zu beurteilen. Nicht jeder Lehrer muss die damit verbundenen naturwissenschaftlichen und technischen Kompetenzen aufbringen. Aber bei der Beurteilung von Risiken sollte deutlich werden, dass man dafür auch ein Spezialwissen heranziehen kann, das natur- und technikwissenschaftliche Disziplinen zur Verfügung stellen. Solche fachlich belastbaren Orientierungen reichen noch nicht, um Entscheidungen politisch angemessen zu treffen. Aber im Hinblick auf eine nachhaltige Entwicklung wird man es sich politisch nicht leisten können, auf das fachliche Wissen einschlägiger natur- und technikwissenschaftlicher Disziplinen zu verzichten. Ausschlaggebend für die Auswahl der Perspektiven ist ihre fokussierende Wirkung auf jene Dimensionen des Zusammenlebens, die zur Beurteilung der Nachhaltigkeit von Entwicklungen bedeutsam sind:

– So fokussiert die *naturwissenschaftliche Perspektive* die Aufmerksamkeit auf stoffliche und energetische Merkmale von Umweltbelastungen und auf die Definition von Schutz- und Gestaltungszielen (Informationen über Schadstoffe und andere Beeinträchtigungen wie Lärm und energiereiche Strahlung; gesundheitliche Auswirkungen; Stoff- und Energieströme in Ökosystemen; Reproduktionsraten für Ressourcen und Umweltmedien; Ökobilanzen, Leistungen und Grenzen von Verfahren zur Ermittlung von Schadens- und Risikopotentialen).

Abb. 1: Themenbereiche vielperspektivisch erschließen

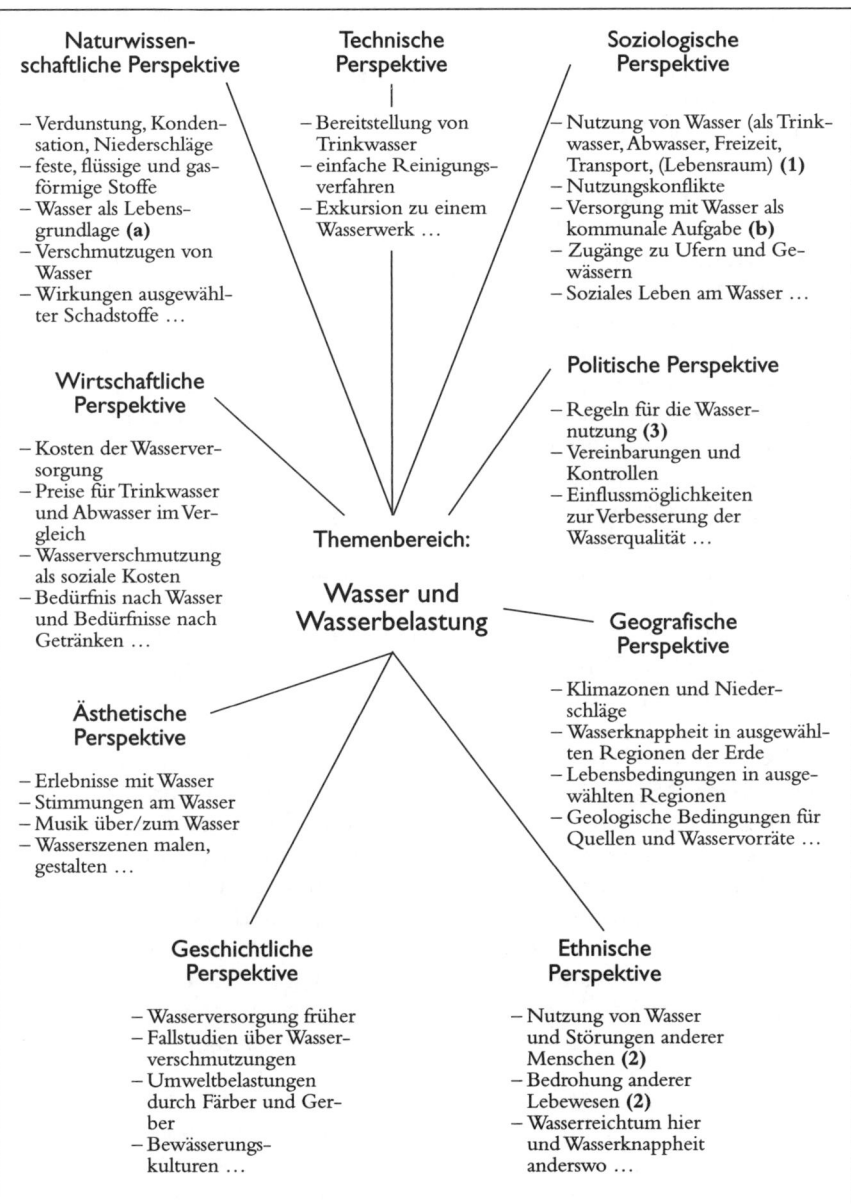

Naturwissenschaftliche Perspektive

– Verdunstung, Kondensation, Niederschläge
– feste, flüssige und gasförmige Stoffe
– Wasser als Lebensgrundlage **(a)**
– Verschmutzugen von Wasser
– Wirkungen ausgewählter Schadstoffe ...

Technische Perspektive

– Bereitstellung von Trinkwasser
– einfache Reinigungsverfahren
– Exkursion zu einem Wasserwerk ...

Soziologische Perspektive

– Nutzung von Wasser (als Trinkwasser, Abwasser, Freizeit, Transport, (Lebensraum) **(1)**
– Nutzungskonflikte
– Versorgung mit Wasser als kommunale Aufgabe **(b)**
– Zugänge zu Ufern und Gewässern
– Soziales Leben am Wasser ...

Wirtschaftliche Perspektive

– Kosten der Wasserversorgung
– Preise für Trinkwasser und Abwasser im Vergleich
– Wasserverschmutzung als soziale Kosten
– Bedürfnis nach Wasser und Bedürfnisse nach Getränken ...

Politische Perspektive

– Regeln für die Wassernutzung **(3)**
– Vereinbarungen und Kontrollen
– Einflussmöglichkeiten zur Verbesserung der Wasserqualität ...

Themenbereich:

Wasser und Wasserbelastung

Geografische Perspektive

– Klimazonen und Niederschläge
– Wasserknappheit in ausgewählten Regionen der Erde
– Lebensbedingungen in ausgewählten Regionen
– Geologische Bedingungen für Quellen und Wasservorräte ...

Ästhetische Perspektive

– Erlebnisse mit Wasser
– Stimmungen am Wasser
– Musik über/zum Wasser
– Wasserszenen malen, gestalten ...

Geschichtliche Perspektive

– Wasserversorgung früher
– Fallstudien über Wasserverschmutzungen
– Umweltbelastungen durch Färber und Gerber
– Bewässerungskulturen ...

Ethnische Perspektive

– Nutzung von Wasser und Störungen anderer Menschen **(2)**
– Bedrohung anderer Lebewesen **(2)**
– Wasserreichtum hier und Wasserknappheit anderswo ...

- Eng verbunden mit der naturwissenschaftlichen sowie mit der ökonomischen Perspektive ist die auf Herstellungs-, Verteilungs- und Entsorgungsverfahren gerichtete *technische Perspektive* (Belastungen durch heutige Technologien; Stoff- und Energiesparmöglichkeiten neuer Technologien; Bedingungen technologischer Innovationen; Kriterien für nachhaltige Technikentwicklung).

- Die (sozial-)*geographische Perspektive* zielt auf lokale und regionale Entwicklungsbesonderheiten (klimatische Bedingungen; Boden- und Vegetationseigenarten; Siedlungsformen, Transportwege, regionale Stoff- und Wertkreisläufe).

- Unter der *ökonomischen Perspektive* rückt der Umgang mit knappen Ressourcen in den Horizont der Aufmerksamkeit (Zusammenhänge zwischen Wirtschaftswachstum und Umweltbelastung; Anreize zur Begünstigung umweltgerechterer Produktion, Transport und Konsum; Modelle zur Bewertung des Wirtschaftswachstums; Methoden und Berechnungen zur Erfassung der externen Kosten für Produktion und Distribution; Instrumente zur Internalisierung der Kosten).

- Die *soziologische Perspektive* fokussiert die gesellschaftlichen Rahmenbedingungen sowie die sozialen Folgen individuellen Handelns (Ursachen der Umweltkrise; Merkmale für Lebensqualität; Leitbilder nachhaltiger Entwicklung; kulturelle und interkulturelle Eigenheiten der Risikowahrnehmung; Lebensstile; psycho-soziale Kosten der Umweltbelastung; Entwicklung von Wünschen und Bedürfnissen; Bedingungen und Folgen der Bedürfnisbefriedigung, Rolle der Medien).

- Die *politische Perspektive* im engeren Sinne fragt nach Strategien und Möglichkeiten der zielbezogenen Gestaltung des gesellschaftlichen Zusammenlebens (Möglichkeiten und Grenzen der Einflussnahme auf andere über Parteien, Bürgerinitiativen, Verbände, Einzelaktionen; freiwillige Maßnahmen und Verordnungen; Gesetze und andere administrative Zugriffe auf das Handeln umweltwirksamer Akteure; Interessenskollisionen; Möglichkeiten von Kompromissen für eine dauerhafte Entwicklung).

- Die *geschichtliche Perspektive* stellt Einsichten über Problemlösungen sowie über die Folgen unzureichenden Problembewusstseins in der Vergangenheit heraus (Beispiele für Umweltbelastungen in der Geschichte; kulturelle Traditionen, die eine nachhaltige Entwicklung begünstigen oder erschweren).

- Unter einer *ethisch-philosophischen Perspektive* wird die Frage nach der Sinnhaftigkeit des Lebens und nach der Verantwortung für das, was Menschen tun und lassen, gestellt (Verantwortung des Einzelnen vor Gott, anderen Menschen, anderen Lebewesen, späteren Generationen, vor sich selbst; inter- und intragenerationelle Gerechtigkeit; Grundsatzfragen der anthropozentrischen und ökozentrischen Ethik; Bedeutung von Freiheit, Toleranz, Gleichheit und Gerechtigkeit für ein Zusammenleben, das Ansprüchen der Nachhaltigkeit gerecht wird).

– Schließlich trägt die *ästhetische Perspektive* der Einsicht Rechnung, dass Menschen Umweltgegebenheiten auf unterschiedliche Weise wahrnehmen (Vergleich von Wahrnehmungsgewohnheiten; Ausdrucksformen für Unbehagen, für Sehnsüchte, Träume, Wünsche, Ängste; Auseinandersetzungen mit dem Einfluss technischer Medien auf die Wahrnehmung der Umwelt und des anderen Menschen).

Wie sich ein Themengebiet unter diesen Perspektiven ausdifferenzieren *kann*, zeigt die Abbildung 1, Seite 221. Betont sei, dass das didaktische Netz nicht darauf zielt, alle möglichen Aspekte zu bearbeiten oder gar eine »objektive« thematische Struktur offen zu legen. Vielmehr kommt es darauf an, das *politische Bildungspotenzial* von Themenbereichen zu erschließen.

Unter dem Gesichtspunkt der Nachhaltigkeit berührt der Themenbereich »Wasser und Wasserversorgung« zum Beispiel unter anderem die Nutzung von Wasser. Aus einer soziologischen Perspektive kommen dabei unterschiedliche Nutzungsweisen ins Spiel (vgl. Abbildung, Punkt 1). Daran ließen sich ethische Fragen anschließen wie zum Beispiel über die mit der Nutzung von Wasser verbundenen Beeinträchtigungen für andere Menschen oder Lebewesen (Punkt 2). Schließlich könnten Regeln für den Umgang mit Wasser erarbeitet werden (Punkt 3). In einer anderen Klasse mit einem anderen Interessens- und Erfahrungshintergrund wäre es möglicherweise eher sinnvoll, vom Bedarf nach Trinkwasser auszugehen (Punkt a) und dann die Versorgung mit Wasser als eine kommunale Aufgabe zu erarbeiten (vgl. Punkt b).

Im Folgenden soll dies anhand eines kompetenzorientierten Aufgabenbeispiels konkretisiert werden. Abschließend wird der Bezug zu den Standards für politische Bildung hergestellt.

5. Ein aufgabenorientiertes Beispiel: Muss der Badestrand am Baggersee geschlossen werden?

Die Klasse simuliert eine Podiumsdiskussion, wie sie zum Beispiel im Gemeindezentrum stattfinden könnte. Es geht um die Nutzung des örtlichen Baggersees. Der kursiv gedruckte Text einer (fiktiven) Zeitungsmeldung kann als Einstieg genutzt werden. Selbstverständlich ist die Verwendung eines gegebenenfalls vorhandenen realen Textes über einen strukturähnlichen Konflikt besser. Die einzelnen Rollen bei der Diskussion werden in Arbeitsgruppen vorbereitet.

Der letzte Sommer am See?

Wenn es nach dem Willen der Anwohner des Vogelsees gehen würde, dann wäre es bald vorbei mit den Badefreuden. Noch in diesem Jahr soll die zuständige Gemeindeverwaltung das Baden im See verbieten. Schon seit mehreren Jahren beklagen sich die Anwohner über wachsende Müllberge und zunehmende Lärmbelästigung. John Lorenz von der Anwohnerinitiative »Rettet den Vogelsee« sagte unserer Zeitung: »Immer mehr Leute lassen ihren Abfall einfach liegen. Einiges davon findet sich dann im See wieder. Und dann der Lärm: An schönen Tagen wird man gerade an den Wochenenden früh von dem Lärm der Autos geweckt. Zugangswege werden zugeparkt. Lärm gibt es bis in die späte Nacht. Immer öfter werden irgendwelche Feste gefeiert. Dann hört man Musik, Gegröle und am Morgen danach liegen etliche Flaschen und Pappbecher herum.« Ganz anders sieht das Stefanie, 9 Jahre alt, die wir gestern zusammen mit ihrer älteren Schwester am See getroffen haben. »Wenn wir hier nicht mehr baden dürfen, wo sollen wir denn sonst hin? Das nächste Schwimmbad ist zu weit weg. Da müssten unsere Eltern uns immer hinfahren. Außerdem ist es doch am See viel schöner.«

1. Bildet Gruppen von vier bis fünf Kindern. Jede Gruppe hat die Aufgabe, einen der folgenden Standpunkte vorzubereiten:
   – Mitglied der Anwohnerinitiative »Rettet den Vogelsee«
   – Naturschützer vom Vogelschutzbund (für das Badeverbot)
   – Umweltschützer von den Naturfreunden (gegen das Badeverbot)
   – Sprecher der Kinder- und Jugendgruppe »Der See gehört auch uns«
   – ein oder zwei Vermittler
   Überlegt vorher zusammen, wer die Rolle eines Vermittlers einnehmen könnte. In Frage könnten kommen: die Direktorin der Schule, der Pfarrer, der Vorsitzende des Sportvereins, wer noch? Begründet eure Wahl.

2. Bestimmt den- oder diejenige aus der Gruppe, der/die später euren Standpunkt vertreten soll. Damit er/sie das gut kann, müsst ihr in der Gruppe Argumente sammeln. Ihr könnt dazu auch Bücher oder das Internet nutzen oder auch Erwachsene fragen. Die Argumente und Sachinformationen werden in der Gruppe besprochen. Welche sind besonders überzeugend? Welche weniger? Schreibt jeweils ein Argument auf eine Karte. Die Karten sollen eurer Sprecherin/eurem Sprecher helfen, während der Diskussion möglichst überzeugend zu wirken.

3. Die Podiumsdiskussion findet vor der Klasse statt. Der/die Lehrer/in leitet die Diskussion und sorgt für die Einhaltung der Regeln: Jeder darf zunächst zwei Argumente nennen. Danach stellen auch die Zuhörer Fragen. Abschließend dürfen die Teilnehmer der Podiumsdiskussion sich noch einmal äußern.
4. Anschließend versucht die Gruppe im Klassengespräch nach Lösungen zu suchen (zum Beispiel klare Regeln für die Nutzung des Badesees; Kontrolle, ob sie auch eingehalten werden).

Bezug zu den Standards für politische Bildung (vgl. GPJE 2004, 19 f.):

Politische Urteilsfähigkeit

- die Bedeutung von Regeln und Gesetzen für das Zusammenleben erklären und beurteilen,
- unterschiedliche demokratische Entscheidungsverfahren im (schulischen) Leben erkennen und erklären,
- zu aktuellen politischen Ereignissen und Konflikten, die auf das eigene Interesse stoßen, Fragen und Meinungen formulieren.

Politische Handlungsfähigkeit

- eigene Urteile zu fachlichen Fragen formulieren und begründen sowie andere Positionen tolerieren,
- mit (kulturellen, sozialen, politischen, geschlechtsspezifischen usw.) Differenzen umgehen, eine eigene Sichtweise entwickeln und Kompromisse schließen.

Methodische Fähigkeiten

- eine soziale Situation gezielt beobachten und über die Beobachtung berichten,
- eine fachrelevante soziale Situation spielerisch simulieren,
- Bücher und elektronische Medien, insbesondere Angebote für Kinder im Internet (z. B. Kindersuchmaschinen) für Informationen zu Themen des Unterrichts nutzen.

Denkbar wären viele andere Entwicklungen der umweltpädagogischen Kommunikation zum Thema Wasser. Was sinnvoll und ergiebig ist, hängt von den konkreten Lernvoraussetzungen in der Lerngruppe ab. Das didaktische Netz in Abbildung I legt mögliche inhaltliche Zugänge offen, die keineswegs alle bearbeitet werden müssen. Eine objektive Sachstruktur gibt es für multiperspektivisch ausgerichtete Problemlagen ohnehin nicht. Und es ist auch nicht erforderlich, die gesamte Komplexität zu erfassen. Wichtigstes Ziel ist die Entfaltung der Vielperspektivität von Problemen, mit denen man es zu tun bekommt, wenn man über Umweltfragen kommuniziert. So ermöglichen didaktische Netze einen strukturierenden Zugang zu den »Netzwerken der Handlungsverflechtungen« (Joas 1992, 343), in die Menschen in ihrem Alltag eingebunden sind. Diese bewusst und damit einer rationalen Analyse und Entscheidung zugänglich zu machen, ist seit jeher Anliegen einer um Aufklärung bemühten politischen Bildung.

Literatur

Beer, Wolfgang / Haan, Gerhard de (1984): Ökopädagogik. Aufstehen gegen den Untergang der Natur. Weinheim.

Beer, Wolfgang u. a. (Hrsg.) (2002): Bildung und Lernen im Zeichen der Nachhaltigkeit. Konzepte für Zukunftsorientierung, Ökologie und soziale Gerechtigkeit. Schwalbach/Ts.

Berton, Marina / Schäfer, Julia (2005): Politische Orientierungen von Grundschulkindern. Ergebnisse von Tiefeninterviews und Pretests mit 6- bis 7-jährigen Kindern. Mannheimer Zentrum für Europäische Sozialforschung. Working Paper, Nr. 86.

Brickwedde, Fritz (2002): Supporting sustainable develpoment. Experiences from the Deutsche Bundesstiftung Umwelt DBU. In: Leal Filho, Walter (Hrsg.): International Experiences on Sustainability. Frankfurt a. M. u. a., S. 43–54.

Brügger, Paula (2004): 25 years past Tbilisi: environmental teaching or cheating? In: Leal Filho/Littledyke, S. 129–138.

Carey, Susan u. a. (1989): An experiment is when you try and see if it works: a study of grade 7 students' understanding of the construction of scientific knowledge. International Journal of Science Education, (11), S. 514–529.

Claar, Annette (1996): Was kostet die Welt. Wie Kinder lernen, mit Geld umzugehen. Berlin.

Claußen, Bernhard / Wellie, Birgit (Hrsg.) (1996): Umweltpädagogische Diskurse. Sozialwissenschaftliche, politische und didaktische Aspekte ökologiezentrierter Bildungsarbeit. Frankfurt a. M.

Erpenbeck, John / Rosenstiel, Lutz von (2003): Einführung. In: Dies. (Hrsg.): Handbuch Kompetenzmessung. Erkennen, verstehen und bewerten von Kompetenzen in der betrieblichen, pädagogischen und psychologischen Praxis. Stuttgart, S. IX–XL.

Eulefeld, Günter u. a. (1981): Ökologie und Umwelterziehung. Ein didaktisches Konzept. Stuttgart.

Gebauer, Michael (2005): Naturkonzeptionen und Naturerfahrungen bei Kindern im Grundschulalter – Ergebnisse einer empirischen Studie. In: Hartinger, Andreas/Kahlert, Joachim (Hrsg.): Förderung des wissenschaftlichen Nachwuchses im Sachunterricht. Bad Heilbrunn, S. 151–169.

GPJE Gesellschaft für Politikdidaktik und politische Jugend- und Erwachsenenbildung (2004): Nationale Bildungsstandards für den Fachunterricht in der Politischen Bildung an Schulen. Ein Entwurf. Schwalbach/Ts.

Gläser, Eva (2002): Arbeitslosigkeit aus der Perspektive von Kindern. Eine Studie zur didaktischen Relevanz ihrer Alltagstheorien. Bad Heilbrunn.

Gräsel, Cornelia (1999): Die Rolle des Wissens beim Umwelthandeln – oder: Warum Umweltwissen träge ist. In: Unterrichtswissenschaft, 27 (3), S. 196–212.

Gräsel, Cornelia (2002): Umweltbildung. In: Tippelt, Rudolf (Hrsg.): Handbuch Bildungsforschung. Opladen, S. 675–689.

Grodzinska-Jurczak, Malgorzata / Szczesniak, A. / Bryda, G. (2004): Children's understanding of waste management concepts and issues. In: Leal Filho/Littledyke, S. 69–84.

Haan, Gerhard, de (2002): Schule und Bildung in der Wissensgesellschaft. In: Beer, Wolfgang u. a. (Hrsg.) (2002): Bildung und Lernen im Zeichen der Nachhaltigkeit. Konzepte für Zukunftsorientierung, Ökologie und soziale Gerechtigkeit. Schwalbach/Ts, S. 81–101.

Hauenschild, Katrin / Bolscho, Dietmar (2005): Bildung für eine nachhaltige Entwicklung in der Schule. Frankfurt a. M.

Joas, Hans (1992): Die Kreativität des Handelns. Frankfurt a. M.

Jungermann, Helmut / Slovic, Paul (1993): Die Psychologie der Kognition und Evaluation von Risiko. In: Bechmann, Gotthard (Hrsg.): Risiko und Gesellschaft. Grundlagen und Ergebnisse interdisziplinärer Risikoforschung. Opladen, S. 167–207.

Kahlert, Joachim (1991): Die missverstandene Krise. Theoriedefizite in der umweltpädagogischen Kommunikation. In: Zeitschrift für Pädagogik, 37 (1), S. 97–122.

Kanning, Uwe Peter (2003): Diagnostik sozialer Kompetenzen. Göttingen.

Klieme, Eckhard / Funke, Joachim / Leutner, Detlev / Reimann, Peter / Wirth, Joachim (2001): Problemlösen als fächerübergreifende Kompetenz. In: Zeitschrift für Pädagogik, (2), S. 179–200.

Leal Filho, Walter (2004): An overview of future developments in international environmental education. In: Leal Filho/Littledyke, S. 336–339.

Leal Filho, Walter / Littledyke, Michael (Hrsg.)#(2004): International perspectives in environmental education. Frankfurt a. M. u. a.

Lencastre de, Marina Pietro (2004): Epistemological and conceptual framing of environmental education: levels of constitution of complex practices. In: Leal Filho/Littledyke, S. 285–294.

Matthews, Hugh (1985): Environmental Capability oft the Very Young: some implications for environmental education in primary schools. In: Educational Review, 37 (3), S. 227–239.

McPhail, Peter (1980): The Morality of Communication: Authority and Method in Situational Morality. In: International Review of Education, (26), S. 135–152.

Moss, Paul / Muessig, Philipp (2002): Minnesota sustainable communities network. A model for outreach and education. In: Leal Filho, Walter (Hrsg.): International Experiences on Sustainability. Frankfurt a. M. u. a., S. 71–84.

Petermann, Franz (1999): Training sozialer Kompetenzen bei Kindern und Jugendlichen. In: Margraf, Jürgen/Rudolf, Katharina (Hrsg.): Soziale Kompetenz – Soziale Phobie. Anwendungsfelder, Entwicklungslinien, Erfolgsaussichten. (2. Aufl.) Baltmannsweiler, S. 129–144.

Rat von Sachverständigen für Umweltfragen (Hrsg.) (1996): Umweltgutachten 1996. Stuttgart.

Reeken, von Dietmar (2004): Verstehen und vernünftiges Handeln in historischen Lernprozessen. In: Köhnlein, Walter/Lauterbach, Roland (Hrsg.): Verstehen und begründetes Handeln. Bad Heilbrunn, S. 169–184.

Renn, Ortwin (1996): Rolle und Stellenwert der Soziologie in der Umweltforschung. In: Kölner Zeitschrift für Soziologie und Sozialpsychologie, Sonderheft 36, S. 28–58.

Richter, Dagmar (2004): Soziale und gesellschaftliche Zusammenhänge verstehen. Wie kann der Sachunterricht zur nötigen hermeneutischen Kompetenz anleiten? In: Köhnlein, Walter/Lauterbach, Roland (Hrsg.): Verstehen und begründetes Handeln. Bad Heilbrunn, S. 187–202.

Schneider, Wolfgang / Büttner, Gerhard (2002): Entwicklung des Gedächtnisses. In: Oerter, Rolf/Montada, Leo (Hrsg.): Entwicklungspsychologie. Weinheim, S. 495–516.

Siebert, Horst (1993): Psychologische Aspekte der Umweltbildung. In: Apel, Heino u.a.: Orientierungen zur Umweltbildung. Bad Heilbrunn, S. 79–118.

Stachelscheid, Karin / Dziewas, Annemarie (2004): Einstellungen und Verhalten von Kindern und Jugendlichen im Umweltbereich. In: MNU, (5), S. 296–303.

Wehrspaun, Michael / Schoembs, Harald (2002): Die »Kluft« zwischen Umweltbewusstsein und Umweltverhalten als Herausforderung für die Umweltkommunikation. In: Beyer, Axel (Hrsg.): Fit für Nachhaltigkeit? Biologisch-anthropologische Grundlagen einer Bildung für nachhaltige Entwicklung. Opladen, S. 141–162.

Weinbrenner, Peter (1995): Didaktische Konzepte zur Bearbeitung ökologischer und zukunftsorientierter Themen. In: Schmidt-Sinns, Dieter u.a.: Verantwortung in einer unübersichtlichen Welt. Aufgaben wertorientierter politischer Bildung. Bonn, S. 379–421.

Eva Gläser

Arbeitswelt im Wandel – Konsequenzen für das ökonomische Lernen in der Grundschule

Unwürdig, mühselig und körperlich sehr anstrengend: So umschrieb man bis in das 16. Jahrhundert hinein den Begriff Arbeit, denn bis zum Mittelalter galt Arbeit als Synonym für Armut und soziale Minderwertigkeit. Erst in der Zeit der Reformation erfuhr der Begriff eine Umformung bzw. Aufwertung, indem er religiös eingebunden als Bestimmung des Menschen (Berufung) definiert wurde (vgl. Zimmermann 2006, 30). Seither bedeutet ohne Arbeit zu sein nicht mehr eine soziale Vorherrschaft, sondern vielmehr Armut und Elend für den Betroffenen. Neue Begriffe, die die Arbeitswelt von heute kennzeichnen, wie Working Poor, Hartz IV, Leiharbeit, Globalisierung oder Flexibilisierung, bestimmen die Diskussionen der letzten Jahre. Auch wenn Kinder im Grundschulalter sie nicht alle kennen bzw. erläutern können, die Auswirkungen des Strukturwandels, die diese Begriffe umschreiben, betreffen sie in mehrfacher Hinsicht: Einige leben in Familien, die von Arbeitslosigkeit bzw. Armut betroffen sind, andere erfahren über soziale Ungleichheit aus den Medien. Sie alle nehmen als Konsumenten aktiv am wirtschaftlichen Leben teil und sind eine wichtige Zielgruppe für die Werbung. Kinder kennen Konflikte, die wirtschaftlich bedingt sind, und binden ihre Vorstellungen über die modernisierte Arbeitswelt in ihre eigene berufliche Zukunftsplanung mit ein. Welche Vorstellungen Kinder im Grundschulalter zur Arbeitswelt besitzen, wird im Folgenden näher ausgeführt. Zuvor werden der Wandel der Arbeitswelt kurz skizziert und daran anschließend mögliche Konsequenzen für die ökonomische Bildung aufgezeigt. Abschließend werden einige konkrete Anregungen zum ökonomischen Lernen exemplarisch vorgestellt.

1. Arbeit im Wandel

Arbeit kann heute definiert werden als eine »zweckorientierte, also bewusste und planmäßige Tätigkeit des Menschen unter Verausgabung körperlicher und geistiger Kräfte; zu unterscheiden von Spiel und Sport. Arbeit gehört ihrem Wesen nach zur Selbstverwirklichung des Menschen« (Drechsler/Hilligen/Neumann 1995, 31). Folgerichtig bleibt dabei offen, ob die »bewusste und planmäßige Tätigkeit« mit einem Erwerb verbunden ist oder nicht, denn der Begriff Arbeit umschreibt nicht nur Erwerbsarbeit, sondern auch so genannte Gemeinschaftsarbeiten wie die in Familie und Gesellschaft, wozu auch das Ehrenamt gehört. Dass der Arbeitsbegriff dennoch heute vorwiegend mit Erwerbsarbeit gleichgesetzt wird, kann mit dessen zentraler Bedeutung für die moderne Gesellschaft erklärt werden: »Als Norm und als Realität ist Erwerbsarbeit zentral für die Kultur und den Zusammenhalt unserer Gesellschaft. Umgekehrt wird der lebenslängliche Verzicht auf die bzw. der Ausschluss von der Erwerbsarbeit (etwa als ›Nur-Hausfrau‹) heute als eine ebenso rückständige wie riskante Lebensform betrachtet. Entsprechend positiv wird ›Erwerbsarbeit‹ in der Regel gewertet: als Mittel der Daseinsvorsorge, als Inhalt sinnvoller Lebensgestaltung, als Wert und als Sinn« (Kocka/Offe 2000, 10).

Laut Statistischem Bundesamt waren zu Beginn des Jahres 2006 von der 82,5 Millionen Menschen umfassenden Wohnbevölkerung Deutschlands rund 42,5 Millionen Erwerbspersonen, davon wiederum 38,6 Millionen erwerbstätig und 3,9 Millionen erwerbslos (vgl. www.destatis.de). Zu beachten ist, dass Angaben über die Anzahl der Arbeitslosen, die so genannte Arbeitslosenquote, lediglich den Prozentanteil der Arbeitslosen an den abhängig beschäftigten Erwerbspersonen beschreibt und nicht den Anteil an der Gesamtbevölkerung. Derartige statistische Erhebungen gibt es noch nicht lange. Sie sind im Zusammenhang mit der Sozialgeschichte der Arbeitslosigkeit zu sehen: Der soziale Status kam ebenso wie der Begriff »Arbeitslosigkeit« erst Ende des 19. Jahrhunderts auf. Ein Gesetz zur Einrichtung einer Arbeitslosenversicherung wurde in Deutschland erst im Jahr 1927 in Folge der jahrzehntelangen politischen Auseinandersetzungen seit den industriellen Krisen Ende des 19. Jahrhunderts erlassen. Damit erhielt Arbeitslosigkeit einen eigenen sozialen Status, losgelöst von anderen Ursachen von Armut. »Arm sein« und »ohne Arbeit sein« wurden somit als sozial unterschiedlich definiert (vgl. Zimmermann 2006).

Arbeitslosenzahlen in Millionenhöhe existieren in der Bundesrepublik Deutschland erst in Folge der so genannten ersten Ölkrise des Jahres 1975. Als strukturelle Sockelarbeitslosigkeit gibt es die so genannte Massenarbeitslosigkeit erst seit den 1980er Jahren. Vier Ursachen benennt Friedrich (1993) für Arbeitslosigkeit: Die kurzfristige Such- und Saisonarbeitslosigkeit, auch friktionelle Arbeitslosigkeit genannt, die konjunkturelle Arbeitslosigkeit als eine typische Begleiterscheinung von »periodisch auftretenden Schwankungen im Wirtschaftsablauf marktwirtschaftlich-kapitalistischer Volkswirtschaften« (ebd., 340) und die wachstumsdefizitäre Arbeitslosigkeit, die beispielsweise durch die höheren Ölpreise nach der Ölkrise zustande kam, was einen Abbau von Personal nach sich zog. Die vierte Ursache, die strukturelle Arbeitslosigkeit, ist kennzeichnend für die derzeitige Massenarbeitslosigkeit. Nach Beck (2000) sind vor allem auch übergreifende gesellschaftliche Veränderungsprozesse der vergangenen Jahrzehnte als Auslöser zu erkennen: »Bildungsexpansion, kollektive Anhebung des Wohlstands, räumliche und soziale Mobilität, Durchsetzung und Verinnerlichung von zivilen, politischen und sozialen Grundrechten, Marktabhängigkeit, steigende Scheidungsziffern« (ebd., 28). Zudem sind technische Neuerungen für die strukturellen Veränderungen von Bedeutung. Beck prophezeit, »dass die Erwerbsgesellschaft sich ihrem Ende zuneigt, je mehr die Menschen durch den Einsatz intelligenter Technologien ersetzt werden« (2005, 36 f.).

Nicht nur der massive Wegfall von Arbeitsplätzen kann als Kennzeichen für diese strukturellen Veränderungen angesehen werden, sondern auch die Umgestaltungsprozesse innerhalb der einzelnen Arbeitssektoren. Der Strukturwandel führte zur so genannten Dienstleistungs- und Informationsgesellschaft. Dennoch wird zumeist, dem Bild der Industriegesellschaft weiterhin verhaftet, wirtschaftliche Tätigkeit in drei Sektoren aufgeteilt: den landwirtschaftlichen, den industriellen oder Fertigungssektor und den Dienstleistungssektor (auch primärer, sekundärer und tertiärer Sektor genannt). »Gegen Ende des letzten Jahrhunderts waren etwa 40 % der Arbeitsbevölkerung in Deutschland (ein typisches Beispiel für ein früh industrialisiertes Land) im Primärsektor und etwa 35 % im Sekundärsektor tätig. Die Bedeutung des Primärsektors hat stets abgenommen und heute arbeiten weniger als 4 % der Erwerbsbevölkerung in der Landwirtschaft« (Giarini/Liedke 1998, 38). Schätzungen gehen davon aus, dass im Jahr 2020 die Fabrikarbeit, die typisch für den sekundären Sektor ist, von weniger als zwei Prozent aller Beschäftigen ausgeübt wird (vgl. Beck 1999, 48).

Der Soziologe Richard Sennett (1998) zeigt auf, dass die Veränderungen der Arbeitswelt immer auch »Auswirkungen auf den persönlichen Charakter« des Einzelnen haben. Er verdeutlicht dies insbesondere am Aspekt der Flexibilisierung (vgl. ebd., 11). Wenn heute von »flexiblem« Kapitalismus gesprochen wird, so meint dies für den einzelnen Arbeitnehmer: »offen für kurzfristige Veränderungen zu sein, ständig Risiken einzugehen und weniger abhängig von Regeln und förmlichen Prozeduren« zu sein (ebd., 10). Konnte bis in die 1970er Jahre das Leben als »lineare Erzählung« begriffen werden, was hieß, Gewissheit über Beruf, Rentenalter, Status in der Gesellschaft zu haben, so impliziert der massive Wechsel der Arbeitswelt für den Einzelnen in »vierzig Arbeitsjahren wenigstens elfmal die Stelle zu wechseln und dabei seine Kenntnisbasis wenigstens dreimal auszutauschen« (vgl.

ebd., 25). Nicht nur der gesamte Lebensverlauf ist flexibilisiert, auch tägliche Dimensionen wie Zeit- und Arbeitsorganisation sind betroffen und erfordern damit vom Einzelnen neue Lebensmuster (vgl. ebd.).

Massive Auswirkungen der strukturellen Veränderungen der Arbeitswelt erfahren Kinder vor allem dann, wenn sie in Familien leben, die von Armut betroffen sind. Auch der zweite Armuts- und Reichtumsbericht der Bundesregierung bestätigte die »Infantilisierung« der Armut (vgl. Bmgs 2005). Ein überproportional hohes Armutsrisiko haben Kinder von Migranten/innen, Erwerbslosen, Alleinerziehenden und kinderreichen Familien. Mit rund einer Million sind Kinder und Jugendliche unter 18 Jahren die größte Gruppe von Sozialhilfeempfängern in Deutschland. Und die Quote steigt, je jünger die Kinder sind (vgl. Zander 2005). Ebenso führt der wachsende Anteil von Arbeitsverhältnissen im Niedriglohnsektor dazu, dass Familien vermehrt in Armutslagen geraten, obwohl ein oder sogar beide Elternteile berufstätig sind. Als sog. »working poor« sind sie mit ihrem geringen Einkommen nicht in der Lage, ihre Familien zu unterhalten. »In großstädtischen Quartieren (z.B. in Berlin, Duisburg oder München), aber auch in ländlichen Gemeinden Nord- und Ostdeutschlands sind Sozialhilfequoten von 20 bis 25 % die Regel, jedes vierte bis fünfte Kind ist hier arm« (Holz 2003, 3).

Wenn die »Infantilisierung von Armut« thematisiert wird, ist nicht die so genannte absolute oder primäre Armut gemeint, also das Fehlen von Mitteln zum physischen Überleben, sondern die relative Armut. Diese wird an den »mittleren« Standards der bundesrepublikanischen Gesellschaft gemessen und orientiert sich an einer Definition der Europäischen Union. »Als arm gilt demnach, wer in einem Haushalt lebt, dessen Äquivalenzeinkommen weniger als 50 Prozent des arithmetischen Mittels der Einkommen in der gesamten Bevölkerung beträgt« (Goebel/Habich/Krause 2002, 586). Im Jahr 2000 lebten in der Bundesrepublik über die Hälfte der bis zu Zehnjährigen in prekären Einkommensverhältnissen (Niedrigeinkommensbereich, 75 % Schwelle). Und fast jedes sechste Kind (15,6 %) lebte im Jahr 2000 sogar unter der Armutsgrenze (50 % Schwelle) (vgl. ebd., 589). Man kann vermuten, dass diese Zahlen in den kommenden Jahren weiter ansteigen werden.

Armut ist eine »mehrdimensionale Lebenslage«. Daher sind die Auswirkungen von relativer Armut auf Kinderleben nicht statisch, sondern stets als ein Kontinuum zu begreifen: Sie können zwischen »Wohlergehen trotz eingeschränkter materieller Ressourcen« und »Armut als multipler Deprivation« variieren (vgl. Chassé u. a. 2003). Ein Leben in relativer Armut bedeutet nicht nur materielle Armut, sondern oft auch immaterielle Armut, d.h. soziale Ungleichheit bzw. sozialer Ausschluss. Eine Studie über »Armut im frühen Grundschulalter« wies nach, dass Benachteiligungen bereits in den ersten beiden Schuljahren durch die Schule nicht ausgeglichen, sondern verschärft werden (vgl. Holz/Skoluda 2003).

Im Folgenden wird hinterfragt, inwieweit die oben ausgeführten Veränderungen der Arbeitswelt, die Kinder bereits betreffen, in den konzeptionellen Entwürfen für eine ökonomische Bildung berücksichtigt werden.

2. Konzeptionen zur ökonomischen Bildung

Während in den 1970er Jahren vor allem Ansätze zum politischen Lernen veröffentlicht wurden (vgl. Ackermann 1976; Beck/Aust/Hilligen 1972), wurden in den folgenden Jahrzehnten vereinzelt auch konzeptionelle Überlegungen zum ökonomischen Lernen thematisiert (vgl. Ochs 1980; Kiper 1996). Ökonomische Inhalte sind auch in dem von der Gesellschaft für Didaktik des Sachunterrichts (GDSU) im Jahr 2002 verfassten so genannten Perspektivrahmen integriert; insbesondere innerhalb der sozial- und kulturwissenschaftlichen Perspektive, einer der insgesamt fünf Perspektiven, die als bedeutsam für den Sachunterricht benannt wurden. Die meisten Richtlinien und Kerncurricula, die in den darauf folgenden Jahren verabschiedet wurden, zeigen enge konzeptionelle Anbindungen an den Perspektivrahmen der GDSU (vgl. Gläser 2005). So gliedert sich beispielsweise der Lehrplan Sachunterricht von Nordrhein-Westfalen (2003) ebenfalls in die im Perspektivrahmen benannten fünf Bereiche (naturwissenschaftlich, technisch, raumbezogen, sozial- und kulturwissenschaftlich sowie historisch). Diese fünf Bereiche wurden allerdings um einen weiteren, den ökonomischen, ergänzt. Auch der Hamburger Rahmenplan (2003) zeigt enge Anbindungen an den Perspektivrahmen. Ein »Lernen in fünf Perspektiven« wird hier umschrieben, die Inhalte des Sachunterrichts werden in einem weiteren Schritt acht Lernfeldern zugeordnet, zu denen auch das Lernfeld »Arbeitswelten, Wirtschaft und Konsum« zählt. Grundsätzlich kann festgestellt werden, dass ökonomisches Lernen in allen neuen Lehrplänen bzw. Richtlinien enthalten ist, allerdings werden vor allem die Teilaspekte Konsum und Arbeit (Berufswelt) thematisiert. Insgesamt zeigen diese Vorschläge konzeptionell eine große Spannbreite, da sie ökonomisches Lernen »zwischen heimatkundlicher Tradition und modernisierter Arbeitsgesellschaft« verorten (vgl. Gläser 2001).

Der jüngste konzeptionelle Beitrag zur ökonomischen Bildung stammt von der Deutschen Gesellschaft für ökonomische Bildung (DEGÖB). Die Fachgesellschaft legte im Mai 2006 so genannte »Bildungsstandards für den Grundschulabschluss« vor. Fünf verschiedene Teilbereiche werden hierin benannt: 1. Entscheidungen ökonomisch begründen, 2. Handlungssituationen ökonomisch analysieren, 3. Ökonomische Systemzusammenhänge erklären, 4. Rahmenbedingungen der Wirtschaft verstehen und mitgestalten und 5. Konflikte perspektivisch und ethisch beurteilen. Die fünf »Kompetenzbereiche« werden von der DEGÖB als grundlegend für die Domäne »Ökonomische Bildung« festgeschrieben. Wie diese Festlegung zustande kam, wird indes nicht weiter ausgeführt.

Die »Bildungsstandards« der DEGÖB orientieren sich an »maßgeblichen Kategorien ökonomischen Denkens«, wie Bedürfnissen, Gütern, Knappheit, Produktion, Nachfrage, Angebot, Preis, Qualität, Einkommen und Arbeit (vgl. ebd., 4 f.). Zudem werden als Ausgangspunkte »grundlegende Kategorien des einfachen Wirtschaftskreislaufs«, wie »Erwerbsarbeit, Arbeits- und Transfereinkommen, Geld, Güter, Handel und Außenhandel« gewählt. Die konzeptionelle Ausrichtung basiert demnach nur bedingt auf den spezifischen Interessen und Fragen von Kindern. Eine fachpropädeutische Sicht von ökonomischer Bildung scheint hier vielmehr für den Grundschulbereich vertreten zu werden. Grundsätzlich ist zudem zu hinterfragen, ob dieser Konzeption ein gesellschaftstheoretischer Ansatz zugrunde gelegt wurde. Denn lediglich im fünften »Kompetenzbereich« (»Konflikte perspektivisch und ethisch beurteilen«) werden »Verteilungskonflikte« bzw. soziale Ungleichheiten angesprochen. Diese werden vornehmlich als »Interessenskonflikte« umschrieben. Die bedeutsame Kategorie Macht wird dagegen nicht explizit benannt; somit bleibt offen, ob sie in die Auseinandersetzung mit eingebunden werden soll.

Als »blass« und »skizzenhaft« kritisiert Richter (2006) diese »Kompetenzen«. Versteht man Kompetenzen so, wie Klieme sie definiert, dann unterstreichen sie, dass »Bildungsstandards – anders als Lehrpläne und Rahmenrichtlinien – nicht auf Listen von Lehrstoffen und Lerninhalten zurückgreifen, um Bildungsziele zu konkretisieren. Es geht vielmehr darum, Grunddimensionen der Lernentwicklung in einem Gegenstandsbereich (einer »Domäne«, wie Wissenspsychologen sagen, einem Lernbereich oder einem Fach) zu identifizieren« (Klieme u. a. 2003, 21). Außerdem ist zu bedenken, dass Kompetenzen nicht isoliert zu betrachten sind. Sie sind eingebunden in sog. »Kompetenzmodelle«, die »auf der Basis fachdidaktischer Konzepte die Komponenten und Stufen der Kompetenzen« darstellen. Mit ihnen sollten auch Aussagen getroffen werden können, »in welchen Kontexten, bei welchen Altersstufen und unter welchen Einflüssen sich die einzelnen Kompetenzbereiche entwickeln« (ebd., 23). Um dies leisten zu können, stützen sich Kompetenzmodelle auf »pädagogisch psychologische Forschungen zum Aufbau von Wissen und Können« (ebd., 17). Betrachtet man vor diesem Hintergrund die Vorschläge der DEGÖB, so wird deutlich, dass die hier formulierten

»Kompetenzen« nur bedingt als solche zu klassifizieren sind, insbesondere da sie in keine Kompetenzmodelle integriert wurden.

Zudem bemängelt Richter, es werde der Eindruck vermittelt, Ökonomie sei ein »abzugrenzender gesellschaftlicher Bereich« (2006, 109 f.). Die »Bildungsstandards für den Grundschulabschluss« haben versucht, diesem begrenzten Blick zu entgegnen, indem sie »Rahmenbedingungen der Wirtschaft« als einen Teilbereich von ökonomischer Bildung mit einbezogen. Die hier aufgelisteten »Kompetenzen« muten jedoch willkürlich an: So sollen unter dem Stichwort »Rahmenbedingungen der Wirtschaft« Kinder nach vier Schuljahren unter anderem »Aufgaben des Staates« benennen, die »Kinderfreundlichkeit kommunaler Einrichtungen« beurteilen und ebenso »Verbote und Gebote im Umweltschutz« befolgen können (DEGÖB 2006, 6).

Nicht nur die inhaltliche Zusammenstellung ist zu hinterfragen, sondern auch die Anforderungen, die mit ihnen formuliert werden: Dass Kinder bereits am Ende der Grundschulzeit, wie in diesen »Kompetenzen« formuliert, in der Lage sein sollen, »die Entwicklung der regionalen Wirtschaft« zu beschreiben und »einige Einflüsse (z. B. Rohstoffe, Infrastruktur, Technik)« zu erläutern, kann als eine Normierung ökonomischer Bildung gewertet werden, da empirische Untersuchungen hierzu insbesondere für das Grundschulalter nicht vorliegen. Auch in anderen Teilbereichen des ökonomischen Lernens sind Forschungsdefizite zum ökonomischen Wissen von Schülerinnen und Schülern zu verzeichnen. Welche grundlegenden Erkenntnisse zur Entwicklung des ökonomischen Denkens bislang existieren, wird im Folgenden dargestellt.

3. Vorwissen und Fehldeutungen im Grundschulalter

Nach wie vor weisen die meisten Studien zum ökonomischen Wissen einen theoretischen Bezug zum Stadienmodell Piagets auf, obwohl davon ausgegangen werden kann, dass auch jüngere Kinder bereits Konzepte besitzen, die wissensbasiert sind und nicht nur an die Anschauung gebunden sein müssen (vgl. Sodian 2002, 446). Die Wissensentwicklung vollzieht sich nach neueren Erkenntnissen in einigen wenigen grundlegenden Domänen, zu denen auch die Ökonomie gezählt werden kann (vgl. Sodian 1998, 634). Einen Überblick über die bisherigen Forschungsergebnisse zur Entwicklung des ökonomischen Wissens geben die Autoren Wacker (1976), Feldmann (1987), Berti und Bombi (1988), Claar (1990) sowie Kiper und Paul (1995). Sie konzentrieren sich allerdings auf bereichsübergreifende Studien. Publikationen, die darüber hinaus auch Untersuchungen enthalten, die einen bereichsspezifischen Ansatz befürworten, liegen bislang nur begrenzt vor (Claar 1996; Berti 2002; Gläser 2002).

Erst ab einem Alter von ungefähr sechs Jahren zeigen Kinder ein Verständnis für Ökonomie und politische Institutionen (Berti 2002, 93). Dies wird damit begründet, dass arithmetisches Wissen für das ökonomische Denken notwendig ist (Wissen über den Wert von Geld bzw. über den Verkauf und Kauf von Waren). Diese Altersangabe sollte jedoch nicht als Zuschreibung verstanden werden, sondern lediglich als »grober Durchschnitt« (ebd.). Zuvor, zwischen drei und sechs, kennen Kinder die Bedeutung von Geld und erkennen eine Verknüpfung zwischen Geld und Einkaufen. Läden sehen sie allerdings noch als mögliche Quellen zur Geldbeschaffung an, da sie Wechselgeld nicht seinem Wert nach beurteilen, sondern nur die Anzahl der Münzen bzw. Scheine sehen. Die Verteilung bzw. die Produktion von Gütern ist ihnen ebenso wenig verständlich wie der Gewinn, der dabei erzielt werden kann. Eine Verbindung von Ware, Geld und Wechselgeld kennen Kinder erst ab einem Alter von sechs bis acht Jahren.

Untersuchungen zum Verständnis des Arbeitsbegriffes zeigen, dass Kinder ungefähr im Alter von fünf bis sieben Jahren zu verstehen beginnen, »dass die Arbeit ihrer Eltern mit einer Bezahlung verbunden ist« (vgl. Claar 1996, 216). Die Erklärungen, woher das Geld für die Gehälter stammt, verdeutlichen, dass Kinder noch keine »Einsicht in die Vorgänge, durch die ein Arbeitgeber dieses Geld erwirtschaftet«, besitzen. Vielmehr nennen sie als Geldquelle zumeist generalisierend Banken oder auch »Geldfabriken«. Zum Teil vermuten sie aber auch die Abnehmer der Leistungen, z. B. die Kundin in einem Bäckerladen, als direkte Geldgeber für den Lebensunterhalt der Verkäuferin (vgl. ebd.). Die Verknüpfung »Arbeit gegen Geld«, die Kinder bereits sehr früh vornehmen, ist als ein wichtiger Schritt zu sehen: Sie konstruieren damit ein komplexeres begriffliches System und vollziehen »einen wesentlichen Schritt hin zum Verständnis der Zirkulation von Geld in der Gesellschaft« (vgl. ebd., 219).

Jüngere Kinder erkennen die Bedeutung des Begriffes Arbeitnehmer noch nicht; erst ab dem achten Lebensjahr erfassen sie Hierarchien in der Arbeitswelt. Bezeichnungen wie »der Boss« bzw. »der Eigentümer« werden vermehrt angewandt. Die Vorstellungen über bestimmte Berufe machen Kinder am Konkreten und Äußerlichen fest, d. h. sie zählen einzelne Tätigkeiten auf, wie Briefe schreiben oder telefonieren, wenn sie Berufe erklären. »Der Aufbau spezifischer Vorstellungen über die einzelnen Berufe, insbesondere von den Arbeitstätigkeiten, die mit ihnen verbunden sind, aber auch von den erforderlichen Fertigkeiten und Kenntnissen, erfolgt nur ganz allmählich und erstreckt sich bis ins Erwachsenenalter hinein« (Claar 1996, 218).

Kritisch anzumerken ist, dass viele der Untersuchungen, so auch die älteren Arbeiten von Berti und Bombi (1988), lediglich Kinder ähnlicher sozialer Herkunft befragten. Zudem wird in vielen Studien der Begriff Arbeit mit Erwerbsarbeit in Vollzeitbeschäftigung gleichgesetzt (vgl. Hutchings 2002, 43 ff.). Hausarbeit und Arbeitslosigkeit, ehrenamtliche Tätigkeit oder Selbstständigkeit von Arbeitenden werden nicht unter dem festgelegten Arbeitsbegriff subsumiert. Dies kann bedeuten, dass einige Aussagen der Kinder nicht richtig gedeutet werden. Moderne Arbeitswelt, die gekennzeichnet ist durch prekäre Arbeitsverhältnisse und flexible Arbeitszeiten, spiegelt sich in den Normierungen der Forschenden nicht immer wider. Die Auffassung von einer linearen Entwicklung des ökonomischen Denkens wird zudem von neueren Untersuchungen widerlegt. Nach diesen können die Vorstellungen der Kinder als erste soziologische Interpretationen bzw. Konstrukte interpretiert werden, die eng mit ihrer jeweiligen Lebenswirklichkeit verbunden sind. Die Vorstellungen der Kinder sind subjektorientierte Konstruktionen von gesellschaftlicher Wirklichkeit, die medial bzw. personal vermittelt wurden (vgl. Gläser 2002).

4. Anregungen zum Ökonomischen Lernen

Im Folgenden werden einige grundlegende inhaltliche Schwerpunkte, die den strukturellen Wandel von Arbeitswelt einbeziehen, in ihrer möglichen Umsetzung näher ausgeführt.

4.1 Die gesellschaftliche und individuelle Bedeutung von Arbeit und Beruf erkennen

Moderner Arbeitsbegriff
- Mindmap zum Begriff Arbeit erstellen.
- Warum arbeiten Menschen? Einen Fragebogen entwickeln und eine Befragung durchführen.
- Bezahlte und unbezahlte Arbeit unterscheiden (Liste mit entsprechenden Tätigkeiten erstellen).
- Die Berufe der Eltern erkunden und schriftlich darstellen.
- Verschiedene Berufe und Arbeitsplätze erkunden.
- Schule als Ort von Arbeit: die Tätigkeiten von Menschen in der Schule erkunden, auswerten und als Gruppenarbeit vorstellen.
- Befragung in allen Klassen: Arbeiten Schüler? Auswertung der Ergebnisse präsentieren.

- Philosophisches Gespräch: Wie wäre es, wenn alle Arbeiten von Maschinen ausgeführt würden?

Die gesellschaftliche Relevanz von Gemeinschaftsarbeit (Hausarbeit, Familienarbeit, Ehrenamt)
- Diskussionsrunde/Talkshow zum Thema: Sollte Hausarbeit bezahlt werden?
- Beispiele für ehrenamtliche Tätigkeiten: Ehrenamtliche aus verschiedenen Bereichen einladen und interviewen.
- Selbst eine ehrenamtliche Tätigkeit übernehmen: z. B. Klassenpatenschaft, Helferdienst.
- Verteilung der Aufgaben in der Familie. Tabelle erstellen: Wer macht was zu Hause? Welche Arbeiten fallen zu Hause an?
- Verschiedene Statistiken über die Verteilung der Hausarbeit auswerten.

4.2 Wandel beruflicher Anforderung beschreiben

Berufswandel durch Automatisierung bzw. gesellschaftlichen Wandel
- Informationen über ausgestorbene Berufe sammeln.
- Einen Beruf in seinem Wandel darstellen (Beispiel: Buchdruck, Schriftsetzer).
- Eine Sache handwerklich selbst herstellen und mit moderner Produktion vergleichen (Brot backen, Korb flechten, weben).
- Veränderungen von Arbeitstätigkeiten und Arbeitsbedingungen im Laufe der Zeit darstellen (z. B. einen alten Handwerksbetrieb besichtigen, einen Dienstleistungsbetrieb erkunden).
- Stellenanzeigen ansehen (unterschiedliche Anforderungen an die Tätigkeiten).
- Verschiedene Auswirkungen der technischen Neuerungen auf Familie, Arbeitsplatz, Freizeit, Umwelt beschreiben.
- Tätigkeiten im Laufe der Zeit vergleichen: Befragung von Eltern und Großeltern zum Thema Haushalt (Beispiel: Wäsche waschen).

Geschlechtsspezifische Zuschreibungen/Rollenerwartungen in der Arbeitswelt erkennen und in Frage stellen
- Moderne Berufe im Hinblick auf Männer- und Frauenberufe erkunden.
- Die Geschichte des Lehrerberufes kennenlernen (als ein Beispiel für die »Feminisierung eines Berufes«).

Eigene Berufswünsche darstellen – Lebensentwürfe formulieren
- Mein Traumberuf: Voraussetzungen recherchieren und dokumentieren.
- Aufsatz formulieren: Mein Leben in 20 Jahren.

4.3 Veränderter Arbeitsalltag

Unterschiedliche Arbeitszeitmodelle
- Teilzeit als ein Beispiel für ein Arbeitszeitmodell kennenlernen.
- Verschiedene Arbeitstage vergleichen.

Arbeitsabläufe und Produktionsprozesse
- Die Arbeit einiger Menschen beschreiben.
- Formen der Arbeit, der Arbeitsteilung und -verteilung an ausgewählten Beispielen kennenlernen.
- Arbeitsteilung an einem Beispiel selbst erfahren (ein Produkt arbeitsteilig erstellen).
- Unterschiede zwischen handwerklicher und industrieller Fertigung darstellen.

Ursachen und Auswirkungen von Arbeitslosigkeit kennen lernen
- Einen Arbeitsvermittler einladen und nach den Auswirkungen von Arbeitslosigkeit befragen.
- Verschiedene Ursachen von Arbeitslosigkeit erkunden.
- Einen Arbeitslosentreff besuchen.

4.4 Regionale Wirtschaftsstruktur

Standortfaktor und Sektoren
- Erkunden, warum ein Betrieb/eine Fabrik vor Ort gebaut wurde und nicht woanders.
- Arbeitsstätten vor Ort erkunden und gruppieren: Beispiele für die verschiedenen Sektoren benennen.
- Ausgewählte Arbeitsplätze aus dem Umfeld der Schule erkunden (Betriebsbesichtigungen).

Produktion von Gütern, ihre Bedingungen und Auswirkungen
- Von ausgewählten Berufen grundlegende Arbeitsabläufe, Produktionsprozesse und spezifische Ausstattungen von Arbeitsplätzen kennenlernen.

Produktwege beschreiben
- Den Kreislauf eines Produktes darstellen.
- Beispiele für globalisierte Produktion kennen und sich mit den Folgen auseinandersetzen.

4.5 Die Bedeutung von Eigentum

Armutsbegriff
- Absolute von relativer Armut unterscheiden und verschiedene Auswirkungen von Armut kennen.

Kinderarmut in Deutschland und in anderen Ländern
- Kinderarmut historisch betrachten.
- Ursachen und Folgen von Kinderarbeit in Vergangenheit und Gegenwart kennen und über Möglichkeiten ihrer Überwindung nachdenken.
- Kulturelle und ökonomische Situation: Kinder in anderen Ländern.

Soziale Ungleichheit auch als ethische Frage problematisieren
- Philosophisches Gespräch: Sollten alle Menschen gleich viel besitzen?
- Ist es gerecht, dass Wasser verkauft werden darf? Gibt es Dinge, die nicht käuflich sein sollten? Soll der Wasser-Zugang ein Menschenrecht sein?
- Diskussion: Auf was könntest du verzichten?

4.6 Grundlegende Prinzipien des Wettbewerbs

Planung, Herstellung und Vertrieb eines Produktes nachvollziehen und erleben
- Weg eines Produktes von der Erzeugung bis zur Entsorgung beschreiben (Beispiel: Vom Kakao zur Schokolade).
- Ökonomische und ökologische Aspekte bei Produktion, Herstellung, Vertrieb benennen.
- Absatzwege erkunden, Abfallverwendung verfolgen.
- Aufwand erkunden (z. B. Kosten für Lagerung, Werbung, Vertrieb).
- Abfallverwertung: Pfandsysteme – Wertstoffhof – Abfallvermeidung in der Schule erkunden und erproben.

Die Bedeutung von ökonomischen Erfolgsgrößen wie Gewinn
- Preisvergleich von Gütern durchführen.
- Angebot und Nachfrage an einem Beispiel erkunden (Obst nach Saison).
- Kosten für ein Produkt (Zusammensetzung des Preises).
- Fairen Handel kennenlernen (Kinderarbeit am Beispiel Fußball).
- Gespräch: Gibt es moralische bzw. rechtliche Grenzen für Gewinn?

4.7 Die eigene Rolle als Konsument

Bedürfnisse unterscheiden in Grund-, Luxus- und Kulturbedürfnisse
- Wünsche und Bedürfnisse unterscheiden.
- Bedürfnisse aufzählen und Listen erstellen und vergleichen.

Kaufentscheidungen reflektieren
- Eigenes Konsumverhalten reflektieren (finanzielle Situation, Bedürfnisse, Angebote, Werbung, Gruppendruck).
- Konsum und Umweltschutz: Zusammenhänge erkunden.
- Sich mit den eigenen Konsumbedürfnissen auseinandersetzen.
- Kriterien für Konsumentscheidungen entwickeln.
- Einen Einkauf planen und realisieren.
- Liste erstellen: Dinge, die man kaufen und die man nicht kaufen kann.
- Beispiele für sozial und ökologisch verantwortliches Konsumverhalten nennen.

Werbung analysieren
- Werbung für ein Produkt vergleichen.
- Absicht von Werbung und ihre Wirkung untersuchen; Werbung und Wirklichkeit vergleichen.
- Verschiedene Möglichkeiten der Werbung für ein Produkt aufzeigen und Rückschlüsse ziehen auf die Wirkung von Werbung.
- Modetrends und Markendruck: Funktionsweisen von Werbung.

4.8 Grundzüge des Geld- und Zahlungsverkehrs

- Geschichte und Bedeutung des Geldes erkunden.
- Einen Unterrichtsgang in ein Museum zum Thema alte Währungen, Geld früher durchführen.
- Euro und virtuelle Zahlungsmittel kennen (Interview mit Bankkaufmann bzw. Bankkauffrau).
- Erkunden, in welchen Ländern der Euro als Währung gilt: Karte erstellen.
- Vorzüge und Nachteile des Tauschhandels an einem Beispiel (Rollenspiel) erfahren und anschließend beschreiben.
- Den eigenen Umgang mit Geld reflektieren.

5. Materialien zum Thema Arbeit und Wirtschaft

5.1 Konkrete Arbeitsvorschläge

Gros, Andrea (2005): Die Berufe-Werkstatt. Mühlheim an der Ruhr.
Grundschule Sachunterricht: Themenheft: Arbeit (mit Materialpaket), (10), (2001).
Grundschule: Themenheft: Kinderarmut, (1), (2001).

Hempel, Marlies (2002): Vom Lebensentwurf zur Lebensplanung – das »eigene Leben« als Thema. In: Richter, Dagmar (Hrsg.).: Gesellschaftliches und politisches Lernen im Sachunterricht. Bad Heilbrunn/Braunschweig, S. 145–162.

Praxis Sachunterricht: Themenheft: Arbeit und Beruf, (4), (2005).

Schwier, Volker (2002): Konsumbildung – Vom Taschengeld zum Lebensstil. In: Richter, Dagmar (Hrsg.). Gesellschaftliches und politisches Lernen im Sachunterricht. Bad Heilbrunn/Braunschweig, S. 189–210.

5.2 Kinderbücher

Born, Sigrid/Würth, Nicole (2005): Geld spielt (k)eine Rolle. Fragen zu Geld und Wirtschaft. München.

Crummenerl, Rainer/Puth, Klaus (2004): So ist das mit dem Geld; Serie: Das will ich wissen. Würzburg (mit Spielplan und Spielgeld).

Hillmann, Peter/Hoffmann, Ina (2004): Mein erstes Berufe-Lexikon von A bis Z. Würzburg.

Lietaer, Bernard (2001): Die Welt des Geldes. Ein Aufklärungsbuch. Würzburg.

Mai, Manfred (2004): Nur für einen Tag. Ravensburg (Vater und Tochter tauschen für einen Tag die Rollen).

Oesterle, Birgit (2005): So forscht der Astronaut im All. Berufe: Wer macht was? Freiburg i. Br. (Berufe werden gezeigt, die sonst nur selten dargestellt werden).

Ollivier, Mikaël (2002): Papa mal anders. München (Vater wird arbeitslos).

Oppermann, Christiane (2006): Nachgefragt: Wirtschaft. Basiswissen zum Mitreden. Bindlach.

Piper, Nikolaus (2002): Geschichte der Wirtschaft. Weinheim/Basel.

Reinboth, Gudrun (2004): In meinem Baumhaus wohnen die Raben. München (Der Vater wird arbeitslos. Was dies für die zehnjährige Nina bedeutet, wird erzählt).

Schneider, Gerd/Toyka-Seid, Christiane (2006): Politik-Lexikon für Kinder. Bonn.

Literatur

Ackermann, Paul (1976): Einführung in den sozialwissenschaftlichen Unterricht. München.

Beck, Gertrud / Aust, Siegfried / Hilligen, Wolfgang (1972): Arbeitsbuch zur politischen Bildung in der Grundschule. (2. Aufl.) Frankfurt a. M.

Beck, Ulrich (1999): Modell Bürgerarbeit. In: Beck, Ulrich: Schöne neue Arbeitswelt. Vision: Weltbürgergesellschaft. Frankfurt a. M./New York, S. 7–189.

Beck, Ulrich (2000): Wohin führt der Weg, der mit dem Ende der Vollbeschäftigungsgesellschaft beginnt? In: Beck, Ulrich (Hrsg.). Die Zukunft von Arbeit und Demokratie. Frankfurt a. M., S. 7–66.

Beck, Ulrich (2005): Was zur Wahl steht. Frankfurt a. M.

Berti, Anna Emilia (2002): Children's understanding of society: psychological studies and their educational implications. In: Näsman, Elisabet/Ross Alistair (Hrsg.): Children's understanding in the new Europe. Stoke on Trent, S. 89–107.

Berti, Anna Emilia / Bombi, Anna Silvia (1988): Child's Construction of Economics. Cambrigde.

BMGS Bundesministerium für Gesundheit und Soziale Sicherung (Hrsg.) (2005): Lebenslagen in Deutschland. Der 2. Armuts- und Reichtumsbericht der Bundesregierung. Berlin.

Chassé, Karl August / Zander, Margherita / Rasch, Konstanze (2003): Meine Familie ist arm. Wie Kinder im Grundschulalter Armut erleben und bewältigen. Opladen.

Claar, Annette (1990): Die Entwicklung ökonomischer Begriffe im Jugendalter. Eine strukturgenetische Analyse. Berlin/Heidelberg/New York.

Claar, Annette (1996): Was kostet die Welt. Wie Kinder lernen, mit Geld umzugehen. Berlin.

Deutsche Gesellschaft für ökonomische Bildung (DEGÖB) (2006): Bildungsstandards für den Grundschulabschluss. URL: www.degoeb.de.

Drechsler, Hanno / Hilligen, Wolfgang / Franz Neumann (Hrsg.) (1995): Gesellschaft und Staat. Lexikon der Politik. (9. Aufl.) München.

Feldmann, Klaus (1987): Die Entwicklung des ökonomischen Bewusstseins von Kindern und Jugendlichen. Hannover.

Freie und Hansestadt Hamburg. Behörde für Bildung und Sport (Hrsg.) (2003): Bildungsplan Grundschule. Rahmenplan Sachunterricht. Hamburg.

Friedrich, Horst (1993): Arbeitslosigkeit. In: May, Hermann (Hrsg.): Handbuch zur ökonomischen Bildung. München/Wien, S. 333–351.

GDSU (Gesellschaft für Didaktik des Sachunterrichts) (Hrsg.) (2002): Perspektivrahmen Sachunterricht. Bad Heilbrunn.

Giarini, Orio / Liedtke, Patrik M. (1998): Wie wir arbeiten werden. Der neue Bericht an den Club of Rome. Hamburg.

Gläser, Eva (2001): Zwischen heimatkundlicher Tradition und modernisierter Arbeitsgesellschaft – Aktuelle konzeptionelle Überlegungen zum ökonomischen Lernen in der Grundschule. In: sowi-onlinejounal, (2), URL: www.sowi-online.de/nav_css_js/index-n.htm

Gläser, Eva (2002): Arbeitslosigkeit aus der Perspektive von Kindern. Eine Studie zur didaktischen Relevanz ihrer Alltagstheorien. Bad Heilbrunn.

Gläser, Eva (2005): Von Kompetenzen u. Perspektiven: Die bundesweiten Trends der neuen Sachunterrichtslehrpläne. In: Sache Wort Zahl, (68), S. 50–54.

Goebel, Jan / Habich, Roland / Krause, Peter (2002): Einkommensverteilung und Armut. In: Statistisches Bundesamt (Hrsg.): Datenreport 2002. Bonn, S. 580–596.

Holz, Gerda (2003): Kinderarmut verschärft Bildungsmisere. In: Aus Politik und Zeitgeschichte, B 21–22, S. 3–5.

Holz, Gerda / Skoluda, Susanne (2003): Armut im frühen Grundschulalter. Frankfurt a. M.

Hutchings, Merryn (2002): Towards an anti-developmental view of children's social and economic understanding. In: Näsman, Elisabet/Ross, Alistair (Hrsg.): Children's understanding in the new Europe. Stoke on Trent, S. 33–62.

Kiper, Hanna (1996): Konzeptionen ökonomischen Lernens. In: George, Siegfried/Prote, Ingrid (Hrsg.). Handbuch zur politischen Bildung in der Grundschule. Schwalbach/Ts., S. 99–120.

Kiper, Hanna / Paul, Annegret (1995): Kinder in der Konsum- und Arbeitswelt: Bausteine zum wirtschaftlichen Lernen. Weinheim/Basel.

Klieme, Eckhard u. a. (2003): Zur Entwicklung nationaler Bildungsstandards. Berlin. URL: www.bmbf.de/pub/zur_entwicklung_nationaler_bildungsstandards. pdf

Kocka, Jürgen / Offe, Claus (Hrsg.) (2000): Geschichte und Zukunft der Arbeit. Frankfurt a. M./New York.

Ministerium für Schule, Jugend und Kinder des Landes Nordrhein-Westfalen (Hrsg.) (2003): Grundschule. Richtlinien und Lehrpläne zur Erprobung. Düsseldorf.

Ochs, Dietmar (1980): Ökonomie in der Primarstufe. In: Süssmuth, Hans (Hrsg.): Soziale Studien in der Grundschule. Fragen an die Sozialwissenschaften. Düsseldorf, S. 83–105.

Richter, Dagmar (2006): Zum Beispiel Brandscapes – wer klärt über ökonomische Sozialisationsprozesse auf? In: Weißeno, Georg (Hrsg.): Politik und Wirtschaft unterrichten. Bonn, S. 107–119.

Sennett, Richard (1998): Der flexible Mensch. Die Kultur des neuen Kapitalismus. Berlin.

Sodian, Beate (1998): Entwicklung bereichsspezifischen Wissens. In: Oerter, Rolf/ Monatada, Leo: (Hrsg.): Entwicklungspsychologie. (4. korrigierte Aufl.) Weinheim, S. 622–653.

Sodian, Beate (2002): Entwicklung begrifflichen Wissens. In: Oerter, Rolf/Monatada, Leo (Hrsg.): Entwicklungspsychologie. (5. vollst. überarb. Aufl.) Weinheim/Basel/Berlin, S. 443–468.

Wacker, Ali (1976): Die Entwicklung des Gesellschaftsverständnisses bei Kindern. Frankfurt a. M./New York.

Zander, Margherita (2005): Kindliche Bewältigungsstrategien von Armut im Grundschulalter – ein Forschungsbericht. In: Zander, Margherita (Hrsg.): Kinderarmut. Einführendes Handbuch für Forschung und soziale Praxis. Wiesbaden, S. 110–141.

Zimmermann, Bénédicte (2006): Arbeitslosigkeit in Deutschland. Zur Entstehung einer sozialen Kategorie. Frankfurt a. M./New York.

Christian Boeser

Die Kategorie Geschlecht im Unterricht – Zwischen Thematisierung und Entdramatisierung

In der Pädagogik gibt es einen breiten Konsens, dass der Schulunterricht geschlechtergerecht sein soll. Doch was bedeutet das? Heißt Geschlechtergerechtigkeit, dass die Kategorie Geschlecht bewusst ignoriert wird? Oder muss ein geschlechtergerechter Unterricht nicht gerade geschlechtstypische (d. h. *überwiegend* bei einem Geschlecht festzustellende, aber *auch* beim anderen vorkommende) Unterschiede in den Lernvoraussetzungen berücksichtigen? Gibt es eigentlich geschlechtstypische Unterschiede, die für den Grundschulunterricht allgemein und konkret im Bereich politischer Bildung relevant sind? Und muss das Thema Geschlecht und Politik überhaupt noch diskutiert werden, wo wir doch seit Ende 2005 eine Bundeskanzlerin haben? Dieser Beitrag setzt sich mit diesen Fragen auseinander und wird dafür zunächst einen Überblick über grundlegende Positionen zum Thema Geschlecht geben. Danach wird die gesellschaftliche Relevanz des Themas Geschlecht und Politik diskutiert. Das letzte Kapitel befasst sich damit, inwieweit die Kategorie Geschlecht allgemein für den Unterricht und konkret für die politische Bildung bedeutsam ist und inwieweit sie selbst Thema sein kann.

1. Positionen zur Kategorie Geschlecht

Egalitäre Geschlechterverhältnisse gelten in Deutschland als erstrebenswert und keineswegs als bereits bestehend. Im Grundgesetz wurde der ursprüngliche Passus »Männer und Frauen sind gleichberechtigt« 1994 um folgenden Zusatz ergänzt: »Der Staat fördert die tatsächliche Durchsetzung der Gleichberechtigung von Frauen und Männern und wirkt auf die Beseitigung bestehender Nachteile hin« (GG Art. 3, Abs. 2). Und tatsächlich bestehen vielfältige staatliche und gesellschaftliche Maßnahmen zur Verwirklichung von Geschlechtergerechtigkeit: In öffentlichen Verwaltungen gibt es Frauen- sowie Gleichstellungsbeauftragte, in den meisten politischen Parteien sind

Frauenquoten selbstverständlich, an Schulen und Universitäten werden so genannte Girls-Days durchgeführt, und Gender-Mainstreaming ist als Begriff weit über wissenschaftliche Kreise hinaus populär geworden. Bezüglich der genauen Zielrichtung dieser und anderer Maßnahmen gibt es, und das mag erstaunen, keinen Konsens; vielmehr liegt hier ein grundlegender Streitpunkt: Werden »Gleichheitsverhältnisse« oder »Gleichheitsverhältnisse unter Beibehaltung der bestehenden Geschlechterdifferenz« angestrebt? Es geht bei diesem Streit darum, ob die gesellschaftliche Gleichstellung erreicht werden soll, weil Frauen und Männer gleich oder weil sie trotz bestehender Unterschiede gleich*wertig* sind. Zwei Grundpositionen, die sog. Gleichheits- und die sog. Differenzposition, lassen sich hier unterscheiden (vgl. zur neueren Diskussion auch Glaser/Klika/Prengel 2004). Sie bedeuten auch zwei unterschiedliche erkenntnistheoretische Positionen innerhalb der feministischen Wissenschaft; die dritte ist die Dekonstruktivistische Position, die unter 1.5 kurz aufgegriffen wird (vgl. z. B. die Diskussion bei Nissen 1998).

1.1 Gleichheitsposition

Die Gleichheitsposition geht davon aus, dass es im Denken, Fühlen und Verhalten von Frauen und Männern keine grundsätzlichen Unterschiede gibt und dass die bestehenden Unterschiede kleiner sind, als gemeinhin angenommen wird. Bedeutsam für die Gleichheitsposition ist die Differenzierung zwischen »sex« (biologisches Geschlecht) und »gender« (soziales Geschlecht). Während »sex« das angeborene, unveränderliche Geschlecht meint, bezeichnet »gender« das erworbene, kulturell und historisch variable Geschlecht. Die radikale These, dass bereits das biologische Geschlecht und die Differenzierung in zwei Geschlechter ein soziales Konstrukt sei (vgl. Hartmann 2004), stellt zwar diesen Konsens in Frage, ändert aber nichts daran, dass gerade die Tatsache der Generativität die leibliche Differenz betont (vgl. Nissen 1998, 88 f.). Die Gleichheitsposition geht davon aus, dass das biologische Geschlecht keine Merkmale des sozialen Geschlechts festlegt, sondern lediglich Ausgangspunkt für Zuschreibungsprozesse ist. Beispielsweise werden Erwachsene bei der Wahrnehmung eines Neugeborenen durch die Information beeinflusst, ob es sich um einen weiblichen oder einen männlichen Säugling handelt. Unabhängig vom tatsächlichen Geschlecht wird aus dem Baby dann ein »kräftiges Kerlchen« oder eine »zarte Prinzessin«. Nach der Gleichheitsposition legt die Natur also lediglich fest, ob jemand weiblich oder männlich ist, die Kultur wiederum bestimmt, was es bedeutet, weiblich oder männlich zu sein. Geschlecht im Sinne von »gender« wird von der Gleichheitsposition als historisch entstanden und damit

auch als veränderbar angesehen. Zielvorstellung im Sinne der Gleichheitsposition ist eine Gesellschaft, in der das biologische Geschlecht keine Festlegung auf bestimmte Charaktereigenschaften oder gesellschaftliche Rollen
und Funktionen zur Folge hat.

1.2 Differenzposition

Anders als die Gleichheitsposition betont die Differenzposition die bestehenden geschlechtstypischen Unterschiede, wobei entweder explizit biologisch argumentiert wird oder, ähnlich wie bei der Gleichheitsposition, gesellschaftliche Ursachen zur Erklärung bestehender Unterschiede angeführt
werden. Die biologische Richtung geht davon aus, dass es biologisch be-
dingte Unterschiede im Denken, Fühlen und Verhalten zwischen Frauen
und Männern gibt. Ziel müsse es daher sein, der unterdrückten weiblichen
Kultur zur Geltung zu verhelfen. Es gehe nicht um die Angleichung zwischen Frauen und Männern, vielmehr müsse das Gleichheitspostulat west-
licher Gesellschaften dadurch verwirklicht werden, dass die weibliche der
männlichen Kultur gleichgestellt wird (vgl. z. B. Irigaray 1991).

Die andere Richtung innerhalb der Differenzposition sieht wie die
Gleichheitsposition keine biologisch determinierten Unterschiede zwischen
den Geschlechtern, betont jedoch die historisch entstandenen geschlechts-
typisch unterschiedlichen Lebenswelten: Die geschlechtstypische Arbeitsteilung in modernen industrialisierten Gesellschaften habe für Frauen wie
für Männer unterschiedliche Erfahrungen zur Folge, stelle unterschiedliche Anforderungen und führe dadurch zur Entwicklung unterschiedlicher
Kompetenzen. Ähnlich wie bei der Gleichheitsposition wird das soziale
Geschlecht auch hier als historisch und kulturell entstanden und damit
als veränderbar angesehen. Anders als bei der Gleichheitsposition werden
zumindest manche der durch die weibliche Sozialisation vermittelten Eigenschaften ausdrücklich positiv betont und als Bereicherung für die Gesellschaft gewertet (vgl. z. B. Macha u. a. 2000).

1.3 Konsequenzen der beiden Positionen

Welche Strategie zur Überwindung bestehender Ungleichheitsverhältnisse
zwischen Mann und Frau folgt aus den skizzierten Positionen? Und welchen
Umgang in der Schule mit der Kategorie Geschlecht legen sie nahe? (vgl. zur
Diskussion auch Kahlert/Müller-Balhorn 1994; Nissen 1998) Die *Gleichheitsposition* führt das hierarchische Verhältnis zwischen Frauen und Män-

nern auf die geschlechtstypische Sozialisation zurück und darauf, dass diese Sozialisationserfahrungen Frauen darin behindern, ihre legitimen Ansprüche auf die Hälfte der wirtschaftlichen, politischen und gesellschaftlichen Macht durchzusetzen. Beispielsweise wird argumentiert, die geschlechtstypische Sozialisation bei Frauen führe dazu, dass sie sich scheuen, eigene Macht anzustreben. Auch die in Wirtschaft wie Politik notwendige Konkurrenzorientierung sei etwas, das beim weiblichen Geschlecht eher gebremst als gefördert würde. Die geschlechtstypische Sozialisation führe also letztlich bei Frauen zu konkreten Defiziten, was Aufstiegsorientierung und Machtstreben anbelangt. Der pädagogische Ansatz, der darauf antwortet, lässt sich entsprechend als Defizitansatz beschreiben und fordert für die Schule explizit gezielte Mädchenförderung, ganz im Sinne einer kompensatorischen Erziehung. Dies kann sich z. B. auf Selbstbehauptungstrainings oder auf spezifische Förderangebote im Bereich naturwissenschaftlicher Fächer beziehen.

Kritik an der Gleichheitsposition wird dahingehend geäußert, dass eine Tendenz bestehe, die Besonderheiten weiblicher und männlicher Lebenszusammenhänge zu negieren. Es bestünde auch die Neigung, Mädchen/Frauen als defizitär gegenüber Jungen/Männern darzustellen und eine unkritische Anpassung an »männliche« Standards zu fordern.

Anders der *Differenzansatz*: Hier wird die Geschlechterhierarchie darauf zurückgeführt, dass typisch weibliche Fähigkeiten in unserer Gesellschaft abgewertet werden, dass es deshalb darum gehen muss, diese Abwertung zu überwinden. Gefordert werden eine zumindest partielle Geschlechtertrennung und Erfahrungsräume, in denen Mädchen/Frauen ihre spezifischen Stärken entdecken und entwickeln können. Eine teilweise Aufhebung der Koedukation und eine ausdrückliche Parteilichkeit für die Interessen und Bedürfnisse von Schülerinnen sind schulpädagogische Konsequenzen dieser Position. Über gesellschaftliche Gleichstellungsmaßnahmen soll darüber hinaus der Anspruch auf eine paritätische Beteiligung an der Macht unterstützt werden. Kritik an Differenzpositionen wendet sich gegen die darin liegende Gefahr, zum einen ein bestimmtes Frauenbild zu idealisieren und zur Norm zu erheben, und zum anderen den Dualismus Weiblich-Männlich zu sehr in den Mittelpunkt zu stellen, mit einschränkenden Konsequenzen für Frauen wie Männer.

1.4 Und die Jungen?!

Problematisch an beiden geschilderten Positionen ist ihre Herkunft aus feministischen Diskursen, die – zunächst in ihrer Parteilichkeit für Mädchen/Frauen – das männliche Geschlecht und die Probleme der Jungen/Männer weitgehend ignorierten. Ironischerweise geschah damit das Gleiche, was der männlich dominierten Wissenschaft zu Recht von Seiten der Frauenforschung vorgeworfen worden war, sich nämlich auf ein Geschlecht (in dem Fall das männliche) zu beschränken. Innerhalb der Frauenforschung und in der sich langsam etablierenden Männerforschung wird dieses Problem jedoch seit einiger Zeit gesehen, und die spezifischen Risiken der männlichen Sozialisation geraten in den Blick (vgl. insbesondere Schnack/Neutzling 1990; Kaiser 1997). Die geschlechtstypische Sozialisation wird damit als Problem für *beide* Geschlechter gesehen. Relativ neu ist der Gedankengang, dass die Risiken der gegenwärtigen geschlechtstypischen Sozialisation für Jungen/Männer größer sind als für Mädchen/Frauen. So werden Erstere im Rahmen ihrer Sozialisation nach wie vor einseitig auf die Erwerbsarbeit vorbereitet, die damit im Leben des Mannes eine Art »Sinnstiftungsmonopol« (Ulrich Beck) einnimmt, was aufgrund der Krise der Arbeitsgesellschaft gravierende Konsequenzen haben kann (vgl. Schnack/Gesterkamp 1998; Boeser/Schörner/Wolters 2000).

1.5 Unterschiede entdramatisieren!

Ein Problem der beiden geschilderten Grundpositionen ist also, dass sie entweder Gefahr laufen Weiblichkeit abzuwerten, da sie eine Orientierung an männlichen Standards empfehlen (Gleichheitsposition), oder Weiblichkeit aufzuwerten und dadurch zur Normierung des typisch Weiblichen beizutragen (Differenzposition). Eine zweite Schwierigkeit liegt darin, dass beide Ansätze die Probleme des männlichen Geschlechts ausblenden. Und eine weitere besteht darin, dass beide Ansätze die Unterschiede innerhalb der Geschlechter vernachlässigen und durch die Thematisierung der geschlechtstypischen Unterschiede diese selbst mitkonstruieren. Deshalb muss betont werden, dass es abgesehen von der chromosomalen Ebene falsch ist, von einer Dichotomie Weiblich-Männlich auszugehen. Vielmehr ist bereits auf der Ebene des menschlichen Hormonhaushalts die Vorstellung eines bipolaren Kontinuums angemessener. Auch auf der Verhaltens- und Merkmalsebene ist die Vorstellung eines Kontinuums die angemessene, da bei Verhaltensweisen und Merkmalen eine weite Streuung *innerhalb* und eine große Überschneidung *zwischen* den Geschlechtern besteht (siehe Abbildung, Seite 250).

Signifikante Unterschiede zwischen *dem* durchschnittlichen Mann und *der* durchschnittlichen Frau lassen also *keine* zuverlässigen Aussagen über konkrete Individuen zu. Aufgrund der großen Streuung wird der positive Aspekt jeder Kategorisierung, die *Orientierungsfunktion*, abgeschwächt durch den negativen

Abb. 1: Kontinuum der Geschlechterunterschiede

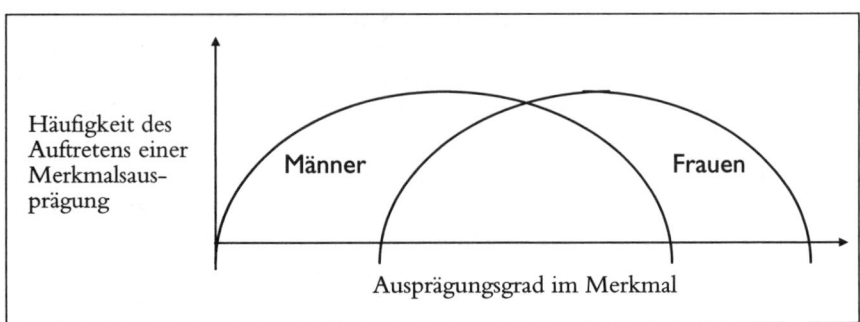

Aspekt, die *Diskriminierungsproblematik.* Die Diskriminierung Einzelner, also die Zuordnung eines Menschen zu einer mit bestimmten Eigenschaften verbundenen Kategorie (soziales Geschlecht) aufgrund *eines* Merkmals (biologisches Geschlecht), ist eine Folge unserer zweigeschlechtlichen Kulturkonstruktion (Carol Hagemann-White), die Orientierung vermittelt, gleichzeitig aber auch Anpassungs- und Identitätsprobleme mit sich bringen kann.

Ein pädagogischer Ansatz, der diesem Sachverhalt gerecht wird, ist der *Ansatz versteckter Potenziale* (vgl. Kahlert/Müller-Balhorn 1994): Hier wird davon ausgegangen, dass der Sozialisationsprozess die Potenziale beider Geschlechter selektiv abruft und fördert. Deswegen werden spezifische Maßnahmen für notwendig erachtet, damit die (möglicherweise) versteckten Potenziale bei beiden Geschlechtern freigelegt werden können. Durch die *Entdramatisierung* der Kategorie Geschlecht soll Schülern/innen unabhängig von ihrem Geschlecht eine große Vielfalt an Lern- und Entfaltungsmöglichkeiten geboten werden.

2. Geschlecht und Politik

Das Verhältnis von Frauen zur Politik war lange Zeit durch ihren Ausschluss geprägt. Erst mit der Erkämpfung des Frauenwahlrechts im Jahre 1918 erhielten Frauen die gleichen formalen Mitbestimmungsrechte wie Männer. Seit knapp 90 Jahren haben Frauen damit in Deutschland die gleichen demokratischen Rechte, und seit Ende 2005 gibt es sogar eine Bundeskanzlerin. Es stellt sich die Frage ob geschlechtstypische Unterschiede im Bereich Politik überhaupt noch bestehen und gesellschaftlich relevant sind (vgl. zum Ganzen auch den Überblick bei Boeser 2002, 26–57).

2.1 Unterschiede zwischen Männern und Frauen

Beschreiben lassen sich bestehende Unterschiede mittels einiger klassischer Indikatoren: dem Wahlverhalten, der Mitgliedschaft in Parteien und der parlamentarischen Repräsentanz:

– *Wahlverhalten*: Sowohl hinsichtlich Wahlbeteiligung als auch Parteipräferenzen haben sich die Unterschiede zwischen Frauen und Männern in den letzten Jahrzehnten stark verringert und sind heute kaum noch relevant. Mit einer Ausnahme: In der Gruppe der unter 25-Jährigen ist die Wahlbeteiligung von Frauen deutlich geringer als die von Männern.

– *Mitgliedschaft in Parteien*: 1998 waren 27 % aller Parteimitglieder weiblich. Der kontinuierliche Anstieg bis Anfang der 1990er Jahre wurde abgelöst durch eine Phase der Stagnation. (So betrug z.B. nach Angaben des Frauenberichts der CDU (2004) der Frauenanteil in der CDU im Jahre 1991 25,5 % und 2004 25,2 %. Der Frauenanteil innerhalb der Jugendorganisation (Junge Union) lag im Jahre 2004 mit 25,9 % nur leicht über dem der Gesamtpartei, innerhalb der Studierendenorgansation (RCDS) mit 24,0 % sogar darunter.)

– *Parlamentarische Repräsentanz*: Der Frauenanteil hat sich in den vergangenen Jahrzehnten auf allen Ebenen deutlich erhöht, ist allerdings noch weit von der Parität entfernt (vgl. die über www.fczb.de erreichbare »Europäische Datenbank Frauen in Führungspositionen«). Wie die Abbildung zeigt, liegt der Frauenanteil im Bundestag gegenwärtig bei 31,6 % (2002: 32,5 %). Die Stagnation bzw. leichte Trendumkehr lässt sich möglicherweise damit erklären, dass Frauen gegenwärtig (prozentual) stärker im Bundestag als in Parteien vertreten sind: Während der Frauenanteil im Bundestag seit 1998 *über* 30 % liegt, sind in den deutschen Parteien *unter* 30 % der Mitglieder weiblich. Das heißt, weibliche Par-

Abb. 2: Anteil weiblicher Abgeordneter im Deutschen Bundestag

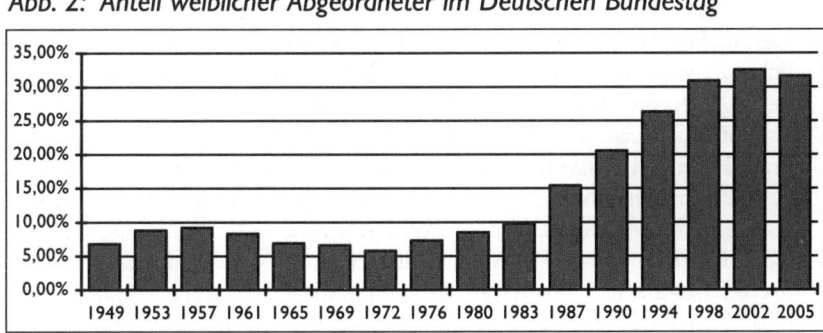

teimitglieder haben aktuell bessere Chancen als männliche, ein Bundestagsmandat zu erreichen.

Einen ganz anderen Blick auf das Thema Geschlecht und Politik hat der oben geschilderte Differenzansatz zur Folge: Hier wird nicht gefragt, warum Frauen in der Politik weniger repräsentiert sind als Männer. Vielmehr interessiert, wo und wie sich Frauen engagieren und ob sich hier nicht ein anderer (besserer?) Umgang mit Politik finden lässt. Und in der Tat konnte diese Forschungsrichtung zum einen feststellen, dass sich Frauen, gerade auch junge, vor allem im unkonventionellen bzw. unverfassten Bereich politischer Beteiligungsmöglichkeiten (z. B. Bürgerinitiativen) engagieren (vgl. z. B. Hoecker 1995). Zum anderen konnten in der parlamentarischen Tätigkeit Hinweise auf die Existenz geschlechtstypischer Politikstile hinsichtlich der Inhalte und des politischen Handelns gefunden werden. Beispielsweise wirkt sich offenbar die Dreifachorientierung vieler Politikerinnen (auf Politik, Beruf und Familie) auch auf das Handeln in parlamentarischen Institutionen aus. Dieser andere Umgang mit Politik beinhaltet möglicherweise Innovationsmöglichkeiten für die traditionelle Politik.

2.2 Ursachen für die Minoritätenposition von Frauen in der Politik

Wie lässt sich nun die Minoritätenposition von Frauen in Parteien und Parlamenten erklären? Bis heute werden insbesondere drei (sich gegenseitig ergänzende) Erklärungsansätze genannt (vgl. z. B. Hoecker 1997):

— *Ausschluss der Frauen in der Phase, in der sich die demokratischen Institutionen herausbildeten:* Die politische Sphäre war lange Zeit durch den Ausschluss von Frauen bestimmt. Durch die Ausgrenzung in der Phase, in der die politischen Institutionen, Strukturen und Rahmenbedingungen geschaffen wurden, haben sich in der Politik männlich geprägte Verhaltensmuster und Wertvorstellungen entwickelt, die zum Teil bis heute Gültigkeit besitzen.

— *Geschlechtstypische Arbeitsteilung in der Gesellschaft:* Durch die gesellschaftliche Zuweisung des Großteils der Reproduktionsarbeit an Frauen ist deren Verankerung in der Produktionssphäre nach wie vor schwächer als bei Männern. Da die politische Standardkarriere vor allem auf die männliche Lebenswelt allgemein und konkret auf Erfahrungen im Berufsleben zugeschnitten ist, bringen Frauen seltener die für eine politische Karriere notwendigen Voraussetzungen mit.

— *Traditionelle politische Kultur:* Gesellschaftliche Vorurteile über die (politische) Beschränktheit der Frau, das Fortbestehen traditioneller Rollenbilder oder die Annahme einer vermeintlichen Politikunfähigkeit von

Frauen spielen in der Bundesrepublik zwar keine zentrale Rolle mehr, doch sind erfolgreiche Frauen in der Politik bis heute etwas Ungewöhnliches. Das hat auch zur Folge, dass bei der öffentlichen Wahrnehmung von Spitzenpolitikerinnen, anders als bei ihren männlichen Kollegen, das Geschlecht als bedeutsam erachtet und hinsichtlich der möglichen Auswirkungen auf politische Meinungen und Handlungen analysiert wird.

2.3 Gesellschaftliche Relevanz einer paritätischen Machtaufteilung

Der Forschungsüberblick leitet damit zu der Frage über, warum eine gleichberechtigte Teilhabe an politischer Macht überhaupt wünschenswert ist. Hier lassen sich drei bedeutende Argumente nennen (vgl. ausführlich Boeser 2002, 54–56):

– Es ist aus *demokratietheoretischen Überlegungen* heraus problematisch, wenn bestimmte gesellschaftliche Gruppen (z. B. Frauen) in den Parlamenten unterrepräsentiert sind. Dies gilt zumindest so lange, wie gute Gründe dafür sprechen, dass es formelle und informelle Partizipationsbarrieren gibt.

– Aufgrund eines *Interessen- und Verteilungskonfliktes* zwischen den Geschlechtern ist eine stärkere Repräsentation der Frauen aus Gründen des politischen Ausgleichs nötig. So setzen Frauen tendenziell andere inhaltliche Prioritäten als Männer und legen, aus eigener Betroffenheit heraus, beispielsweise mehr Gewicht auf politische Rahmenbedingungen, welche die Vereinbarkeit von Beruf und Familie erleichtern.

– Ein höherer Frauenanteil könnte im politischen System möglicherweise *innovative Weiterentwicklungen* anregen.

Welche Konsequenzen sollte dies für die Politische Bildung haben? Die nach wie vor bestehende Distanz (junger) Frauen gegenüber Parteien ist ein Hindernis für eine paritätische Beteiligung in den politischen Machtzentren. Gleichwohl wäre es falsch davon auszugehen, dass Mädchen/junge Frauen generell politisch uninteressierter sind. Das Interesse für das eigene Lebensumfeld und die Bereitschaft, sich hier zu engagieren ist zum Teil sogar größer als bei Jungen/jungen Männern (vgl. Boeser 2002, 67). Notwendig ist für die politische Bildung deshalb eine *Doppelstrategie*: Zum einen sollte die Vielfalt der Möglichkeiten, sich gesellschaftlich zu engagieren, deutlich gemacht werden. Zum anderen sollte aber auch versucht werden, etwaige Barrieren gegenüber politischem Engagement in den traditionellen Institutionen aufzubrechen und eine politische Kultur in Frage zu stellen, die Politikerinnen nach wie vor als etwas Ungewöhnliches betrachtet. Hierzu kann bereits die Grundschule beitragen.

3. Die Kategorie Geschlecht im Unterricht der Grundschule

Ähnlich wie das Verhältnis von Frauen zur politischen Sphäre ist auch das von Frauen zur (höheren) Bildung durch den lange Zeit bestehenden Ausschluss der Frauen geprägt. Zwar ist die gemeinsame Unterrichtung von Schülerinnen und Schülern in Deutschland auch in den höheren Schulen seit den 1960er Jahren die Regel. Ähnlich wie in der Politik gilt aber auch für den Bildungsbereich, dass gleiche formale Zugangsmöglichkeiten noch keine Gewähr für die Verwirklichung einer tatsächlichen Gleichberechtigung sind.

3.1 Benachteiligung trotz formaler Gleichheit

In der feministischen Schulforschung wurde seit den 1980er Jahren zum einen thematisiert, ob und wie Schule dazu beiträgt, Mädchen ein Gefühl der Nachrangigkeit zu vermitteln. Zum anderen führte die Unterrichtsforschung insbesondere in naturwissenschaftlichen Fächern zu dem Ergebnis, dass hier eine primäre Orientierung an den Interessen und Zugangswegen der Jungen und damit eine Benachteiligung der Mädchen stattfindet (vgl. den Forschungsüberblick bei Faulstich-Wieland 2003, 135–137). Besonderes Aufsehen erregte die Untersuchung von Marianne Horstkemper (1987), die in einer Längsschnittstudie zeigen konnte, dass sich von der fünften bis zur neunten Jahrgangsstufe das Selbstvertrauen der Schülerinnen weniger günstig entwickelt als das der Schüler. Als Ursache dafür nennt Horstkemper Sozialisationsprozesse, die »unter der Decke formaler Gleichheit« Mädchen benachteiligen (ebd., 218). Thematisiert wurden in der Forschung in diesem Zusammenhang unter anderem traditionelle Rollenbilder in Schulbüchern, die Aufmerksamkeitsverteilung der Lehrenden gegenüber den Schülerinnen und Schülern oder die Wirkung geschlechterstereotyper Vorstellungen der Lehrenden. Seit einiger Zeit wird das Thema Koedukation auch aus Jungenperspektive betrachtet, und es werden die spezifischen Probleme der männlichen Sozialisation analysiert (Kaiser 1997).

Eine andere Forschungsrichtung wendet sich den Fragen zu, inwieweit sich Schülerinnen und Schüler unterschiedlich verhalten und ob geschlechtstypische Lernvoraussetzungen bestehen. Bedeutsam ist in diesem Zusammenhang die These von Ludwig, dass geschlechtstypischisches Verhalten vorherrscht, »weil Lehrpersonen und Eltern entsprechende Verhaltenserwartungen hegen« (Ludwig u. a. 2006).

3.2 Geschlechtstypisches Verhalten und Lernvoraussetzungen

Für die Grundschule werden allgemein folgende geschlechtstypische Unterschiede im Verhalten berichtet, wobei der Forschungsstand als eher unsicher beschrieben wird (vgl. Kaiser 2004a, 376f.):

- Beim kommunikativen Verhalten zeigen sich »Dominanz- und Wissenskundgebungen bei Jungen und eher fragend orientierende Kommunikationsweisen bei Mädchen« (ebd., 376).
- Mädchen gelten als sozial kompetenter und als sensibler für soziale Themen.
- Das Raumnahmeverhalten der Jungen sei expansiver und Jungen seien verhaltensauffälliger.

Hinsichtlich geschlechtstypischer Lernvoraussetzungen ist für den Grundschulbereich insbesondere die Forschung von Astrid Kaiser bedeutsam, die zeigen konnte, dass »sozialwissenschaftliche [...] Themen von Mädchen und Jungen auf dem Hintergrund geschlechtstypischer Wahrnehmungsmuster rezipiert werden« (Kaiser 2004b, 149). Diese Wahrnehmungsmuster konnte Kaiser bei von Jungen- bzw. Mädchengruppen gemalten Fabrikbildern identifizieren, wo beispielsweise eine vergleichsweise größere Affinität der Jungen zu technisch-naturwissenschaftlichem Denken deutlich wurde (ebd).

Weitere Hinweise auf geschlechtstypische Lernvoraussetzungen liefert die Forschung zur Physikdidaktik, die sich allerdings nicht explizit auf die Primarstufe bezieht (vgl. z.B. Hoffmann 1997; einen Forschungsüberblick gibt Boeser [2002, 81–90]). Als bedeutsame Gründe für die geringe Neigung von Schülerinnen hin zu Physik und für deren Probleme mit diesem Fach werden genannt:

- *Fremdzuschreibung mangelnder Leistungsfähigkeit:* Nach Meinung von Lehrern, Eltern, Mitschülern und gesellschaftlichen Geschlechtsstereotypen zufolge ist Physik ein Fach, in dem von Schülerinnen keine guten Leistungen zu erwarten sind.
- *Selbstzuschreibung mangelnder Leistungsfähigkeit:* Die Fremdzuschreibung und gesellschaftliche Bilder tragen dazu bei, dass sich Schülerinnen gute Leistungen in der Physik kaum zutrauen.
- *Vorstellung, Naturwissenschaften seien kompliziert und abstrakt:* Die Annahme, Naturwissenschaften seien kompliziert und abstrakt, wird in der Schule bestärkt, wenn Phänomene betrachtet oder Beispiele zur Veranschaulichung herangezogen werden, zu denen Schülerinnen wenig oder gar keinen Bezug haben, was oftmals der Fall ist.
- *Fehlen positiver weiblicher Vorbilder:* Physik ist, was das Lehrpersonal und was bekannte Wissenschaftler anbelangt, eine männliche Domäne.

- *Fehlende Lerngelegenheiten in der Bildungsgeschichte:* Es besteht beispielsweise ein Zusammenhang zwischen der Verfügbarkeit von technischem Spielzeug und der Wahl eines naturwissenschaftlichen Leistungskursfaches.
- *Vernachlässigung spezifischer inhaltlicher Interessen:* Die häufig stattfindende Reduktion auf naturwissenschaftlich-technische Aspekte einer Fragestellung vernachlässigt das Bedürfnis insbesondere der Schülerinnen, die *Relevanz* eines Sachverhaltes zu erkennen.

Die ausgeführten Punkte sind, so lässt sich vermuten und zum Teil auch belegen, ebenso für die politische Bildung relevant (vgl. Boeser 2002). Ähnlich wie bei der Physik handelt es sich schließlich auch bei der Politik um eine typisch männlich geprägte und von Männern dominierte Sphäre. Welche Ansatzpunkte ergeben sich daraus für die politische Bildung in der Grundschule? Um sich dieser Fragen anzunähern ist zunächst zu klären, wie Schülerinnen und Schüler der Grundschule die Kategorie Geschlecht selbst wahrnehmen.

3.3 Die Kategorie Geschlecht aus Sicht der Schüler/innen und Möglichkeiten der Thematisierung

Aus kognitionspsychologischer Sicht entwickeln Kinder zwischen dem fünften und siebten Lebensjahr eine stabile Geschlechtsidentität (vgl. zum Ganzen Kohlberg 1974). »Diese fundamentale Kategorisierung produziert fundamentale Wertungen und eine darauf bezogene Selbstsozialisation: Eigenschaften, die zum eigenen Geschlecht gehören, werden als positiv bewertet und aktiv angeeignet« (Tillmann 1997, 96). Aus dem Bedürfnis der Identitätssicherung folgt ein rigides Vertreten von Geschlechterstereotypen gerade im Grundschulalter; geschlechterstereotype Filter haben folglich eine große Bedeutung. »Eine generelle Transformation erfahren diese Konzepte erst, wenn die Kinder etwa im 11. oder 12. Lebensjahr in die Phase des formalen Operierens eintreten und damit die Fähigkeit erwerben, über die eigenen Werte und deren Prinzipien nachzudenken« (ebd., 97).

Unter Bezugnahme auf die konstruktivistische Bildungstheorie erscheinen vor diesem Hintergrund *Pertubationen* (produktive Störungen) der geschlechterstereotypen Filter sinnvoll. Ziel dieser Pertubationen wäre es, der Geschlechterfixierung entgegenzuarbeiten und zu verdeutlichen, dass Menschen, abhängig von ihren Erfahrungen und der konkreten Situation, sowohl geschlechtsdifferent als auch geschlechtsindifferent sind (vgl. Richter 2000, 96). Gleichzeitig muss im Grundschulalter aber auch dem Bedürfnis nach einer sicheren Geschlechtsidentität Rechnung getragen werden. Ein Ausweg aus diesem Dilemma könnte darin liegen, die Kategorie Geschlecht bezogen auf geschlechtstypische Verhaltensweisen nicht direkt zu thematisieren, sondern *indirekte Lernangebote* zu machen. Die Vielfalt weiblicher und männlicher Lebensweisen könnte beispielsweise über geschlechtsrollenuntypische Modelle deutlich gemacht werden. (Warum nicht einen männlichen Geburtshelfer und eine erfolgreiche Unternehmerin in den Unterricht einladen?!). Besonders hilfreich könnten Modelle sein, die auf den ersten Blick geschlechtsrollenkonform wirken, aber in mindestens einer Hinsicht das geschlechtstypische Verhaltensrepertoire erweitern (z. B. ein ausgeprägt maskuliner Typ, der sich im Rahmen eines Boys-Days mit den Schülern über persönliche Ängste austauscht).

Während eine *direkte Thematisierung* der Kategorie Geschlecht auf individueller Ebene problematisch ist, ist sie bezogen auf die *gesellschaftliche Ebene* möglich und für die politische Bildung auch notwendig. Denkbar sind die Sensibilisierung für den Themenkomplex »*Gleiche Rechte trotz Verschiedenheit*« und die Auseinandersetzung mit der realen *Machtverteilung* in unserer Gesellschaft. So könnte unter Bezugnahme auf die gerade erfolgte Klassensprecherwahl (vgl. den Beitrag von Bisdorf hier im Buch) eine Diskussion über demokratische Grundrechte erfolgen. Eine Möglichkeit hierbei wäre es, in geschlechtergetrennten Gruppen nach Gründen suchen zu lassen, warum das jeweils andere Geschlecht auch bei der Klassensprecherwahl mitbestimmen sollte. Und die Wahrnehmung bestehender Ungleichheitsverhältnisse könnte über die Betrachtung typischer Sequenzen von Bundestagssitzungen und die Diskussion der Frage erfolgen: »Wer hat eigentlich das Sagen – Männer oder Frauen?!« Bedeutsamer für den Kontext politischer Sozialisation und politischer Bildung ist jedoch, ähnlich wie beim Physikunterricht, etwas anderes: Es muss darum gehen, vorhandene geschlechtstypische Barrieren zu überwinden.

3.4 Barrieren überwinden

Die Vorstellung von Lehrern/innen, Politik und Macht seien etwas Männliches, und die Skepsis gegenüber durchsetzungsstarken Schülerinnen sind für die politische Sozialisation höchst problematisch, da sie zur Selbstzuschreibung politischen Desinteresses und zur Selbsteinschätzung geringer politischer Kompetenzen beitragen können. Ist doch gerade die Sensibilität der Lehrkraft zentral für einen Unterricht, der Kinder nicht aufgrund ihres Geschlechts diskriminiert und geschlechtstypisches Verhalten damit nicht erst verursacht (Faulstich-Wieland 2004, 136; Ludwig 2006). Lehrkräfte sollen sich deshalb bezogen auf politische Bildung die Fragen stellen: Welche Bilder von Politik habe ich in meinem Kopf? Was erwarte ich in diesem Zusammenhang von Schülerinnen, was erwarte ich von Schülern? Wie reagiere ich auf geschlechtsrollenuntypisches Verhalten, beispielsweise auf Schülerinnen, die ihre Meinung auch gegen Widerstände behaupten? Gelingt es mir, situationsangemessenes Verhalten zu verstärken, selbst wenn es nicht geschlechtsrollenadäquat ist, beispielsweise wenn ein Schüler sich in einem Konflikt mit einer Schülerin, anders als diese, fair und sozial kompetent verhält? Es kommt also darauf an, ganz im Sinne des Ansatzes versteckter Potenziale, (auch) geschlechtsuntypische Lernerfahrungen zu ermöglichen. Neben der bewussten Wahrnehmung und Verstärkung geschlechtsrollenuntypischen Verhaltens durch die Lehrkraft kann dies auch durch vorübergehend geschlechtergetrennte Gruppen geschehen oder, wie in der Laborschule Bielefeld, im Rahmen von Mädchen- und Jungenkonferenzen, die gerade für Schülerinnen die Chance bieten, die öffentliche Vertretung ihrer Anliegen zu trainieren (Biermann/Wachendorff 1992). Bedeutsam ist nicht zuletzt die Infragestellung des Vorurteils, Mädchen interessierten sich nicht für Politik, oder, wie es Karin Kroll ausdrückt (2004, 20): »Vertrauen in das Interesse von Mädchen an Politik ist der Schlüssel zu motivierten Schülerinnen«. Die Kategorie Geschlecht zu thematisieren, ohne sie zu dramatisieren, beschreibt ein Spannungsfeld, das für die politische Bildung, für die Schule insgesamt und für die Gesellschaft aktuell bleibt.

Literatur

Biermann, Christine / Wachendorff, Annelie (1992): Ganz ohne Jungen geht die Chose nicht …! Bericht über die Arbeitsgruppe »Mädchen- und Jungensozialisation an der Laborschule Bielefeld«. In: Luca, Renate (Hrsg.): Frauen bilden – Zukunft planen: Dokumentation des 8. Fachkongresses Frauen und Schule. Bielefeld, S. 280–293.

Boeser, Christian (2002): Bei Sozialkunde denke ich nur an dieses Trockene … Relevanz geschlechtsspezifischer Aspekte in der politischen Bildung. Opladen.

Boeser, Christian / Schörner, Thomas / Wolters, Dirk (Hrsg.) (2000): Kinder des Wohlstands. Auf der Suche nach neuer Lebensqualität. Frankfurt a. M.

Faulstich-Wieland, Hannelore (2003): Einführung in Genderstudien. Opladen.

Faulstich-Wieland, Hannelore (2004): Doing Gender: Konstruktivistische Beiträge. In: Glaser, Edith u. a. (Hrsg.): Handbuch Gender und Erziehungswissenschaft. Bad Heilbrunn, S. 175–191.

Glaser, Edith / Klika, Dorle / Prengel, Annedore (Hrsg.) (2004): Handbuch Gender und Erziehungswissenschaft. Bad Heilbrunn.

Hartmann, Jutta (2004): Dekonstruktive Perspektiven auf das Referenzsystem von Geschlecht und Sexualität – Herausforderungen der Queer Theory. In: Glaser, Edith u. a. (Hrsg.): Handbuch Gender und Erziehungswissenschaft. Bad Heilbrunn, S. 255–271.

Hoecker, Beate (1995): Politische Partizipation von Frauen. Kontinuität und Wandel des Geschlechterverhältnisses in der Politik. Opladen.

Hoecker, Beate (1997): Zwischen Macht und Ohnmacht: Politische Repräsentation von Frauen in den Staaten der Europäischen Union. In: Aus Politik und Zeitgeschichte, B 52, S. 3–14.

Hoffmann, Lore (1997): An den Interessen von Jungen und Mädchen orientierter Physikunterricht: Ergebnisse eines BLK-Modellversuchs. Kiel.

Horstkemper, Marianne (1987): Schule, Geschlecht und Selbstvertrauen. Eine Längsschnittstudie über Mädchensozialisation in der Schule. Weinheim.

Irigaray, Luce (1991): Die Zeit der Differenz. Eine friedliche Revolution. Frankfurt a. M.

Kahlert, Heike / Müller-Balhorn, Sigrid (1994): Mädchenförderung (nicht nur) in Naturwissenschaften und Technik. In: Glumpler, Edith (Hrsg.): Koedukation: Entwicklungen und Perspektiven. Bad Heilbrunn, S. 61–85.

Kaiser, Astrid (2004 a): Gender in der Primarstufe des Schulwesens. In: Glaser, Edith/Klika, Dorle/Prengel, Annedore (Hrsg.): Handbuch Gender und Erziehungswissenschaft. Bad Heilbrunn, S. 372–389.

Kaiser, Astrid (2004 b): Sachunterricht aus der Genderperspektive. In: Kaiser, Astrid/Pech, Detlef (Hrsg.): Integrative Zugangsweisen für den Sachunterricht. Baltmannsweiler, S. 146–168.

Kaiser, Astrid (Hrsg.) (1997): Koedukation und Jungen. Soziale Jungenförderung in der Schule. Weinheim.

Kohlberg, Lawrence (1974): Zur kognitiven Entwicklung des Kindes. Frankfurt a. M.

Kroll, Karin (2004): Vertrauen in politisch interessierte Schülerinnen. In: Polis, (2), S. 19–20.

Ludwig, Peter u. a. (2006): Erwartungen in himmelblau und rosarot: Erklärung für Geschlechterdifferenzen im lebenslangen Lernen. In: Fatke, Reinhard/Merkens, Hans (Hrsg.): Bildung über die Lebenszeit. Wiesbaden, S. 221–229.

Macha, Hildegard (2000): Erfolgreiche Frauen. Wie sie wurden, was sie sind. Frankfurt a. M.

Nissen, Ursula (1998): Kindheit, Geschlecht und Raum. Sozialisationstheoretische Zusammenhänge geschlechtsspezifischer Raumaneignung. Weinheim u. a.

Richter, Dagmar (2000): Aufklärung, Differenzierung und Kompetenzentwicklung – Geschlechterorientierung als didaktisches Prinzip der politischen Bildung. In: Oechsle, Mechthild/Wetterau, Karin (Hrsg.): Politische Bildung und Geschlechterverhältnis. Opladen, S. 197–222.

Schnack, Dieter / Gesterkamp, Thomas (1998): Hauptsache Arbeit? Männer zwischen Beruf und Familie. Reinbek.

Schnack, Dieter / Neutzling, Rainer (1990): Kleine Helden in Not. Jungen auf der Suche nach Männlichkeit. Reinbek.

Tillmann, Klaus-Jürgen (1997): Sozialisationstheorien. Reinbek.

Petra Wagner

Vielfalt respektieren, Ausgrenzung widerstehen – Politisches Lernen in der Einwanderungsgesellschaft

1. Vielfalt und Ausgrenzung als politische Realitäten

Aisha und Nicole, zwei fünfjährige Mädchen arabischer Herkunft, sitzen mit Rey-han, ebenfalls 5 Jahre alt und türkischer Herkunft, am Tisch im Kindergarten und malen. Nicole sagt mit Blick auf Reyhans Bild: »Also wenn du in die Vorschule kommen willst, Reyhan, musst du noch viel üben!« Reyhan sagt kaum hörbar »Gar nicht!« Nicole führt aus, dass nur diejenigen in die Vorschule kommen, die Deutsch sprechen. Reyhan könne also nicht in die Vorschule, denn sie könne ja kein Deutsch. Und warum kann sie es nicht? Nicole: »Weil sie eben Türkisch ist.« (1)

Spiros (7 J.) hat Streit mit seinem Freund Chen, in dessen Verlauf er ihn »Schlitz-auge« nennt. Die Lehrerin erfährt es und ereifert sich in der nächsten Stunde sehr darüber: »Spiros, du enttäuschst mich sehr, gerade du als Grieche solltest so etwas nicht sagen!« ... Eine Erzieherin hört, wie sich vierjährige Kinder in der Puppenecke unterhalten. Drei Weiße Kinder, zwei Jungen und ein Mädchen, spielen zusammen. Mark, ein Schwarzer Junge, kommt zu ihnen. Einer der Weißen Jungen, der sonst häufig mit Mark spielt, sagt: »Jetzt kannst du nicht mitspielen. Schwarze und Weiße können nicht heiraten.« (2)

Beim Mittagessen in der Kita wird die Besucherin von 4–5jährigen Kindern mit arabischem und türkischem Hintergrund darauf hingewiesen, dass Muslime kein Schweinefleisch essen. Sie will wissen, warum nicht. Die Kinder geben unterschied-liche Antworten: »Wir sind Türken.«, »Weil wir Muslime sind.«, »Weil es der Gott gesagt hat.«, »Weil das meine Mama gesagt hat.« (3)

Beispiel (1) geschildert in Jolande van Boekel (2004, 40). Beispiel (2) in Louise Derman-Sparks/A.B.C. Task Force (1989, 74). Louise Derman-Sparks verwendet die Bezeich-nungen Weiß und Schwarz (in Großschreibung) als politische Begriffe, die die Unter-scheidung zwischen Dominanz- und Minderheitenkulturen in den USA kennzeichnen. Beispiel (3) in van Boekel (2004, 54).

Unzählige solcher Beispiele im Alltag von Kindergärten und Grundschulen geben Hinweise darauf, dass und wie auf Vielfalt in der Einwanderungs-gesellschaft Bezug genommen wird. Unterschiedliche Aspekte von Familienkulturen und äußeren Merkmalen werden hervorgehoben – in den Beispielen die Hautfarbe, die Augenform, die Religion, die Familiensprache, Deutschkenntnisse, die Nationalität. Die Erwachsenen tun das und auch die Kinder, bereits sehr kleine Kinder.

Das Hervorheben dieser Merkmale, wozu dient es? Es werden damit Zuordnungen und Einteilungen vorgenommen, die markieren, wer dazu gehört und wer nicht, wen man einbezieht und wen man ausschließt. Wie geschieht das? *Kategorisierungen* wie »Muslime«, »Türken«, »Griechen«, »Schwarze« betonen ein bestimmtes Merkmal als konstitutiv für die Zugehörigkeit zu einer bestimmten Gruppe. Implizit ist jeweils die Gruppe mit benannt, von der sich diese unterscheiden oder abgrenzen: Christen, Deutsche, Weiße. Damit erweisen sich die vorgenommenen Kategorisierungen als weder zufällig noch beliebig. Sie spiegeln sehr deutlich gesellschaftliche Dominanzverhältnisse, die sich auch dadurch auszeichnen, dass über die dominanten Mehrheiten üblicherweise nicht explizit gesprochen wird und auch nicht gesprochen werden muss, denn in der Rede über einflussärmere Minderheiten sind sie bereits da. Sie sind präsent über die dominante und definitionsmächtige Sprecher/innen – Perspektive. Von da aus wird festgelegt, was »Normalität« ist und was davon abweicht: Über Christen muss man nicht sprechen, wohl aber über Muslime. Augenformen sind üblicherweise kein Thema, wohl aber »Schlitzaugen«. Weiße unter sich nehmen sich nicht als solche wahr, wohl aber, wenn der Dunkelhäutige hinzukommt.

Der *Diskurs* erhält selbst eine normalisierende Funktion: Indem so und nicht anders über Gruppen und Merkmale gesprochen wird, wird wieder und wieder die »Normalität« definiert. Daran ändert sich auch nichts, wenn die Sprecher/innen den Minderheiten angehören: Im Beispiel sind es Nicole und Aisha, zwei Fünfjährige aus arabischen Familien, die ganz im herrschenden Diskursmuster argumentieren, wonach Deutschkenntnisse für die Schullaufbahn am allerwichtigsten seien. Sie bringen es dem Mädchen gegenüber in Anschlag, das nicht gut Deutsch kann. Sie tun es mit dem Habitus der Überlegenen, denn sie selbst können besser Deutsch. In ihrem Alter haben Nicole und Aisha bereits verstanden, dass Deutschkenntnissen eine andere Bedeutung zukommt als den Kompetenzen, die für sie sonst interessant sind, wie etwa Fahrrad fahren, schwimmen, Arabisch schreiben, tanzen, zeichnen, Kopfstand machen, pfeifen, sich schminken oder frisieren …

Für Reyhan, die nicht gut Deutsch kann, knüpft das Überlegenheitsgebaren von Nicole und Aisha an die von ihrer Erzieherin (und möglicherweise auch von ihren Eltern) immer ungeduldiger vorgebrachte Erinnerung an, dass sie etwas nicht kann, was sie eigentlich können müsste. Es verstärkt ihre Scham und Unsicherheit. Da sie es sich nicht erklären kann, warum sie

261

kein Deutsch kann, zweifelt sie an sich selbst. Kinder in ähnlichen Situationen sagen: »Ich bin ein Dummkopf«, »Mein Kopf nimmt das nicht«, »Ich vergesse immer« (van Boekel 2004, 44 f.). Bereits Fünfjährige können massive Erfahrungen mit Versagen, Ungenügen und Unterlegenheit gemacht haben, so dass sie eingeschüchtert und unsicher sind und sich auf Bildungsprozesse im Sinne lernender Weltaneignung nur begrenzt einlassen können.

Das Politische im Sinne von »Problemen und Regelungen gesellschaftlichen Zusammenlebens« (Richter, in: Scholz 2003, 40) findet eine je spezifische Widerspiegelung in den Erziehungs- und Bildungseinrichtungen. Die Beispiele zeigen, dass es in jedem Moment der Kommunikation im Kindergarten und in der Schule auffindbar ist, unter Kindern, zwischen Erziehern/innen, Lehrern/innen und Kindern, unter den Erwachsenen (Erzieher/innen, Lehrer/innen, Eltern). Zu verstehen, worauf dabei wie Bezug genommen wird, erfordert allerdings eine genaue Analyse der gesellschaftlichen und institutionellen Verhältnisse sowie der sie durchdringenden Diskurse. Und es erfordert ein genaues Betrachten der jeweiligen Situation und ihres Kontexts, denn es spielt immer eine Rolle, wer da mit wem kommuniziert, welche Vorerfahrungen und Erwartungen die Beteiligten mitbringen, als was sie gesehen werden möchten und als was nicht usw. So schildert z. B. Jolande van Boekel, dass ihr »fremder« Name das Interesse der Kinder an ihrer Herkunft weckte. Als sie wussten, dass Jolande Niederländerin ist, sprachen sie mit ihr häufig über den Topos Herkunft/Sprachen und stellten sich dar als »Türkisch« oder »Arabisch« usw. Mit der Erzieherin gab es diese Gespräche nicht.

Es stellt hohe Anforderungen an Erzieher/innen und Lehrer/innen, das Verortetsein ihres beruflichen Handelns in gesellschaftlichen Machtverhältnissen zu erkennen und als eine Realität zu berücksichtigen, die – so oder so – Auswirkungen auf ihre Beziehungen zu Kindern und Eltern hat. Den Situationen selbst ist dieses nicht einfach anzusehen. Es zeigt sich häufig als Widerständigkeit oder Irritation (vgl. folgenden kursiven Text), und manchmal bleibt es völlig unbemerkt – jedenfalls aus dominanter Perspektive.

In Dominanzverhältnissen gibt es keine einfachen Fragen

Monika, Erzieherin in einem Kindergarten, ist verstimmt: »Ich habe jetzt angefangen, die Sprachenvielfalt in meiner Gruppe sichtbar zu machen, wie wir das in der Fortbildung gelernt haben. Dazu frage ich der Reihe nach alle Eltern, aber mit manchen Eltern komme ich einfach nicht weiter. Ich frage sie, welche Sprache sie zu Hause sprechen und manche geben mir keine richtige Antwort. Sie sagen »Deutsch«, ich weiß aber, dass sie nicht Deutsch, sondern ihre Muttersprache mit den Kindern sprechen. Wieso lügen sie mich an?«

Aus der Perspektive der Immigranteneltern kann die Frage nach der Sprache, die sie zu Hause mit ihren Kindern pflegen, auf vielfache Weise belastet und daher nicht so einfach zu beantworten sein. Zum Beispiel, wenn sie zu Hause mehrere Sprachen sprechen. Die Frage, von einer Fachkraft vorgetragen, die ja sicherlich besser Bescheid weiß, was in sprachlicher Hinsicht für Kinder wichtig ist, könnte für Eltern implizieren, dass es besser sei, sich für eine Sprache zu entscheiden. Aber für welche? Wenn Immigranteneltern den öffentlichen Diskurs verfolgen, dann wissen sie, dass sie als »gute« Eltern gelten, wenn sie ihren Kindern Deutsch beibringen, so dass diese in der Schule mühelos mithalten können. Und dass ihnen umgekehrt »Integrationsunwilligkeit« vorgeworfen wird, wenn sie zu Hause »noch immer« ihre Herkunftssprachen sprechen. Möglicherweise geht den Eltern durch den Kopf: »Warum fragt die Erzieherin, was wird sie mit der Information anfangen? Wird sie uns in schlechtem Licht sehen, wenn ich nun sage, dass wir zu Hause unsere Herkunftssprache sprechen? Wird unser Kind Nachteile haben, wenn ich sage, dass wir zu Hause 2 oder 3 Sprachen sprechen, weil die Erzieherin denkt, dann könne ja nur Mischmasch herauskommen?« *All dies bedenkend kann es sein, dass Eltern diese Frage der Erzieherin nur zögernd oder strategisch beantworten.*

Die Erzieherin, die dieses mitbekommt, ist in ihrem Elan, etwas zur Verbesserung der Beziehungen mit den Familien zu machen, gebremst. Wenn ihr bewusst wird, dass das Thema »sprachliche Praxis« zwischen Immigranteneltern und Bildungseinrichtungen heikel ist, weil hier Dominanzverhältnisse und Diskriminierungserfahrungen mit hineinspielen, kann sie die Schlussfolgerung ziehen, dass ihr Projekt zur Sprachenvielfalt nicht gut genug eingebettet und vermittelt war und sie dieses nachholen muss.

Ist ihr nicht bewusst, dass politische und soziale Realitäten ihren Kontakt zu den Eltern in jedem Fall beeinflussen, so kann sie für die »Lügen« der Eltern kein Verständnis aufbringen. Sie sieht ihre gute Absicht sabotiert, die Familiensprachen respektvoll in ihre Arbeit einzubeziehen. Vielleicht kommt sie zum Schluss, dass Immigranteneltern einfach nicht kooperativ seien und zieht sich frustriert zurück.

2. Herausforderungen an Erziehungs- und Bildungseinrichtungen

Es sind mehrere, miteinander verschränkte und deutlich politisch konnotierte Herausforderungen in der Einwanderungsgesellschaft, denen sich Erziehungs- und Bildungseinrichtungen stellen müssen:
– *Vielfalt respektieren:* Eine Herausforderung ist die Notwendigkeit, sich mit der vorhandenen Vielfalt an Familienkulturen und Lebensstilen zu beschäftigen. Eine politische Dimension gewinnt dies, weil es dabei auch

um die unterschiedlichen und ungleichen Lebensverhältnisse geht, in denen Menschen leben. Hier vorrangig auf Kulturen im Sinne von Wertvorstellungen und Gewohnheiten zu achten, hieße, soziale Ungleichheit und ihre Implikationen zu banalisieren.

– *Ausgrenzung widerstehen:* In der Einwanderungsgesellschaft geht es außerdem nicht nur darum, Unterschiedliches zu respektieren, sondern zu erkennen, dass auf bestimmte Merkmale von Menschen bzw. Gruppen von Menschen in diskriminierender Weise Bezug genommen wird, wodurch sie Nachteile und Beeinträchtigungen im Zugang zu gesellschaftlichen Ressourcen, Positionen und Einfluss erleiden. Diskriminierung ist verboten, laut Grundgesetz und europäischer Anti-Diskriminierungsgesetze. Dennoch stützen nach wie vor rassistische und nationalistische Ideologien die Vorstellung von der Überlegenheit der »Einheimischen« vor den »Fremden« und verschränken sich mit anderen diskriminierenden Ideologien wie Sexismus, Antisemitismus, Ableism (im Amerikanischen die Diskriminierung von Behinderten oder Menschen mit besonderen Bedürfnissen, bzw. die Behauptung der Überlegenheit und Höherwertigkeit von nicht Behinderten), Adultism (im Amerikanischen die Diskriminierung von Kindern, bzw. die Behauptung der Höherwertigkeit von Erwachsenen), Linguizismus usw. Diese Ideologien sind wichtig zur Legitimation von Ungleichverhältnissen in einer Gesellschaft. Sie rechtfertigen die soziale Benachteiligung mit den Merkmalen oder Besonderheiten der Benachteiligten. Anstatt die problematischen Verhältnisse und ihre Auswirkungen zum Thema zu machen, werden so die Menschen selbst zum Problem erklärt.

– *Allen Kindern Bildung ermöglichen:* Der Umgang mit Unterschieden, die Konstruktionen von Dazugehörigkeit, die Bewertung von bestimmten Merkmalen als »normal« oder »unnormal«, die Implikationen sozialer Ungleichheit für das Aufwachsen von Jungen und Mädchen, die in den herrschenden Diskurs eingehenden diskriminierenden Ideologien – das alles ist relevant für die Möglichkeiten von Kindern, sich ihren Weltausschnitt lernend anzueignen. Kindergärten und Schulen sollen allen Kindern Bildungsprozesse ermöglichen, tun es aber nicht. Insbesondere Immigrantenkinder und arme Kinder scheitern im Bildungssystem (vgl. Bildungsbericht 2006). Will man nicht die Schuldzuweisung an die Kinder selbst wiederholen, so muss man fragen: Was wirkt für einen Teil der Schüler/innen als Lernbehinderung? Auf welche Weise hindern die Eigentümlichkeiten der Bildungseinrichtungen gerade diese Kinder am Lernen bzw. daran, das zu lernen, was ihr Fortkommen und ihren Erfolg in der Institution sichert? Wieso gelingt Letzteres in den Bildungssystemen anderer europäischer Länder besser? Welchen Anteil hat der Umgang mit Unterschieden, welchen Anteil haben Vorurteile, Einseitigkeiten und Diskriminierung?

Welche Antworten geben hierauf die vorfindlichen pädagogischen Konzepte? Ansätze interkultureller Pädagogik stehen nach wie vor in Gefahr, in die eine oder andere Sackgasse zu führen:

In ihrer *»farbenblinden«* Ausrichtung werden Unterschiede negiert, weil man befürchtet, mit ihrer Thematisierung dazu beizutragen, dass sie die Gemeinsamkeiten überlagern. Aus Unsicherheit darüber, wie man über Unterschiede sprechen kann, ohne zu stereotypisieren oder zu stigmatisieren, beschränkt man sich auf das vermeintlich Gemeinsame und Verbindende. Dabei bleibt aber zwangsläufig die dominanzkulturelle Perspektive als nicht weiter hinterfragte Selbstverständlichkeit vorherrschend. Sie zu hinterfragen wäre ja mit der bewussten Anstrengung verbunden, anderen eine andere Perspektive zuzugestehen und somit die Unterschiede in den Blick zu nehmen. Der farbenblinde Ansatz ist gekennzeichnet von der Nicht-Thematisierung der Perspektiven und Lebenssituationen marginalisierter Gruppen, wodurch diese auch in den Bildungseinrichtungen marginalisiert bleiben. Er befähigt weder die Kinder noch die Erwachsenen, mit den tatsächlich vorhandenen Unterschieden der Familienkulturen und Lebensverhältnisse umzugehen. Der farbenblinde Ansatz durchzieht insbesondere Bildungspläne oder Curricula, insofern sie auf einer Normierung von Entwicklung und Lebenswirklichkeit beruhen.

Die *»touristische«* Ausrichtung beschränkt interkulturelles Lernen auf sporadische Inszenierungen zur Begegnung mit »anderen Kulturen«. Diese sind notwendigerweise an »typische« Erscheinungsformen von Kultur gebunden, die sich zudem als »besonders« und »anders« herausheben müssen, um das Postulat der »kulturellen Bereicherung« zu erfüllen. Die Begegnung gleicht einem Ausflug in eine bislang unbekannte Welt, für die man sich wie ein Tourist/eine Touristin öffnet, um danach wieder »nach Hause« zurückzukehren, wo alles unverändert ist. Trotz der inzwischen häufig vorgebrachten Kritik an seinen ethnisierenden und kulturalisierenden Implikationen, die Vorurteile und Stereotype eher verstärken als abbauen, ist der touristische Ansatz in Kindergärten und Schulen nach wie vor häufig anzutreffen, etwa bei Projektwochen und Feierlichkeiten.

Ansätze interkultureller Pädagogik müssten sowohl tiefer gehen als auch breiter angelegt sein. Welche *Anforderungen* müsste ein pädagogisches Konzept erfüllen, um bisherige Engführungen zu umgehen?

– Integration ins Alltagsgeschehen der Einrichtung, im Rahmen kontinuierlicher Organisationsentwicklung.

- Zielgruppen sind alle Kinder, denn die Realitäten der Einwanderungsgesellschaft gehen alle Kinder an und zwar auf unterschiedliche Weise, je
nachdem, ob sie der gesellschaftlichen Mehrheit oder Minderheiten angehören.
- Auf die Entwicklung von Kindern bezogene Ziele und Prinzipien.
- Didaktische Hilfen für die Thematisierung von Unterschieden aller Art.
- Didaktische Hilfen zur Intervention bei Vorurteilen und Diskriminierung.
- Berücksichtigung der Erscheinungsformen und Implikationen institutio-
nalisierter Diskriminierung.

Im Bereich der frühen Bildung gibt es ein Konzept, das diese Anforderungen
weitgehend erfüllt. Der *Anti-Bias Approach* ist ein Ansatz aus Kalifornien, der
in den 1980er Jahren von Louise Derman-Sparks und ihren Kollegen/innen
entwickelt wurde. Als Bildungskonzept für Krippen und Kindergärten geht
es in ihm darum, »die Spannung fruchtbar zu machen zwischen dem Respektieren von Unterschieden und dem Nicht-Akzeptieren von Vorstellungen und Handlungen, die unfair sind« (Derman-Sparks 1989, X). Wie kann
das geschehen? Und welche Impulse sind fruchtbar für die Grundschule?

3. Kleine Kinder und Vorurteile

Der Anti-Bias Approach geht davon aus, dass bereits kleine Kinder Unterschiede wahrnehmen und sehr früh beginnen, aus den bewertenden Botschaften über Menschen und Gruppen von Menschen, die sie ihrem Umfeld
entnehmen, ihre eigensinnigen Schlüsse zu ziehen und so etwas wie »Vor-
Vorurteile« zu entwickeln (»pre-prejudices«, Derman-Sparks 1989, 3). Diese
gehen ein in ihre Bilder von sich selbst und von ihren Familien, wie auch in
ihre Vorstellungen über andere Menschen. Für die Verarbeitung der gesellschaftlichen Bewertungen spielt eine große Rolle, ob Kinder einer privile-
gierten oder einer ausgegrenzten sozialen Gruppe angehören.

Im dritten Lebensjahr zeigen Kinder Unbehagen gegenüber äußeren
Merkmalen und Besonderheiten von Menschen. Und sie verweisen auf solche Merkmale bei Aushandlungen um Spielpartner und Spielideen: Sie wollen neben bestimmten Kindern nicht sitzen, sie nicht an der Hand halten
oder schließen sie von ihrem Spiel aus, weil sie dick sind, »komisch reden«,
»komisch aussehen«, ein Junge/ein Mädchen sind usw. Kinder bauen auf
kreative Weise die Bezugnahme auf äußere Merkmale in die Durchsetzung
ihrer (Spiel-) Interessen ein. Sie übernehmen dabei nicht einfach, was Erwachsene sagen, sondern experimentieren mit einem Argumentationsmus-

ter, das Vorurteile kennzeichnet: Ein Merkmal wird bewertet, für die ganze Person genommen und »begründet« ihre Sonderbehandlung oder ihren Ausschluss.

Heute ist Jasmin (3 Jahre) bei ihrer Tante, wie jede Woche. Das Essen ist fertig und ihre Tante schlägt vor, auch die Nachbarin Nebahat zum Essen einzuladen. »Nein«, sagt Jasmin entschieden, »sie soll nicht mit uns essen. Ich will das nicht. Sie hat so dunkle Haut. Häßlich.« Dabei verzieht sie das Gesicht. Nebahat ist aus der Türkei und hat eine etwas dunklere Hautfarbe als Jasmin. Als ihre Tante nachfragt, erklärt Jasmin, dass sie lieber ganz alleine mit der Tante essen will. Der Hintergrund: In den zwei Wochen davor waren »an ihrem Tag« jeweils Gäste beim Essen mit dabei gewesen und sie hatte nicht die ungeteilte Aufmerksamkeit ihrer Tante bekommen. Anstatt dies zu sagen, verweist Jasmin auf Nebahats Hautfarbe. Warum tut sie das? Vielleicht vermutet sie, dies habe eine stärkere Aussagekraft, als wenn sie »nur« sagt, sie will endlich mal wieder mit ihrer Tante alleine essen?

Damit »Vor-Vorurteile« kleiner Kinder nicht zu manifesten Vorurteilen werden, brauchen sie vorurteilsbewusste Erwachsene, die Einseitigkeiten und Diskriminierungen erkennen und kompetent dagegen angehen können. Damit die Erfahrungen von Kindern mit Abwertung und Ausgrenzung nicht zur Lernbehinderung werden, brauchen sie Bildungseinrichtungen, in denen sie selbst in ihrer Besonderheit wahrgenommen und gestärkt werden. Erleben sie hier Respekt für ihre eigenen Familienkulturen und für die der anderen, so sind sie besser in der Lage mit Unterschieden zu leben. Eine klare Positionierung gegen Ausgrenzung und Diskriminierung vermittelt ihnen Schutz und ein inneres Bild davon, wie man unfairem Verhalten und Denken widerstehen kann. Es stärkt sie darin, sich selbstbewusst und neugierig auf Bildungsprozesse einzulassen.

4. Vorurteilsbewusste Bildung und Erziehung

Im Berliner Projekt KINDERWELTEN wurde der Anti-Bias Approach als »Ansatz Vorurteilsbewusster Bildung und Erziehung in Kindertageseinrichtungen« übersetzt und für die Verhältnisse in Deutschland adaptiert (vgl. Preissing/Wagner 2003). In einem Verbreitungsprojekt werden gegenwärtig interessierte Kitateams in mehreren Bundesländern fortgebildet und fachlich unterstützt, die ihre pädagogische Praxis als vorurteilsbewusste Bildung und Erziehung weiter entwickeln wollen (siehe dazu www.kinderwelten.net). Die vorurteilsbewusste Qualitätsentwicklung orientiert dabei auf vier Ziele, die aufeinander aufbauen:

- Beim ersten Ziel geht es darum, alle Kinder in ihrer Identität zu stärken, wozu die Anerkennung ihrer Vorerfahrungen und Familienkulturen gehört.
- Das zweite Ziel ist, allen Kindern Erfahrungen mit Vielfalt zu ermöglichen, indem sie sie aktiv und bewusst erleben.
- Das dritte Ziel ist, kritisches Denken über Vorurteile, Einseitigkeiten und Diskriminierung anzuregen.
- Beim vierten Ziel geht es darum, Kinder darin zu unterstützen, sich gegen Einseitigkeiten und Diskriminierung zu wehren.

Der Ansatz ist ein Praxiskonzept für Krippen und Kindergärten. Zu jedem Ziel gibt es didaktische Prinzipien und Praxisempfehlungen (vgl. Wagner/Hahn/Enßlin 2006). Pädagogische Fachkräfte sind aufgefordert, sich auf einen Prozess der Selbst- und Praxisreflexion einzulassen, in dem sie lernen, ihre kulturelle und fachliche Identität, ihre Vorurteile und ihren Umgang mit Unterschieden zu reflektieren und besser zu verstehen, welche Auswirkungen dies auf ihre Praxis mit Kindern hat.

Überall auf diesem Weg der Reflexion und praktischer Schritte der Veränderung liegen Stolpersteine. Die Arbeit am ersten Ziel »Kinder in ihrer Identität stärken« wird zunächst eher als einfach eingeschätzt, handelt es sich hier doch um Ansprüche, die man aus der Kindergartenpädagogik kennt, insbesondere wenn man sich am Situationsansatz orientiert (vgl. den Beitrag von Dagmar Beinzger und Isabell Diehm in diesem Band). Das Ziel der Stärkung von Identität im Anti-Bias Approach geht jedoch über das hinaus, was man gemeinhin mit der Stärkung persönlicher Ressourcen meint. Die Identifikationen des Kindes mit seinen sozialen Bezugsgruppen, allen voran seine Familie als primäre Bezugsgruppe, werden als untrennbarer Teil seiner persönlichen Identität verstanden. Um ihre Anerkennung geht es, denn kleine Kinder konstruieren ihr Bild von sich und von anderen auch aus den Bewertungen von sozialen Bezugsgruppen, die sie in ihrem Umfeld wahrnehmen.

Etwa ab drei Jahren wird in der Identitätsentwicklung von Kindern deutlich, dass sie Botschaften über die Bewertung von Gruppen und damit über gesellschaftliche Machtverhältnisse verarbeiten. Darüber müssen pädagogische Fachkräfte Bescheid wissen. Sie müssen wissen, wie sie in Erfahrung bringen können, welche Bezugsgruppen für das jeweilige Kind Bedeutung haben und was die Lebenswirklichkeit dieser Bezuggruppen kennzeichnet. Sofern diese sich sehr von ihrer eigenen unterscheidet, müssen pädagogische Fachkräfte ihre »blinden Flecken« eingestehen: Wer selbst einsprachig ist, kann sich die Lebenswirklichkeit mehrsprachiger Familien kaum vorstellen. Wer als hellhäutiger Mensch unter Hellhäutigen lebt, weiß nicht, wie es ist, dunkle Haut zu haben. Wer nicht allein erziehend ist, braucht Informationen von Alleinerziehenden, um nicht seinen stereotypen Bildern aufzusitzen, die sich eventuell an der unreflektierten Vorstellung von Idealfamilie (Vater – Mutter – Kind) orientieren.

Familienwände bestehen aus Bildern von Kindern mit ihren Bezugspersonen. Die Eltern gestalten das Bild für ihr Kind. Gibt es solche Bilder von allen Kindern in der Kindergartengruppe, so können Kinder verstehen: »*Jedes Kind hat eine Familie – und jede Familie ist besonders.*« *Nachdem in einer Kita alle Familienbilder fertig gestellt sind, kommt die Mutter von Daniel (4 J.) mit dem Foto eines Bekannten. Sie bittet die Erzieherin, es noch mit aufs Familienbild zu kleben. Der Bekannte habe zwar nicht viel mit Daniel zu tun, aber auf allen anderen Bildern gebe es Väter, da wolle sie nicht, dass Daniel traurig ist, weil auf seinem Bild kein Vater ist.*

Anderen eine andere Sicht auf die Welt zuzugestehen, ist der Anfang. Dann geht es darum, Informationen zu sammeln und Dialoge zu initiieren, um die anderen Perspektiven in Erfahrung zu bringen. Das gilt insbesondere im Verhältnis zwischen Erwachsenen und Kindern, wo immer die Gefahr besteht, dass Erwachsene ihre Machtvorteile auch dazu nutzen, die Perspektiven der Kinder zu übergehen oder zu manipulieren. Erwachsene müssen sich bewusst bemühen, die Welt aus kindlicher Perspektive zu verstehen. Und nicht nur das: Unterscheidet sich das Kind in seinen äußeren Merkmalen sehr von der pädagogischen Fachkraft oder ist der soziale Status seiner Familie deutlich anders, so ist die pädagogische Fachkraft besonders gefordert, den spezifischen Lebenskontext dieses Kindes zu verstehen.

Der Vater von Sara (2 ½ J.) ist empört. Gestern sei seine Tochter aus der Kita nach Hause gekommen und habe ihm bekümmert gesagt, dass sie »*schwarz*« *sei. Sara habe braune Haut, keine schwarze und wie sie in der Kita auf die Idee kämen, so etwas zu erzählen? Tatsächlich hat die Erzieherin mit den Kindern ein Buch über unterschiedliche äußere Merkmale von Menschen angesehen und es ist möglich, dass da von* »*Schwarzen*« *und von* »*Weißen*« *die Rede war. Die Erzieherin ist ganz erschrocken, denn sie hat es ja gut gemeint. Sie wollte gerade, dass sich Sara gut fühlt mit ihrer Hautfarbe. Bisher war ihre Hautfarbe nie ein Thema gewesen, obwohl sie das einzige dunkelhäutige Kind in der Gruppe ist und dadurch natürlich auffällt. Die Erzieherin wollte nichts* »*falsch*« *machen und nun das! Sie hatte* »*Schwarz*« *und* »*Weiß*« *aus Erwachsenensicht gebraucht, als politische Bezeichnungen und nicht als korrekte Beschreibungen für Hautfarben. Kleine Kinder hingegen suchen die treffende Bezeichnung für das, was sie konkret sehen – und sind verwirrt wie Sara, weil sie weder ganz weiße noch ganz schwarze Haut sehen. Etwas zugeschrieben zu bekommen, was nicht zutrifft, ist unangenehm: Die Erzieherin sagt, Sara sei* »*schwarz*«, *aber sie ist es nicht. Zurück bleibt ein Gefühl,* »*anders*« *zu sein als die anderen. Das wollen kleine Kinder nicht, sie wollen einfach dazu gehören.*

Louise Derman-Sparks weist darauf hin, dass sich pädagogische Fachkräfte damit auseinandersetzen müssen, dass Kinder je nach sozialer Gruppenzugehörigkeit und Gruppenerfahrung auch Unterschiedliches benötigen: »Weiße Kinder brauchen z. B. für die Entwicklung einer positiven Gruppenidentität eine Orientierung, die nicht die gesellschaftlichen Botschaften enthält, sie seien auf Grund ihrer Hautfarbe anderen überlegen. Kinder wiederum, deren Bezugsgruppen-Identität von rassistischen oder antisemitischen Botschaften geprägt ist, brauchen Hilfe, um Widerstand gegen solche Botschaften entwickeln zu können« (Derman-Sparks 2001, 7).

Auch das zweite Ziel ist zunächst eingängig: »Erfahrungen mit Vielfalt ermöglichen.« Dann aber stoßen die pädagogischen Fachkräfte bei ihren Reflexionen auf Unsicherheiten oder auch Blockaden im Umgang mit bestimmten Unterschieden, die mit ihren eigenen Lebenserfahrungen zu tun haben. Und sie bemerken, dass Kinder ihnen diese Unsicherheiten anmerken.

Kinder entwickeln etwa ab drei Jahren ihre eigenen Theorien über Unterschiede, je nach ihren Erfahrungen und den kognitiven Strategien, mit denen sie die Welt ordnen. Für ihre Ordnung der Welt ist entscheidend, wie sich die Erwachsenen verhalten, was sie sagen oder worüber sie schweigen. Es gehört zu den Erfahrungen von Kindern, dass Erwachsene auf manche ihrer Fragen und Theorien mit Unbehagen reagieren, ausweichen, das Thema wechseln, es überhören oder auch ungehalten reagieren. Solche Reaktionen zeigen Kindern, dass mit dem Sachverhalt etwas »nicht in Ordnung« ist. Sie entwickeln ihrerseits Distanz und Unbehagen. Bezieht sich die ausweichende Reaktion der Erwachsenen auf einen Aspekt ihrer eigenen Identität, so müssen sie mit der Botschaft klarkommen, dass etwas an ihnen »nicht richtig« oder »nicht normal« ist.

Eine Erzieherin spricht an, dass sie mit dem Thema »Familie« nicht klarkomme und es lieber meide. Es gebe sehr viele Kinder von Alleinerziehenden in ihrer Gruppe. Sie könne deren Situation nicht einfach als eine von vielen Familienkonstellationen behandeln, denn sie sei selbst Alleinerziehende und so unglücklich darüber, dass sie sofort anfange zu weinen, wenn das Thema darauf komme.

Das dritte Ziel, kritisches Nachdenken über Vorurteile, Einseitigkeiten und Diskriminierung anzuregen und im vierten Ziel gar das Aktivwerden dagegen zu unterstützen, erscheint pädagogischen Fachkräften spontan schwierig, denn Diskriminierung und Vorurteile waren bisher keine Kita-Themen. Für Louise Derman-Sparks sind die Ziele drei und vier die eigentlich »politischen«. Hier erst komme die klare Wertorientierung des Anti-Bias Approach zum Tragen: Unterschiede sind gut, diskriminierende Vorstellungen und Handlungsweisen sind es nicht. Respekt für die Vielfalt findet eine Grenze, wo unfaire Äußerungen und Handlungen im Spiel sind.

5. Kritisch werden gegenüber Einseitigkeiten, Vorurteilen und Diskriminierung

Ihre wachsenden kognitiven Fähigkeiten erlauben es Kindern etwa ab vier Jahren, Bilder und Verhaltensweisen als »unfair« oder »unwahr« zu erkennen, die Menschen stereotypisieren oder diskriminieren. Von Erwachsenen brauchen sie Unterstützung in Form von Beistand und sachlicher Information, wenn sie selbst diskriminiert werden. Sie müssen ausdrücken können, was es ihnen ausmacht, wenn sie gehänselt oder ausgeschlossen werden. Sie müssen dafür Worte finden. Nur dann können sie auch unfaires Verhalten gegenüber anderen als solches benennen und zurückweisen. Von Erzieherinnen und Lehrern/innen verlangt dies eine Gesprächsführung, die Kindern hilft, ihre Gefühle und Gedanken auszudrücken. Hierzu eignet sich insbesondere der Einsatz von Persona Dolls, biographischen Puppen, die eine Kindergartengruppe besuchen und von sich selbst so erzählen, dass die Kinder auch gerne von ihren Erfahrungen berichten oder ihre Gedanken und Gefühle ausdrücken (mehr dazu bei Trisha Whitney (1999) und auf www.kinderwelten.net). Und die Erwachsenen müssen in den jeweiligen Situationen mit Entschiedenheit gegen Vorurteile und Stereotype Stellung beziehen – weil sie unfair und unwahr sind.

Dafür brauchen sie eine klare Vorstellung von Gerechtigkeit. Um bei Vorurteilen und Diskriminierung eingreifen zu können, müssen sie von deren Schädlichkeit und Unrechtmäßigkeit überzeugt sein. Die kritische Auseinandersetzung mit Einseitigkeiten und Vorurteilen fordert zu einer Klärung des eigenen moralischen »Navigationssystems« auf: Welche Werte sind mir aus welchen Gründen wichtig – und wodurch werden sie verletzt? Kritisches Denken lässt die Rechtfertigungen und Abwiegelungen erkennen, mit denen man die Folgen von Diskriminierung und Unrecht abschwächen möchte – um sich das Eingreifen zu ersparen. Kinder brauchen aber Erwachsene, deren Eintreten für Gerechtigkeit deutlich erkennbar ist und die ihnen Schutz und Sicherheit zusichern.

Ein Kindergarten oder ein Schule, wo Kinder aufgrund eines bestimmten Merkmals ihrer Identität Abwertung und Ausgrenzung erfahren, ohne dass Erwachsene eingreifen und ihnen beistehen, ist kein guter Ort des Aufwachsens. Er ist es weder für die ausgegrenzten Kinder noch für die anderen. Hier zu sein, ist für die einen mit einer unmittelbaren Beeinträchtigung ihres Wohlbefindens und damit ihrer Lernmotivation verbunden. Und alle Kinder verstehen: Hier wird man nicht geschützt, von den Erwachsenen ist keine Hilfe zu erwarten. Kinder brauchen Hilfe bei Übergriffen, bei verbalen wie körperlichen Aggressionen oder anderen Einschränkungen ihres

Wohlbefindens. Ausgrenzung und Diskriminierung sind schwerwiegende Probleme, die Kinder nicht unter sich lösen können. Weist man ihre Beschwerden als »Petzen« zurück, so lässt man sie damit allein.

Während einer Radiosendung über Kinder und Vorurteile gibt es die Möglichkeit, im Studio anzurufen. Maria aus Düsseldorf, 10 Jahre alt, ruft an und klagt ihr Leid: »Immer wenn in meiner Klasse etwas wegkommt, geben sie mir die Schuld. Weil ich Polin bin. Das finde ich so gemein! Dass ich Polin bin heißt doch nicht, dass ich klaue!« Ihre Lehrerin bemerke das nicht und als sie es ihr einmal gesagt hat, habe die geantwortet, sie solle nicht petzen. Ihre Mutter sei einmal in die Schule gekommen und habe mit den anderen Kindern gesprochen. Aber nichts habe sich seither geändert. Maria wolle aber auch nicht, dass die Mutter immer wieder komme, das sei ihr peinlich vor den Klassenkameraden. »Was soll ich denn machen?« fragt sie.

Kommt es zu diskriminierenden Äußerungen und Handlungen, so müssen die Erwachsenen eingreifen. Sie sagen »Stopp« und signalisieren damit, dass sie mit solchen Formen nicht einverstanden sind. Dann wenden sie sich beiden Seiten zu. Die eine Seite braucht Trost, die andere die Erinnerung an gemeinsame moralische Normen und die Zusicherung, weiterhin dazu zu gehören. Das ist wichtig, damit Kinder für weiteres Nachdenken über Fairness offen sein können. Was war geschehen, was daran war unfair? Spielten stereotype Vorstellungen über bestimmte Gruppen eine Rolle? Oder war es ein Missverständnis? Oder etwas anderes? Das kann man so schnell nicht beurteilen und schon gar nicht, wenn man aufgeregt ist. Dem unmittelbaren Intervenieren müssen weitere Möglichkeiten folgen, um über den Vorgang und das Thema in Ruhe ins Gespräch zu kommen.

Was beim Umgang mit diskriminierenden Verhaltensweisen zu beachten ist:

Nicht ignorieren. *»Es wird schon von alleine vorbeigehen, wenn ich nicht darauf eingehe.« Diese Position enthält demjenigen Schutz und Unterstützung vor, der diskriminiert wurde und gibt die Botschaft, dass es erlaubt ist, sich diskriminierend zu verhalten. Diese Position trägt dazu bei, dass die Lernumgebung der Kinder unsicher ist.*

»Wenn ich darauf eingehe, wird's nur noch schlimmer«. Natürlich testen einige Kinder diese Grenzen aus, wie andere auch. Wir würden jedoch niemals Kinder weiterhin Bauklötze oder Sand auf andere werfen lassen, weil wir befürchten, unsere Intervention würde das Verhalten verschlimmern. Wir handeln und verdeutlichen damit unsere Regeln.

Nicht entschuldigen. *Äußerungen wie »Johnny meinte es nicht so, als er sagte, Susan dürfe nicht mitspielen« oder »Johnny hat eine schwierige Sozialisation, lass uns nicht auf seine Bemerkung eingehen« entschuldigen diskriminierendes Verhalten. Und wenn man sagt »Susan machte die Äußerung von Johnny nichts aus, sie ging einfach weiter« trivialisiert man die Gefühle des ausgeschlossenen Kindes. Entschul-*

digungen vermitteln dem einen Kind, dass es ok ist, jemanden zu verletzen und dem anderen, dass es keinen Schutz vor unterdrückerischem Verhalten erwarten kann. Nicht gelähmt sein vor Angst. *Einen Fehler zu machen ist weniger schlimm als überhaupt nicht zu handeln. Du kannst immer erneut auf ein Kind zugehen und etwas anderes sagen oder tun, wenn du nach einiger Überlegung findest, deine Reaktion war nicht korrekt. Wenn du nicht in der Lage warst, gleich einzugreifen, dann überlege dir jedoch unbedingt, wie du etwas später darauf eingehen kannst und gehe auf die Kinder zu, die an dem Vorfall beteiligt waren.* (Derman-Sparks 1989, 73. Übersetzung aus dem Englischen von Petra Wagner).

Die Kommunikation in der Einrichtung und die Lernumgebung müssen immer wieder genau überprüft und untersucht werden: Ist das fair? Ist das gerecht? Entspricht das der Wahrheit oder ist es eine Verzerrung, um sich über Menschen lustig zu machen? Wie steht es um unsere Bücher? Finden hier alle Kinder Identifikationsangebote? Welche Erfahrungen und äußeren Merkmale tauchen auf, welche nicht? Was zeigen die Wanddekorationen in unserem Raum, spiegeln sie die Vielfalt unserer Erfahrungen und äußeren Merkmale wider? Die Spiele und Arbeitsmaterialien? Gibt es Einseitigkeiten in der Verkleidungsecke, etwa zu wenige Kleidungsstücke für »männliche« Rollen? Die Lernumgebung wird entsprechend verändert: Stereotype und einseitige Darstellungen von Menschen werden aussortiert, die Ausstattung wird um fehlende Aspekte von Vielfalt ergänzt. Darüber mit den Kindern im Gespräch zu bleiben, schärft ihre kritische Wahrnehmung und Urteilsfähigkeit.

Das vierte Ziel fordert dazu auf, auch über die Wände des Gruppenraumes hinaus aktiv zu werden. Kinder müssen die Erfahrung machen können, dass es sich lohnt, kritisch zu sein und konkrete Aktionen gegen Ungerechtigkeit zu unternehmen. Dies sei wesentlich für den Anti-Bias-Approach, so Louise Derman-Sparks. Hierin unterscheide er sich deutlich von anderen Ansätzen interkultureller Erziehung, und gleichzeitig sei dieses Ziel nach Aussagen von Erzieherinnen am schwersten zu realisieren (2001, 14 u. 21). Hier ist die Gefahr groß, dass Standpunkte und Ehrgeiz der Erwachsenen dominieren und sie darüber das Ziel der Aktionen aus den Augen verlieren: Die Stärkung der Kinder (»empowerment«), indem sie sich als fähig und solidarisch mit anderen erleben, weil sie sich gemeinsam für eine Sache einsetzen – und vielleicht auch etwas erreichen, wie in diesem Beispiel:

In einer Kindergruppe wird die Aufschrift »hautfarben« auf der Pflasterpackung zum Thema. »Was bedeutet das, was glaubt ihr?« fragt die Erzieherin. Dass dieses Pflaster zur Hautfarbe passt, meinen die Kinder. Es folgt eine kleine Untersuchung: Kinder vergleichen die Pflasterfarbe mit ihrer Hautfarbe, zuerst in der Gruppe, dann bei Kindern auf dem Schulhof, dann auch in ihren Familien. Sie stellen fest, dass die

Bezeichnung »hautfarben« nicht korrekt und außerdem unfair ist, weil die meisten Kinder und Erwachsenen eine andere Hautfarbe haben. Sie schreiben dem Pflasterhersteller einen Brief und erhalten als Antwort eine Paket mit durchsichtigen Pflastern. Die Kinder sind erfreut, diese Pflaster finden sie fair! (berichtet in Derman-Sparks 1998, 11).

Literatur

Boekel, Jolande van (2004): »Hört ihr die Kinder sprechen? Eine Ethnographie kindlicher Sprachkultur«. Unveröffentlichte Magisterarbeit im Fach Ethnologie an der FU Berlin.

Derman-Sparks, Louise (1998): »Education without prejudice« – Goals and Principles of Practice. Vortrag in Irland. Unveröffentlichtes Manuskript.

Derman-Sparks, Louise (2001): Culturally Relevant Anti-Bias-Education with Young Children. Unveröffentlichtes Manuskript.

Derman-Sparks, Louise / A.B.C. Task Force (1989): Anti-Bias Curriculum. Tools for Empowering Young Children. NAEYC: Washington, D. C.

Konsortium Bildungsberichterstattung (Hrsg.) (2006): Bildung in Deutschland. Ein indikatorengestützter Bericht mit einer Analyse zu Bildung und Migration. Bielefeld. Als Download unter URL: www.bildungsbericht.de

Preissing, Christa / Wagner, Petra (Hrsg.) (2003): Kleine Kinder, keine Vorurteile? Interkulturelle und vorurteilsbewusste Arbeit in Kindertageseinrichtungen. Freiburg.

Scholz, Gerold (2003): Gesellschaftliches Lernen in der Grundschule – Wider das Verschwinden der politischen Bildung. In: Burk, Karlheinz/Speck-Hamdan, Angelika/Wedekind, Hartmut (Hrsg): Kinder beteiligen – Demokratie lernen? Beiträge zur Reform der Grundschule. Frankfurt a. M., S. 39–53.

Wagner, Petra / Hahn, Stefani / Enßlin, Ute (Hrsg.) (2006): Macker, Zicke, Trampeltier ... Vorurteilsbewusste Bildung und Erziehung in Kindertageseinrichtungen. Handbuch für die Fortbildung. Berlin.

Whitney, Trisha (1999): Kids Like Us – Using Persona Dolls in the Classroom. Readleaf Press.

C. Zugangsweisen und Praxisbeispiele

Georg Weißeno / Gérald Schlemminger / Anke Götzmann

»Ein Factory Outlet Center für Roppenheim« – Konzeptuelles Wissen über Politik im muttersprachlichen und bilingualen Sachunterricht

1. Ziele der Unterrichtseinheit

Die Unterrichtseinheit »Brauchen wir ein Markendorf in Roppenheim?« beschäftigt sich mit ökonomischen und politischen Grundlagen des Zusammenlebens. Sie behandelt ein komplexes Themenfeld, das am Oberrhein öffentlich diskutiert wird und den Schülern/innen – auch schon in der Grundschule – reale Handlungsmöglichkeiten zur Gestaltung ihres eigenen Lebens und Lernens bietet. Sie setzen sich mit der politischen Grundordnung einer Gemeinde und ihren Interessenkonflikten, der Funktion von Konsumgütern, der ökologischen und ökonomischen Dimension des Konsumprozesses sowie der Bedeutung von Arbeit auseinander. Die Unterrichtsreihe, aus der hier nur die Materialien für zwei Unterrichtsstunden vorgestellt werden können, existiert für den Sachunterricht und ist inhaltsgleich für den bilingualen Sachfachunterricht in Französisch für die vierte Klasse entwickelt und erprobt worden.

Folgende *Kompetenzen* können die Grundschüler/innen im muttersprachlichen Unterricht unter anderem erwerben:
- Meinungen anderer abwägen sowie die eigene Meinung begründen.
- Verantwortung für sich, die Gemeinde und die Grenzregion praktizieren.
- Medienbotschaften verstehen und sachgerecht nutzen.
- Wichtige Zusammenhänge in den Bereichen Arbeit und Produktion kennen.
- Ökonomische Grundlagen des Zusammenlebens verstehen.

Folgende *Inhalte* stehen im Zentrum der muttersprachlichen Unterrichtsreihe:
- Demokratische Beteiligungsformen, Regeln, Konfliktlösungsstrategien.
- Kinder in Europa, in Deutschland.
- Demokratische Beteiligung.
- Nachdenken über Kaufverhalten.

- Kennenlernen von ökonomischen und politischen Verbindungen zu anderen Ländern.
- Verkehrswege als Verbindung und Grenze.

Folgende *problemlösende Kompetenzen* werden besonders gefordert:
- Argumentieren und begründen lernen.
- Informationen sammeln und auswerten.
- Politische Urteile bilden.
- Eine Rede halten.
- Preise berechnen.

2. Hintergründe und Zusammenhang der Unterrichtsreihe

Im Zuge der Zunahme von Factory Outlet Centern (FOC) in ganz Deutschland stehen diverse Planungen links und rechts des Rheins zur Diskussion an. Mehrere Investoren suchten seit 2000 nach geeigneten Standorten auf beiden Seiten des Rheins. Es liefen Verhandlungen mit mehreren Gemeinden in der Grenzregion des Oberrheins. Potentielle Standorte auf badischer Seite waren der Baden-Airpark in Söllingen, Baden-Baden-Oos, Rheinstetten sowie Wörth, wobei Wörth und Rheinstetten aus unterschiedlichen Gründen recht früh aus der Standortplanung ausschieden. Auf elsässischer Seite standen Scheibenhard und Roppenheim zur Disposition. Da sich bereits ein Investor für den Standort Baden-Airpark gefunden hatte (BAA/ MacArthurGlenn) und sich erste Gegner auf elsässischer Seite formierten, wurden die Chancen für ein FOC auf französischer Seite zunächst als recht gering eingestuft.

Auf landespolitischer Ebene herrschte allerdings Uneinigkeit bezüglich der Standortfrage. Während der damalige baden-württembergische Ministerpräsident Erwin Teufel (CDU) generell gegen ein Outlet Center in Baden-Baden votierte, stand Walter Döring (FDP) einem zur Ansiedlung benötigten Raumordnungsverfahren offen gegenüber. Der baden-württembergische Landtag betonte, dass Ansiedlungen von Factory Outlet Centern generell die Ausnahme bleiben sollten. Auch das grenzüberschreitende Gremium Oberrheinrat forderte, dass künftige Projekte für Factory Outlet Center in Grenznähe künftig besser abgestimmt werden sollten.

Im März 2001 meldete Jean Lorentz (Vorsitzender des Gemeindesyndikats Uffried, ein Zusammenschluss von neun Ortschaften im elsässischen Oberrhein und Initiator des Projekts), dass sich für Roppenheim ein britischer Investor (Freeport Leisure) gefunden habe und der Vorvertrag bereits unterschrieben sei. Zeitgleich wurden auf deutscher Seite auch die Verhandlungen für das Outlet Center im Baden-Airpark vorangetrieben. Zu Jahresbeginn 2002 erteilte das Regierungspräsidium Karlsruhe dem Projekt auf dem Baden-Airpark eine klare Absage; gleiches galt für das Projekt in Scheibenhard durch die ›Commission Départementale d'Équipement Commercial‹ (CDEC). Nachdem sich auch der Investor des Outlet Centers in Roppenheim zunächst zurückgezogen hatte, wurde dies als Sieg für die deutsch-französische Zusammenarbeit gewertet.

Im Sommer 2003 beantragte der Investor noch einmal eine Genehmigung für den Bau eines FOCs in Roppenheim und setzte somit das Verfahren wieder in Gang. 2004 lehnte das Regierungspräsidium Karlsruhe ein Projekt auf deutscher Seite erneut ab, betonte jedoch, dass bei einer Zusage im Elsass eine dauerhafte Ablehnung des Vorhabens auf dem Baden-Airpark nicht mehr gewährleistet werden könne. Auch das Projekt in Roppenheim wurde (neben der regionalen französischen Industrie- und Handelskammer und anderen Institutionen) auch durch die ›Commission Départementale d'Équipement Commercial‹ (CDEC) abgelehnt. Die nationale Instanz ›Commission Nationale d'Équipement Commercial‹ (CNEC) erteilte aber gegen das Veto der Präfektur (vergleichbar dem Regierungspräsidenten) ihre Zustimmung. Daraufhin riefen die Opponenten den ›Conseil d'État‹ an, um das FOC-Projekt zu Fall zu bringen. Proteste, vor allem auf deutscher Seite, weiteten sich bis auf die nationale Ebene aus. Im April 2006 wies der ›Conseil d'État‹ den Einspruch der Gegner zurück. Der Investor wartet jetzt auf die Genehmigung für den Baubeginn durch das Gemeindesyndikat. Nun soll das FOC 2008 eröffnet werden.

3. Fachliches Lernen im muttersprachlichen Unterricht

Diese politisch und grenzübergreifend sehr komplexe Situation muss nun didaktisch so aufbereitet werden, dass sie Grundschüler/innen verstehen und annehmen können. Die vorzustellende Sequenz aus der Unterrichtsreihe beschränkt sich auf drei Positionsträger bzw. gesellschaftliche Akteure: a) die Bürgermeister von Iffezheim (deutsche Seite) und Roppenheim (französische Seite), b) die Händler und c) die Konsumenten. Über diese Rollen sollen sich die Schüler/innen eine Vorstellung von den Abläufen politischer Prozesse erarbeiten. Dabei lernen sie implizit die Möglichkeiten und Grenzen eines Bürgermeisters bei der Gestaltung des öffentlichen Lebens kennen. Politisches Lernen wird kein reines Auswendiglernen von Wörtern, sondern beinhaltet das Umgehen mit den Sonderinteressen der Händler und Konsumenten im Sinne eines Gemeinwohls. Die Kinder erfahren den Unterschied zwischen den Interessen der Allgemeinheit und einzelnen Sonderinteressen (s. Götzmann 2007). Die politische Entscheidung, ein FOC anzusiedeln, muss allen zugute kommen. Das Rollenspiel unterstützt die Schüler/innen dabei, ihr naives Konzept von Gemeinwohl weiter zu entwickeln. »Die Kinder müssen über ein Konzept von Gemeinwohl verfügen, um zwischen den Interessen der Allgemeinheit und den Interessen des Einzelnen unterscheiden zu können. Dann kann eine Zuordnung getroffen werden, ob einzelne Probleme/Sachverhalte politisch sind oder nicht« (Götzmann 2007).

Grundschüler/innen können in der Regel schon Rollen übernehmen. Im Unterrichtsalltag sind Rollenspiele verbreitet, in denen sie Rollen aus ihrer Lebenswelt, z. B. die der Mutter, des Vaters oder eines Lehrers übernehmen. Dies ist aber auch für institutionelle Rollen jederzeit möglich, die strategisches Denken und Argumentieren erfordern. Ziel dieser Einheit ist es nun, die Schüler/innen von einer personenbezogenen Argumentation hinzuführen zum Vertreten von politisch motivierten Positionen in einem konkreten Fall – dem Aufbau eines Factory Outlet Centers im französischen Roppenheim. Es gibt verschiedene Belege, dass Grundschüler/innen argumentieren können (vgl. Ludwig/Spinner 2000). Im Sprachunterricht kann das Argumentieren auch in der Grundschule angesprochen werden, ohne gleich das »Erörterungsschema mit einer Pro-Contra-Systematik« (Feilke 2003, 188) anzusteuern. Beschreiben, informieren, appellieren oder argumentieren sind sprachliche Alltagshandlungen, die schon früh mündlich und schriftlich geübt werden können. »Die traditionelle Aufsatzpraxis lässt dieses Können aber meist links liegen und fördert es nicht, was möglicherweise die oft unzureichenden Schreibergebnisse der Sekundarstufe mit erklärt« (Risel 2007).

Dieser Fall des FOC ruft widersprüchliche Positionen hervor, und es bedarf eines öffentlichen Aushandlungsprozesses. In der Unterrichtsreihe wird der Fall gleichsam zu einer Anwendungssituation, in der die Schüler/innen die Entwicklung von Argumentationsketten durch die Verwendung folgender politischer Fachkonzepte lernen: Arbeitsmarkt, Arbeitslosigkeit, Bürgermeister/in, Gemeinderat, Grenze, Händler, Konkurrenz/Wettbewerb, Konsument, Markendorf (Factory Outlet Center), Parteien, Steuern, Verkehrsaufkommen, Verlust.

Diese Konzepte werden zu Beginn der Unterrichtseinheit im Rahmen einer kurzen Erzählhandlung situativ vorgestellt: Florian kommt aus der Schule und berichtet seinem Vater, dass auf der anderen Seite des Rheins ein Markendorf gebaut werden soll, und zeigt dabei die Vorteile auf: gute Markenware, die billig sein wird; Bekannte sprechen davon, dass Arbeitsplätze geschaffen werden usw. Der Vater versucht nun, dieses enthusiastische Bild etwas zurecht zu rücken, indem er auf mögliche Nachteile hinweist.

Die Schüler/innen erhalten im Verlauf der folgenden Stunden weitere Informationen zu den eingeführten Fachkonzepten. Die unterschiedlichen handlungsorientierten Methoden (Gruppenarbeit, Diskussion usw.) schaffen Anwendungssituationen (u. a. Informationen aus argumentativen Texten entnehmen), die den sukzessiven Erwerb der Merkmale der Fachkonzepte ermöglichen. Die Schüler/innen bauen somit immer mehr Bedeutungsschichten (Wissen) zu den Fachkonzepten auf. Sie werden dann durch die anschließende Reflexion ihrer jeweils gemachten Erfahrungen und Überlegungen zu bedeutungsbezogenen Wissensrepräsentationen geführt. Dabei lernen sie die wichtigen Beziehungen zwischen den Inhaltselementen kennen. Durch die Vielzahl der im Verlauf der Unterrichtseinheit produzierten Antworten wird die individuelle Konzeptualisierung unterstützt. Die Schüler/innen wenden die Fachkonzepte in unterschiedlichen Perspektiven an und üben dabei die fachlich richtige Nutzung. Auf diese Weise wird das so genannte konzeptuelle Wissen zu den Fachbegriffen allmählich aufgebaut. Die Schüler/innen können dieses Wissen über die Fachkonzepte für eigene Schlussfolgerungen nutzen. Das Ergebnis dieses Lernprozesses wird methodisch abschließend noch einmal in einem Rollenspiel realisiert.

4. Beispiel einer Umsetzung

Das hier vorzustellende kleine Rollenspiel findet in der sechsten Stunde der Unterrichtseinheit statt. Anhand der Karte (M 1) kennen die Schüler/innen schon die Lage der Nachbargemeinden und die Verkehrssituation im deutsch-französischen Grenzgebiet. Die Zeitungsausschnitte (M 2) sind bereits erschlossen. Die Auswahl dient hier der Veranschaulichung eines Teils des Wissens der Schüler/innen. Sie spiegelt die unterschiedlichen Positionen der Akteure wider und ist der Argumentehaushalt, den die Schüler/innen für das Rollenspiel nutzen können. Um das Argumentieren und Position-Beziehen zu üben, sind Arbeitsblätter (M 3) zur Begründung der Positionen vorgesehen. Die Schüler/innen beantworten nicht allein die Frage ›Was ist ein Bürgermeister?‹, sondern untersuchen gleichzeitig den Aspekt ›Warum befürwortet der Bürgermeister das Projekt?‹. Solche ›Warum-Fragen‹ werden im alltäglichen Unterricht oft vernachlässigt, sind aber zur Vorbereitung des geplanten Rollenspiels unbedingt erforderlich.

Sie führen zur Beschreibung der unterschiedlichen Positionen der Akteure und fordern von den Beteiligten Konzeptualisierungsprozesse. Die

Schüler/innen sollen nicht nur wissen, dass ein Arbeitsplatz im Markendorf drei andere im Handel vernichtet, sondern diesen Aspekt auch in einer Anwendungssituation nutzen, indem sie ihn zusätzlich als strategisch einzusetzendes Argument verstehen. Solche Muster sind typisch für den politischen Prozess und auch den Schülern/innen bereits bekannt. Die Politik hat die Aufgabe, das strategische Handeln der Interessengruppen zu moderieren und im Sinne des Gemeinwohls zu entscheiden. Dieser Aufgabe müssen im Gegensatz zu Händlern und Konsumenten die Bürgermeister gerecht werden. Der Ausdifferenzierung und dem Denken im europäischen Kontext dient es, dass die Situation in Frankreich und Deutschland zum Teil anders interpretiert wird.

Das vorliegende Rollenspiel ›Eine Rede als Bürgermeister halten‹ dient in der Reihe dazu, ein weiteres Rollenspiel mit mehreren Akteuren auf beiden Seiten des Rheins vorzubereiten. Erst danach müssen sich die Bürgermeister in einem Gasthaus direkt mit den Interessengruppen beschäftigen. Um die Rede sprachlich bewältigen zu können, ist zusätzlich eine Reihe von Redewendungen erforderlich, die im öffentlichen Leben benutzt werden (M 4). Die Aufgaben der Bürgermeister sind in M 5 konkretisiert. Im Unterricht können mehrere Schüler/innen die Rede nacheinander halten, damit ein Vergleichshorizont für die individuellen Konzeptualisierungen der Zuhörer aufgebaut wird. In der Rede müssen die zuvor erarbeiteten Fachkonzepte benutzt werden. Als Qualitätskriterium für die Schülerlösung gilt, dass die Fachkonzepte nicht nur aufgezählt, sondern in der Situation erläutert und situiert werden. Je mehr solcher Argumentationssätze pro Fachkonzept gelingen, desto besser ist die Leistung.

5. Fachliches Lernen im bilingualen Politikunterricht an einem ausgewählten Beispiel

Diese Unterrichtseinheit ist auch in französischer Sprache für den bilingualen Unterricht in der Grundschule entwickelt worden. Aufgrund des inhaltlichen Anspruchsniveaus ist es durchaus möglich, diese französische Unterrichtseinheit in der Mittelstufe nach drei bis vier Jahren herkömmlichen Fremdsprachenunterrichts einzusetzen. Unter bilingualem Unterricht verstehen wir in diesem Fall Klassen, die nach dem paritätischem System arbeiten (jeweils 13 Wochenstunden auf Deutsch und Französisch) und in denen Schüler/innen mit Deutsch als Erstsprache und keinen oder nur wenigen Französischkenntnissen unterrichtet werden. Ziel des bilingualen Unterrichts ist es primär, Sachfachinhalte (in der Didaktik bilingualen Lehrens und Lernens Bezeichnung für Fachkonzepte und/oder Fachwissen) ausgewählter Fächer oder Sachbereiche in der Zielsprache zu vermitteln. Auch wenn der Unterricht in der Zielsprache stattfindet, so können die Schüler/innen doch auf ihre Erstsprache zurückgreifen.

Da die Schüler/innen im Französischen noch nicht die gleiche Sprach- und Diskurskompetenz wie in der Erstsprache aufweisen, müssen in der Didaktisierung der Fachinhalte und in der didaktischen Reduzierung besondere methodische Schritte eingeführt werden, um die Konzeptbildung zu stützen:

1. Verstärkter Einsatz der nonverbal-gegenständlichen sowie der bildlich-anschaulichen Ebene bei der Semantisierung von Begriffen und Konzepten,
2. Unterstützung der verbalsprachlichen Ausdrucksebene durch Bereitstellung entsprechender alltagsprachlicher Redemittel,
3. handlungsorientierte Bearbeitung beim Aufbau von neuem Wissen,
4. kleinschrittigeres Vorgehen in der Konzeptentwicklung und im Aufbau von Argumentationsketten,
5. Bereitstellung eines zweisprachigen Fachglossars, um auch die Verankerung der Konzepte in der Erstsprache sicher zu stellen.

Es ist ein weit verbreiteter Irrtum anzunehmen, im schulischen Bereich bereite das domänenspezifische Fachvokabular sprachlich oder kognitiv eine besondere Schwierigkeit. In unserem Fall werden in etwa zehn Unterrichtsstunden 13 neue Konzepte eingeführt. Die didaktisch-pädagogische Herausforderung stellt die angemessene Kontextualisierung in Anwendungssituationen dar, um ein so genanntes Etikettenlernen zu vermeiden.

Auf einen Ausschnitt aus der vorliegenden Unterrichtseinheit bezogen, heißt dies z. B. konkret, dass im Vergleich zum deutschen Material Nr. 3 »Was sagt der Bürgermeister von Iffezheim? Warum sagt er das?« im Französischen die Inhalte vorab (Arbeitsblatt hier nicht abgedruckt) erarbeitet werden. Hier wird ausführlich zwischen subjektiven Meinungen von Personen und Argumenten politischer Akteure unterschieden. Im französischen Arbeitsblatt (M 6) zur Entwicklung der Rede des Bürgermeisters werden nur die Redemittel aufgelistet. Sie sind den Schülern/innen der Bilingualklasse mehr oder weniger geläufig, müssen aber noch einmal explizit gemacht werden. Beim inhaltlichen Aufbau der Argumente werden die Schüler/innen dann aufgefordert, auf die Arbeitsblätter zurückzugreifen. Dieses Verfahren vermeidet eine Überfrachtung, in diesem Fall eine gleichzeitige Erarbeitung von inhaltlicher und sprachlicher Ebene bei der Erstellung der Bürgermeisterrede.

6. Unterrichtsmaterialien

M 1: Landkarte Roppenheim

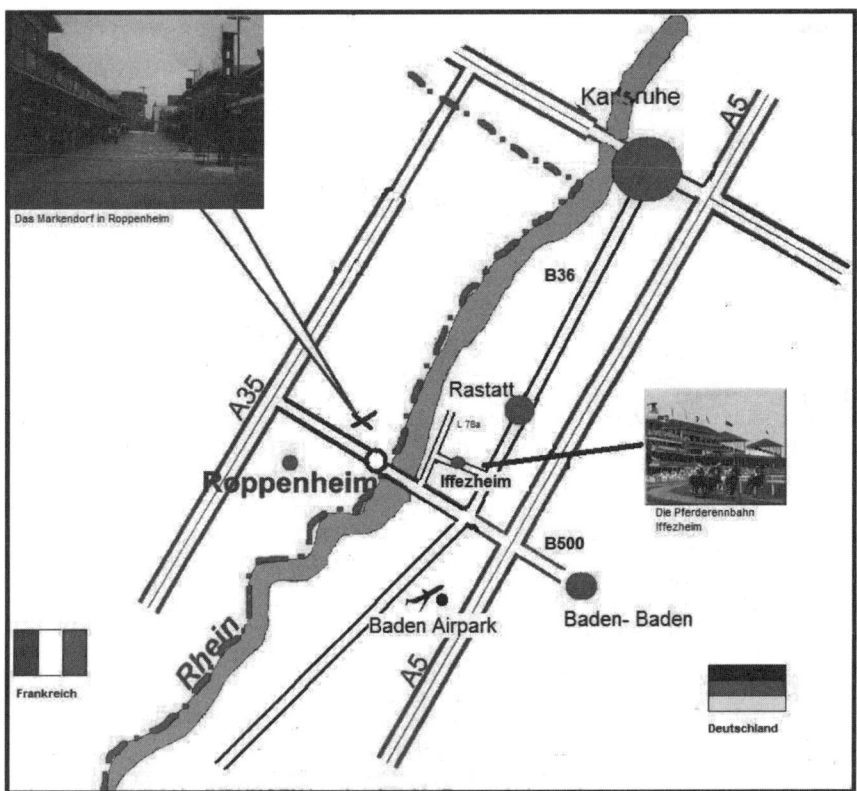

M 2: Zeitungsartikel für die Bürgermeister aus Iffezheim und Roppenheim

Baden gegen Markendorf im Elsass

Durch den geplanten Bau von so genannten Factory-Outlet-Centern (FOC) im Elsass droht ein deutsch-französischer Konflikt.

Die »deutsche Rheinseite« befürchtet hohe Verluste bei den Geschäftsleuten.

Nach BNN 22.12.01

Starke Verluste durch Markendorf im Elsass

Der geplante Bau eines Markendorfs in Roppenheim stößt auf immer mehr Kritik. »Das Projekt wird weitaus mehr Arbeitsplätze vernichten als schaffen. Auf dem Arbeitsmarkt gibt es schon genug Arbeitslose«, sagen auch die Bürgermeister aus Baden.

Nach BNN 09.12.03

Roppenheimer Markendorf soll wie Kleinstadt wirken

An die Bewohner von Roppenheim wurde ein Brief verschickt, der die Vorteile dieser Nachbarschaft hervorhebt: Die Gemeinde Roppenheim könnte jährlich etwa eine halbe Million Euro Gewerbesteuer kassieren.

Der Bürgermeister erhofft sich dadurch Mehreinnamen für die Gemeinde, um sie zu verschönern und die Sportvereine zu unterstützen.

Nach BNN 02.07.01

Verkehrssituation

Der Gemeinderat (7 Sitze CDU, 4 Sitze Freie Wähler Gemeinschaft, 3 Sitze SPD) spricht sich einstimmig gegen das Markendorf in Roppenheim aus. Otto Himpel (CDU), Bürgermeister von Iffezheim sagte: »Problematisch ist jedoch die Verkehrssituation. Schon jetzt hat die B 500 ein höheres Verkehrsaufkommen als manche Autobahn. Weitere Lärmbelastung entsteht, da viele Fahrzeuge auf die B 36 ausweichen würden. Einzig eine direkte Zufahrt zur Bundesautobahn kann da abhelfen.« Er folgt den Forderungen der Bürger, die in einer ruhigen Gemeinde leben wollen.

Nach www.iffze.de 23.07.01

Roppenheim

Im Markendorf sind Geschäfte, die ihre Lagerbestände zu günstigen Preisen verkaufen.

»Es wird mehr als 600 Arbeitsplätze schaffen. Der französische Arbeitsmarkt wird entlastet«, sagt Gilbert Rinckel, Bürgermeister von Roppenheim. Der Gemeinderat von Roppenheim unterstützt deshalb das Projekt.

Übersetzt nach DNA 26.11.03

»Wir bauen keine Rennbahn nach Roppenheim«

Immer mehr Flugpassagiere fahren über Iffezheim zum Baden-Airport. Sie benutzen die Strecke, die auch zum Markendorf – Gelände führt.

Doch dem bekämpften Projekt auf elsässischer Seite zu helfen, kommt für Iffezheim nicht in Frage. »Keiner kann von uns erwarten, dass wir eine Rennbahn nach Roppenheim bauen«, sagt der Bürgermeister von Iffezheim.

Nach BNN 27.11.04

M 3: Arbeitsblätter (ohne Inhalt oder teilweise ausgefüllt)

Was sagt der Bürgermeister von Iffezheim?   Warum sagt er das?

WAS?	WARUM?
Zu hohes Verkehrsaufkommen	Weil er für die Bürger eine ruhige Gemeinde möchte. Weil der Gemeinderat dagegen ist.
Keine neue Straße für Roppenheim	Weil die Bauern Land abgeben müssen. Weil der Verkehr näher an die Gemeinde kommt.
Mehr Arbeitsplätze vernichtet als geschaffen	Weil die Konsumenten weniger in Iffezheim kaufen.
Hohe Verluste bei den Händlern	Weil die Gemeinde weniger Steuern einnimmt, da die Geschäfte weniger verkaufen.

Was sagt der Bürgermeister von Roppenheim?   Warum sagt er das?

WAS?	WARUM?
Eine halbe Million Steuer für Roppenheim	Weil das Dorf schöner werden soll. Weil der Bürgermeister damit die Sportvereine unterstützen will. Weil die Händler viel verkaufen. Weil der Gemeinderat dafür ist.
Mehr als 600 neue Arbeitsplätze	Weil viele neue Geschäfte entstehen. Weil der französische Arbeitsmarkt entlastet wird.
Markendorf soll wie kleine Stadt wirken	Weil hierdurch Interessenten für neue Geschäfte angelockt werden. Weil damit der Wettbewerb gefördert wird.

M 4: Wie halte ich eine gute Rede als Bürgermeister oder Bürgermeisterin?

Verwendet nacheinander die Bausteine!

Baustein 1

Zu Beginn der Rede kannst du Folgendes sagen:
- Liebe Gemeinderäte von Roppenheim/Iffezheim
- Meine Damen und Herren

- Sehr geehrte Gemeinderäte
- Liebe Mitbürgerinnen und Mitbürger

Baustein 2

Jetzt musst du aufschreiben, was der Bürgermeister sagt und warum. Schaue dir die Zeitungsnotizen an und verwende das Arbeitsblatt zur Vorbereitung.

Baustein 3

Um die Aufmerksamkeit der Zuhörer zu erhalten, kannst du folgende Sätze in die Rede einbauen:
- Ich sage das sehr ungern, weil ...
- Ich möchte betonen, dass ...
- Es scheint unglaublich, dass ...
- Es ist gut zu wissen, dass ...
- Man darf nicht vergessen, dass ...
- Mir ist es wirklich wichtig, dass ...

Baustein 4

Kurz vor dem Ende kannst du Folgendes sagen:
- Zum Schluss noch eines: ...
- Bevor ich zum Ende komme, möchte ich noch erwähnen, dass ...
- Zum Abschluss möchte ich noch sagen, dass ...

Baustein 5

Am Ende der Rede kannst du Folgendes sagen:
- Ich bedanke mich für Ihre Aufmerksamkeit.
- Vielen Dank für Ihre Geduld.
- Herzlichen Dank fürs Zuhören.

M 5: Aufgaben

Gruppe Bürgermeister Roppenheim:

Der Bürgermeister aus Roppenheim hält eine Rede vor dem Gemeinderat. Er will die Parteien davon überzeugen, ihn weiter zu unterstützen. Der Titel seiner Rede ist: »Das Markendorf: die Zukunft Roppenheims!«
Schreibt eine Rede für den Bürgermeister aus Roppenheim!
Einigt euch, wer die Rede in der nächsten Stunde vor der Klasse halten darf.

Gruppe Bürgermeister Iffezheim:

Der Bürgermeister aus Iffezheim hält eine Rede vor dem Gemeinderat. Er will die Parteien davon überzeugen, ihn weiter zu unterstützen. Der Titel seiner Rede ist: »Welche Folgen hat das Markendorf für Iffezheim?«

Schreibt eine Rede für den Bürgermeister aus Iffezheim!
Einigt euch, wer die Rede in der nächsten Stunde vor der Klasse halten darf.

M 6: Fiche de travail n° 12 a

Comment faire un discours en tant que maire?

Utilisez les carrés ci-contre:

Carré 1

Au début du discours, tu peux dire:
«Mesdames et Messieurs, en tant que maire de Roppenheim/d'Iffezheim, je vous souhaite la bienvenue!»
«Mesdames et Messieurs, je me présente, je suis le maire de Roppenheim/d'Iffezheim et je suis content de vous accueillir à _____ aujourd'hui.»

Carré 2

Tu dois présenter le sujet du discours:
«Nous sommes réunis ici pour discuter de ...»
«Aujourd'hui, j'aimerais vous parler de ...»
«J'aimerais vous parler des aspects de ...»

Carré 3

Maintenant, tu dois présenter les arguments du maire (voir Fiche de travail n 8 a et 8 b):
«Tout d'abord, il ne faut pas oublier, ...»
«Avant tout, il faut tenir compte de ...»
«Un avantage de ce projet est ....»
«Grâce à ce projet, ...»
«A travers ce projet, il est possible ...»
«En plus, ...»
«Sans oublier, ...»
«Même si ...»

Carré 4

Ensuite, tu dois donner l'opinion du maire:
«Oui, je suis d'accord.»
«Je suis de votre avis.»
«Je partage votre opinion.»
«Non, je ne suis pas d'accord.»
«Je ne partage pas votre opinion.»
«Je ne pense pas comme vous.»
«C'est faux.»

«Ce n'est pas juste.»
«C'est vrai.»
«Ce n'est pas vrai.»

Carré 5

Pour terminer le discours, le maire peut dire:
«Je vous remercie de votre attention.»
«Merci pour votre attention.»

Groupe 1: maire de Roppenheim

Le maire de Roppenheim tient un discours devant le conseil municipal.
Le sujet de son discours est: «Les avantages d'un village de magasins d'usines pour Roppenheim!»
Ecrivez un discours pour le maire de Roppenheim et choisissez un/une élève qui fait ce discours.

Groupe 2: maire d'Iffezheim

Le maire d'Iffezheim tient un discours devant le conseil municipal.
Le sujet de son discours est: «Les conséquences pour Iffezheim d'un village de magasins d'usines à Roppenheim!»
Ecrivez un discours pour le maire d'Iffezheim et choisissez un/une élève qui fait ce discours.

Literatur

Feilke, Helmuth (2003): Entwicklung schriftlich-konzeptualer Fähigkeiten. In: Bredel, Ursula u. a. (Hrsg.): Didaktik der deutschen Sprache. Ein Handbuch, Bd 1, Paderborn. S. 178–192.
Götzmann, Anke (2007): Naive Theorien zur Politik – Lernpsychologische Forschungen zum Wissen von Grundschülerinnen und -schülern. In: Richter, Dagmar (Hrsg.): Politische Bildung von Anfang an. Bonn.
Ludwig, Otto / Spinner, Kaspar (2000): Mündlich und schriftlich argumentieren. In: Praxis Deutsch, Argumentieren, (160), S. 16–22.
Risel, Heinz (2007): Weil ich mir eine neue CD kaufen will – Argumentieren in der Grundschule anbahnen. In: Praxis Grundschule, Heft 5, 2007.
Schlemminger, Gérald: Entwurf eines Karlsruher Modells zum bilingualen Lehren und Lernen. In: Timm, Johannes-Peter (Hrsg.) (2006): Fremdsprachenlernen und Fremdsprachenforschung: Kompetenzen, Standards, Lernformen, Evaluation. Festschrift für Helmut Johannes Vollmer. Tübingen, S. 159–178.

Hans-Werner Kuhn

Medien – Politische Medienkompetenzen im sozialwissenschaftlichen Sachunterricht fördern

1. Gliederungskonzept

Der folgende Beitrag ist innerhalb des Sammelbandes den »Zugangsweisen zum Politischen« zugeordnet. Dabei wird zunächst beschrieben, was unter »Medien« und »Medienkompetenzen« im sozialwissenschaftlichen Sachunterricht verstanden werden kann. Da der Titel bereits den Kompetenzbegriff enthält, werden verschiedene Anschlüsse an die aktuelle bildungspolitische Diskussion um Bildungsstandards dargestellt. Grundlage hierfür bilden neue Bildungspläne sowie neue Schulbücher. Auf dieser Folie werden dann mediendidaktische Ansätze skizziert, die die vielfältigen Möglichkeiten im Sachunterricht verdeutlichen sollen. Dabei wird es immer auch um die Frage gehen, welche politischen Implikationen Medienthemen enthalten und wie diese herausgefiltert werden können. Unter dieser didaktischen Perspektive erfolgt dann die Darstellung des medialen Spektrums, das in der Grundschule thematisiert werden kann. Medien sind dabei immer in ihrer Doppelfunktion zu sehen: als Lerngegenstand und als Unterrichtsmittel. Beides lässt sich nur bedingt trennscharf unterscheiden. Darüber hinaus werden konkrete Unterrichtsbeispiele und prägnante Aufgabenvorschläge benannt.

In einer kritischen Reflexion geht es am Ende um altersspezifische Grenzen, um unterrichtliche Erfahrungen und um potenzielle Fehlkonzepte im Lernprozess.

Mit diesem Beitrag soll ein Trend der Medien selbst unterstützt werden: nämlich die Entdeckung der Kinder als Adressaten politischen Lernens sowohl in den Printmedien als auch in den visuellen Medien (Film, Internet) (vgl. z. B. Schröder-Köpf/Brodersen 2001).

2. Empirische Befunde

Der Zusammenhang von Medien und Grundschülern wird kontrovers beurteilt. Einerseits heißt es, Medienkonsum, insbesondere Fernsehkonsum und Computerspiele, beeinträchtige die Schulleistungen – andererseits schneiden die mit Computer ausgestatteten Schülerinnen und Schüler in der PISA-Studie besser ab. So legen erste Ergebnisse einer Untersuchung mit Zehnjährigen nahe, dass intensiver Medienkonsum die Schulleistungen negativ beeinflusst (Badische Zeitung, 20. 10. 2005: »Fernsehkinder zeigen Schwächen«). Quantitativ sieht das nach empirischen Befunden bei 14- bis 18-Jährigen folgendermaßen aus: Von insgesamt sechseinhalb Stunden Freizeit nutzen Mädchen über 40 Prozent Medien, Jungen fast 50 Prozent; Lesen spielt dabei kaum eine Rolle (vgl. Badische Zeitung, 15. 2. 2005). Eine andere Sicht ergibt sich aus der neuen OECD-Studie (Ein PC kann beim Lernen helfen, in: Jugend im Dialog, 56. Jg., Nr. 7, Berlin, 13. Februar 2006. »Erfahrene Computernutzer bringen in wichtigen Schulfächern bessere Leistungen.«). Die Schülerstudie zeigt, dass Kinder in Norddeutschland mehr Zeit mit elektronischen Medien verbringen als Kinder im Süden – und dass Jungen sie viel stärker nutzen als Mädchen. Mehr als ein Drittel der Zehnjährigen hat einen Fernseher im eigenen Zimmer. Gleiches gilt für den PC. Ein Drittel mehr Jungen als Mädchen hat ein eigenes TV-Gerät, bei Spielekonsolen sind es sogar doppelt so viele. Die Ausstattung der Kinderzimmer spielt deshalb eine Rolle, weil Kinder die Medien wesentlich häufiger nutzen, wenn sie im eigenen Zimmer sind. Zehnjährige Mädchen sehen eineinhalb Stunden am Tag fern, Jungen zwei. Mit Video- und Computerspielen verbringen Jungen sogar doppelt so viel Zeit wie Mädchen. Die Schere zwischen den Geschlechtern hat sich in den vergangenen zehn Jahren immer stärker geöffnet. Diese Befunde stehen im Zusammenhang mit den Schulleistungen: Kinder, die keinen eigenen Fernseher und/oder keine Spielekonsole haben, bekamen mehr als doppelt so häufig eine Empfehlung für das Gymnasium. Allerdings stellen Medienpädagogen die Folgerungen der Studie in Frage, denn sie berücksichtigen nicht soziale Herkunft und Kontexte – etwa bei Migrantenkindern (Badische Zeitung, 20. 10. 2005). Gerade weil die empirischen Befunde in ihren Konsequenzen umstritten sind, hat die Schule – neben den Eltern – die Aufgabe, sich der Medienerziehung zuzuwenden, um Einseitigkeiten zu vermeiden.

3. Themenfeld: Medien

Als *Medien* werden sowohl die einzelnen Unterrichtsmedien als auch die publizistischen, institutionellen Massenmedien bezeichnet. Die Medienpädagogik beschäftigt sich mit dem Einfluss von Medien auf die Persönlichkeitsentwicklung sowie auf Bildungs- und Erziehungsfragen. Es lassen sich drei Wissenschaftsbereiche unterscheiden:

1. Die Erforschung der Medien in ihrer Funktion als realitätsvermittelnde und realitätstransformierende Instanzen.
2. Die Entwicklung von Konzepten zur Vermittlung der Fähigkeiten zu einem aufgeklärten und emanzipatorischen Umgang mit Medienangeboten.
3. Die Ausbildung technischer Fähigkeiten im Umgang mit Informations- und Kommunikationstechnologien, Datenbanken, Bibliotheken und AV-Medien (vgl. Steinbach 1999, 152).

Medienkompetenz als ›Kulturtechnik‹ will zum aktiven und dabei kritischen Gebrauch der Medien als Informations-, Kommunikations- und Ausdrucksmittel befähigen (ebd., 154).

Bezüge zwischen Medienpädagogik und politischer Bildung ergeben sich aus der gemeinsamen Zielsetzung, zum selbst bestimmten, eigen- und sozialverantwortlichen Handeln zu befähigen. Medien sind historisch und aktuell Sozialisationsinstanzen, die die Lebenswelt und das Politikbild von Schülerinnen und Schülern beeinflussen.

Medienkompetenz ist immer mehr zu einem notwendigen Teil der Allgemeinbildung geworden. Sie wird dabei verstanden als Kompetenz,»die Medien in ihrer Konstruktivität und in ihren Wirkungen wahrzunehmen, sie gleichzeitig genießen, kritisch beurteilen und auswählen zu können und sie aktiv, sozialverantwortlich, sachgerecht, kreativ und selbst bestimmt nutzen zu können« (vgl. Buschmeyer/Hagedorn 1998, zit. n. Buschmeyer 1999, 167).

In der Medienpädagogik liegen anspruchsvolle Konzepte zur Frage der *Medienkompetenz* (»media literacy«) (Baacke) vor. Bei Projekten, die eine aktive Medienarbeit fokussieren, werden drei Medienkompetenzattribute unterschieden, die als entscheidend für den Lernerfolg bezeichnet werden: die technisch-organisatorische Kompetenz, die Fähigkeit zur aktiven Kommunikation mit Medien und die Sensibilisierung der Wahrnehmung (vgl. Gerhold/Bornemann 2004, 18).

Der Begriff hat mittlerweile den Status einer universalen Basisqualifikation erreicht.

Baacke nennt als Dimensionen der Medienkompetenz die Medien-Kritik, die Medien-Kunde, die Medien-Nutzung sowie die Mediengestaltung (vgl. Hagedorn 1999, 170).

In der Diskussion um Medien in der Bildung hat sich ein weites Verständnis durchgesetzt, das von der instrumentell-technischen Anwendung von Medien über deren kritische Reflexion bis hin zur kreativen Medienproduktion und politisch motivierten Partizipation an und in Medieneinrichtungen reicht (vgl. ebd., 171).

4. Standards und Kompetenzen

Im »Perspektivrahmen Sachunterricht« (GDSU 2002) wird nicht explizit von Medienkompetenz gesprochen. Allerdings sind in der didaktischen Konzeption ebenso wie in den Kompetenzen vielfältige Implikationen erkennbar, die sich mit Medien und Medienkompetenz verbinden lassen. Prinzipiell geht es darum, Schülerinnen und Schüler dabei zu unterstützen, sich in ihrer Umwelt zurechtzufinden, diese angemessen zu verstehen und mitzugestalten (GDSU 2002, 2). Die Verfasser weisen darauf hin, dass die Lernfähigkeit von Grundschulkindern häufig unterschätzt werde. Dies trifft auch auf die Thematisierung von Medien zu. Gefordert wird die Auseinandersetzung mit der Qualität des Wissens: »Wie lässt sich das, was man selbst und was andere wissen, prüfen und nutzen?« (ebd.) Insbesondere die sozial- und kulturwissenschaftliche Perspektive berücksichtigt entsprechende Kompetenzen: »Kompetent sein‹ heißt, kompetent für etwas zu sein« (ebd., 4). Kompetenzen als »Könnensziele« zeigen sich in Lernfortschritten bei der Bewältigung von Anwendungs- und Gestaltungsaufgaben. »Kompetenzen umfassen neben Sach- und Faktenwissen (deklaratives Wissen) auch Orientierungswissen, verfahrensbezogene Fähigkeiten und Fertigkeiten (prozedurales Wissen) sowie Wissen, das der Kontrolle und Steuerung von Lern- und Denkprozessen zugrunde liegt (metakognitives Wissen). Sie zielen damit, über den bloßen Erwerb von Kenntnissen und Fertigkeiten hinaus, auf die Förderung des Verstehens« (GDSU 2002, 4).

Dieses Kompetenzmodell soll im Folgenden am Themenfeld »Medien« konkretisiert werden. Im Zusammenhang mit dem Erarbeiten elementarer Methoden wird auch das Beschaffen von Informationen genannt. Explizit werden Medien lediglich in der Beschreibung des Bildungspotenzials der sozial- und kulturwissenschaftlichen Perspektive genannt: Um diese Perspektive zu verstehen, richte sich das Lernen der Kinder unter anderem auf das »Erfassen kultureller (auch medialer) Rekonstruktion von Wirklichkeit« (GDSU 2002, 6). Auch wenn als Inhalt die »Aktualität in der öffentlichen Diskussion« (ebd., 11) genannt wird, fehlt der Medienbezug. Allerdings sind die aufgeführten methodischen Kompetenzen eng mit medienspezifischen Arbeitsweisen verknüpft:
– Partizipation üben;
– Kulturelle und physische Verschiedenheit respektieren (…);
– Argumentieren lernen;
– Informationen sammeln und auswerten;
– Meinungen bilden;
– Problemlösungen entwerfen und aushandeln;

- Erkundungen vorbereiten, durchführen und auswerten;
- Dokumentieren;
- Fallbeispiele darlegen (GDSU 2002, 12).

In den Vorschlägen zur Evaluation dieser Kompetenzen findet sich der folgende Hinweis: »Kinder suchen am Ende von vier Jahren Sachunterricht eigenständig Informationen zu Sachverhalten in der sozialen, kulturellen und natürlichen Umwelt durch Fragen an Gleichaltrige und Erwachsene, durch Recherchieren und Nachlesen in Büchern und anderen Texten und durch die Nutzung elektronischer Medien« (GDSU 2002, 24). Auch die Bearbeitung von sozialen und politischen Konflikten bezieht sich auf mediale Vorkenntnisse: »wenn sie von Konflikten lesen oder in den Medien hören und sehen« (ebd.). Zur Evaluation zählt auch, dass die Kinder eine Fragehaltung entwickeln. Diese können sie bei der »Aushandlung von Meinungen in der Klasse, beim Beobachten von Situationen im Gemeinwesen, beim Ansehen von Fernsehsendungen demonstrieren« (ebd.).

Ludwig Duncker hat auf den wechselseitigen Zusammenhang von »Didaktik und Journalismus« (2003) aufmerksam gemacht. In seinem Beitrag verdeutlicht er die engen Beziehungen zum politischen Lernen, insbesondere verbindet sie eine »aufklärerische Absicht« (Duncker 2003, 12). Journalismus und Didaktik »weisen auf Dinge hin, die wichtig und relevant sind – zur Information und Meinungsbildung, zur Partizipation an Politik und Kultur, zum Anlass für Bildung.

Der Journalismus wie die Didaktik müssen [...] Themen auswählen, sie adressatengerecht aufzubereiten, eine Sache verständlich und nachvollziehbar darlegen, sie müssen die eigenen Zugangsweisen und Perspektiven offen legen. Auch müssen sie Rückmeldungen einholen über die Wirkungen, die sie erzielen. Kommunikation und Dialog, Wissen und Kritik, Standpunkt und Überzeugung sind Kategorien, die die Verwandtschaft beider Disziplinen erkennen lassen und die verdeutlichen, dass der Journalist etwas von Didaktik verstehen muss und umgekehrt der Didaktiker etwas von Journalismus« (Duncker 2003, 12–13).

Im Rollenwechsel zum Journalisten betreiben die Schüler eigene Recherchen und erfahren so die Unterscheidung von Bericht und Kommentar, von Perspektive und Sache, von Information und Meinung. »Eine relevante Fragestellung zu finden, deren Beantwortung umfassende Recherchen voraussetzt, erfordert es, *Informationen zu sammeln, zu sichten und zu bewerten und schließlich auszustellen und zu präsentieren.* Dabei wird die Genese und die Konstruktion von Wissen in einer nachvollziehbaren Weise erkennbar und darstellbar« (Duncker 2003, 13). Auf dieser grundsätzlichen Ebene stellt sich die Frage nach der Bedeutung von Wissen in der »Wissensgesellschaft«.

Es geht darum, »ein methodisches Verhältnis zur Wirklichkeit zu kultivieren« (ebd.), um Wissen zu prüfen, in seiner Genese zu rekonstruieren und seine Perspektivität zu erkennen. »Im Aufbau eines methodischen Bewusstseins werden übergreifende Fähigkeiten wie Urteilskraft, Kritikfähigkeit oder Handlungsfähigkeit kultiviert, die zu den unbestrittenen Zielen einer demokratischen Schule zählen« (ebd., 14).

Duncker nennt drei Bereiche, in denen Parallelen besonders deutlich werden: die Bündelung der Aufmerksamkeit, die Entstehung von Information und Meinung sowie die Präsentation der Ergebnisse in Wort und Bild. Alle drei Bereiche können schon im sozialwissenschaftlichen Sachunterricht angegangen werden.

In der didaktischen Legitimation politischen Lernens spielt der Lebensweltbezug eine zentrale Rolle. Medien sind Teil der kindlichen Lebenswelt. Hier erfahren die Schülerinnen und Schüler etwas über Politik, genauer: sie sind mit Politik konfrontiert. »Die ausgedehnte Berichterstattung über Vorbereitung, Verlauf und Konsequenzen des Irak-Krieges [...] ist auch von Kindern in erheblichem Maße rezipiert worden. Kinder reagieren auf solche Berichte mit einer Mischung aus Ängsten, Faszination durch Kriegstechnik, Mitleid mit den Betroffenen und Wut auf die Verantwortlichen. Dies zeigt sich in Gesprächen in den Grundschulen, dies zeigen aber auch Internetseiten, die extra dafür geschaffen wurden, dass Kinder ihre Perspektive auf den Irak-Krieg zur Geltung bringen konnten (z.B. http://www.kindersache.de/politik/default.htm?a=/politik/meinung/meinung.cgi). Beim eigens eingerichteten Zuschauertelefon des Kika (Kinderkanal) riefen während des Krieges immerhin mehr als 1000 Kinder am Tag an« (von Reeken 2003, 26).

Medien gelten als *Agenturen der politischen Sozialisation*, erste politische Orientierungen werden erworben, auch wenn die Sozialisationsforschung heute nicht mehr ihre Bedeutung überbewertet, wie dies noch in den 1970er Jahren der Fall war. In der Konsequenz heißt dies, das unverarbeitete Vorwissen durch mediale Informationen zum Gegenstand von Sachunterricht zu machen. »Kinder bringen bereits politisches Wissen aus der Familie, der Peergroup, den Medien usw. mit; dieses Wissen enthält auch ihre jeweilige spezifische Kinderperspektive auf das politische Phänomen« (ebd., 28). Gerade weil der private Erfahrungsraum durch Medien überschritten wird, bereitet der Umgang z.B. mit der Zeitung auf politisches Handeln in der Öffentlichkeit vor. Die für eine demokratische Lernkultur erforderlichen (Teil-)Kompetenzen und Fähigkeiten werden von Grundschulkindern erst nach und nach erworben. Dazu steht ein vielfältiges Methodenrepertoire zur Verfügung (vgl. von Reeken 2003).

5. Didaktische Ansätze

Für den Sachunterricht, insbesondere den sozialwissenschaftlichen, liegen keine ausgearbeiteten didaktischen Konzepte vor. Allerdings wurden in den letzten Jahren verstärkt Diskurse der Politikdidaktik rezipiert und fachdidaktische Prinzipien vorgeschlagen, die auch für das Themenfeld »Medien« relevant sind. Hierzu zählt die »Mehrperspektivität« als didaktisches Grundprinzip des Sachunterrichts (Richter 2002, 5). Richter gibt einen ersten Überblick, der die Neuen Medien einbezieht (2002, 151 ff.).

Die Unterscheidung von »alten« und »neuen« Medien erscheint aus fachdidaktischer Perspektive wenig hilfreich, da die Diskussionen deutlich machen, inwiefern die Fähigkeiten, die mit alten Medien erworben werden, für die Nutzung der neuen Medien als Voraussetzung betrachtet werden müssen (vgl. Weißeno 2002). Daher weist Hans-Joachim Fischer (2004) auf weitere Begründungen für die Arbeit mit Medien am Beispiel der Zeitung hin. Die Zeitung als Lerngegenstand ermöglicht nicht nur eine Öffnung der Schule in das lokale Umfeld, sie vermittelt auch authentische Problemstellungen, die schulisches Lernen herausfordern: »Sie sind wirklich, aktuell, ernsthaft, wichtig, komplex« (ebd., 4). Sie unterstützen Schülerinnen und Schüler darin, eine kritisch-realistische Weltsicht zu gewinnen (ebd.). Die Aktivitäten reichen von der Zeitungslektüre über Begegnungen von Zeitung und Schule bis hin zur Gestaltung von Zeitungen durch Kinder. In der didaktischen Grundlegung des politischen Lernens formuliert von Reeken (2001, 83 f.) *mediale Zugänge*, bei denen die politische Dimension deutlich wird; ebenso finden sich dort Hinweise auf Unterrichtsbeispiele.

Es stellt sich aktuell die Frage, ob und wie die Forderung, Medienkompetenz anzubahnen, in neuen Bildungsplänen und Schulbüchern aufgegriffen und legitimiert wird. Dazu kann exemplarisch der neue *Bildungsplan* für die Grundschule 2004 aus Baden-Württemberg herangezogen werden; hier wird der Sachunterricht unter dem Fächerverbund »Mensch, Natur und Kultur« gefasst. Hartmut von Hentig charakterisiert in seiner Einführung zum Bildungsplan den Kompetenzbegriff: »Eine Kompetenz ist eine komplexe Fähigkeit, die sich aus richtigem Wahrnehmen, Urteilen und Handelnkönnen zusammensetzt und darum notwendig das Verstehen der wichtigsten Sachverhalte voraussetzt« (von Hentig 2004, 13). Darunter fällt auch die schulische Arbeit mit Neuen Medien: »Im Zeitalter des Computers ist eine Beherrschung dieses Gerätes und ein sinnvoller Gebrauch des Internet-Zugangs unerlässlich. Neben dem Computer als Arbeitsmittel und dem Internet als Ressource bleiben Einrichtungen wie Bibliotheken, Museen und Sammlungen notwendige, insbesondere in der Schule und durch die Schule zugänglich zu machende Hilfsmittel. Die Schülerinnen und Schüler lernen, sich der Auskunftsmittel – vom Sachbuch und Nachschlagewerk bis zur CD und CD-ROM – geläufig zu bedienen« (von Hentig 2004, 13).

Der Bildungsplan nennt als zentrale Themen und Aufgaben der Schule unter anderem die Medienerziehung (Bildungsplan 2004, 18). Hinweise im »Fächerverbund Mensch, Natur und Kultur« (ebd., 95 ff.) betonen die fächerverbindenden Momente (zu Bildender Kunst, Musik, Deutsch). »Die künstlerische und gestalterische Arbeit fördert die Entwicklung einer differenzierten Wahrnehmungsfähigkeit der Schülerinnen und Schüler« (ebd., 97). Der Fächerverbund übernimmt die Leitfunktion für die Bereiche ›In Gemeinschaft leben‹ und ›Demokratie lernen‹.

In den neun Kompetenzfeldern werden Medien explizit genannt:
- Bildsprache
- Medien herstellen, gestalten und Informationen aus ihnen entnehmen (Klasse 2/Kompetenzfeld 3) (Inhalt: Medien und Schrift als Informationsquelle und Ausdruckmittel)
- Herstellung eigener Medien, Bücher und Lernspiele (Inhalt: Der Heimatort in den Medien)

Für die Klasse vier wird im Kompetenzfeld 1 als Inhalt die Selbstdarstellung in den Medien genannt. Kompetenzen:
- Sich aus verschiedenen Medien und Quellen Informationen über die Lebensweisen von Kindern in anderen Ländern der Welt beschaffen;
- Medienbotschaften verstehen und bewerten, Medien sachgerecht und bedürfnisbezogen nutzen, gestalten und zur Kommunikation einsetzen (Kl. 4/KF 3) (Inhalte: Darstellung unterschiedlicher Lebensweisen sowie gesellschaftlicher und sozialer Probleme in Medien und Kunst); Kommunikations- und Informationsmedien, Medien im Leben der Kinder; eigene Mediengestaltung und Präsentation; Visuell-technische Medien als künstlerische Werkzeuge, Darstellung imaginärer Bilder (Kl. 4/KF 8), Umgang mit Medien zur Kommunikation (Kl. 4/KF 9).

Die Sichtung des Bildungsplans zeigt, dass Medien und Medienkompetenz breit legitimiert sind. Wie reagieren neue *Schulbücher* auf diese Anforderungen?

Beispiel: Mensch, Natur und Kultur, 3 (Auer-Verlag). Ein expliziter Bezug zu Medien erfolgt im Kapitel »Kinder dieser Welt« (34–35) in Form von vier screenshots (Sendung mit der Maus: www.wdr.maus.de). Außerdem wird eine »Radioschule« in Australien vorgestellt unter dem Kapitel: Andere Schulen – andere Sitten. Der Arbeitsauftrag lautet: Sucht im Internet mit den Suchworten »Kinder« und »Schule« und mit einem Ländernamen! (36) Auf einer anderen Seite schreibt Hanna, eine schwedische Drittklässlerin, eine E-Mail (Foto mit PC und Screenshot mit E-Mail). Dazu gehört der Arbeitsauftrag: Sucht in verschiedenen Medien nach weiteren Informationen über Schweden. Nehmt Kontakt zu Schülern in einem anderen Land auf und tauscht euch aus!

Weitere Hinweise enthält das Schulbuch nicht. Die Lücke zum Bildungsplan dürfte deutlich geworden sein.

Beispiel: Kunterbunt. Mensch, Natur und Kultur, 3 (Klett-Verlag). Dieses Schulbuch thematisiert auf einer Doppelseite das Thema: Werbung begegnet uns überall (26–27). Der Arbeitsauftrag »Mit welchen Mitteln wird geworben?« verweist ebenso wie die Zeichnung auf Werbeträger und Medien. Auf einer weiteren Seite geht es um Manipulationsmöglichkeiten mit Hilfe des Computers: Es wird eine Bildmontage vorgestellt und »auseinander genommen« (30). Daraus folgt der Vorschlag: Gestalte selbst eine Bildmontage als Fotocollage. Insgesamt finden sich hier nur wenige explizite Bezüge zur Medienerziehung im Sachunterricht.

6. Unterrichtsbeispiele

Die nachfolgend skizzierten Unterrichtsbeispiele zeigen exemplarisch die vielfältigen didaktischen und methodischen Möglichkeiten des Themenfeldes »Medien«. Die Unterrichtsforschung im Sachunterricht hat bislang keine empirischen Befunde ermittelt, die die Wirksamkeit des Unterrichts belegen. Die Evaluation der Kernkompetenzen wird daran arbeiten müssen, ohne dass exakte Ursachenzuschreibungen in diesem komplexen Feld möglich sind.

6.1 Projekt: Zeitung in der Schule

Beim Projekt »Zeitung in der Schule« lassen sich nicht nur spezifische Schülerinteressen ermitteln, von Lehrerseite können auch gezielt Artikel mit Inhalten ausgewählt werden, an denen die Schülerinnen und Schüler ihr sozialwissenschaftliches Denken verbessern können (vgl. Kuhn 2004, 37f.). Eine umfassende Sachanalyse mit konkreten Unterrichtsvorschlägen bietet das ausgezeichnete Wochenschau-Heft »Politik in der Zeitung« von Gotthard Breit (2005). Hier werden nicht nur politische Kategorien mit Zeitungstexten verknüpft, sondern auch relevante Informationen zur Arbeit mit Tageszeitungen gegeben (z. B. Nachrichtenfaktoren – oder: Was macht ein Ereignis zur Nachricht? Vgl. ebd., 20). Dazu kommt die Unterscheidung der verschiedenen Textsorten: Nachricht, Bericht, Reportage, Kommentar, Glosse, Kolumne, Interview, Karikatur usw. Das jeweilige politikdidaktische Potenzial kann gezielt genutzt werden (vgl. Kuhn 2002, 159 ff.).

In dem Zeitungsprojekt lassen sich auch die Besonderheiten von »Klassenzeitungen« erarbeiten, deren Erstellung zwar auch journalistische Fähigkeiten (Redaktionskonferenz, Rubriken, Recherchen, Layout usw.) erfordert, die allerdings als Abschlusszeitung der vierten Klasse die gemeinsame Grundschulzeit mit besonderen Ereignissen und Erlebnissen (Steckbriefe, Lehrer-Interviews, Sport, Ausflüge) dokumentiert und selten politische Aspekte enthält. Bei einzelnen Artikeln dienen Fragen zum Text zur Erschließung der Kernaussage. Dazu muss im ersten Schritt analytisch vorgegangen werden. Mögliche Arbeitsaufträge richten sich auf Layout, Schlagzeile, Unterzeile, Text – Foto, Infobox; Struktur der Abschnitte, Gesamtstruktur (evtl. als Pro-Contra wie der Artikel »Fernsehkinder zeigen Schwächen«), offene Fragen, eigene Position. Eine weitere Spielart der Printmedien für Kinder sind so genannte Kinderzeitschriften (vgl. Themenheft Grundschule 2/2006).

6.2 Fernsehnachrichten für Kinder

»Logo« wird zweimal täglich als zehnminütige Nachrichtensendung für Kinder ausgestrahlt. Diese Sendung wird von ARD und ZDF gestaltet, so dass auch hier die Frage nach dem didaktischen Konzept gestellt werden kann. Sie ist mit einem Internetportal verknüpft (www.tivi.de/fernsehen/logo), so dass der Trend zur multimedialen Verknüpfung auch hier deutlich wird. Ebenso unterstützt die Redaktion von Logo die Printmedien bei der kindgerechten Erklärung aktueller Begriffe in der Rubrik »Erklär's mir« (täglich in der Badischen Zeitung, z. B. am 11. 4. 2005 »Warum Chinesen gegen Japan protestieren«). Gerade im Vergleich zu Nachrichtensendungen für Erwachsene (Tagesschau/Heute) zeigen sich deutliche Unterschiede: Nicht nur die poppig gekleideten jugendlichen Moderatorinnen und Moderatoren fallen auf, auch beschränken sich die Kindernachrichten auf einige wenige Nachrichten, die kontrovers dargestellt und insbesondere mit Hintergrundinformationen ergänzt werden. Außerdem gibt es für Kinder interaktive Elemente (Chatten, Feedback) sowie den Einbezug von Freizeitaktivitäten (Musik usw.). Schließlich können sie auf Exkursionen erfahren, wie Fernsehen gemacht wird; z. B. Besuch beim Raben Rudi: »Tabaluga, Löwenzahn & Co. So wird Fernsehen gemacht«, Historisches Museum der Pfalz (Badische Zeitung 16. 12. 2005).

6.3 Internet

Im engeren politischen Kontext bieten mittlerweile die politischen Institutionen und Parteien Internetportale für Kinder an, z. B. www.bundeskanzlerin.de/bk/navigation/fuer-kinder.html oder für Umweltfragen das Ministerium unter: www.bmu-kids.de/index. (Eine kommentierte Linkliste für den sozialwissenschaftlichen Sachunterricht findet sich unter: http://www.ph-freiburg.de/sozial/sachunterricht/links.html – auch als pdf-Datei).

Als praktische Medienarbeit unterstützen einige Internetportale die Erstellung einer eigenen Homepage (für die Klasse bzw. Schule), unter anderem: www.schulhomepage.de/webEditin/we_cmd.php?we.cmd; www.grundschule.bildung-rp.de/gs/neuemedien/webseite.html.

Zwei gelungene Beispiele für die Umsetzung: www.schule-ingelfinden.de/und www.kirnbachschule.de/ghwr/body_index.html.

6.4 Comics

Adressatengerecht, aber zugleich mit politischen Grundfragen angereichert ist der Comic »Hanisauland« der Bundeszentrale für politische Bildung; in einem Beispiel werden Wahlen thematisiert (www.hanisauland.de unter: bpb.de/Publikationen/Comic). Der Comic liegt als animierte Version, als Text und als Hörspiel vor.

6.5 Kinderuniversität

An der Universität Münster stand eine *Kindervorlesung* unter dem Thema: »Wozu brauchen wir Politik?« (vgl. Woyke 2005, 122 ff.). Die Kinderuniversität der Universität Mainz – als DVD aufbereitet – enthält zwei sozialwissenschaftliche Themen: Im einen geht es um Gesetze und Regeln (Recht: Was ist erlaubt und was verboten?), im anderen um multikulturelles Zusammenleben (Warum sind Menschen verschieden?). Letzteres ist allerdings eher folkloristisch gestaltet und beschränkt sich auf Essen, Musik und Tanz.

6.6 Spiele: Grundrechte

Als spielerischen Zugang zu den Grundrechten hat die Landeszentrale für politische Bildung Baden-Württemberg das »Grundrechte Jogging« (als CD sowie als Download) veröffentlicht. Es bietet – visuell unterstützt – die Zu-

ordnung von Artikeln zu Texten. Die Ergebnisse können als Urkunde aus-
gedruckt werden.

Ähnlich didaktisch anspruchsvoll stellt sich das Projekt »I-Punkt« derselben Landeszentrale dar, das politische Themen für Migrantinnen und Mig-
ranten aufbereitet, u.a. ein Modul »Grundrechte«: Sprechanlässe, Bilder-
geschichten, Fotos, Aufgaben, Rätsel usw. führen in das abstrakte Thema
ein und bieten handlungsbezogene Lernwege (z.B. Rollenspiele) an.

Mit der Suchmachine Google ergab der Eintrag »Grundrechte + Kinder«
441000 Treffer. Um nicht in der Informationsflut zu versinken, gilt es, effektive Auswahlstrategien und Bewertungskriterien zu entwickeln.

6.7 Filmanalyse: Kinderarbeit

Die Arbeit mit Filmen als aktive Medienarbeit setzt die Kenntnis von
Kriterien der Filmanalyse voraus (vgl. von Reeken 2003). Dabei können
Video-Produktionen zur Kinderarbeit (z.B. »Kleine Finger – krummer
Rücken« – auch als Unicef-Video erhältlich, 28 Minuten), die als komplexe Reportage produziert sind, erst durch Auswahl, Unterbrechung und
gezielte Beobachtungsfragen (z.B. »Welche Zahlen werden im Film genannt?«) fruchtbar gemacht werden. Damit wird der Film nicht als Selbst-
läufer unkritisch eingesetzt, sondern gezielte Fragen an ihn ermöglichen
eine Inhalts- und Genreanalyse. Das gilt auch für scheinbar ›objektive‹ Do-
kumentarfilme. Vielfach helfen Mindmaps bei der Analyse so komplexer Medien wie Filme. Unter dem Prinzip der Mehrperspektivität können Täter,
Opfer, Strukturen, Lösungen, Zielkonflikte usw. ermittelt werden.

7. Konsequenzen für die Lehrerbildung

Beim Themenfeld »Medien« und »Medienkompetenz« hängt die Berücksichtigung der politischen Dimension stark vom *Politikbild der Fachlehrerinnen
und -lehrer* ab. Als Querschnittsthema kommt es darauf an, den Politikbezug
herauszufiltern und mit den Lebenswelterfahrungen der Kinder zu vernetzen. Dazu scheint nicht nur eine »hermeneutische Kompetenz« auf Seiten
der Lehrerinnen und Lehrer notwendig zu sein, sondern auch ein politik-
didaktisches Problembewusstsein. Erstere dient dazu, die Einstellungen und
Vorkenntnisse der Schülerinnen und Schüler für das Thema fruchtbar zu
machen. Letzteres ermöglicht es, das Thema politikdidaktisch aufzuladen.
Beides fördert eine »politikorientierte Medienkompetenz« (Massing 2002,

49), verstanden als dialektisches Spannungsverhältnis: »Sie ist einerseits Ergebnis eines Mindestmaßes an politischem Wissen im Sinne von Politikbewusstsein, von politischer Urteilsfähigkeit und von politischer Handlungsfähigkeit, andererseits eine deren wichtigsten Voraussetzungen« (ebd.). Für die *Lehrerbildung* geht es darum, vorliegende Medien und Unterrichtsmedien zu sichten, Kriterien zur Bewertung anzulegen, eigene Versuche zur kreativen Konstruktion von Medien zu starten sowie in der Beobachtung eigenen Unterrichts die politische Dimension zu berücksichtigen.

In diesem Beitrag konnte das gesamte Spektrum der Medien, die im Sachunterricht für politisches Lernen einsetzbar sind, nur angedeutet werden. Im Hinblick auf Kinderzeitschriften sei allerdings noch das entsprechende Themenheft »Grundschule« mit Beiträgen von Kaminski, Hohmann und Becker (2006) genannt. Besonders der Aufsatz von Becker zeigt an der von Janusz Korczak initiierten Publikation »Kleine Rundschau – Eine Zeitung der Kinder« das Potenzial für politische Lernprozesse der Beteiligten (»demokratischste Zeitung«). In jedem Falle gilt es zu beachten, dass im vorgestellten integrativen Konzept des sozialwissenschaftlichen Sachunterrichts ein Zusammenhang zwischen Medium und Lernweg besteht. Dabei zeigt sich nach Unterrichtserfahrungen der induktive Lernweg, bei dem exemplarisch vom Medium selbst zu einer Medienanalyse vorgedrungen wird, als besonders produktiv. Im didaktischen Kontext spielen Medien immer dann eine Rolle, wenn es um Vermittlung, um Mitte, um Deutungs- und Aushandlungsprozesse geht, um die reale politische und gesellschaftliche Perspektive im Sachunterricht zu erweitern und in der Wissensgesellschaft den kritischen Umgang mit eigenem Medienverhalten und der medialen Konstruktion der Wirklichkeit einzuüben.

Literatur

Bilderwelten und Weltbilder. Medienkompetenz – Computer – politische Bildung. Themenheft der Zeitschrift: Politik & Unterricht, (1), (2005), Landeszentrale für politische Bildung, Baden-Württemberg (auch unter: www.lpb.bwue.de/PuU/).

Brand, Eva u. Peter (Hrsg.) (2004): Die Zeitung in der Grundschule. (2. Aufl.) Aachen-Hahn.

Brandt, Peter / Eling, Stefan (2005): Möhrenverschwörung in Hanisauland. Bundeszentrale für politische Bildung. (3. Aufl.) Bonn.

Briese, Volker (2001): Lernbereichsdidaktische Thesen: Neue Medien und Sachunterricht. In: Diekneite, Jörg u. a. (Hrsg.): Grundschule zwischen Bilderbuch und Internet. Erkenntnisse und Anregungen des Paderborner Grundschultages 2000 »Kinderwelt – Medienwelt«. München, S. 54–64.

Buschmeyer, Hermann (1999): Medien. In: Hufer, Klaus-Peter (Hrsg.): Außerschulische Jugend- und Erwachsenenbildung. Bd. 2 des Lexikons politische Bildung, hrsg. v. Georg Weißeno. Schwalbach/Ts., S. 167–170.

Cech, Diethard / Schwier, Hans-Joachim (2003): Lernwege und Aneignungsformen im Sachunterricht – Skizze eines historischen langen Weges. In: Cech, Diethard/Schwier, Hans-Joachim (Hrsg.): Lernwege und Aneignungsformen im Sachunterricht. Bad Heilbrunn, S. 7–18.

Das Kultusministerium des Landes Baden-Württemberg (2004): Bildungsplan für die Grundschule. Stuttgart.

Duncker, Ludwig (2003): Didaktik und Journalismus – Wechselwirkungen im Dienste des Lehrens und Lernens. In: kursiv, (1), S. 12–17.

DVD (2004): Internet zwischen Faszination und realen Gefahren. FWU – Schule und Unterricht. München.

DVD (2005): Kinder Uni, Teil 2: Die Welt ist bunt. Johannes-Gutenberg-Universität Mainz. Mainz.

Fenn, Monika (2005): SUPRA – ein interdisziplinäres Projekt zur internetgestützten Sachunterrichtslehre. In: Cech, Diethard/Giest, Hartmut (Hrsg.): Sachunterricht in Praxis und Forschung. Bad Heilbrunn, S. 131–138.

Fischer, Hans-Joachim (2004): Zeitungen im fächerübergreifenden Unterricht der Grundschule. In: Sache, Wort, Zahl, 32 (66), S. 4–6.

Gerhold, Lars / Bornemann, Stefan: Qualitative Analyse audiovisueller Informationen mit ATLAS.ti. In: Medienpädagogik (www.medienpaed.com/04_1/ger hold04_1.pdf).

Gervé, Friedrich (2003): Wissenserwerb mit neuen Medien: Lernsoftware für den Sachunterricht. In: Cech, Diethard/Schwier, Hans-Joachim (Hrsg.): Lernwege und Aneignungsformen im Sachunterricht. Bad Heilbrunn, S. 199–216.

GDSU (Gesellschaft für Didaktik des Sachunterrichts) (Hrsg.) (2002): Perspektivrahmen Sachunterricht. Bad Heilbrunn.

Grundschule: Themenheft »Kinderzeitschriften«, (2), (2006).

Hagedorn, Friedrich (1999): Medienkompetenz. In: Hufer, Klaus-Peter (Hrsg.): Außerschulische Jugend- und Erwachsenenbildung. Bd. 2 des Lexikons politische Bildung, hrsg. v. Georg Weißeno. Schwalbach/Ts., S. 170–172.

Hentig, Hartmut von (1987): Das allmähliche Verschwinden der Wirklichkeit. Ein Pädagoge ermutigt zum Nachdenken über die neuen Medien. (3. Aufl.) München.

Hiller, Gotthilf Gerhard (1994): Lehren und Lernen mit Bildern – Mediendidaktische Erwägungen zu Formen der ikonischen Repräsentation im Sachunterricht. In: Duncker, Ludwig/Popp, Walter (Hrsg.): Kind und Sache. Zur pädagogischen Grundlegung des Sachunterrichts. Weinheim, S. 257–274.

Jabin, Regine (2005): Kleiner Filmkurs in der Grundschule. In: Kinder-Jugend-Film-Korrespondenz 104 (4) (Kuratorium junger deutscher Film).

Jablonski, Maik (2003): Arbeiten mit dem Computer. In: Reeken, Dietmar von (Hrsg.): Handbuch Methoden im Sachunterricht. Baltmannsweiler, S. 58–67.

Kaiser, Astrid / Pech, Detlef (Hrsg.) (2004): Basiswissen Sachunterricht, Bd. 3: Integrative Zugangsweisen. Baltmannsweiler.

Kaiser, Astrid (2004): Interkulturelle Dimensionen des Lernens mit neuen Medien. In: Richter, Dagmar (Hrsg.): Gesellschaftliches und politisches Lernen im Sachunterricht. Bad Heilbrunn/Braunschweig, S. 119–133.

Kinderarbeit – ächten oder achten? Wochenschau-Heft, Sek. I, 51 (1), (2000)

Knauf, Annegret (1995): Medien und Medienverwendung im Sachunterricht. In: Ziechmann, Jürgen (Hrsg.): Konkrete Didaktik des Sachunterrichts. Aachen, S. 240–256.

Kuhn, Hans-Werner (2002): Verschiedene Textsorten im Politikunterricht. Implikationen. Potenziale. Grenzen. In: Weißeno, Georg (Hrsg.): Politikunterricht im Informationszeitalter. Medien und neue Lernumgebungen. Schwalbach/Ts., S. 162–176.

Kuhn, Hans-Werner (2005): Zeitung als Gegenstand des sozialwissenschaftlichen Sachunterrichts. In: Sache, Wort, Zahl: Themenheft »Zeitung«. Lehren und Lernen in der Grundschule, S. 37–43.

Kunterbunt (2005): Mensch, Natur und Kultur. Bd. 3, Leipzig.

Kursiv: Themenheft »Früh übt sich. Politisches Lernen in der Kindheit«, (3), (2003)

Massing, Peter (2002): Bürgerleitbilder und Medienkompetenz. In: Weißeno, Georg (Hrsg.): Politikunterricht im Informationszeitalter. Medien und neue Lernumgebungen. Schwalbach/Ts., S. 39–50.

Mensch, Natur und Kultur, Bd. 2 und 3, Auer-Verlag, Donauwörth 2005

Monaco, James (1980): Film verstehen. Kunst, Technik, Sprache und Geschichte und Theorie des Films. Reinbek.

Postman, Neill (1983): Das Verschwinden der Kindheit. Frankfurt/M.

Rauterberg, Marcus (2005): Bibliographie Sachunterricht. Eine kommentierte Auswahl 1976–2003. Baltmannsweiler.

Reeken, Dietmar von (Hrsg.) (2003): Handbuch Methoden im Sachunterricht. Baltmannsweiler.

Reeken, Dietmar von (2003): Politik lernen in der Grundschule – politische Bildung als Gegenstand des Sachunterrichts. In: Kursiv, (3), S. 24–29.

Reeken, Dietmar von (2005): Politische Bildung in der Grundschule. In: Sander, Wolfgang (Hrsg.): Handbuch politische Bildung. (3. Aufl.) Schwalbach/Ts., S. 184–195.

Richter, Dagmar (Hrsg.) (2004): Gesellschaftliches und politisches Lernen im Sachunterricht. Bad Heilbrunn/Braunschweig.

Richter, Dagmar (2002): Sachunterricht. Ziele und Inhalte. Baltmannsweiler.

Richter, Dagmar (2004): Soziale und gesellschaftliche Zusammenhänge verstehen. Wie kann der Sachunterricht zur nötigen hermeneutischen Kompetenz anleiten? In: Köhnlein, Walter/Lauterbach, Roland (Hrsg.): Verstehen und begründetes Handeln. Studien zur Didaktik des Sachunterrichts. Bad Heilbrunn, S. 187–202.

Sache, Wort, Zahl (2005): Themenheft »Zeitung«. Lehren und Lernen in der Grundschule.

Schrenk, Marcus (1997): Kindersendungen im Fernsehen und ihre Bedeutung für den Sachunterricht. In: Meier, Richard u. a. (Hrsg.): Sachunterricht in der Grundschule. Frankfurt a. M., S. 318–327.

Schröder-Köpf, Doris / Brodersen, Ingke (2001): Der Kanzler wohnt im Swimmingpool oder wie Politik gemacht wird. Illustrationen von Aljoscha Blau Frankfurt a. M.

Schulz-Zander, Renate / Lauterbach, Roland (1997): Kinder und Computer, Multimedia, Vernetzung und virtuelle Welten. In: Köhnlein, Walter/Marquardt-Mau, Brunhilde/Schreier, Helmut (Hrsg.): Kinder auf dem Wege zum Verstehen der Welt. Forschungen zur Didaktik des Sachunterrichts. Bad Heilbrunn, S. 201–232.

Steinbach, Silke (1999): Medienpädagogik. In: Richter, Dagmar/Weißeno, Georg (Hrsg.): Lexikon politische Bildung, Bd. 1: Didaktik und Schule. Schwalbach/Ts., S. 152–155.

Weißeno, Georg (Hrsg.) (2002): Politikunterricht im Informationszeitalter. Medien und neue Lernumgebungen. Schwalbach/Ts.

Woyke, Wichard (2005): Kinderuniversität: Warum brauchen wir Politik? In: Politische Bildung, (4), S. 122–124.

Carla Schelle / Nina Meister

Ästhetische Zugänge – Politische Bildung mit Grundschülern und Grundschülerinnen

1. Vorbemerkung

Ästhetische Zugänge, die formal-gestalterische und inhaltliche Dimensionen verbinden, sind in der Grundschule bedeutungsvoll, weil davon auszugehen ist, dass Kinder sich »Welt« beobachtend und anschauend aneignen. Bilder sind für die Subjektbildung konstitutiv und sozialisatorisch wirksam (vgl. Kirchner 1999). Auch wenn nicht alle Kinder gleichermaßen visuell alphabetisiert sind, so kann doch angenommen werden, dass Offenheit für Beobachtungen und Deutungskompetenzen grundlegend vorhanden sind und gefördert werden können. Für ästhetisch-politisches Lernen sind neben der subjektiven/individuellen Wahrnehmung spezifische Inhalte und Dimensionen (historisch, sozial, ökonomisch, politisch) von Interesse, die am Bildmaterial methodengeleitet erarbeitet, reflektiert und politisch beurteilt werden können. Dazu wird hier ein hermeneutisches Instrumentarium zur Analyse von Abbildungen vorgestellt, das auch auf die emotionalen Zugänge der Schülerinnen und Schüler setzt. Über die Inhalte hinaus – die im vorliegenden Beitrag politische Leitthemen unserer Zeit berühren (Differenz, Ungleichheit, Konflikt) – soll es dabei um besondere Merkmale für Kunst einerseits und Werbung andererseits gehen, sowie um Kinder als potenzielle Rezipienten/innen und Konsumenten/innen (vgl. GPJE 2004, 19). Die vorgestellten Bildbeispiele sollen nicht nur motivationstaktisch als Impulsgeber für Themen einsetzbar sein, sondern selbst zum Kern eines sozialwissenschaftlichen Sachunterrichts werden. Im Verlaufe des Beitrages wird anschaulich und methodisch geleitet vorgeführt, inwiefern mit Hilfe visualisierter Botschaften politische Kategorien (z. B. Macht, Konflikt) und darin enthaltene Gegensatzpaare wie arm–reich, gleich–verschieden, fiktiv–real mit Grundschulkindern thematisiert, kommuniziert und durchschaubar gemacht werden können, um schließlich auch politische Urteile anzubahnen.

2. Ästhetisch-politisches Lernen in der Grundschule – Grundlagen und Sachinformationen

Bilder umgeben uns im Alltag. Sie können der Orientierung (Straßenverkehr), der Animation (Ferienlager) dienen, sie können freudige und traurige Stimmungen suggerieren bzw. hervorrufen (Kunst), Handlungen beeinflussen (Werbung), Macht symbolisieren (Politik), sie können Zeiträume überdauern und sind dokumentier- und »wiederhol«-bar. Ihre besondere Wirksamkeit hat zweifellos zu tun mit Formen des Ausdrucks und der Präsentation, mit Zeichen, Symbolen, Farbgebungen, die die Sinne ansprechen. Es gibt Bilder, die für sich sprechen (z. B. Piktogramme), und solche, die komplex sind, die decodiert, die ausgelegt werden müssen, will man sie verstehen.

Bilder »lesen« zu können ist eine basale kulturtechnische Fähigkeit. Sie hilft sich zurechtzufinden in Zeiten des »iconic-turns« (vgl. Fröhlich/Stenger 2003), in der Schule, im Alltag und schließlich auch in der Sphäre der Politik, die darauf setzt, Inhalte und Botschaften mit ästhetischen Mitteln zu transportieren. Symbole, Zeichen, Inszenierungen spielen in der Politik eine wichtige Rolle, und man muss sie durchschauen können, will man nicht dem »schönen Schein« der Dinge erliegen.

So kann am Bild als Dokument – am »Stillstand bzw. Standbild« – eingeübt werden, was die Schüler/innen für die Abfolge von Bildern benötigen: nämlich Inhalte, Formen, Botschaften rasch zu erfassen und zu beurteilen – gegebenenfalls Ideologie und Mythos zu dechiffrieren.

Ein Ort dieser Auseinandersetzung in der Grundschule ist die politische Bildung bzw. eine kritische Medienarbeit im Bereich des Sachunterrichts. Damit kann auch einer immer wieder beklagten verdrängten Sinnlichkeit (vgl. Richter 2003, 215) bzw. einer Entsinnlichung in Bildungsprozessen entgegen getreten werden. »Die Situation« sei, so Fauser (2002, 53), »noch immer dadurch geprägt, dass die Schule die Vorstellungskraft zumeist nur stillschweigend voraussetzt, nicht aber planvoll ins Lernen einbezieht. Im Gegenteil: Oftmals werden die mitgebrachten Vorstellungen, die das vielleicht wichtigste geistige Rohmaterial schulischen Lernens sind, entwertet und abgeschnitten«. Möglichkeiten, mit denen bei der »Bildverarbeitung« die Vorstellungskraft/die Imaginationsfähigkeit von Kindern ausgeschöpft werden kann, sollen hier aufgezeigt werden. Es geht darum, ästhetische Prozesse für die politische Bildung in der Grundschule produktiv zu machen. Mit Richter kann davon ausgegangen werden, dass sich »das Ästhetische als ein Bereich der kulturellen Bildung und das Politische als ein Bereich der gesellschaftlich-sozialen Bildung befruchten [...]« (Richter 2003, 209) und dass »*Kunst [...] der Differenzerfahrung* in verschiedener Hinsicht [...]« dient (ebd., 212). Zudem fördere »Ästhetisches Denken die Fähigkeit *zur Auseinandersetzung mit Pluralität und Vielfalt* in der Gesellschaft« (ebd.) und damit auch die Fähigkeit, differenzierte Urteile entwickeln zu können.

3. Didaktisch-konzeptionelle Bezüge

Mit dem hier favorisierten Zugang sollen die Unterrichtsgegenstände in ihrer besonderen Machart und Eigenheit betrachtet werden. Zudem sollen didaktische Möglichkeiten/Lernmöglichkeiten, die man aus der methodengeleiteten Auseinandersetzung mit dem Bild auf der Aneignungsseite eröffnen kann, ausgelotet werden, im Sinne einer politischen Didaktik, die an den Adressaten/innen orientiert ist (vgl. Schelle 2002 u. 2005). Es geht darum, den Umgang mit Bildern bewusst verfügbar zu machen und kritisch zu reflektieren. Es geht um ein bewusst gemachtes Lernen mit den Sinnen, bei dem Rationalität und Emotionalität verbunden sind. Auszugehen ist davon, dass Kinder Ausdrucksbedürfnisse haben, dass sie nach Orten suchen, um diese zu artikulieren. An fremden/unbekannten Bildern können sowohl diese Bedürfnisse als auch eigene »Vor«-bilder/Vorstellungen abgearbeitet werden, können sich Fragen und Neugierde entzünden, kann zum Nachdenken über Selbst, Gesellschaft und Politik animiert werden. Sind die Bilder bekannt – etwa aus der Werbung – so kann mit einem neuen Blick darauf das zunächst für selbstverständlich Geglaubte eine neue Deutung erfahren (vgl. George 1998). Bei der Auseinandersetzung mit Bildern/visuellen Botschaften werden auf der gemeinsamen Suche nach Sinn Bedeutungen ausgehandelt. Über diese schrittweise angeleitete Rekonstruktion der offenkundigen und weniger offenkundigen inhaltlichen Botschaften und Bedeutungsgehalte ästhetischer Ausdrucksformen können auch politische Urteile angebahnt werden.

4. Methodengeleiteter Zugang zu Bildern

Zu berücksichtigen ist, dass die Frage der Zugänge (»wie«) nicht losgelöst werden kann von der Frage nach dem Inhalt bzw. dem Gegenstand (»was«). Sinngehalte können dabei auf unterschiedlichen Ebenen (manifest und latent) aufgespürt werden. Über subjektive Anfragen, das gemeinsame Aushandeln von Bedeutungen/Lesarten können Schüler/innen zunächst die vielschichtigen Aussagen eines Bildes herausarbeiten, bevor sie zu eigenen

Urteilen darüber gelangen. Gesetzt werden kann hierbei auf Verfahren mit hermeneutischen und tiefenhermeneutischen Grundoperationen (vgl. Müller-Dohm 1993). Letztere ermöglichen auch die vorgängigen eigenen inneren Bilder in die Betrachtung mit einzubeziehen. Es lässt sich hier von einem szenisch-verstehenden Zugang sprechen, der sich mit folgenden Fragen initiieren lässt: Woran erinnert mich das Bild (wenn ich die Augen schließe)? Woran muss ich denken? Was fühle ich? Worüber bin ich traurig, erheitert, oder empört? An welches Erlebnis erinnert mich das Bild?

Auf Seiten der Lehrperson sind die ersten spontanen Beiträge der Schülerinnen und Schüler besonders zu beachten. Diese können später verglichen und in Beziehung gesetzt werden mit den erarbeiteten Inhalten. Des Weiteren gilt es von Lehrerseite im Blick zu behalten: Welche Aspekte, Inhalte, Gefühle sprechen die Schülerinnen und Schüler von sich aus an? Welche politisch relevanten Aspekte, Themen, Inhalte, Kategorien sprechen sie von sich aus an? Welche Informationen, Recherchen sind für die weitere Auseinandersetzung notwendig?

Als Alternative und/oder Ergänzung ist auch denkbar, sich stärker analytisch-formal dem Bild zu nähern. Mit Fragen wie: Was siehst du abgebildet und kannst du das mit deinen Worten beschreiben und sagen, was es bedeutet? Haben die Bildelemente etwas mit dem Leben von Menschen, mit der Gesellschaft, in der du lebst, und/oder mit Politik zu tun? Was kennst du nicht? Was ist dir fremd? Was hast du noch nie gesehen? Was müsstest du noch wissen, um das Bild besser beschreiben und besser verstehen zu können?

Das methodische Repertoire braucht dabei nicht bloß auf Praktiken der Betrachtung eingeschränkt bleiben. Es können Bilder/Abbildungen auch bearbeitet, verändert, verfremdet (coloriert, collagiert ...) werden. Es können eigene neue (Gegen-)Bilder erzeugt und hergestellt werden, etwa um im Kontrast die Spezifik einer Aussage aufscheinen zu lassen. Denkbar wären dabei folgende Leitfragen: Was würdest du gerne an der dargestellten Situation verändern? Warum, wozu würdest du diese Veränderung vornehmen?

5. Didaktische Reflexion: fachdidaktische Kategorien und Kompetenzen

Politisch-ästhetisches Lernen wird in der Auseinandersetzung des/der Einzelnen mit der umgebenden Welt, mit Gesellschaft, mit sich als Selbst konstitutiv. So gesehen sind die weiter unten aufgeführten Ziele als Teilaspekte so genannter Entwicklungsaufgaben (vgl. Hericks/Spörlein 2001) zu betrachten. Ziele beim politisch-ästhetischen Lernen sind:

– Sensibilisieren von Wahrnehmung;
– Sehgewohnheiten, Beobachtung schulen/schärfen und in das Bewusstsein rufen;
– Symbole, Farben u. a. Ausdrucksgestalten deuten lernen;
– Ausdrucksformen in bestimmten Zusammenhängen deuten lernen (kulturelle, gesellschaftliche, politische u. a. Kontexte);
– Bilder als Deutungsangebote anerkennen;
– Offenheit für Deutungen und Interpretationen anderer gewinnen;
– Sich über die Wirkungen von Bildern bewusst werden;
– Eigene Emotionen und Reaktionen auf ein Bild »lesen«, wahrnehmen lernen;
– Differenzieren, unterscheiden und politisch urteilen lernen.

Um diese Ziele im Unterricht zu fördern, bedarf es bestimmter Voraussetzungen auf Lehrer/innenseite:
– Sehgewohnheiten der Schüler/innen kennen;
– Präsentationsformen wählen, die der Alterstufe angemessen sind (z. B. Bildausschnitt, Puzzle);
– Eigene Deutungs- und Interpretationskompetenz und vor allem Offenheit den Interpretationen der Schülerinnen und Schüler gegenüber.

6. Anregungen für die Umsetzung im Unterricht: Fachdidaktische Fragen, Arbeitsweisen, Aufgabenbeispiele

Kontrastiv sind die beiden Bildbeispiele aus der Kunst und aus der Werbung ausgewählt.

6.1 »Das Abendgebet« bzw. »Angelusläuten« von Jean-François Millet

6.1.1 Vorbemerkung zu Bild und Künstler

Der französische Maler Jean-François Millet (1814–1875) stammte aus dem mittleren Bauernstand, studierte als Stipendiat Kunst an der École des Beaux-Arts in Paris und stand in seinem Schaffen an der Schwelle zu einem sozial engagierten Realismus. Während er sich von 1837–1847 vorwiegend auf Porträts, vornehme Szenen und mythologische Themen konzentrierte, eröffnete Millet in der folgenden Zeit eine neue Phase. Das alleinige Thema

Quelle: http://www.barbizon-france.com/Pages/Barbizon/peintur/jfmill/ang2.html
[Stand: 24. 2. 2006].

seiner Kunst war nun die Arbeit und der Alltag der Bauern, die er in schweren, graubraunen Tönen und einer melancholischen Grundstimmung dar-
stellte. Als einer der Hauptvertreter der »realistischen Schule« wurde er von
konservativen Kritikern als »Revolutionär« und »Darsteller des Gemeinen«
angegriffen und war fortwährenden Anfeindungen ausgesetzt. Dennoch gelangte Millet am Ende seines Lebens zu Ruhm und Ansehen.

Das »Angelusläuten« (auch »Das Abendgebet« genannt) wurde erst 1865
öffentlich gezeigt und gilt bis heute als das bekannteste Werk Millets. Zur
Berühmtheit trug vor allem die Konkurrenz um den Besitz des Bildes bei. In
einem regelrechten »Bietkrieg« konnte die American Art Association das
Werk im Jahr 1889 für eine halbe Million Franc erwerben. Nach einer weiteren Auktion gelangte das Bild letztendlich 1909 in den Louvre, was als
nationaler Triumph gefeiert wurde. Heute ist es im Musée d'Orsay in Paris ausgestellt. (URL: http://www.kronberger-maler.de/maler/millet.html
[Stand: 24. 2. 2006]).

6.1.2 Interpretation

Der Inhalt des Bildes scheint sich einfach zu erschließen (vgl. Interpretation
auf der Homepage des Verlags Traugott Bautz. URL: http://www.bautz.

de/bbkl/m/millet_j_f.shtml [Stand 6. 3. 2006]): Es sind zwei Menschen, eine überschaubare Handlung dargestellt. Doch welche Botschaft vermitteln die einzelnen Bildelemente? Schauen wir genauer hin. Im Bild sind links ein Mann und rechts eine Frau stehend abgebildet. Während die Frau, den Kopf gesenkt, zu Boden blickt und die Hände vor der Brust gefaltet hat, steht der Mann etwas aufrechter, sieht nur leicht nach unten und umfasst mit den Händen seinen Hut. Diese Pose wirkt weniger innig und ernsthaft als die der Frau. Beide stehen vor einem Korb mit Kartoffeln, vermutlich dem Ergebnis ihrer bisherigen Arbeit. Der Mann trägt eine rustikale Hose, ein offenes Hemd mit Jacke und grobe Schuhe. Die Frau trägt ein hemdähnliches Oberteil mit einer langen Schürze darüber, einen langen Rock und Schuhe. Ihr Kopf ist mit einer Haube oder einem Tuch bedeckt. Der Kleidung nach zu urteilen handelt es sich um einfache Landleute, um Bauern. In welchem Verhältnis sie zueinander stehen, bleibt offen: Sie könnten ein Ehepaar sein, Geschwister, Magd und Knecht oder Vater und Tochter. Sie stehen auf einem Kartoffelacker und haben eine Pause eingelegt, sie beten. Als Erntewerkzeuge sind eine Heugabel und eine Schubkarre sichtbar, wobei Erstere neben dem Mann im Boden steckt. Denkbar ist eine Arbeitsteilung, in welcher der Mann den harten Boden auflockert, während die Frau die Kartoffeln einsammelt und in den Korb legt.

Überlegt man also, was auf dem Bild zuvor geschehen sein könnte, dann ließe sich der Mann als eine Art Vorarbeiter beschreiben, der die Arbeit der Frau ermöglicht. Während er in größerer Distanz zum Erdreich mit leicht gebückter Körperhaltung und kraftvollem Einsatz die Erde umgräbt, wird die Frau kniend mit den Händen in die Erde fassen, die Kartoffeln herausholen und in den Korb sortieren. Der konnotierten Deutung einer Geschlechterspezifik und der damit verbundenen Lesart von ökonomischer Arbeitsteilung könnten ambivalent zu deutende Hierarchien zugrunde liegen: Einerseits arbeitet die Frau am Boden, sozusagen »zu Füßen« des Mannes, andererseits scheint sie, wenn sie sich aufrichten würde, die größere der beiden Personen zu sein. Dadurch, dass die Frau gleichzeitig »inniger« betet und mehr »Größe« zeigt, relativiert sich ihre zunächst angenommene niedere Position. Dem kann kontrastierend eine zweite Lesart gegenüber gestellt werden, die eine religiöse Symbolik enthält: Die Frau, die in engem Kontakt zur Erde (»Mutter Erde«) steht und ebenso wie diese eine Frucht, also neues Leben, hervorbringen kann. Dennoch braucht die Frau ebenso den Mann zur Zeugung, wie die Erde die Saat, Regen, Sonne und Sauerstoff zum Gedeihen benötigt.

Trotz der zum Teil auf physiologischen, zum Teil auf traditionellen und pragmatischen Gründen beruhenden Arbeitsteilung, kann das Paar auf dem

Bild als Team gesehen werden, das sich in seiner Unterschiedlichkeit produktiv ergänzt, ja sogar aufeinander angewiesen ist, um das gemeinsame Ziel (Existenzsicherung) zu erreichen.

Im Hintergrund ist die Dorfkirche erkennbar. Wahrscheinlich ist es Abend, denn sowohl die dunklen Farben des Himmels lassen darauf schließen, als auch die Schubkarre mit den vollen Säcken. Es ist denkbar, dass das Paar aus dem Dorf stammt und wegen der Feldarbeit nicht an der Messe teilnehmen kann. Sie sind zu weit entfernt, um noch rechtzeitig dort zu sein, und da in der kleinen Grube vor dem Mann noch Kartoffeln liegen, scheint ihr Tagwerk noch nicht beendet zu sein. Trotzdem halten die beiden inne für ein Gebet. Es kann nur erahnt werden, welche Inhalte, welche Motive und Beweggründe ihr Gebet leiten. Wollen sie Gott danken für die Ernte? Sind sie verzweifelt und bitten demütig um Hilfe? Da die ärmlich gekleideten Bauern andächtig um den Korb herum stehen, der stellvertretend für eine karge Ernte steht, kann angenommen werden, dass es um ihr Überleben geht. Vielleicht müssen sie einen Teil der Ernte abgeben, haben eine große Familie zu ernähren, vielleicht gab es zu wenig Regen oder Sonne, vielleicht hat ein Pilz oder ein Käfer die Kartoffelernte dezimiert, vielleicht macht der harte Boden die Ernte sehr beschwerlich.

Die düstere Farbgebung des Bildes, die statische Haltung der Bauern, der karge Boden, der diesige Himmel und die Weite des Ackers lassen eine melancholische Grundstimmung aufkommen, die gleichsam für die Gefühle der beiden Personen stehen könnte. Sie müssen hart arbeiten, um zu überleben, und sind dabei der Natur ausgeliefert. Entweder bleibt in ihrer Ohnmacht nichts als Beten in der Hoffnung auf Besserung der Situation, oder aber ihr fester Glaube wird nicht einmal durch die harte Realität erschüttert. Die Linie des Horizonts auf dem Bild befindet sich unterhalb der Köpfe des Paares. Als Metapher verstanden sind die Bauern körperlich der Erde verhaftet, gestalten und nutzen sie, sind ihr gleichermaßen aber auch unterworfen. Im Geiste aber sind sie losgelöst von irdischen Nöten, was diese etwas erträglicher macht.

Das Bild bewegt sich zwischen Gegensatz und Einheit, zwischen Differenz und Gemeinsamkeit: Trotz (und wegen) ihrer Unterschiede ergänzen sich die beiden Menschen, trotz (oder wegen) ihrer Armut beten sie zu Gott, trotz der melancholischen Stimmung zeigt sich Hoffnung.

Zieht man den Titel des Werkes »Das Abendgebet«/»Angelusläuten« hinzu, so bestätigt sich, dass die beiden Personen beten. Der zweite Titel des Werkes weist darauf hin, dass der im Hintergrund sichtbare Turm (höchstwahrscheinlich) der Kirchenturm ist, von dem aus zum »Angelusgebet« geläutet wird. »Die Ursprünge des Läutens liegen in einem Generalkapitel der Franziskaner in Pisa im Jahre 1263. Danach sollte beim Läuten zur Komplet

Maria gegrüßt werden, da sie zu dieser Zeit die Botschaft Gabriels gehört und Christus empfangen habe. […] Das Morgenläuten erinnert an die Auferstehung, das Mittagsläuten an das Kreuzesleiden und das Abendläuten an die Menschwerdung Christi.« (URL: http://de.wikipedia.org/wiki/Ange lusläuten [Stand: 14. 1. 2006]).

6.1.3 Thematisierungsmöglichkeiten/Fragen an das Bild

Grundschüler und Grundschülerinnen von heute werden ihre eigene Lebenswelt oder Parallelen dazu in diesem Bild auf Anhieb nicht wiederfinden. Doch gerade weil dem didaktischen Prinzip der »Lebensweltnähe« hier nicht ohne weiteres Rechnung getragen werden kann, müssen sie für eine Übertragung besondere Abstraktions- und Reflexionsleistungen erbringen. Dies kann in einem ersten Schritt darin geschehen, dass die Kinder ihre spontanen Gefühle benennen und (wenn möglich) begründen.
- Was fühle ich, wenn ich das Bild sehe?
- Warum fühle ich mich so? Woher kenne ich dieses Gefühl?
- Woran erinnert mich das Bild?
- Welchen Titel könnte es haben?
Wenn sich der Zugang über die Benennung der Gefühle zu schwer gestaltet, kann es hilfreich sein, eine direkte Identifikation mit einer der Personen herzustellen. Nachdem jedes Kind so »in« das Bild kommt, kann es aus der übernommenen Rolle heraus seine Sinneswahrnehmungen beschreiben.
- Ich stelle mir vor, dass ich die Frau/der Mann bin:
- Was höre ich? Welches Geräusch (welche Musik, welches Instrument etc.) passt zu diesem Bild?
- Wie riecht es auf dem Feld? Welcher Duft passt hierher?
- Was schmecke ich? Welcher Geschmack passt zu diesem Bild?
- Was fühle ich? Ist mir kalt oder warm, bin ich erschöpft, ruhig, aufgeregt, hungrig, durstig, habe ich Schmerzen …?
An die Stelle eines spontan-affektiven Zugangs (oder in Anschluss daran) kann eine eher analytische Annäherung stattfinden. Folgende Fragen können von der Lehrperson gestellt werden:
- Was siehst du auf dem Bild? Beschreibe es in deinen Worten.
- Was kennst du? Was ist dir fremd? Was tun die Menschen auf dem Bild und wie lässt sich dies erklären?
- Hat das Bild etwas mit dir zu tun oder mit der Welt, in der du lebst? usw.
Unabhängig vom gewählten Zugang werden die Schüler/innen sicherlich die Armut der Bauern sowie deren Gebet thematisieren. Beides liegt nicht im Erfahrungshorizont der meisten Kinder, so dass sie es wahrscheinlich als fremdartig empfinden, aber nicht als unbekannt. Eventuell werden einige

Kinder berichten, dass bei ihnen zuhause gebetet wird oder dass die Eltern oder Bekannte in der Landwirtschaft auch Kartoffelanbau betreiben. Der drastische Unterschied in der Lebenswelt zeigt sich in der Armut, die in Spannung zum Wohlstand der Industrieländer steht (soziale Ungleichheit). Armut wird heute oftmals mit Ländern in Asien, Afrika oder Südamerika in Verbindung gebracht, selten mit Europa (politische Ungleichheit).

Das Bild gibt Anlass zur Frage, warum diese Menschen arm sind. Anhand der Kleidung und der Werkzeuge der Bauern werden die Schüler/innen erkennen, dass dieses Bild nicht aktuell ist, sondern aus einer früheren Zeit stammen muss. In Anknüpfung daran gewinnen historische und politische Kontexte an Bedeutung. Selten beruht Armut auf rein ökologischen Phänomen (wie z.B. nach Umweltkatastrophen), meist sind politische und ökonomische Interessen ausschlaggebend (vgl. Gläser 2004). Vielleicht stellen die Schüler/innen von sich aus folgende Fragen:

– Wann wurde dieses Bild gemalt?
– Wer hat das Bild gemalt und warum?

Nach näheren Informationen zum Entstehungszusammenhang kann überlegt werden, wo, in welchem Maße und warum früher und heute Armut herrscht/e und welche Rolle der Religion und schließlich auch der Politik zukommt.

6.2 Lego »Vikings« – Wer bezwingt die Midgardschlange?

6.2.1 Vorbemerkung zum Bild

Das Werbebild mit dem Titel »Wikingerschiff und Schlange« aus der Reihe »Vikings« von Lego findet sich auf der Homepage (URL: www.lego.com [Stand: 14. 1. 2006]) der Firma. Besonders auffällig ist das Bild direkt im Mittelpunkt der Startseite, wo es angeklickt werden kann. Unter »viking's commercial« lässt sich zu diesem Artikel ein kurzer animierter Werbefilm (englisch) anklicken, der den Kampf der Wikinger auf einem Schiff gegen ein Seeungeheuer zeigt. Im Lego Shop, in dem man online Artikel kaufen kann, ist das Produkt »Wikingerschiff und Schlange« für über Sechs- bzw. Siebenjährige angeboten und kostet 59,99 Euro. Folgender Werbetext steht unter dem Bild (URL: http://shop.lego.com/product.asp?p=7018&cn=235&d=7&t=3 [Stand: 14. 1. 2006]): »Kannst du die Midgardschlange bezwingen? Schließ dich dieser tapferen Wikingermannschaft an, die ihr Schiff in gefährliche Gewässer lenkt, um die Midgardschlange herauszufordern. Dieses schreckliche Meeresungeheuer versucht, das Schiff der Wikinger zu zerstö-

Quelle: http://www.lego.com/eng/vikings/Default.aspx [Stand: 6. 3. 2006].

ren. Die Wikinger müssen sich mit ihrem großen Vierfach-Katapult verteidigen. Mit 6 Minifiguren, Rudern, Schilden und weiterem Wikingerzubehör. Abmessungen des Schiffs: 40 cm hoch und 55 cm lang!«

6.2.2 Interpretation

Sieht man von diesen Informationen ab, so lässt sich die Abbildung zunächst wie folgt beschreiben: Im Vordergrund ist ein rotes Schiff in einem Gewässer zu sehen, dessen Besatzung gegen eine Art Seeungeheuer kämpft. Im Hintergrund erkennt man im Nebel zwischen den säumenden Felsen schemenhaft die Umrisse eines gerade versinkenden zweiten Schiffes. Das weiße Segel zeigt einen roten Drachen, der in einer keltisch anmutenden Form dargestellt ist und starke Ähnlichkeit mit dem auf der walisischen Landesflagge dargestellten Drachen hat. Die Drachenfigur findet sich in der Gesamtkonstruktion des Schiffes wieder, wobei der hohe Bug in Form des Oberkörpers ausgestaltet ist. Die Figuren, die die Besatzung des Schiffes darstellen, erinnern an die Kultur der Wikinger, zum Beispiel an die dort typischen Schilde und Helme mit Hörnern. Der vordere Teil des Schiffes mit dem Drachenkopf ragt aus dem Wasser heraus. Als wesentliche Elemente des Schiffes lassen sich neben dem dominanten Segel ein daran befestigter Käfig und ein großes Gerät erkennen, das im Verkaufstext als »Vierfach-Katapult« bezeichnet wird. Eine Wikingerfigur schießt daraus gerade zwei brennende Pfeile in Richtung Seeungeheuer ab. Die Figuren weisen männliche Attribute auf (z. B. Bärte). Eine von ihnen sitzt am Ende des Schiffes erhöht auf einer Art Thron und hält ein langes Schwert in der Hand, vermutlich der Anführer. Die anderen Figuren haben Äxte als Waffen.

Das als »Midgardschlange« bezeichnete grüne Seeungeheuer ist etwa halb so lang wie das Schiff und kommt aus dem Wasser geschossen. Es hat das Maul weit aufgerissen, rote Augen und weiße Stacheln auf Kopf und Rücken. Am Hals der Schiffsbüste hängt eine Wikingerfigur mit einer Axt in der Hand, die drohend in Richtung Seeungeheuer zeigt.

Der Gesamteindruck des Bildes lässt sich mit den Worten: Kampf, Schlacht oder gar Krieg beschreiben. Trotz der kantigen, teils putzigen Legomachart wirkt die Szene äußerst dynamisch und martialisch. Zwei gegnerische Parteien bekämpfen sich, wobei die Wikingerfiguren in ihrer Schiffsbesetzung an die historische Kriegführung anschließen: Ganz vorne das »Fußvolk«, hier stellvertretend durch zwei Wikinger repräsentiert, die dem Seeungeheuer nichts als eine Axt entgegenzusetzen haben. Dann folgen die »schweren Geschütze«, hier ein Katapult, das brennende Pfeile abfeuern kann. Auf dem erhöhten Ende des Schiffes überblickt der Anführer aus sicherer Distanz das Geschehen, ohne sich selbst am Kampf zu beteiligen. Die Rollenverteilung, die Aufstellung der Figuren auf dem Schiff ist klar definiert; jeder hat eine Aufgabe zu erfüllen. Die gegenseitige Verpflichtung, das Verbündet-Sein im Kampf gegen die Midgardschlange zeigt sich symbolhaft in der gemeinsamen Flagge, unter der die Gruppe ihre Zugehörigkeit demonstriert. Wahrscheinlich trägt das im Hintergrund sinkende Schiff dasselbe Wappen. Es sieht so aus, als hätte die Schlange bereits Opfer gefordert, so dass die Wikinger nun Rache üben müssen oder den Kampf nicht aufgeben wollen.

Die dargestellte Szene zeichnet sich durch Gegensätze aus: Auf der einen Seite die Midgardschlange, die im Alleingang das Schiff angreift, auf der anderen die Mannschaft der Wikinger, eine Gruppe Verbündeter unter einem gemeinsamen Segel, die mit großer Waffenaustattung den Kampf aufnimmt. Das Element der Midgardschlange (Siehe auch URL: http://de.wiki pedia.org/wiki/Midgardschlange [Stand: 6. 3. 2006]), die der nordischen Mythologie entstammt, ist das Wasser, und die Wikinger bekämpfen sie mit dem Element Feuer. Der Mensch mit seiner fortgeschrittenen Technologie kämpft gegen eine Naturgewalt an, die ihrerseits schon Opfer gefordert hat. Während die Kultur der Wikinger historisch real ist, handelt es sich bei der Midgardschlange um eine fiktive Gestalt. Die Szene insgesamt stellt eine Fiktion dar. Untermauert wird diese Gegensätzlichkeit durch die Farbgebung, die stark durch Komplementärfarben geprägt ist. Während das Schiff und das Wappen der Wikinger rot gehalten sind, ist das Seeungeheuer grün.

Die beiden Komplementärfarben erzeugen eine optische Spannung, wirken aktivierend, lebendig, aber auch nervös und unruhig. Allerdings ist die stereotype Verortung der Farben – Grün = keine Gefahr bzw. Erlaubnis, Rot = Gefahr bzw. Verbot (wie bei Ampeln, Strandflaggen etc.) – ins Gegenteil verkehrt. Das »Böse« wird durch die Midgardschlange symbolisiert, die hier vermutlich grün dargestellt ist, um ihren tierischen Ursprung und die Verwandtschaft zu Dinosauriern oder Reptilien wie z.B. Krokodilen nahe zu legen. Ferner ist Grün die Farbe der Natur, während Rot als Signalfarbe auch für das Feuer steht, das die Wikinger einsetzen und deren Gefährlichkeit zeigt. Die farbkräftige Szene spielt sich vor dem eher neutralen blau-weißen Hintergrund ab und gewinnt dadurch besonders stark an Dynamik.

Zusammenfassend lassen sich an der martialischen Inszenierung Gegenpole in folgende Kategorien einteilen:
– Alle/die Gruppe gegen Eine/n;
– Mensch/Technik gegen Natur(gewalt)/Tier;
– Element Feuer gegen das Element Wasser (der Mensch als Beherrscher des »gezähmten« Feuers, eingesetzt als Waffe);
– Gut gegen Böse.

6.2.3 Thematisierungmöglichkeiten/Fragen an das Bild

Es ist davon auszugehen, dass die Schüler/innnen rasch herausfinden, dass es sich hierbei um die Abbildung eines Spielzeugs handelt. Im Unterschied zum vorherigen Bildbeispiel können sie bei dieser Szene vermutlich spontan Bezüge zu eigenen Spielerfahrungen herstellen. Methodisch und inhaltlich bietet sich hier geradewegs an, von ihnen eigene Geschichten/Spielverläufe entwickeln zu lassen.

Zwar greift das didaktische Prinzip der »Lebensweltnähe« auch in dieser fiktiven Situation nicht direkt, aber Kinder kennen aus eigenen Erfahrungen ähnliche Spielhandlungen, die durchaus geprägt sind von Prinzipien des Kampfes (»wir gegen euch«), des Kräftemessens, des Abgrenzens und des Zuschreibens von Rollen. Dies findet sowohl im Spiel (z.B.: Cowboy und Indianer) statt, als auch im schulischen Alltag (z.B.: Wer hat die besten Noten? Wer nimmt die Rolle des Anführers, des Strebers ein? Wem gehört welches Territorium auf dem Pausenhof etc.?) (vgl. Wagner-Willi 2005).

Aufgrund der Wirkungskraft des Bildes sind anfangs vermutlich keine Fragen oder zusätzlichen Impulse der Lehrperson nötig. Aber thematisieren und durchschauen die Lerner/innen auch die besondere Machart der Abbildung als Werbung und die dahinter stehende Verkaufsstrategie, die sie als potenzielle Konsumenten ansprechen soll? Wissen sie, wo sie das Spielzeug erwerben können und wieviel es kostet?

Nach einer ersten Phase des Sammelns und Ordnens der Äußerungen unter Aspekten wie: Gefallen/Missfallen (Wer spielt damit, wer nicht?); Vorwissen/Anfragen (Wer waren die Wikinger? Was hat es mit der Midgardschlange auf sich?) kann eine systematische inhaltliche Beschreibung und Interpretation des Bildes anschließen. In dieser Phase können Fragen nach der *Bedeutung* des Dargestellten gemeinsam erarbeitet werden. Es kann nach der Funktion dieser Abbildung gefragt werden. Was soll diese Abbildung bewirken? Warum und wozu gibt es dieses Spielzeug?

Auf verschiedenen Ebenen können soziale und politische Aspekte und Inhalte herausgearbeitet werden. Es bieten sich hier vor allem die Themen (a) Gruppenzugehörigkeit, (b) Verhältnis Mensch-Natur/Naturbeherrschung (c) Kampf/Mittel des Krieges und auf einer anderen Ebene (d) die Aufmachung/Machart dieser Werbung:

(a) Die Wikingerfiguren tragen dieselbe Kleidung und Ausrüstung, haben ein gemeinsames Wappen und ihre Rollen und Positionen sind aufgeteilt. Die Schüler und Schülerinnen könnten sich fragen, was dies zu bedeuten hat. Sie können sich bewusst machen, dass über gemeinsame Zeichen und Symbole Gemeinschaft und Gruppenzugehörigkeit unterstützt und gefördert werden, dass dies dem Wunsch vieler Menschen nach Zugehörigkeit entspricht (hier wären auch Bezüge zur eigenen Lebenswelt, zu eigenen »Marken« möglich).

(b) Mit der Gegenüberstellung »Mensch-Natur« können ökonomische und ökologische Gesichtspunkte betrachtet werden. Auch wenn das dargestellte Seeungeheuer als Fabelwesen erkannt wird, so stellt sich dennoch die Frage, welche Tiere heute noch eine Bedrohung für den Menschen darstellen. Im Gegensatz zu den Tieren, die eine potenzielle Gefahr darstellen, werden auch friedliche Tierarten gejagt und getötet. Dabei spielen auch soziale bzw. politische Komponenten eine Rolle. Die Midgardschlange könnte ein Hindernis für die gefahrlose Nutzung der Seewege sein oder die Wikinger daran hindern, ihr Territorium zu erweitern. Auch im aktuellen politischen Geschehen finden Kämpfe statt, in denen es um die Erweiterung des eigenen Einflussbereiches geht.

(c) Ein weiterer Gesprächsschwerpunkt kann das Thema Kampf/Krieg sein. Gefragt werden kann, welche Merkmale von Kampf/Krieg hier auftauchen. Da ist zum einen der Gebrauch von Waffen zu nennen. Dem kann die Midgardschlange nichts entgegensetzen, sie speit nicht einmal Feuer. Die technische Ausrüstung kann also ausschlaggebend für den Erfolg oder die Niederlage sein und wird umso wichtiger, je stärker der Gegner scheint. Gleichzeitig ist gut zu erkennen, dass die Verteidigung (siehe Werbekatalog) der Wikinger strategisch durchdacht und vorbereitet ist. Es kann hier ausgiebig spekuliert werden, warum die Wikinger die Midgardschlange bekämpfen: Wollen die Wikinger die Schlange töten, weil sie schon viele Opfer gefordert hat und die Bevölkerung terrorisiert? Oder geht es nur um eine Trophäe, um das Vorzeigen des erlegten Monsters zum Beweis der eigenen Stärke? Hat die Midgardschlange unter Umständen gar nichts getan und wird »zu Unrecht« gejagt? Was würden die Wikinger über die Situation berichten, wie würde die Midgardschlange davon erzählen? Kann Tötung durch das Motiv (z. B. Notwehr) gerechtfertigt werden, »weniger schlimm« oder gar »gut« sein?

(d) Was die Aufmachung bzw. Machart der Abbildung anbelangt, lassen sich die Schüler/innen in ihrer Rolle als potentielle Konsumenten einbeziehen. Dabei könnte abschließend noch einmal stärker die Form (ästhetische Dimension) der Abbildung berücksichtigt werden. Mit Fragen wie: Was gefällt dir an der Abbildung besonders? Was kostet dieses Spielzeug? Was löst die Abbildung bei dir aus? Würdest du dir das Spielzeug kaufen? Was bewirkt diese Abbildung bei dir und bei anderen Kindern?

In der kritischen Auseinandersetzung mit der dargestellten Szene als Fiktion und mit Bezügen, die sich aus realen Erfahrungen ableiten lassen – ohne die man gar nicht verstehen kann, was abgebildet ist – können Schülerinnen und Schüler zu eigenen moralischen und politischen Urteilen angeregt werden. Sie können dabei auch lernen zu unterscheiden zwischen Fiktion und Wirklichkeit, zwischen Spiel und Ernstfall (Unterscheidungs- und Differenzierungsvermögen). Sie können durchschauen lernen, welche Mittel die Werbung einsetzt, um bestimmte Zwecke (Kauf von Gütern) gerade bei Kindern zu bewirken.

7. Schlussbemerkung

Bilder bzw. Abbildungen können verschieden gedeutet und interpretiert werden; sie können Spielräume eröffnen, Irritationen hervorrufen, Rätsel aufgeben und Fragen offen lassen. In diesem Sinne kann von ästhetischen und politischem Urteilen als Kontinuum zwischen subjektiven und objektiven Kategorien (Richter 2003, 219) gesprochen werden. Mit den hier vorgeschlagenen ästhetischen und politischen Lernzugängen soll der Kreativität, der Imaginationsfähigkeit und den Artikulationsbedürfnissen von Schulkindern Rechnung getragen werden. Dabei sind hermeneutische Kompetenzen (Deuten, Interpretieren, Verstehen) aufzugreifen und zu fördern, die notwendig sind, um sich in einer Welt voller Bilder zurechtzufinden.

Literatur

Fauser, Peter (2002): Lernen als innere Wirklichkeit. Über Imagination, Lernen und Verstehen. In: Neue Sammlung, (1), S. 39–68.

Fröhlich, Volker / Stenger, Ursula (Hrsg.) (2003): Das Unsichtbare sichtbar machen. Bildungsprozesse und Subjektgenese durch Bilder und Geschichte. Weinheim/München.

George, Siegfried (1998): Ästhetisches Arbeiten im Politikunterricht. In: Kursiv, (2), S. 36–41.

GPJE (2004): Nationale Bildungsstandards für den Fachunterricht in der Politischen Bildung an der Schule. Ein Entwurf. Schwalbach/Ts.

Gläser, Eva (2004): Modernisierte Arbeitsgesellschaft – didaktisch-methodische Überlegungen zum ökonomischen Lernen. In: Richter, Dagmar (Hrsg.): Gesellschaftliches und politisches Lernen im Sachunterricht. Bad Heilbrunn, S. 173–188.

Hericks, Uwe / Spörlein, Eva (2001): Entwicklungsaufgaben in Fachunterricht und Lehrerbildung – Eine Auseinandersetzung mit einem Zentralbegriff der Bildungsgangdidaktik. In: Hericks, Uwe/Keuffer, Josef/Kräft, Hans Christof/Kunze, Ingrid (Hrsg.): Bildungsgangdidaktik. Perspektiven für Fachunterricht und Lehrerbildung. Opladen, S. 33–50.

Kirchner, Constanze (1999): Kinder und Kunst der Gegenwart. Zur Erfahrung mit zeitgenössischer Kunst in der Grundschule. Seelze.

Müller-Doohm, Stefan (1993): Visuelles Verstehen – Konzepte kultursoziologischer Bildhermeneutik. In: Jung, Thomas/Müller-Doohm, Stefan (Hrsg.): »Wirklichkeit« im Deutungsprozess. Verstehen und Methoden in den Kultur- und Sozialwissenschaften. Frankfurt a. M., S. 438–457.

Richter, Dagmar (2003): Politisch-ästhetisches Lernen im Sachunterricht. In: Kuhn, Hans-Werner: Sozialwissenschaftlicher Sachunterricht. Konzepte, Forschungsfelder, Methoden. Freiburg, S. 209–228.

Richter, Dagmar (2004): Friedenserziehung als ästhetische Auseinandersetzung mit Schreckensbildern. In: Richter, Dagmar (Hrsg.): Gesellschaftliches und politisches Lernen im Sachunterricht. Bad Heilbrunn, S. 53–69.

Schelle, Carla (2002): Politisches Lernen an Abbildungen – Bildbotschaften deuten und reflektieren. In: Weißeno, Georg (Hrsg.): Politikunterricht im Informationszeitalter. Schwalbach/Ts., S. 210–222.

Schelle, Carla (2005): Mit Bildern lernen: Foto, Karikatur, Grafik, Gemälde. In: Sander, Wolfgang (Hrsg.): Handbuch politische Bildung. Schwalbach/Ts., S. 523–536.

Wagner-Willi, Monika (2005): Kinder-Rituale zwischen Vorder- und Hinterbühne. Der Übergang von der Pause zum Unterricht. Wiesbaden.

Markus Tiedemann

Schulung der Urteilskraft – Mit Kindern über Freiheit, Gerechtigkeit und Verantwortung philosophieren

Das so genannte *Philosophieren mit Kindern* hat bereits einen Platz in den Stundentafeln vieler Bundesländer. Meist handelt es sich um Angebote des Wahlpflichtbereiches. In Mecklenburg-Vorpommern ist ein ordentliches Unterrichtsfach ab der ersten Klasse etabliert. Als Unterrichtsprinzip durchzieht das Philosophieren nahezu alle Bildungspläne von der Grundschule bis zum Gymnasium. Vergleichbare Tendenzen sind in vielen anderen europäischen Staaten zu beobachten (vgl. Brüning 1999). Ein in Schweden verbindliches Curriculum schreibt die Reflexion von Werten und Normen bereits für die Vorschule vor.

Was vermag das Philosophieren mit Kindern für politische Bildung an der Grundschule zu leisten? Um das zu entscheiden, gilt es zunächst drei grundsätzliche Fragen zu klären.
– Was vermag die Philosophie für die Demokratie zu leisten?
– Ist wirkliches Philosophieren mit Grundschulkindern möglich?
– Ist Philosophieren über Politisches an der Grundschule möglich?
Erst wenn sich diese Fragen positiv beantworten lassen, kann das *Philosophieren mit Kindern* als Baustein politischer Bildung in der Grundschule anerkannt werden.

1. Was vermag die Philosophie für die Demokratie zu leisten?

Der philosophische Bedarf demokratischer Gesellschaften speist sich aus ihrem normativen Selbstverständnis und aus ihrer aktuellen, historischen Situation. Das normative Selbstverständnis des demokratischen Rechtsstaates postuliert den *Diskurs* zur übergeordneten Handlungsnorm. Hieraus resultiert ein Bedarf an mündigen, diskurswilligen und diskursfähigen Bürgern, wie sie seit Kant von Autoren wie Adorno (1959), Habermas (1983) oder von Hentig (1999) immer wieder gefordert werden. Dieser Bedarf wird durch die konkrete historische Situation noch verschärft: Zum einen ist das durch die Vernunftkritik der Postmoderne entstandene *Legitimationsproblem der Demokratie* zu nennen. Der Status des Diskurses als übergeordnete Handlungsregel kann durch den Diskurs selbst nicht legitimiert werden. Autoren wie Apel und wohl auch Habermas würden an dieser Stelle intervenieren (Apel 1973). Postmoderne Denker wie Lyotard (1994) und Zygmunt Bauman (1995) vertreten hingegen die Position, dass auch die moderne und die postmoderne Ethik nach wie vor auf Metaerzählungen beruhen, die nicht letztbegründet werden können. Zum anderen steht die Menschheit unter einem enormen, den Globus umspannenden und Generationen übergreifenden *Entscheidungsbedarf.* Die gewaltigen technischen Möglichkeiten der modernen Menschheit sind durch von Weizsäckers (1987) Aussagen über das wissenschaftlich-technische Zeitalter oder Günther Anders' (1981) Thesen zum Atomzeitalter beschrieben worden. Soziologisch haben Ulrich Becks (1989) Analysen der Risikogesellschaft den Entscheidungsbedarf der Moderne erneut verdeutlicht. *Urteilskraft und rationale Verständigung* über Nationen- und Kulturgrenzen hinweg sind heute mehr denn je geboten. Gleichzeitig pflegt zumindest die mediale Alltagskultur kaum den Diskurs und die mit ihm symbiotisch verbundene Mündigkeit. Zu beobachten ist ein medialer Paradigmenwechsel vom Wort zum Bild. Bereits Popper (1957, 126) fürchtete um die »argumentative Funktion« der Sprache, die allein eine »kritische Diskussion über Wahrheit und Falschheit von Sätzen« ermögliche. Die Kassandrarufe des 2003 verstorbenen Neil Postman gehen wesentlich weiter. Die in Massenproduktion gefertigten, lichtgeschwinden Bilderwelten machten eine kontrollierte Handhabung von Informationen unmöglich. Die Informationen selbst erfahren eine Transformation vom Satz zum Bild, vom Diskursiven zum Nicht-Diskursiven, vom Intellektuellen zum Emotionalen (vgl. Postman 1987). Bildungsarbeit muss daher stets um den Erhalt der Diskursfähigkeit und der Diskurswilligkeit bemüht sein, und die Geschichte der Philosophie kann durchaus als Kultivierung dieser Kompetenzen gelesen werden.

Seit Sokrates, wie Cicero berichtet, die Philosophie »vom Himmel heruntergeholt, in den Städten angesiedelt, auch in den Privathäusern eingeführt und dazu angehalten [habe], über das Leben und die Gebräuche sowie über das Gute und das Schlechte nachzudenken« (vgl. Gespräche in Tusculum, V, 4, 10), ist Philosophie in zahlreichen Ausprägungen praktisch und diskursiv gewesen. Schon im Wirken des Sokrates lassen sich vier Traditionen praktischer Philosophie unterscheiden. Der Sokrates, der sich auf Athens Plätzen und Straßen im direkten Gespräch darum bemüht, »die Sache selbst« (vgl. Euthydemos 277 d 1–278 e 2 und 306 d 2–307 c 4.) zu klären, ist der Sokrates der *Aufklärung*. Der Sokrates, der unter anderem im Kriton zeigt, dass er »zu leben und zu sterben weiß«, ist der Sokrates der *Lebenskunst* (vgl. Hadot 1991, 10). Dort, wo Sokrates die Klärung der Dinge immer auch als *therapeia* bezeichnet, begründet er eine Tradition philosophischer *Therapie* (Hadot 1991, 16). Der platonische Sokrates schließlich erhebt die Philosophie zudem zu einem *Bildungsgang*, um das Wohl der gesamten Polis zu garantieren (Politeia, VII, 16–18 518 c–541 b). Die antike Philosophie hat stets alle vier Traditionen gepflegt. So können etwa Aristoteles' Untersuchungen über die menschliche Bestverfassung als Akt der Aufklärung und als anthropologische Grundlagenforschung für eine Philosophie der Lebenskunst verstanden werden (Nikomachische Ethik, I, 1–12). Gleichzeitig war Aristoteles als Lehrer Alexanders unmittelbar mit der Frage elitärer Erziehung konfrontiert. In den Schriften Epikurs und den Lehren der Stoa gewinnt die Philosophie einen stark therapeutischen Charakter, der Seelenruhe über Erkenntnis erhebt und somit an Grenzen des philosophischen Selbstverständnisses rührt (Erler 1999). Auch die Grenzen zwischen Theorie und Praxis sind durchaus fließend. Besonders deutlich wird dies in der platonischen Lehre, wonach die theoretische Erkenntnis des Guten und Schönen notwendig die gute und gerechte Handlung bewirkt (Politheia IX. 12–13; Georgias 526 b–527 c).

In der Neuzeit stellt die Philosophie ihre praktische Bedeutung vor allem als Katalysator der *Aufklärung* unter Beweis. Fragen der individuellen *Lebenskunst* bleiben durch Themen wie Erziehung oder Freundschaft im Fokus professioneller Philosophen. Der platonische »Zauber« eines *elitären Bildungsganges* ist auch in der Neuzeit zur Legitimation totalitärer Herrschaftsformen gebraucht und missbraucht worden (Popper 1957, 126 f.). Und wenn Nietzsche (1986, 124 f.) eine Befreiung von der Sklavenmoral fordert, so ist dies immer auch als eine Therapie des von Freud diagnostizierten Unbehagens in der Kultur zu verstehen. Die Unterscheidung zwischen theoretischen und praktischen Disziplinen ist in der Neuzeit systematischer, nicht dogmatischer Natur. So lassen sich etwa die kantischen Schriften quer durch alle Disziplinen als ein Ringen um die Schlüsselbegriffe Kritik, Vernunft und Freiheit verstehen (Höffe 1996, 15). Darüber hinaus sind auch im 20. Jahrhundert vieldiskutierte ethische Konzepte, wie etwa die Diskursethik von Apel und Habermas, Rawls Theorie der Gerechtigkeit oder Martha Nußbaums Modifikation der aristotelischen Tugendlehre entwickelt worden.

Auch die Traditionen praktischen Philosophierens bestehen fort. In der Tradition der *Aufklärung* hat sich die praktische Philosophie an der Klärung neuer, gesellschaftlicher Fragen wie der Bio-, Technik-, Umwelt-, und Wirtschaftsethik beteiligt. An die Tradition der *Lebenskunst*, aber auch der

therapeutischen Philosophie hat bereits Michel Foucault durch seinen expliziten Rückgriff auf das Konzept der antiken Philosophie als ›Sorge um sich
selbst‹ angeknüpft (Hadot 1991, 177 f.). Zahlreiche Publikationen zu einer
Philosophie der Lebenskunst und die Eröffnung philosophischer Praxen belegen deren ungebrochene Aktualität. Dennoch bleibt festzuhalten, dass philosophische Betätigung nicht notwendig demokratische Überzeugungen
hervorbringt. Nach Jürgen Habermas (1983, 26) ist Philosophie eine Dienst-
leistungsinstanz, die »Übersetzerdienste« anbieten sollte »für eine Vermittlung der Alltagswelt und einer kulturellen Moderne, die sich in ihre auto-
nomen Bereiche zurückgezogen hat«. Herbert Schnädelbach (1995, 39)
spricht von der »interpretativen Orientierungsaufgabe« der Philosophie. Beide verstehen Philosophie nicht als Kanon von Bildungsinhalten, sondern als
Methode oder Technik der Übersetzung bzw. der Interpretation. In seiner
kleinen Schrift »Was heißt: sich im Denken orientieren?« ruft Kant (1902/
10, 146) dazu auf, Überzeugungen und Werte autonom zu entwickeln, sofern bei diesem Prozess der Vernunft das Vorrecht zukommt, »der letzte
Probierstein der Wahrheit zu sein«. *Philosophische Orientierung* ist nach Kant
»Aufklärung«, was bedeutet, die Kriterien und »Maximen« der Beurteilung
im Gebrauch der »eigenen Vernunft« zu suchen. Philosophie ist somit nur
sekundär ein Reservoir an Normen und Erkenntnissen. Primär ist sie ein
»Probierstein«, also Methode oder Technik zur Prüfung angeblicher Werte
und Wahrheiten. Bei dieser Prüfung habe sich die Vernunft eine strenge
Kritik und Selbstkritik aufzuerlegen. Anderenfalls drohe eine nur schein-
bare, »spekulative Orientierung«. Die religiöse »Schwärmerei«, die Kant
hier Mendelssohn vorwirft, sei »nicht Erkenntnis, sondern [nur] gefühltes
Bedürfnis der Vernunft« (vgl. Mendelssohn 1785) und führe dazu, sich an
äußeren Autoritäten zu orientieren.

*Praktische Philosophie ist nach Kant eine Orientierungstechnik, die es durch die
Schulung von Fähigkeiten, Kenntnissen und Haltungen zu verbessern gilt. Um in
Kants eigenem Bild der geographischen Orientierung zu bleiben: Jede Orientierung
beginnt mit der Standortbestimmung. Hierfür sind die Bereitschaft zu Eigenverantwortung, die Fähigkeit den »Kompass« (Brüning 1990) zu gebrauchen und die
Kenntnis möglichst vieler Koordinaten erforderlich. »Wissen, wer ich bin, ist eine
Unterart des Wissens, wo ich mich befinde. Definiert wird meine Identität durch
Bindungen und Identifikationen, die den Rahmen oder Horizont abgeben, innerhalb
dessen ich von Fall zu Fall zu bestimmen versuchen kann, was gut und wertvoll ist
oder was getan werden sollte bzw. was ich billige oder ablehne. Mit anderen Worten,
dies ist der Horizont, vor dem ich Stellung zu beziehen vermag« (Tayler 1996, 55).
Die Besonderheit einer Orientierung im Denken ist, dass sie nicht auf einen stabilen äußeren Bezugsrahmen zurückgreifen kann, sondern diesen selbst hervorbringen*

muss. »Das an und das in fallen hier zusammen, insofern die Instanz, an die wir uns in unserem kognitiven Orientierungsbedürfnis wenden, keine andere sein kann als das Medium, in dem dieses Orientierungsbedürfnis sich artikuliert« (Dietz u. a. 1996, 10). Die Wahl der einzuschlagenden Richtung mag Ergebnis des Orientierungsprozesses sein, notwendige Voraussetzung ist sie nicht. Es handelt sich um den »Versuch gedanklicher Orientierung im Bereich der Grundsätze unseres Denkens, Erkennens und Handelns« (Schnädelbach 1992, 381). Primär ist Philosophie kein »Orientierungswissen«, sondern eine Methode zum richtigen Gebrauch des Wissens (Breun 2000). Praktische Philosophie als Orientierungstechnik gibt keine normativen Ziele und keine Reiserouten vor, sie ist die Kunst der Navigation in einem autonom zu bestimmenden Wertehorizont. Schulung der Urteilskraft bedeutet autonome Werteentwicklung, nicht konservative Wertevermittlung. Dass eine demokratische Überzeugung am Ende dieser reflexiven Entwicklung steht, kann mit guten Gründen erhofft, nicht jedoch garantiert werden. In jedem Fall erfordert gemeinsames Philosophieren eine Diskursgemeinschaft, in der demokratische Tugenden wie Gleichberechtigung, Analysefähigkeit und Kritikfähigkeit in besonderer Weise zum Tragen kommen. Philosophieren ist Bildungsarbeit im Sinne einer »Arbeit am Logos« (Steenblock 2000, 15) bzw. einer »elementaren Kulturtechnik humaner Lebensgestaltung« (Martens 2003, 25f.). Philosophieren ist somit keine hinreichende Bedingung für den Erhalt der Demokratie. Wohl aber kultiviert sie deren notwendige Voraussetzungen.

2. Ist wirkliches Philosophieren an der Grundschule überhaupt möglich?

Nun gut, ist man versucht zuzustimmen: Philosophie und Philosophieren sind nicht notwendig mit demokratischen Überzeugungen verbunden, aber doch zumindest mit der Schulung elementarer demokratischer Kompetenzen. Aber darf das, was an der Grundschule realisiert werden kann, wirklich Philosophie genannt werden? Das Philosophieren mit Kindern steht in einem Spannungsfeld zwischen ihren Bedürfnissen und den Anforderungen der Fachphilosophie. Letztere warnt vor einer Banalisierung oder gar Entstellung ihrer klassischen Inhalte und Methoden, während aus pädagogischer Sicht eine Überforderung der Kinder oder zumindest deren intellektuelle Überfrachtung befürchtet wird.

Ausweg aus dieser Zuspitzung bieten ein dialektischer Philosophiebegriff und eine didaktische Analyse des philosophischen Aktes.

Philosophie ist demnach eine dialektische Symbiose im Spannungsfeld zwischen Esoterik und Exoterik (Holthey 1977), zwischen Lebensweisheit und theoretischer Wissenschaft, deren unterschiedliche Traditionen jeweils einen der beiden Bestandteile stärker gewichten. Gemeinsam sind ihnen die Bereitschaft zur kritischen und selbstkritischen »Deutung von Deutungen« (Gefert 2002) sowie das beharrliche Ringen um konsistente Argumentation und eindeutige Begriffe. Die Didaktik von Ekkehard Martens versteht Philosophie als Schatztruhe und als Werkzeugkiste. In Ersterer befinden sich jene Klassiker, die als Meilenstein der Geistesgeschichte gelten und/oder es vermögen, das Denken immer neuer Generationen zu aktivieren. Letztere stellt Techniken und Übungen zur Verfügung, die Qualität und Quantität des Reflexionsvermögens befördern. Die Werkzeugkiste ist in fünf Hauptfächer unterteilt. Es handelt sich um die Methoden der Phänomenologie, Dialektik, Analytik, Hermeneutik und Spekulation, die – so Martens (2003, 54) – spezifisch für das Philosophieren als Akt sind. Gleichzeitig werden unterschiedliche Ebenen der philosophischen Entwicklung differenziert. Martens spricht vom ursprünglichen, elementaren und systematischen bzw. fachwissenschaftlichen Philosophieren. Auch das Klavierspielen beginnt mit grundlegenden Bewegungen. Erst später entwickelt sich eine elementare Spielkompetenz. Die Entfaltung einer systematischen und vielfach reflektierten Meisterlichkeit bedarf eines langen Weges. Dies ändert nichts daran, dass Anfänger wie Virtuose gleichermaßen Klavierspieler sind. Ebenso philosophiert jeder, der sich aus Liebe zur Weisheit um Kenntnisse, Fähigkeiten und eine prinzipielle Haltung der Offenheit bemüht (Martens 1999, 12).

Als qualitative Unterscheidung zwischen Kinder- und Jugendphilosophie bzw. der Philosophie der Erwachsenen, schlägt der Entwicklungspsychologe Retro Fetz den Übergang von der *Objekt-* zur *Mittelreflexion* (Fetz u. a. 2001, 351) vor. Beispielsweise fragt die Objektreflexion der Kinder, wie so etwas wie das Universum nur unendlich sein kann. Die Mittelreflexion der Jugendlichen dagegen fragt, warum das Instrument unseres Verstandes nicht dazu in der Lage ist, Unendlichkeit zu erfassen. Die von Fetz vorgeschlagene Unterscheidung könnte auf den ersten Blick die Trennschärfe zwischen ursprünglichem und elementarem bzw. systematischem Philosophieren noch erhöhen. Dennoch steht auch für Fetz fest, dass bereits Grundschulkinder philosophieren können. Das Philosophieren in der Grundschule dient dazu, das ursprüngliche Philosophieren der Kinder zu bestärken und schrittweise in ein elementares Philosophieren zu überführen. Primäres Ziel ist eine Haltung prinzipieller Offenheit und Neugierde (Brüning 1999 b). Für die Sekundarstufe I sieht etwa der Hamburger Rahmenplan Philosophie ferner vor, das elementare Philosophieren als Haltung zu festigen, sowie Fertigkeiten einzuüben und zu erwerben. Die Fähigkeit von Grundschulkindern zur naiven bzw. elementaren Reflexion grundlegender Fragestellungen ist durch eine umfangreiche Literatur dokumentiert. Die Tatsache, dass hierbei neben diskursiven auch spielerische, theatrale und präsentative Ausdrucksformen zum Einsatz kommen bestätigt, dass das *Philosophieren mit Kindern* der Grundschuldidaktik gerecht wird. Am Beispiel des Höhlengleichnisses konnte nachgewiesen werden, dass selbst philosophische Klassiker in allen Schulstufen gewinnbringend bearbeitet werden können (Tiedemann 2006). Sofern Philosophie primär als Akt rationaler Orientierung verstanden wird, verhält es sich mit Grundschulkindern und Philosophieprofessoren ebenso wie mit Hausmusikern und Konzertpianisten. Es mögen unterschiedliche Ebenen erreicht worden sein, doch praktiziert wird dieselbe Kunst.

3. Ist Philosophieren über Politisches an der Grundschule möglich?

Wie oben geschildert, besteht der demokratische Wert der Philosophie nicht in der Erarbeitung politisch relevanter Themenkomplexe, sondern in der Kultivierung spezifischer Tugenden und Fähigkeiten. Im Folgenden soll an drei Beispielen demonstriert werden, wie darüber hinaus auch immanent politische und somit demokratisch relevante Inhalte altersgemäß in philosophischen Gesprächen mit Grundschulkindern behandelt werden können. Nach einem kurzen Hinweis auf die unterrichtlichen Zusammenhänge sollen die Kinder selbst zu Wort kommen. Die Beispiele entstammen Aufzeichnungen aus einem Seminar der Kinder-Universität aus dem Jahre 2005 und Unterrichtseinheiten an der Grundschule Nettelnburg in Hamburg aus den Jahren 1996 bis 2001.

3.1 Gespräche über Verantwortung vor dem Hintergrund von Platons Höhlengleichnis

Im Verlauf des Unterrichts war Platons Höhlengleichnis in Form eines gespielten Gedankenexperiments und als visuelle Selbsterfahrung erarbeitet, gezeichnet und bezüglich seiner erkenntnistheoretischen Bedeutung diskutiert worden. Anschließend wandten sich die Kinder der normativen Problematik des Höhlengleichnisses zu. Es entspann sich ein Gespräch über Verantwortung.

Steven: »Ja klar müssen wir die Gefangenen befreien!«
Lehrer: »Warum?«

Darinka: »Warum?! Weil das ungerecht ist! Die Bösen, die, die Gefangenen da hingesetzt haben, sollten dort mal sitzen und die Schatten anstarren.«

Layla: »Wir müssen die Gefangenen befreien, damit sie auch einmal was anderes sehen. Es ist ungerecht, weil sie ja nicht wissen, was sie verpassen.«

Lehrer: »Wissen sie denn nicht, dass sie etwas verpassen?«

Christoph: »Nein! Aber trotzdem verpassen sie ganz viel. Wir wollen *(sollten)* sie also befreien.«

Darinka: »Ja, aber dann dürfen sie nicht so viel fernsehen, sonst kriegen sie wieder ganz schlechte Augen.«

Martin: »Es ist in jedem Fall besser frei zu sein, als in der Höhle zu hocken. Hier *(draußen)* kann man viel mehr machen.«

Felix: »Man muss sich einfach vorstellen, als ob *(dass)* diese Menschen wie Babys sind. Sowenig wissen sie doch wohl.«

Fabian lacht: »Wer will schon immer ein Baby bleiben?«

Christoph: »Ich habe ja auch etwas gelernt, sonst könnte ich ja nicht philosophieren.«

Felix: »Na ja, man muss die Gefangenen aber nicht unbedingt befreien. Das kann sehr gefährlich sein. Das kann viel zu gefährlich sein.«

Christoph: »Ich will mal fragen, was ist wertvoller: ein oder zwei Leben? Doch wohl zwei! Also kann man ein Leben riskieren um zwei zu retten.«

Sven-Malte: »Wir können ja auch sagen da sitzen hundert Gefangene.«

Felix lacht: »Na ja, um die alle zu befreien, brauchte man aber auch hundert Leute.«

Alle lachten und wandten sich der konkreten Umsetzung der Befreiungsaktion zu. Vor allem die Jungen bestanden auf Messer und spezifische Bewegungen beim Anschleichen.

Lehrer: »Meint ihr, dass die Gefangenen sich leicht befreien lassen?«

Darinka: »Nein! Die schreien bestimmt laut los. Die denken, wir sind Monster!«

Layla: »Wir sind aber doch gute Menschen. Ich würde die Gefangenen befreien und ans Licht führen. Dann erkläre ich ihnen alles. Sprechen können sie ja.«

Felix: »Wenn du die ans Licht bringst, bekommen die einen Schock fürs Leben.«

Darinka: »Die laufen gleich wieder in die Höhle *(zurück)*. Das tut doch weh, wenn sie plötzlich in die helle Sonne kommen.«

Ich bat die Kinder aufzustehen und sich neben die Gefangenen zu stellen. Ich führte ihnen noch ein paar mal die Schatteneffekte vor und bat sie dann, sich abrupt umzudrehen und in das Licht zu sehen. Zahllose Äußerungen von Missfallen waren die Folge. Die Kinder wurden sich so schnell einig, dass die Gefangenen bei ihrer

Befreiung sowohl Schmerz, als auch Angst empfinden würden. Es wurde daher beschlossen, den Gefangenen während der Befreiung sowohl die Augen als auch den Mund zuzuhalten und sie mit Gewalt aus der Höhle zu bringen. Besonders interessant war, dass die Gruppe auch ein Gewöhnungsprogramm für die Ex-Gefangenen für notwendig hielt.

Felix: »Auf jeden Fall können die Gefangenen am Anfang fast nichts sehen. Die können sogar blind werden.«

Christoph: »Wenn ich morgens aufwache, brennt mir das Licht auch in den Augen.«

Felix: »Na ja, langsam gewöhnt man sich ja an das Licht.«

Darinka: »Man muss sie bei Regen aus der Höhle bringen, wenn ganz viele Wolken *(am Himmel)* sind, dann können sie langsam alles viel besser sehen.«

Layla: »Man darf sie am Anfang auf keinen Fall alleine lassen. Sie sind noch so hilflos. Erklären muss man ihnen alles.«

Mario: »Ich will nur noch mal sagen, dass die Gefangenen einem auch dankbar sind, wenn wir sie befreit haben.«

Felix: »Ja, wenn sie sich an die Höhle erinnern, sind sie glücklich draußen zu sein.«

Stephan: »Wenn man sich erst einmal an das Licht gewöhnt hat, will man nicht wieder zurück, sonst müsste man sich ja wieder an das Dunkle gewöhnen. Draußen ist es auch schöner.«

Felix: »Allerdings ist es draußen auch anstrengender.«

Christopher: »Aber du hast doch eben gesagt, sie erinnern sich an die Höhle und finden das ganz grausam *(dort)*.«

Felix: »Genau. Deshalb wollen sie auch auf keinen Fall wieder zurück, auch wenn das draußen anstrengender ist.«

Lehrer: »Warum ist es draußen anstrengender?«

Felix: »Na, weil du hier alles selber machen musst.«

Martin während er die ersten Fesseln durchschnitt: »Na und! Draußen ist alles viel besser und schöner.«

Max: »Verantwortung hat was mit Können zu tun. Also, wenn ich etwas nicht kann, kann niemand verlangen, dass ich das mache. Aber wenn ich jemanden befreien kann und ich weiß, dass er gefangen ist, dann ist das anders.«

Lehrer: »Was ist dann anders?«

Max: »Na, ich kann ihn ja retten. Also bin ich dafür verantwortlich ob er gefangen bleibt oder nicht. […] Also, die anderen, also die, die ihn da eingesperrt haben, die sind auch verantwortlich.«

Sophie: »Die sind noch viel mehr verantwortlich. Aber wenn wir es ändern können, dann sind wir auch verantwortlich, jedenfalls etwas.«

3.2 Ein Gespräch über Gerechtigkeit vor dem Hintergrund eines Gedankenexperiments in Anlehnung an John Rawls

Gedankenexperiment:

Bewaffnet mit einem Zauberstab und einem Zauberhut sprach ich folgenden Zauberspruch: »Ich verzaubere euch im Namen des großen und mächtigen Zauberers John Rawls. Morgen wird jeder von euch ein ganz anderer Mensch sein und vielleicht in einer ganz anderen Zeit und an einem ganz anderen Ort leben. Der Zufall wird entscheiden, ob ihr klug oder dumm, arm oder reich, gesund oder krank, Mann oder Frau, alt oder jung sein werdet. Allerdings dürft ihr jetzt bestimmen, welche Gesetze in eurem Land gelten sollen, wie die Arbeit und das Geld verteilt werden sollen.«

Im Anschluss daran wurden Arbeitsgruppen zu den Themen Polizei, Krankenhäuser, Schule und Arbeit gebildet. Als die letzte Gruppe ihre Ergebnisse präsentierte, kam es zu folgendem Gespräch:

Paul: »Also Frauen und Männer sollen schon mal gleich bezahlt werden. Na das will ja jeder, wenn er nicht weiß, ob er als Mann oder als Frau geboren wird und dann ist das ja auch gerecht so. Wenn einer keine Arbeit hat, dann soll er Geld kriegen. Also von denen, die Arbeit haben. Jeder gibt dann etwas ab. So ist das ja jetzt auch.«

Simone: »Über das Geld haben wir uns aber gestritten. Paul will, dass alle gleichviel Geld bekommen. Auch die, die gar nicht arbeiten.«

Paul: »Ich habe aber gesagt, dass die (die Arbeitslosen) auch nach einer Arbeit suchen müssen. Also, wenn sie gar keine Arbeit wollen, dann ist es gerecht, wenn sie gar kein Geld bekommen. Das finden wir auch alle.«

Simone: »Mein Vater arbeitet aber ganz viel, auch in der Nacht. ... Dann ist das doch ungerecht, wenn er genauso viel bekommt, wie einer, der weniger arbeitet.«

Tina: »Ja oder vielleicht mache ich morgen eine ganz schwere Arbeit, dann will ich auch viel mehr verdienen als einer, der eine ganz leichte Arbeit macht.«

Paul: »Dann stell dir doch mal vor, du bist morgen zu dumm oder zu schwach um eine schwere Arbeit zu machen.«

Tina: »Dann mache ich eben eine leichtere Arbeit. Man kann auch mit wenig Geld glücklich sein. Mein Bruder hat auch viel mehr Taschengeld als ich, aber er meckert immer rum.«

Paul: »Ich finde das aber ungerecht. Was kann denn einer dafür, wenn er nicht so gut arbeiten kann. Ich finde alle sollen das Gleiche haben. Dann gibt es auch nicht so viel Streit und Krieg und so. Nur die Faulen, die kriegen gar nichts, das ist auch gerecht.«

Lehrer: »Ist Gerechtigkeit also, dass alle das Gleiche haben, oder dass jeder nach seiner Leistung bezahlt wird?«

Paul: »Das stimmt alles nicht! Gerecht ist es dann, wenn alle das Gleiche bekommen, die sich anstrengen wollen.«

3.3 Reflexionen über Freiheit vor dem Hintergrund eines Gedankenexperiments

Gedankenexperiment:

Stellt euch vor, ihr seid die einzigen Überlebenden eines Schiffsunterganges. Mit letzter Kraft und vollkommen erschöpft klammert ihr euch an ein Brett, das auf zwei Inseln zutreibt. Auf der einen Insel läuft ein hungriger Löwe am Strand auf und ab. Auf der anderen Insel befindet sich ein Mensch mit einer Keule, der ebenfalls vor Hunger fast wahnsinnig ist. Zu welcher Insel würdet ihr euch treiben lassen?

Muzzaffer: »Wenn der Mann wahnsinnig ist, dann ist es Wurst, wo ich ankomme, beide fressen mich in jedem Fall.«

Jan: »Fast Wahnsinnig! Er ist fast wahnsinnig! Der Mann kann, ... also er kann sich noch beherrschen und mir zuhören!«

Muzzaffer: »Und wenn der nicht deine Sprache spricht?«

Jan: »Na und? Solange er noch klar im Kopf ist kann er sehen, dass ich ein Mensch und kein Hühnchen bin. Einem Löwen ist das egal, wenn der Hunger hat, dann frisst er alles was da ist.« ...

Dana: »Ja also, der Mensch kann sich entscheiden, ob er wirklich so was böses tun will. Er könnte ja sogar mit mir zusammen verhungern und vielleicht werden wir ja dann doch gerettet.«

Lehrer: »Worin besteht denn nun der Unterschied zwischen dem Menschen und dem Löwen.«

Jan: »Ein Löwe kann sich nicht entscheiden. Er frisst, wenn er Hunger hat und damit gut!«

Lehrer: »Und wir Menschen?«

Dana: »Also bei uns ist das komplizierter. Wir können uns frei entscheiden. Wir müssen ja nichts Böses tun, auch wenn wir es gern wollen. Also meistens tun wir es ja dann doch, aber es muss nicht sein, wir können es uns auch verkneifen!«

Jascha: »Also echte Strafe macht ja auch nur bei Menschen Sinn. Die Richter und die Polizei und die Bürgermeister und so bestrafen die Verbrecher, weil die das mit ihren Einbrüchen selber wollten. Sie mussten das ja nicht machen.«

Muzzaffer: »Ich wollte nur sagen: Wir sind frei, die Tiere nicht. Ein Mensch, der noch ganz echt in der Birne ist, muss nichts Böses tun. Er weiß ja, dass es falsch ist. Er ist frei, was ganz anderes zu machen. Ich glaube, also, das ist ganz wichtig an uns Menschen.«

4. Zusammenfassung

Das Philosophieren mit Kindern schult die Urteilskraft, eine Haltung diskursiver Offenheit und vermag elementare politische Inhalte zu thematisieren. Auf diese Weise wird ein wichtiger Beitrag zur politischen Bildung in der Grundschule geleistet. Unterricht vermag weder demokratische Überzeugung, noch diskursive Partizipation zu erzwingen. Bildungsarbeit sollte aber die Bedingungen der Möglichkeit eines aktiven demokratischen Selbstverständnisses schaffen. Die Vermittlung einer philosophischen Grundhaltung und der mit ihr verbundenen Kenntnisse und Fähigkeiten ist hierbei besonders zu begrüßen.

Philosophy and Democracy urge each of us to exercise our capacity for judgement, to choose for ourselves the best form of political and social organisation, to find our own values, in short, to become fully what each of us is, a free being. Among so many dangers, we have no other hope.
Federico Mayer, Generaldirektor der UNESCO

Literatur

Abkürzungen: ZDPE: Zeitschrift für Didaktik der Philosophie und Ethik
        E & U: Ethik & Unterricht

Adorno, Theodor W. (1971): Erziehung zur Mündigkeit. Vorträge und Gespräche mit Hellmut Becker 1959–1969. Hrsg. v. Gerd Kadelbach. Frankfurt a. M.
Anders, Günther (1981): Die atomare Drohung. München.
Apel, Karl-Otto (1973): Das Apriori der Kommunikationsgemeinschaft und die Grundlagen der Ethik. In: Ders.: Transformation der Philosophie, Bd. 2, Frankfurt a. M., S. 358–436.
Bauman, Zygmunt (1995): Postmoderne Ethik. Hamburg.
Beck, Ulrich (1989): Risikogesellschaft. Überlebensfragen, Sozialstruktur und ökologische Aufklärung. In: Aus Politik und Zeitgeschichte, B 36, S. 4.
Breun, Richard (2000): Philosophie und Orientierungswissen. In: E & U, (3), S. 7–16.
Brüning, Barbara (1990): Mit dem Kompass durch das Labyrinth der Welt. Philosophieren mit Kindern. Wolfenbüttel.

Brüning, Barbara (1999): Ethikunterricht in Europa. Traditionen, Konzepte und Perspektiven. Leipzig.

Brüning, Barbara (1999b): Warum Philosophieren mit Kindern in der Grundschule ein eigenes Fach sein sollte. In: Pfeifer, Silke/Fröhlich, Michael/Schmidt, Hans Jochim u. a. (Hrsg.): Philosophieren in der Grundschule. Rostocker Philosophische Manuskripte, (7), Universität Rostock, S. 91–94.

Dietz, Simone / Hastedt, Heiner / Keil, Geert / Thyen, Anke (1996): Sich im Denken orientieren. In: Dies. (Hrsg.): Sich im Denken orientieren. Für Herbert Schnädelbach. Frankfurt a. M.

Erler, Michael (1999): Leben wie ein Gott auf Erden. Epikur oder: Wie man glücklich wird. Neun Anmerkungen zu einem antiken Lehrer. In: DIE ZEIT, (27), (1. 6. 1999), S. 37.

Fetz, Reto Luzius / Reich, Karl Helmut / Valentin Peter (2001): Weltbildentwicklung und Schöpfungsverständnis. Eine strukturgenetische Untersuchung bei Kindern und Jugendlichen. Stuttgart/Berlin/Köln.

Gefert, Christian (2002): Didaktik theatralen Philosophierens. Untersuchung zum Zusammenspiel argumentativ-diskursiver und theatral-präsentativer Verfahren bei der Texteröffnung in philosophischen Bildungsprozessen. Dresden.

Habermas, Jürgen (1983): Die Philosophie als Platzhalter und Interpret. In: Ders.: Moralbewusstsein und kommunikatives Handeln. Frankfurt a. M., S. 9–28.

Hadot, Pierre (1991): Philosophie als Lebensform. Geistige Übungen in der Antike. Berlin.

Hentig, Hartmut von (1999): Ach die Werte! Ein öffentliches Bewusstsein von zwiespältigen Aufgaben. Über eine Erziehung für das 21. Jahrhundert. München.

Holzhey, Helmut / Zimmer, Walter Ch. (Hrsg.) (1977): Esoterik und Exoterik der Philosophie. Basel/Stuttgart.

Höffe, Otfried (1996): Aristoteles. München.

Höffe, Otfried (1996): Immanuel Kant. (4. durchges. Aufl.) München.

Kant, Immanuel (1786): »Was heißt: sich im Denken orientieren?« In: Ausgabe der Königlich Preußischen Akademie der Wissenschaften (1902/1910). Berlin, S. 146–169.

Kant, Immanuel (1797): Metaphysik der Sitten. In: Ausgabe der Königlich Preußischen Akademie der Wissenschaften (VI), (1902/1910). Berlin, S. 203–493.

Lyotard, Jean-Francois (1994): Das postmoderne Wissen. Ein Bericht. Herausgegeben von Peter Engelmann. (3. Aufl.) Wien.

Martens, Ekkehard (1999): Philosophieren mit Kindern. Eine Einführung in die Philosophie. Stuttgart.

Martens, Ekkehard (2003): Methodik des Ethik- und Philosophieunterrichtes. Philosophieren als elementare Kulturtechnik. Hannover.

Mendelssohn, Mose [1785] (1979): Morgenstunden: oder Vorlesung über das Dasein Gottes. Hrsg. v. Dominique Bourel. Stuttgart.

Ministerium für Erziehung und Wissenschaft in Schweden (1998): Curriculum für die Vorschule. Stockholm (In deutscher Übersetzung von Karen Schrauf zu beziehen von der Gewerkschaft Erziehung und Wissenschaft in Berlin.).

Friedrich Nietzsche (1986): Zur Genealogie der Moral. Kritische Studienausgabe in 14 Bänden. München.

Sir Popper, Karl R. (1957): Platons politisches Programm. In: Ders.: Die offene Gesellschaft und ihre Feinde, Bd. 1: Der Zauber Platons. München, S. 126–228.

Postman, Neil (1987): Das Verschwinden der Kindheit. Frankfurt a. M.

Schnädelbach, Herbert [1987] (1992): Philosophie als Wissenschaft und als Aufklärung. In: Ders.: Zur Rehabilitierung des animal rationale. Frankfurt a. M., S. 372–386.

Schnädelbach, Herbert (1995): Philosophie in der modernen Kultur. In: Hermanni, Friedrich/Steenblock, Volker (Hrsg.): Philosophische Orientierung. Festschrift zum 65. Geburtstag von Willi Oelmüller. München.

Steenblock, Volker (2000): Philosophische Bildung als ›Arbeit am Logos‹. In: Johannes Rohbeck (Hrsg.): Methoden des Philosophierens. Jahrbuch für Didaktik der Philosophie und Ethik, Bd. 1, Dresden, S. 13–29.

Taylor, Charles (1996): Quelle des Selbst. Die Entstehung der neuzeitlichen Identität. Frankfurt a. M.

Tiedemann, Markus (2004): Ethische Orientierung für Jugendliche. Eine theoretische und empirische Untersuchung zu den Möglichkeiten der praktischen Philosophie als Unterrichtsfach in der Sekundarstufe I. Münster.

Tiedemann, Markus (2006): Platons Höhlengleichnis – Ein Klassiker für alle Altersgruppen. In: Zeitschrift für Didaktik der Philosophie und Ethik, (1), S. 15–23.

Weizsäcker, Carl Friedrich von (1987): Der Mensch im wissenschaftlich-technischen Zeitalter. In: Ders.: Ausgewählte Texte. München, S. 67–87.

Detlef Eichner

Fallanalysen im Sachunterricht als Möglichkeit des Demokratie-Lernens

1. Institutionenkundliche Belehrung

Was ist politische Bildung und wie wird sie im schulischen Unterricht gestaltet? Bis 1960 gab es in dieser Frage zwischen Lehrern/Lehrerinnen und an Hochschulen Tätigen einen breiten Konsens. Nach einhelliger Meinung konnte politisches Lernen nur als institutionenkundliche Belehrung gedacht und praktiziert werden. Diese war an einer sachsystematischen Struktur orientiert und zielte auf die Vermittlung abfragbaren Wissens ab. Ein solcherart angelegter Unterricht bietet verschiedene Vorteile. Die Unterrichtenden können sich bei der Planung des Unterrichts an der Sachstruktur einer Thematik orientieren und diese anschließend abarbeiten. Das Thema »Der Deutsche Bundestag« gliedert sich dann beispielsweise in folgende Unterrichtsschritte:
1. Wer wählt den Bundestag?
2. Was sind Abgeordnete?
3. Welche Aufgaben hat der Bundestag?
4. Wie ist der Bundestag organisiert? A. Fraktionen, B. Ausschüsse, C. Präsidium, D. Ältestenrat, E. Verwaltung.
Bei der Vermittlung der an dieser Struktur angelehnten Inhalte gestaltet sich der Unterricht streng hierarchisch. Die in das Thema eingearbeitete und deshalb »wissende« Lehrkraft gibt die Inhalte an »unwissende« Kinder weiter. Diese sind Objekte der Belehrung, denen ein Subjektstatus im Unterricht nicht zugestanden wird. Die Überprüfung des Unterrichtserfolgs gestaltet sich im Anschluss an die Belehrung recht einfach. Die Lehrerin/der Lehrer formuliert die behandelten Unterrichtsinhalte in Wissensfragen um. In den Antworten reproduzieren die Schülerinnen und Schüler das für den Test auswendig gelernte Wissen – und vergessen es häufig im Anschluss daran überraschend schnell und nachhaltig. Die Korrektur der Schülerarbeiten gestaltet sich für die Unterrichtenden problemlos und wenig zeitraubend. Die Antworten können eindeutig als falsch oder richtig eingeordnet und mit entsprechenden Punktzahlen versehen werden.

In einem solchen Unterricht wird wohlgemerkt viel nützliches Wissen gelehrt. Es muss aber fraglich bleiben, ob das von den Schülern auswendig gelernte Wissen langfristig präsent bleibt und somit bildungswirksam ist. In diesem Sinne kann auch kritisch gefragt werden, ob institutionenkundliche Belehrung geeignet ist, um demokratisch-politisches Lernen bei den Heranwachsenden anzustoßen. Eine Voraussetzung hierfür ist, dass die Unterrichtsteilnehmerinnen und -teilnehmer sich aktiv mit dem Gelernten auseinandersetzen und kognitive Strukturen über das Politische in der Demokratie entwickeln bzw. auf die Übernahme der Bürgerrolle in der Demokratie auf den Ebenen der »Lebens-, Gesellschafts- und Herrschaftsform« (Himmelmann 2005) vorbereitet werden. Die Schulung der Fähigkeit des Auswendiglernens im Zuge einer institutionenkundlichen Belehrung kann in dieser Lesart nicht als demokratisch-politisches Lernen bezeichnet werden.

2. Der Fall als Möglichkeit exemplarischen Lernens

Als Gegenentwurf zur institutionenkundlichen Belehrung führte Kurt Gerhard Fischer 1960 die Arbeit mit Fall-Beispielen in die politische Bildung ein (vgl. Gagel 1994, 138). Die auf die reine Vermittlung abfragbaren Wissens angelegte Institutionenkunde soll nach diesem Ansatz durch eine *didaktische Struktur der Lerngegenstände* ersetzt werden, mit deren Hilfe induktive Lernprozesse bei den Schülerinnen und Schülern angestoßen werden. Dieser Übergang zur Arbeit mit Fall-Beispielen, der auch als »didaktische Wende« bezeichnet wird, ist an dem von Wolfgang Klafki in die allgemeine Didaktik eingeführten Prinzip des *exemplarischen Lernens* orientiert. Der Fall ist nach Fischer (1993, 19) das Exemplarische in der politischen Bildung. Er ist »nicht nur Aufhänger oder Einstieg, sondern die Sache selbst«. Der Fall ist immer ein ›Fall von‹. Er steht exemplarisch für ein soziales, gesellschaftliches oder politisches Problem, für einen Prozess oder für betroffene Institutionen, Behörden und Rechtsnormen sowie Gesetze. »Der Unterrichtsprozess ist gekennzeichnet als Analyse des ›Falls‹, seiner Hintergründe und Verzahnungen im Gesamtgesellschaftlichen zwecks Stellungnahme zum konkreten ›Fall‹.« (ebd.). Bei der Arbeit mit Fall-Beispielen geht es somit nicht primär um die Vermittlung eines feststehenden Wissenskanons wie bei der institutionenkundlichen Belehrung. Nach Fischer ist eine Besonderheit politischer Bildung ganz im Gegenteil unter anderem darin zu finden, dass ihre Lehrgüter relativ austauschbar sind. Im Vordergrund bei der Arbeit mit Fällen steht das

Erlernen eines systematisch vernetzten Denkens (vgl. Grammes 2005, 104). Dieses ist gekennzeichnet durch
- die Befähigung zur Analyse eines Falles, also zur Anwendung der dafür notwendigen kognitiven Operationen,
- die Fähigkeit, sich für das Fall-Beispiel relevante Wissensinhalte zu erarbeiten und
- diese auf die Analyse des Falls und seine Beurteilung anwenden zu können.

Die Durchführung einer Fallanalyse im Unterricht ist somit ein sehr anspruchsvoller Vorgang. Lehrerinnen/Lehrern und Heranwachsenden wird dabei viel abverlangt. Es geht nicht um das reine Auswendiglernen, sondern um die Befähigung zum demokratisch-politischen Denken. Eine Fallanalyse orientiert sich an der Systematik des Denkens, die Wolfgang Hilligen (1985, 38 f.) in die noch immer gültige Formulierung gegossen hat: »Man lernt, wenn aus einem Besonderen, in dem sich ein Allgemeines abbildet, jenes Allgemeine so deutlich gemacht wird, dass es – als Schlüsselbegriff, als Regel, als Problem- an einem neuen Besonderen wiedererkannt werden kann. [...] Dieser Pulsschlag von Abstraktionen und Rekonkretisierungen kennzeichnet das didaktische (wie alles kritisch wissenschaftliche) Denken; er ermöglicht den Aufbau kognitiver Strukturen (Denkstrukturen)«.

2.1 Was ist ein Fall?

Im Unterricht zur politischen Bildung werden Fälle oder Fall-Beispiele fast immer in Textform eingesetzt. In diesen Texten wird das Agieren konkreter Personen, Gruppen oder Organisationen geschildert, die Konflikte austragen oder Probleme zu lösen versuchen (vgl. Gagel 2000, 81 ff.). Der Fall weist einen Verlaufs- oder Aktionscharakter auf. In einer weiten Auslegung dieser Begriffsbestimmung können auch Berichte über Lebenslagen und Sozialreportagen als Fälle bezeichnet werden. Der in einem Fall geschilderte Vorgang oder die dargestellte Lebenslage kann, muss aber nicht zwingend aktuell sein. Er ist zeitlich und häufig auch räumlich einzugrenzen.

In dieser weiten Beschreibung von Fall-Beispielen lassen sich drei Typen unterscheiden. Dabei sind zunächst die Fälle aus der Vorstellungs- oder Lebenswelt der Schülerinnen und Schüler zu nennen. Zum Verstehen der geschilderten Ereignisse benötigen die Heranwachsenden keine spezifischen (politischen) Vorkenntnisse. Ihr Alltagswissen und ihre bereits gesammelten Erfahrungen reichen für eine erste Untersuchung des Fall-Beispiels aus.

Für eine Analyse von Fällen aus der Welt der Politik benötigen sie hingegen spezielles politisches Wissen. In dieser Art von Fall-Beispielen wird das Handeln von Politikern geschildert. Um dieses sachadäquat verstehen und auf die Funktionslogik des demokratisch-politischen Systems beziehen zu können, ist Wissen über Inhalte, Formen und Prozesse des Politischen unabdingbar. Nicht nur für Kinder und Jugendliche bringt die Beschäftigung mit dieser Art von Fällen ein erhebliches Verständnisproblem mit sich. Bei in der Regel hoch komplexen politischen Vorgängen trifft das auch auf etliche Erwachsene, ja sogar Fachleute zu.

Von den beiden genannten Typen sind solche Fall-Beispiele zu unterscheiden, die sowohl die Vorstellung und Alltagswelt der Schüler als auch die Welt der Politik berühren. In ihnen wird das Handeln von Personen dargestellt, die sich – angeregt von Problemen oder Konflikten in ihrer Alltagswelt – politisch betätigen.

Die genannten Typen von Fall-Beispielen weisen neben den geschilderten Unterscheidungen auch wichtige Gemeinsamkeiten auf. Sie sind in der Regel komplex und vielschichtig. Daraus folgt, dass sie meist zu verschiedenen Möglichkeiten exemplarischen Lernens genutzt werden können. Das, wofür der Fall beispielhaft stehen soll, muss im Unterrichtsprozess zwischen Lehrer/Lehrerin und Schülern durch interessengeleitete Sinngebung erst herausgearbeitet werden. Die Unterrichtsbeteiligten geben dem exemplarischen Fall eine allgemeine Bedeutung. Sie nehmen eine Abstraktion vor. Dieser Prozess wird als Inhaltsgeneralisierung bezeichnet und im Zuge der Fallanalyse vorgenommen.

2.2 Drei Wege der Fallanalyse

In der Didaktik der politischen Bildung sind drei Wege zur Analyse von Fall-Beispielen bekannt. Ihre methodischen Zugriffsweisen lassen sich nicht nur auf spezielle Fälle, sondern allgemein bei der Analyse von Fall-Beispielen anwenden. Neben der beschriebenen Inhaltsgeneralisierung weisen Fall-Beispiele deshalb auch die Möglichkeit der Methodengeneralisierung auf. Durch den wiederholten Einsatz der nachfolgend dargestellten Untersuchungsmethoden zur Fallanalyse im Unterricht lernen Schülerinnen und Schüler diese Analysewege kennen und werden befähigt, sie selbstständig anzuwenden. Ihnen eröffnet sich so die Chance, das Verfahren auch außerhalb des Unterrichts zur Untersuchung sozialer, gesellschaftlicher und politischer Realität einzusetzen.

2.2.1 Analyse aus der Außenperspektive

Hier untersuchen die Schülerinnen und Schüler das Fall-Beispiel als an dem geschilderten Ereignis unbeteiligte Dritte. Diese Form der Untersuchung wird durch die Anwendung von Leitfragen strukturiert und angeleitet. Die Formulierung der Leitfragen wird von der Lehrkraft an die Lernausgangslage der Schüler angepasst. Die folgenden Fragen können dafür zur Orientierung herangezogen werden (vgl. Breit/Eichner 2004, 91):

- Wer ist beteiligt?
- Worum geht es?
- In welcher Lage befinden sich die Personen?
- Wie sind sie in die Lage hineingeraten?
- Welche Ziele verfolgen sie?
- Welche Mittel setzen sie dazu ein?
- Welchen Verlauf nimmt das Ereignis?
- Wer setzt sich durch?

Die Schüler werden bei der Beantwortung der Fragen angehalten, sich möglichst nahe am Text zu orientieren. Hierfür ist es erforderlich, dass sie über eine dem Text angemessene Lesekompetenz verfügen. Das muss die Lehrkraft auch bei der Textauswahl berücksichtigen.

2.2.2 Analyse aus der Innenperspektive

Ein Fall kann auch aus der Perspektive der Personen aus dem Fall-Beispiel untersucht werden. Hierzu nehmen die Schülerinnen und Schüler die Stelle eines an dem geschilderten Ereignis Beteiligten ein und versuchen, dessen Sichtweise, Gedanken und Gefühle verstehend nachzuvollziehen. Diese von Gotthard Breit (1991) in die Didaktik der politischen Bildung eingeführte Unterrichtsmethode wird auch als soziale Perspektivenübernahme bezeichnet. Grundlegend für sie ist die unter anderem auf Piaget zurückgehende Erkenntnis, dass Kinder und Jugendliche in der Entwicklung zur sozial-kognitiven Reife ihre Befähigung zur sozialen Perspektivenübernahme stufenweise erweitern. So sind sie bereits im Alter von ungefähr sechs bis acht Jahren in der Lage zu erkennen, dass unterschiedliche Personen auf der Grundlage ihrer individuellen Standpunkte und Sichtweisen ein und dieselbe Situation verschieden wahrnehmen und deuten. Diese Befähigung wird im Laufe der Entwicklung zu einer komplexen Denkoperation erweitert. Jugendliche sind in der Lage, auch in den Kategorien generalisierter Anderer und gesellschaftlicher Konventionen zu denken.

Die soziale Perspektivenübernahme bietet für den Unterricht zur politischen Bildung einige wichtige Vorteile. Die Kinder und Jugendlichen lernen, andere Menschen, ihre Sichtweisen, Gedanken und Gefühle als prinzipiell gleichberechtigt anzuerkennen. Versetzen sie sich gedanklich an die Stelle der im Fall beteiligten Personen, argumentieren sie aus deren Sichtweise, so entwickeln sie nicht selten Empathie. Diese äußert sich in Anteilnahme am Schicksal der dargestellten Personen oder auch in Betroffenheit aufgrund einer als belastend nachempfundenen Situation. Oftmals empören sich Kinder und Jugendliche dabei über die enthaltene Ungerechtigkeit. Von sich aus denken dann etliche von ihnen über mögliche Lösungen oder Verbesserungen für die Personen aus dem Fall-Beispiel nach. Erkennen sie, dass auch eine größere, verallgemeinerbare Gruppe von Menschen (z. B. Schüler oder Arbeitnehmer) von dem Problem betroffen ist, lösen sie sich von dem Fall. Im Verlauf dieser Verallgemeinerung überprüfen die Heranwachsenden, ob das Problem von der Politik oder den Betroffenen selbst zu lösen ist. Dabei denken sie auch über mögliche Konsequenzen oder Folgen einer allgemeinen, gesellschaftlichen oder politischen Problemlösung nach (vgl. Breit 1996, 79). Die Befähigung zur sozialen Perspektivenübernahme ist den Menschen als Anlage gegeben. Damit diese kognitive Denkoperation tatsächlich angewendet wird, sollte sie unter anderem auch im Unterricht zur politischen Bildung geübt und geschult werden. Sie stellt einen wichtigen Aspekt im Rahmen des *Demokratie-Lernens* dar. Die Heranwachsenden lernen, ihre eigenen Interessen und Sichtweisen durch die Beschäftigung mit denen anderer Menschen zu relativieren. Ihr Denk- und Wertehorizont wird durch die Anerkennung fremder Interessen und Lebensstile erweitert und pluralisiert.

Nicht immer sind Kinder und Heranwachsende bereit, sich auf die Gedanken, Gefühle und Lebensumstände fremder Personen einzulassen. Hierfür sind verschiedene Ursachen zu benennen. Zum einen besteht selbst bei der konkreten und alltagsnahen Darstellung von Personen und ihrer Lebensumstände in Fall-Beispielen die Gefahr, dass diese der Vorstellungswelt von Schülerinnen und Schülern sehr fremd sind. Das altersbedingte Fehlen von eigenen Erfahrungen in ähnlichen Lebensumständen sowie die Unkenntnis über Funktionsprinzipien und Regeln in den Fällen berührter Teilbereiche der Gesellschaft stellen für Kinder nicht selten nur schwer überwindbare Barrieren dar. Eine soziale Perspektivenübernahme kann unter diesen Bedingungen nicht oder nur schwer stattfinden. Das verweist auf die Tatsache, dass es streng genommen eine Perspektivenübernahme gar nicht gibt. Die eine fremde Perspektive übernehmende Person konstruiert diese immer auch auf der Grundlage eigener Lebenserfahrung, eigenen Wissens und eigener Einstellungen, Werthaltungen und Vorlieben bzw. Abneigungen.

Eine weitere Ursache für das Scheitern einer vom Lehrenden angestrebten sozialen Perspektivenübernahme kann in Blockaden und Weigerungen der Schüler liegen. Sind diese nicht bereit, eine andere Person mit deren Gedanken, Einstellungen oder Lebensumständen als prinzipiell gleichberechtigt anzuerkennen, so werden sie eine im Unterricht geforderte soziale Perspektivenübernahme ablehnen. Diese Ursache ist z. B. dann anzunehmen, wenn Kinder oder Jugendliche aus aufstiegsorientierten oder gutbürgerlichen Familien die Übernahme der Perspektive eines Sozialhilfeempfängers verweigern. Hier besteht die begründete Gefahr, dass die Heranwachsenden nicht lernen, bei allen zu treffenden Entscheidungen die möglichen Konsequenzen auch für jene Menschen zu bedenken, die nicht über die gleichen sozialen Chancen wie sie selbst verfügen, unter schlechteren Bedingungen leben oder andere Schwerpunkte in ihrem Leben setzen.

2.2.3 Lebensweltanalyse

Die Lebensweltanalyse (Eichner 2006) gilt als eine Möglichkeit, Kindern und Jugendlichen die Analyse von Fall-Beispielen mit der Zielsetzung einer sozialen Perspektivenübernahme zu erleichtern. Unter Rückgriff auf verschiedene theoretische Ansätze kann die Lebenswelt unter didaktischer Perspektive als primärer Ort der demokratisch-gesellschaftlichen und demokratisch-politischen Sinnbildung verstanden werden. Die Lebensweltanalyse nimmt eine Position zwischen den bereits dargestellten Ansätzen ein.

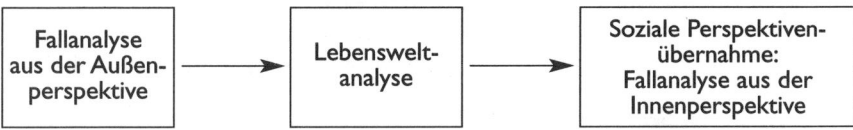

Es wird davon ausgegangen, dass mit Hilfe der Lebensweltanalyse eine soziale Perspektivenübernahme vorbereitet und erweitert wird. Durch die vertiefende Beschäftigung mit den Personen eines Fall-Beispiels werden nicht nur deren Gedanken, Gefühle und Lebenssituationen, sondern auch deren vielfältige Einbindungen in gesellschaftliche Teilsysteme aufgezeigt. Bei Kindern und Jugendlichen wird so das Verständnis komplexer gesellschaftlicher und politischer Prozesse angebahnt. Dies ist Voraussetzung für die Übernahme der Bürgerrolle in der pluralistisch-demokratischen Gesellschaft. Ihrem pragmatischen Charakter entsprechend, wird die Lebensweltanalyse mit Hilfe von vier Kategorien und davon abgeleiteten Unterkategorien und Schlüsselfragen durchgeführt. Das ermöglicht nicht nur den Schülerinnen und Schülern den analysierenden Zugriff auf die Lebenswelt der Protagonisten aus Fall-Beispielen und deren Einbindung in vielfältige gesellschaftliche Teilsysteme. Die Anwendung der Kategorien, Unterkategorien und Schlüsselfragen ermöglicht den Lehrenden zudem die Planung von Unterrichtseinheiten auf der Grundlage von Fall-Beispielen.

Kategorien	Unterkategorien	Schlüsselfragen
Zeit/ Geschichte	– vergangenes Erleben	Welche bedeutsamen Erlebnisse des Akteurs in der Vergangenheit werden aufgezeigt?
	– vergangene Ereignisse	Welche vergangenen Ereignisse, an denen der Akteur nicht selbst teilgenommen hat, besitzen für ihn individuelle Bedeutsamkeit?
	– gegenwärtiges Erleben	Welche bedeutsamen Erlebnisse des Akteurs in der Gegenwart werden aufgezeigt?
	– gegenwärtige Ereignisse	Welche gegenwärtigen Ereignisse, an denen der Akteur nicht selbst teilnimmt, besitzen für ihn individuelle Bedeutsamkeit?
	– Zukunft	In welche Zielsetzungen für die Zukunft setzt der Akteur vergangene und gegenwärtige Erlebnisse und Ereignisse um?
Identität	– Wissen	Über welches spezielles Wissen verfügt der Akteur?
	– Fertigkeiten/ Fähigkeiten	Über welche besonderen Fertigkeiten/Fähigkeiten verfügt der Akteur?
	– Emotionen/ Gefühle	Welche Emotionen und Gefühle sind für den Akteur bezeichnend?
	– Grundüberzeugungen/ Begründungen	An welchen Grundüberzeugungen bzw. allgemeinen Begründungen orientiert sich der Akteur?
	– Selbstverständnis/ Rollenverständnis	Welches Selbst- bzw. Rollenverständnis hat der Akteur entwickelt?
	– Handlungsstrategie	Welche Handlungsstrategie(n) verfolgt der Akteur oder hat er entwickelt?
	– Interessen	Welche Interessen verfolgt der Akteur?
Gesellschaftliche Teilsysteme	– Lebensbereiche	Welche für den Akteur bedeutsamen Lebensbereiche werden aufgezeigt?
	– Bedingungen/ Funktionsprinzipien	Welche Bedingungen/Funktionsweisen der Lebensbereiche werden aufgezeigt? Ist die Geltung der Menschenwürde sowie der Grundwerte in den Lebensbereichen gewährleistet?
	– Gestaltungsmöglichkeiten	Welche Gestaltungsmöglichkeiten der Lebensbereiche bestehen bzw. werden aufgezeigt?
	– Zustimmungswürdigkeit	Sind die Bedingungen/Funktionsprinzipien/Gestaltungsmöglichkeiten der Lebensbereiche für den Akteur zustimmungswürdig?

Kategorien	Unterkategorien	Schlüsselfragen
	– Beziehungen/ Wechselbeziehungen	Welche Beziehungen/Wechselbeziehungen zwischen den Lebensbereichen werden aufgezeigt?
	– Anforderungen	Welche Anforderungen stellen die Lebensbereiche an den Akteur?
Sozialer Kontakt	– Interaktionen	Welche für den Akteur bedeutsamen Interaktionen werden aufgezeigt?
	– Thema	Zu welchem Thema finden Interaktionen statt?
	– Erwartungen/ Ziele/Interessen	Welche Erwartungen/Ziele/Interessen bringen die Beteiligten in die Interaktion ein?
	– Situation	Wie stellen sich die Situationen den Beteiligten dar?
	– Handlungen/ Wechselwirkungen	Durch welche Handlungen versuchen die Beteiligten die Interaktionen zu beeinflussen? Welche Wechselwirkungen zwischen den Handlungen sind feststellbar?
	– Folgen	Was sind die (möglichen) Folgen der Interaktionen und Handlungen für die Beteiligten/Betroffenen?

Nicht immer lassen sich alle Kategorien, Unterkategorien und Schlüsselfragen auf ein Fall-Beispiel beziehen und beantworten. Das ist im Sinne der Lebensweltanalyse auch nicht notwendig. Bei der Anwendung der Kategorien während der Unterrichtsplanung bilden sich Schwerpunkte heraus, die den Lehrer/die Lehrerin auf mögliche Verallgemeinerungen zum demokratisch-gesellschaftlichen oder demokratisch-politischen Lernen hinweisen. Schülerinnen und Schüler sehen sich durch die Anwendung der Schlüsselfragen zu den Kategorien gezwungen, intensiv und nah am Fall zu arbeiten. Ein vorschnelles Abgleiten auf eine allgemeine Ebene des unverbindlichen Meinens kann so verhindert werden.

An den vorstehenden Ausführungen wird ein Nachteil der Fallanalyse insgesamt deutlich. Der unterrichtliche Einsatz von Fällen ist immer mit einem nicht zu unterschätzenden Zeitaufwand verbunden. Dennoch sollten Lehrerinnen und Lehrer trotz des permanenten, sich aus der Themenfülle von Rahmenrichtlinien und anstehender Leistungsüberprüfungen ergebenden Zeitdrucks nicht in die eingangs geschilderte »Stoffhuberei« der institutionenkundlichen Belehrung zurückfallen. Die Befähigung zur Übernahme der Bürgerrolle in der Demokratie ist nicht durch Vielwisserei zu erreichen. Erforderlich ist der Aufbau vernetzten Wissens, das durch Analyse- und Urteilskompetenz ergänzt wird und auf der Anerkenntnis aller Menschen als prinzipiell gleichwertig fußt. Mit der Analyse von Fall-Beispielen im Sachunterricht der Grundschule können diese Ziele wenn schon nicht abschließend erreicht, so doch zumindest vorbereitet werden.

3. Ein Beispiel zu Unterrichtsplanung und -durchführung

Nachfolgend werden exemplarische Hinweise zu Unterrichtsplanung und -durchführung auf der Grundlage eines Fall-Beispiels gegeben.

In einer Lokalzeitung stößt ein Kollege auf die folgenden Fall-Beispiele. Er stellt erste Planungsüberlegungen an, um zu prüfen, ob und mit welcher Zielsetzung die Fälle im Sachunterricht seiner vierten Grundschulklasse eingesetzt werden können.

3.1 Zwei Fall-Beispiele

Schülerin in Klasse gemobbt

Neunjährige mit Hilfe der Lehrerin ausgegrenzt

Eine neunjährige türkische Schülerin ist in einer Klasse der Freiherr-vom-Stein-Schule mit Unterstützung der Religionslehrerin offenbar bewusst ausgegrenzt worden. Der Klassenrat habe in Absprache mit der Lehrerin beschlossen, das Mädchen eine Woche lang zu meiden, bestätigte der zuständige Dezernatsleiter der Bezirksregierung Braunschweig, Walter – Johannes Herrmann, Vorwürfe.

Dies habe die Lehrerin zugegeben. »Aber eine Lehrkraft darf dies nicht tolerieren«, so Herrmann. Die Neunjährige sollte nicht einmal mehr mit Mitschülern reden dürfen. Weitere Vorwürfe gegen die Lehrerin würden von dieser bestritten. Von einem ausländerfeindlichen Hintergrund geht Herrmann nicht aus. Es sei möglich, dass auch das Verhalten der Schülerin Anstoß gegeben habe. Sogar die Eltern hielten ihre Tochter nicht für einfach.
Aus: Aller-Zeitung Gifhorn vom 8. 4. 2004, S. 15.

»Es gab seit längerem Reibereien in der Klasse«

Mobbing-Fall an der Stein-Schule hat Vorspiel

(rtm) Die neunjährige türkische Schülerin geht von heute an in eine neue Schule, [...] und langsam werden Hintergründe über den Mobbingfall an der Freiherr-vom-Stein-Schule klarer. Die vom Klassenrat beschlossene einwöchige Ausgrenzung des Mädchens hat offenbar ein längeres Vorspiel.

»Es hat seit längerem Reibereien innerhalb der Klasse gegeben«, bestätigte Walter- Johannes Herrmann, Dezernatsleiter bei der Bezirksregierung, gestern auf [...]

Nachfrage. Schülerinnen und Schüler hätten sich demnach vom Verhalten der später Ausgegrenzten »bedrängt und unangenehm behandelt« gefühlt. Das ging laut Herrmann bis hin zu Hänseleien und Beschimpfungen auf Türkisch. Weiteres Beispiel: Die Neunjährige soll ihren Bruder bei Klassenkameraden verleugnet haben, die sich zuvor mit ihm verabredet hatten.

»Das wurde vorher schon mehrfach in der Klasse thematisiert.« Weil sich das Verhalten der Neunjährigen offenbar nicht geändert habe, kam es zu einem verhängnisvollen Klassenrats-Beschluss: Eine Woche lang sollte das Mädchen nicht mehr mitspielen dürfen und gemieden werden.

»Aus einer [...] gut gemeinten Aktion ist ein schlechtes Ergebnis herausgekommen«, so Herrmann. Ausgrenzung: »Da hätte die Lehrkraft sofort einschreiten müssen.« Zweiter Fehler: Die Neunjährige sei bei der Erörterung ihres Falles nicht mit dabei gewesen. »Sie konnte sich nicht einmal rechtfertigen.«
Aus: Aller-Zeitung Gifhorn vom 15. 4. 2004, S. 13.

3.2 Untersuchung der Fall-Beispiele im Rahmen der Unterrichtsplanung

Zunächst stellt der Lehrer fest, dass der Umfang des ersten Textes seine Schülerinnen und Schüler nicht überfordern dürfte. Auf der Grundlage seiner Erfahrungen zur Lernausgangslage ist er davon überzeugt, dass der Fall der Lesekompetenz seiner Schüler angemessen ist. Den zweiten Text möchte er zur inneren Differenzierung nur seinen leistungsstärkeren Schülern an die Hand geben. Der Unterrichtende geht davon aus, dass er nur zu den folgenden Begriffen und Formulierungen aus den Texten zusätzliche Hinweise zum Verständnis der Texte geben muss: gemobbt, Klassenrat, Dezernatsleiter, Bezirksregierung, tolerieren, ausländerfeindlicher Hintergrund. In einem weiteren Planungsschritt untersucht er die Fälle mit Hilfe des Modells der Lebensweltanalyse. Er erkennt, dass insbesondere die Anwendung der Kategorie »gesellschaftliche Teilsysteme« zur Behandlung des Fall-Beispiels geeignet ist. Der Fachlehrer notiert die folgenden Analyseergebnisse.

Unterkategorie »Lebensbereiche«

Als vorteilhaft betrachtet der Lehrer, dass sich der Fall in der Schule abspielt. Er berührt damit einen Bereich, der seinen Schülern aus eigener Lebenserfahrung bekannt ist. Der Lehrer geht davon aus, dass etliche Heranwachsende somit den im Fall geschilderten Vorgang zunächst als »einfach zu verstehen und zu beurteilen« einschätzen dürften. Ihm ist bewusst, dass vielfach das Bekannte sich dem analysierenden Zugriff sperrt. Durch die Anwendung weiterer Unterkategorien soll das lebensweltlich Bekannte für die Schülerinnen und Schüler fragwürdig werden.

Unterkategorie »Gestaltungsmöglichkeiten«

Auch wenn der Kollege in seiner Klasse das Modell des Klassenrats nicht praktiziert, so eröffnet er den Schülerinnen und Schülern immer wieder Möglichkeiten, an der Schul- und Unterrichtsgestaltung zu partizipieren. Das Fall-Beispiel schildert die Mitwirkungsmöglichkeit des Klassenrats. Diese kann so inhaltlich dargestellt, hinsichtlich bestehender Chancen und möglicher Gefahren untersucht und zu notwendigen Regeln und Verhaltensweisen für alle Beteiligten verallgemeinert werden. Zusätzlich eröffnet sich unter der Perspektive der Unterkategorie »Gestaltungsmöglichkeiten« die Möglichkeit, bestehende Partizipationsformen an der Gestaltung von Unterricht und Schule aufzuzeigen. Der Kollege ist sich darüber bewusst, dass im Gegenzug das Teilsystem Schule als hierarchisch gegliedert und durch Machtpositionen der Lehrenden bestimmt dargestellt werden sollte, um Partizipationsillusionen bei den Heranwachsenden zu verhindern.

Unterkategorien »Bedingungen/Funktionsprinzipien« und »Beziehungen/Wechselbeziehungen«

Der Sachunterrichtslehrer erkennt durch die Anwendung dieser Unterkategorien, dass in den Fall-Beispielen die Möglichkeit angelegt ist, den Schülern ausgewählte Funktionsprinzipien des Schulsystems insgesamt aufzuzeigen und die Einbindung der einzelnen Schule in die übergeordnete Struktur der Schulaufsicht zu verdeutlichen. Die Analyse des Falls unter der Perspektive der genannten Unterkategorien kann den Heranwachsenden verdeutlichen, dass Lehrerinnen und Lehrern die hinlänglich bekannte zentrale Rolle im und für den Unterricht zukommt. Sie erfahren ebenso, dass Lehrer im Unterricht nicht alles tun können, was sie möchten, sondern unter Aufsicht der Schulbehörde stehen. Diese achtet auf die Einhaltung bestehender Gesetze und Erlasse. Eine bewusste Ausgrenzung von Schülern durch Lehrerinnen oder Lehrer im Unterricht ist demnach unzulässig.

Unterkategorien »Zustimmungswürdigkeit« und »Anforderungen«

Die Anwendung dieser beiden Unterkategorien lenkt den Blick des Kollegen auf die in den Fall-Beispielen dargestellte Kontroverse zwischen einer einzelnen Schülerin und dem Rest der Klasse sowie auf die dargestellte »Problemlösung«. Einerseits werden so Anforderungen deutlich, die das Zusammenleben in einer Klasse an alle Beteiligten stellen. Den Schülerinnen und Schülern kann die Notwendigkeit eines fairen Umgangs miteinander verdeutlicht werden. Auf diesem Wege wird ebenso herausgearbeitet, dass es notwendig ist, Konflikte als alltägliche und aus der Individualität des Einzelnen entstehende Phänomene jeglicher menschlicher Gemeinschaft begreifen und aushalten zu können. Die Unterkategorie »Zustimmungswürdigkeit« lenkt den Blick dabei auf die Frage, ob mehrheitlich bestimmte Regelungen eines Konflikts in ihren möglichen Folgen für alle Konfliktparteien vertretbar sind. Das vorliegende Fall-Beispiel bietet Anlass zu einer kontroversen Betrachtungsweise. Einerseits hat die betroffene Schülerin durch ihr Verhalten ihre Mitschüler massiv gestört und verärgert. Andererseits wurde ihr bei der Regelung des Konflikts weder eine Mitsprachemöglichkeit eingeräumt noch wurde bedacht, was es für das betroffene Mädchen bedeuten könnte, von allen Mitschülern gemieden zu werden. Bei der Abstimmung über die gefundene Konfliktregelung wurde nicht der Versuch unternommen, die möglichen Folgen mit den Augen der Neunjährigen zu sehen. Die Anwendung einer sozialen Perspektivenübernahme hätte die beteiligten Schülerinnen und Schüler auf die Frage aufmerksam gemacht, ob sie selbst von anderen so behandelt werden möchten, wie sie es zu praktizieren beschlossen haben.

3.3 Mögliche Verallgemeinerungen

Auf der Grundlage der vorstehenden Analyseergebnisse formuliert der Sachunterrichtslehrer die folgenden möglichen Verallgemeinerungen in Form von didaktischen Perspektiven.

Vorschlag 1

Im Fall-Beispiel wird die Methode des Klassenrats als Möglichkeit der Schülerpartizipation an der Regelung klasseninterner Probleme und Konflikte aufgezeigt. In der Unterrichtseinheit setzen sich die Schülerinnen und Schüler auf der Grundlage der Fall-Beispiele mit der Methode des Klassenrats auseinander, ermitteln Vorteile dieser Methode und benennen aufgrund der Ergebnisse der durchzuführenden Fallanalyse auch mögliche Nachteile. Darauf aufbauend erarbeiten sie Regeln und Verhaltensweisen für alle an einem Klassenrat Beteiligten. Den Abschluss der Unterrichtseinheit bildet eine Abstimmung darüber, ob die Schülerinnen und Schüler in ihrer Klasse den Klassenrat als Institution einführen möchten. Thema der Unterrichtseinheit: Probleme in der Klasse gemeinsam lösen: Der Klassenrat – eine Methode mit Vor- und Nachteilen.

Vorschlag 2

In den Fall-Beispielen wird geschildert, wie eine klasseninterne Regelung von Konflikten aufgrund der beschlossenen Ausgrenzung einer Schülerin zum

Einschreiten der Schulaufsicht führt. Die Unterrichtsteilnehmer analysieren das Fall-Beispiel mit der Zielrichtung, einen grundlegenden Einblick in die institutionell-hierarchische Struktur des Schulwesens und seiner grundlegenden gesetzlichen Regelungen zu erhalten. Thema der Unterrichtseinheit: Schüler und Lehrer organisieren gemeinsam den Schulalltag – dürfen sie alles machen, was sie wollen?

Vorschlag 3

In den Fall-Beispielen wird geschildert, wie sich Schülerinnen und Schüler einer Klasse gegen das provozierende und nicht mehr akzeptierte Verhalten einer Klassenkameradin zur Wehr setzen.

Die Unterrichtsteilnehmer analysieren die Fall-Beispiele mit der Zielsetzung, mögliche Verhaltensweisen gegenüber unbeliebten und unliebsamen Mitschülern zu sammeln. Dies wird durch normative Überlegungen ergänzt. Die Schülerinnen und Schüler überprüfen die entwickelten Vorschläge, ob sie mit den Begriffen Fairness, Gleichheit und Gerechtigkeit zu vereinbaren sind, und setzen sich mit möglichen Folgen der Konfliktregelungen für die Betroffenen auseinander.

Thema der Unterrichtseinheit: Sie hat es nicht anders verdient? Wie gehen wir mit unbeliebten Mitschülern um?

3.4 Auswahl der didaktischen Perspektive

Der Lehrer entschließt sich nun, den dritten Vorschlag in eine vorläufige Grobplanung der Unterrichtsstruktur umzusetzen. Seine Schülerinnen und Schüler setzen sich unter der Leitlinie dieser didaktischen Perspektive mit normativen Grundlagen des Zusammenlebens in einer demokratischen Gesellschaft auseinander. Dies ist dem Lehrer im Sinne des *Demokratie-Lernens* wichtig. Zudem wird den Unterrichtsteilnehmern unter der Leitlinie dieser didaktischen Perspektive ein möglicher Weg der *demokratisch-politischen Urteilsbildung* aufgezeigt. So besteht nach Ansicht des Lehrers die begründete Hoffnung, dass zumindest einige Heranwachsende auch außerhalb des Unterrichts ihr Handeln und Verhalten an normativen demokratischen Grundlagen orientieren und dabei immer auch mögliche Folgen für andere mitbedenken.

Für die durchzuführende Unterrichtseinheit entwickelt der Sachunterrichtslehrer die nachstehende Grobstruktur. Er weiß, dass er die anderen beiden didaktischen Perspektiven nicht unnütz entwickelt hat. Erst während des konkreten Unterrichts wird sich zeigen, welche Interessenschwerpunkte seine Schülerinnen und Schüler bei der Analyse der Fall-Beispiele setzen. Obwohl auch im Unterricht auf der Grundlage von Fällen die Verantwortung bei der Lehrkraft liegt, empfiehlt es sich, in vertretbaren Grenzen auf die Interessen und Ziele der Heranwachsenden einzugehen. Im Unterricht zur demokratisch-politischen Bildung, der die Zielsetzung verfolgt, die Unterrichtsteilnehmer auf die Übernahme der Bürgerrolle in der Demokratie vorzubereiten, können diese nicht auf die Rolle der zu Belehrenden reduziert werden. Sie müssen ganz im Gegenteil die Möglichkeit erhalten, die Subjektrolle einzuüben und in der kontroversen Auseinandersetzung zu kultivieren.

3.5 Grobstruktur der Unterrichtseinheit

Thema des Unterrichts-schrittes	Didaktisch-methodische Struktur
Ein Beschluss des Klassenrats sorgt für Ärger. Was ist passiert?	Analyse der Fall-Beispiele aus der Außenperspektive mit Hilfe der W-Fragen; erste Stellungnahmen zum geschilderten Vorgang
Den Vorgang besser verstehen.	Analyse der Fall-Beispiele durch Anwendung der Lebensweltanalyse: Die Schülerinnen und Schüler wenden die umformulierten Leitfragen zu den Unterkategorien »Bedingungen/Funktionsprinzipien«, »Gestaltungsmöglichkeiten« und »Zustimmungswürdigkeit« in arbeitsteiliger Gruppenarbeit an.
Ich bin sie – mit den Augen anderer Schülerinnen sehen und ihre Gedanken und Gefühle ermitteln.	Analyse aus der Innenperspektive (Soziale Perspektivenübernahme): Die Unterrichtsteilnehmer versetzen sich in die Rollen des ausgeschlossenen Mädchens aus dem Fall-Beispiel sowie einer von ihr beschimpften und schlecht behandelten Mitschülerin. Aus beiden Perspektiven formulieren die Unterrichtsteilnehmer deren mögliche Gedanken und beschreiben ihre Gefühle.
Wie wollen wir miteinander umgehen?	Verallgemeinerung: Die Schülerinnen und Schüler setzen sich mit den Begriffen »Fairness« sowie »Gleichheit/Gerechtigkeit« auseinander.
Das hätte man auch anders regeln können.	Rekonkretisierung: Die Unterrichtsteilnehmer beziehen die Analyseergebnisse auf den konkreten Vorfall der Fall-Beispiele. Dazu spielen sie die Sitzung des Klassenrates nach und entwickeln mögliche Ergebnisalternativen.

Literatur

Breit, Gotthard (1991): Mit den Augen des anderen sehen – Eine neue Methode zur Fallanalyse. Schwalbach/Ts.

Breit, Gotthard (1996): Lernziel: Politik im Alltag entdecken – Zur Analyse von Fall-Beispielen im Politikunterricht. In: Politische Bildung, 29 (1), S. 76–93.

Breit, Gotthard (2000): Der »Parteispendenskandal« im Politikunterricht. Entwicklung didaktischer Perspektiven und Aufschlüsselung des Unterrichtsinhalts. In: Politische Bildung, 33 (2), S. 79–95.

Breit, Gotthard / Eichner, Detlef (2004): Die Fallanalyse im Politikunterricht. In: Frech, Siegfried/Kuhn, Hans-Werner/Massing, Peter (Hrsg.): Methodentraining für den Politikunterricht. Schwalbach/Ts., S. 89–116.

Eichner, Detlef (2004): Bildung politikdidaktischer Perspektiven am Beispiel der Unterrichtseinheit »Die Folgen der alternden Gesellschaft für das Gesundheitssystem – eine Herausforderung für den Wähler?« In: Politische Bildung, 37 (4), S. 68–87.

Eichner, Detlef (2006): Demokratie-Lernen im Politikunterricht durch Lebensweltanalysen. Über das Ich hinaus. Hamburg.

Fischer, Kurt Gerhard (1993): Das Exemplarische im Politikunterricht. Schwalbach/Ts.

Gagel, Walter (1994): Geschichte der politischen Bildung in der Bundesrepublik Deutschland 1945 – 1989. Zwölf Lektionen. Opladen.

Gagel, Walter (2000): Einführung in die Didaktik des politischen Unterrichts. (2. Aufl.) Opladen.

Grammes, Tilman (2005): Exemplarisches Lernen. In: Sander, Wolfgang (Hrsg.): Handbuch politische Bildung. Schwalbach/Ts., S. 93–107.

Hilligen, Wolfgang (1985): Zur Didaktik des politischen Unterrichts. Wissenschaftliche Voraussetzungen. Didaktische Konzeptionen. Unterrichtspraktische Vorschläge. (4., völlig neubearb. Aufl.) Opladen.

Himmelmann, Gerhard (2005): Demokratie-Lernen als Lebens-, Gesellschafts- und Herrschaftsform. Ein Lehr- und Studienbuch. (2. überarb. Aufl.) Schwalbach/Ts.

Marcel K. Bisdorf

Wir wählen wie die Großen –
Beispiele
aus dem Grundschulunterricht

Was ist möglich im »Politik-Unterricht« der Grundschule? Mit dieser Frage ist gleichzeitig untrennbar die Frage verbunden: Was ist pädagogisch unmöglich oder ausgeschlossen in einem solchen Unterricht? Letzteres bezieht sich auf das Spannungsverhältnis von Politik und Pädagogik: Der Staat hat an der Schule – verstanden als propädeutische Einrichtung – ein allgemein politisches Interesse. Er will mündige Bürger erziehen, Leistungsbereitschaft wecken und auf Partizipation vorbereiten. Bisher war es so, dass politisches Handeln auch in der Grundschule zwar erwünscht, aufgrund der Themenkomplexität aber für wenig realisierbar gehalten wurde. Mittlerweile hat ein Umdenken stattgefunden, und der Primarbereich wird für Bildung und politische Bildung aus staatlicher Sicht zunehmend interessanter.

Nicht zuletzt einer spürbaren »Politikverdrossenheit« könnte der Staat durch einen frühen Politikunterricht begegnen. Mag es politisch legitimiert sein, dass der Staat Einfluss nehmen darf (Leder 2000), so findet dieser Anspruch seine Grenzen im »pädagogischen Interesse«. Als Pädagogen müssen wir notwendigerweise jedem Politikunterricht – und das gilt für den Primarbereich umso dringlicher – den staatlichen Forderungen an Schule pädagogische Forderungen entgegensetzen.

Das Interesse, das Lehrer/innen an der Schule haben, so können wir diesen Überlegungen vernünftigerweise vorausschicken, darf nicht weltanschaulich-ideologischer Natur sein. Die Anerkennung des Menschen als Subjekt seiner selbst und die Achtung seiner Würde verbieten, Erziehung als Verhaltensänderung und Indoktrination misszuverstehen und daraus bestimmte Ziele abzuleiten. Das Interesse der Lehrer/innen an der Schule liegt in der Bildung der Schüler/innen.

Erst diese Setzung ermöglicht uns eine Verständigung auf Unterrichtsziele und Umsetzungsmöglichkeiten (1.), die an ausgewählten Praxisbeispielen dargelegt werden (2.).

1. Ziele im Unterricht und Möglichkeiten der Umsetzung

Der frühe Politikunterricht ist nur dann möglich, wenn wir den Schüler/ innen zutrauen, dass sie Werturteile bilden können und dass sie ihr Schulleben selbsttätig und verantwortlich gestalten wollen und können, also politisch Verantwortung tragen und politisch handeln. Es ist daher die Aufgabe der Lehrkraft, die Kenntnisse und Erkenntnisse (Wissen), die im Politikunterricht erworben wurden, »umzudrehen« und nach ihrer Bedeutung für die Schüler/innen zu fragen, um dadurch das Werten zu lehren und bei den Schülern/innen zu bilden (Pöppel 2006). Wenn Schüler/innen Öffentlichkeit so gestalten, dass es ihnen und anderen Menschen ein »gutes Leben« ermöglicht, handeln sie politisch.

Bei Landesschülerräten wird man Vertreter/innen der Grundschulen meist vergeblich suchen. Wenn es darum geht, Grundschülern/innen an ihren Schulen mitreden und mitgestalten zu lassen, wird sich das in der Regel auf ein Minimum beschränken. Warum übertragen wir ihnen nicht mehr Verantwortung? Trauen wir es ihnen nicht zu oder scheuen wir selbst nur die Auseinandersetzung? Bildung muss selbsttätig erlangt werden. Die Möglichkeit, selbst (politisch) zu handeln, setzt voraus, dass wir entsprechende Räume dafür öffnen. Gerade die aktive Teilhabe und Mitwirkung an der Gestaltung des Zusammenlebens von Menschen sollte zunehmend in der Grundschule Einzug halten. Denn bereits hier und darüber hinaus in der Nachbarschaft oder im Ort können Schüler/innen und deren Vertreter/innen Aufgaben übernehmen. Sie können Regeln des Zusammenlebens entdecken, öffentlich diskutieren und hinterfragen. In nachfolgender Matrix sind einige Beispiele angeführt:

Methodischer Schwerpunkt	Unterrichtsziel	Inhalte
Informationen sammeln, ordnen, vorstellen.	Die Schüler/innen sollen Zeitungsberichte (Tageszeitung) über Politiker/innen und Parteien zusammenstellen und präsentieren.	»Schüler/innen – Nachrichten/Tagesschau« werden der Klasse vorgestellt, Partei-Plakate mit Vertretern einzelner Parteien werden erstellt.

Ähnlich wie die Nachrichtensendungen für Kinder im Fernsehen (z. B. »logo« bei »kika«), hat die Klasse eine eigene Nachrichtensendung. Sie dauert maximal fünf Minuten zuzüglich einer Nachbesprechung oder Klärung, deren Zeit die Lehrkraft bestimmen kann.

Jeweils zwei Schüler/innen sollen gemeinsam aus der Tageszeitung (oder aus reduzierten Seiten der Tageszeitung) vier Artikel auswählen und hinter einem

»virtuellen« Fernseher, gebastelt aus Pappe, ihrer Klasse vorstellen. Praktisch bedeutet das, dass sie separat vom Rest der Klasse ihre Aufgabe vorbereiten und sich auf Bilder, Überschriften oder Textpassagen, die sie vorstellen wollen, verständigen. Je nach Leistungsvermögen und Interessengebiet der Nachrichtensprecher/innen können die »Sendungen« sehr unterschiedlich ausfallen: Einmal lasen zwei Schüler fünf Minuten lang die Tabellen der Fußballkreisklassen vor. Manche Schüler zeigten Bilder und erzählten den verstandenen Text frei. Wieder andere hielten nach Rubriken gegliederte kleine Vorträge. Insgesamt war bei jeder Präsentation die Aufmerksamkeit der gesamten Klasse vorhanden.

Plakate oder Tabellen auf Metaplanpapier mit Fotos und Namen von Politiker/innen helfen den Schüler/innen, Ordnung in die Parteienlandschaft zu bringen. »Wer gehört zu wem?« ist nur die erste Frage. »Warum arbeiten die zusammen und was wollen die?« schließt sich an und ist eine Grundvoraussetzung, um den Zweck von Parteien erklären zu können. Die politische Dimension dieser Fragen eröffnet sich, wenn die Schüler/innen vor dem Hintergrund eigener konkreter Ziele und Forderungen (z. B. ein Fußballtor oder ein Basketballkorb für unseren Schulhof) Koalitionen bilden, diskutieren, bewerten und aktiv werden.

Einige Beispiele, wie Politiker/innen sich absprechen und handeln, lassen sich im Unterricht durchaus als »input« mit einer Geschichte aus dem Buch verpacken: Der Kanzler wohnt im Swimmingpool (Schröder-Köpf/Brodersen, 2001).

Methodischer Schwerpunkt	Unterrichtsziel	Inhalte
Zeitzeugen befragen, Bezüge zur Gegenwart herstellen, Zusammenhänge diskutieren, erfragen.	Die Schüler/innen sollen historische Ereignisse kennenlernen und Bedingungen des Zusammenlebens von Menschen erkennen.	Jahrestage besprechen (Tag d. Deutschen Einheit, Novemberpogrome 1938, Jahrestag der Befreiung – Auschwitz, Volkstrauertag, …).

Wenn man mit den Schüler/innen z. B. bei Unterrichtsgängen vor Gedenktafeln und Grabsteinen verweilt, fragen sie aus eigenem Antrieb: »Wieso ist dieser Mann so jung gestorben?«, »Warum sind an diesem Tag so viele Menschen auf einmal gestorben?« usw. Die Schüler/innen machen sich sehr detailliert Gedanken über die Welt – sie philosophieren. Wir sollten sie darin bestärken.

Dass bereits Kinder und Jugendliche sich für die Zeit des Nationalsozialismus interessieren, merken wir sehr häufig schon in der Grundschule: »Wer war Hitler?«, »Was war denn im Krieg mit den Juden?«, »Meine Großeltern mussten im Krieg fliehen.« Unterstützung, dieses Thema zu bearbeiten, erhalten wir mittlerweile durch sehr feinfühlige Literatur für diese Altersgruppe (Poole, 2005). Die historischen Themen können als Brücke dienen, Eltern, Großeltern, Lehrer/innen und Schüler/innen miteinander ins Gespräch kommen zu lassen. Diese Chance zu nutzen, hilft uns und den Schüler/innen, politische Zusammenhänge in ihrer Komplexität annähernd zu verstehen und die Bedingungen für ein »gutes Leben« zu erkennen.

Methodischer Schwerpunkt	Unterrichtsziel	Inhalte
Vorträge halten, eigene Interessen und Wünsche formulieren, Mitstreiter/innen finden, andere Perspektiven einnehmen (Rollenwechsel).	Die Schüler/innen sollen ein Wahlprogramm erstellen und Unterstützer gewinnen.	Wahlkampf in der Klasse, Positionen in einer gespielten Talkshow vertreten, Fahrten/Aktionen/Feste planen und dafür Mitstreiter/innen finden.

In der Grundschule sind Wörter wie Wahlkampf, Schlagabtausch oder Duell nicht im eigentlichen Sinne angebracht. Vielleicht weil hier engagiert für die eigene Sache und sicher noch mehr für die eigene Person geworben wird. Dies geschieht in der Diskussion und Stellungnahme zum Wahlprogramm. Es wird hart aber fair in der Sache gestritten, wenig taktiert. Vor der Wahl des Klassensprechers ist es unerlässlich, dass sich die »Bewerber/innen« zu ihren Zielen und Vorhaben äußern, sich der Klasse im Gespräch stellen. Sprachlich gewandte Schüler/innen sind anderen gegenüber im Vorteil, können diesen Vorteil aber, genau wie bei den erwachsenen Politiker/innen, nicht immer für sich nutzen. Einfache und klare Vorstellungen kommen beim Wähler eben manchmal besser an als einleuchtende, aber komplizierte. So konnte sich ein Schüler mit der Ankündigung in seinem Wahlprogramm, »die Tischgruppe zu beschützen«, einige Stimmen sichern. Andere Bewerber/innen konnten dagegen glaubwürdig versichern, sich bei der Lehrerin für eine Schulübernachtung und einen »Haustiertag« (alle dürfen ihr Haustier mitbringen) einzusetzen. In einer vor der Klasse gespielten Talkshow mit einer Schülerin als Moderatorin fragten die Mitschüler/innen gezielt nach, wie die Bewerber/innen ihre Vorhaben umsetzen wollten. Wer mag, könnte Wählerumfragen vor und nach solchen Veranstaltungen durchführen, um zu sehen, wie Meinungsbildung funktioniert. Dieser Prozess dürfte sich bei Grundschülern/innen in keiner Weise von dem der Erwachsenen unterscheiden. Ein Grund mehr, die eingangs geforderten politischen Handlungsmöglichkeiten für Grundschüler/innen zu erweitern.

Insgesamt zeigt sich, dass die Schüler/innen im Wahlkampf Ideen und Möglichkeiten entwickeln, was ihre Gemeinschaft ausmacht oder wie sie sie positiv verändern wollen. Unterrichtlich scheint mir ein schriftliches Wahlprogramm sehr wichtig: Es unterstützt anfangs den Klärungsprozess, dient zudem als Hilfe beim Vortrag oder in der Diskussion und ermöglicht der Klasse, nach einer Amtszeit die Ziele und Versprechen der Klassensprecher/innen zu überprüfen.

Methodischer Schwerpunkt	Unterrichtsziel	Inhalte
Eigene Fragen stellen, Prozesse aktiv mitgestalten.	Die Schüler/innen sollen lokalen Politiker/innen einen Brief schreiben/ein Interview führen.	Hilfe für unseren Schulhof, unsere Schule, Gefahren auf dem Schulweg (»Wir brauchen eine Ampel ...«).

Politiker/innen sind für Grundschüler/innen faszinierend. Etwas über sie und ihren Alltag zu erfahren ist spannend. Mit Blick auf die »große« Bundespolitik können wir uns auf geeignete Literatur stützen (Schröder-Köpf/Brodersen 2001 und Schulz-Reiss 2005). Viel anschaulicher wird es aber vor Ort: Den Bürgermeister oder die Bürgermeisterin zu treffen ist etwas Außergewöhnliches. Dies geschieht gelegentlich bei Schulfesten oder anderen besonderen Anlässen. Von solchen Persönlichkeiten des öffentlichen Lebens beachtet zu werden und zu erfahren, dass sie für uns aktiv werden, ist ein »merkwürdiges« Ereignis über die Grundschulzeit hinaus. So haben beispielsweise vier Grundschüler/innen ihrem Bürgermeister einen Brief mit Fragen geschickt. Es ging um einen Fußweg im Ort, der häufig als »Hundeklo« benutzt wurde. Die Schüler/innen erhielten einen auf Amtspapier mit Wappen getippten Brief des Bürgermeisters. Alle ihre Fragen waren ausführlich beantwortet. Mehr noch: Sie wurden aufgefordert, zusammen mit anderen Kindern aus dem Kindergarten Schilder zu entwerfen, die an der besagten Stelle aufgestellt werden sollten.

Hier zeigt sich zudem, dass politische Mitgestaltung von Anfang an in den »klassischen Unterrichtsdisziplinen« und Fächern wie zum Beispiel Deutsch, durchaus ihren Platz hat und diese bestens ergänzt bzw. um einen spezifischen, nämlich politischen, Zugang erweitert.

Methodischer Schwerpunkt	Unterrichtsziel	Inhalte
(Wert-)Urteile zu aktuellen politischen Themen bilden.	Die Schüler/innen sollen die Tageszeitung lesen, sich Texte erarbeiten, Fragen in der Gruppe klären und ggf. kleine »Forscherberichte« schreiben.	Projekt »Zeitung in der Grundschule« u. a. durchgeführt vom IZOP.

Das IZOP, Institut zur Objektivierung von Lern- und Prüfungsverfahren GmbH, führt in Zusammenarbeit mit örtlichen Tageszeitungen Projekte an Schulen durch, mit dem Ziel, die »Lese- und Medienkompetenz« der Schüler/innen zu steigern. Dazu erhalten alle Schüler/innen einer Klasse über einen Zeitraum von etwa zwölf Wochen täglich je eine Tageszeitung, die sie vor, im und nach dem Unterricht lesen dürfen.

Bei den Schüler/innen entwickeln sich unterschiedliche Interessengebiete, aber auch Fragen und Anregungen. Wird es zugelassen, dass die Schüler/innen an diesen selbst gewählten Fragen (auch im Unterricht) Werturteile entwickeln dürfen, wird einmal mehr ihre (Selbst-)Bildung ermöglicht.

Zum Beispiel befand eine Gruppe von Schüler/innen darüber, wie Politiker mit einer verlorenen Wahl umgingen. Sie fanden es beachtlich, dass John Kerry seinerzeit George W. Bush gratulierte. »Obwohl er verloren hatte, hat er den Mut gezeigt, Bush anzurufen.« Sie schrieben dies in einem Artikel für ihre Tageszeitung und erläuterten zudem ihre eigene Klassensprecherwahl: »Die anderen [...], die nicht Klassensprecher wurden, ärgern sich, [...] aber sie gratulieren trotzdem. Der Klassensprecher unterstützt [...] (sie) auch nach der Wahl. Die [...] (Verlierer) unterstützen auch den Klassensprecher. So arbeiten alle zusammen für die Klasse, das ist gut."

Außerdem machten sich andere Gruppen in der Klasse Gedanken über einen möglichen Staatsbesuch von Queen Elizabeth, schrieben Leserbriefe zu Politikeräußerungen zum »Backpfeifenurteil« oder zum »Waldschadensbericht« mit eigenen Vorschlägen, wie man dem Wald helfen könne und wie sie sich ihre Zukunft in einer »heilen Welt« vorstellten.

2. Unterrichtsbeispiele

2.1 Wahlrealität in der Grundschule?

Die Wahl eines Sprechers oder einer Sprecherin begeistert Grundschüler/innen. Es handelt sich meist um die erste richtige Wahl, bei der man entscheiden darf, wer die Klasse vertreten und für sie eintreten soll. Leider vermag die Praxis diese Begeisterung oft nicht dauerhaft zu halten: Schon bei der Bekanntgabe der Ergebnisse macht sich Enttäuschung breit, nicht zu den Gewinnern zu gehören. Bestenfalls darf sich die einfache Mehrheit der Wähler/innen freuen, denn ihr/e Kandidat/in hat gewonnen. Dass sich ein/e Klassensprecher/in in vielen Grundschulklassen nicht auf eine breite Mehrheit stützen kann, liegt am Wahlverfahren. Frei nach dem Motto »Je einfacher und schneller, desto besser« verlaufen Klassenwahlen mit vorgeschlagenen Kandidat/innen, deren Namen an die Tafel geschrieben werden. Durch Handaufheben signalisieren die Wähler/innen ihre Zustimmung oder Ablehnung. Dieses Schnellverfahren ist meist von der Tatsache begleitet, dass viele Kandidaten/innen aufgestellt sind. Ohne genau zu wissen, auf was man sich einlässt, möchte man doch möglichst viele Stimmen der Mitschüler/innen erhalten. Um zu vermeiden, dass jede/r Schüler/in nur sich selbst wählt, verkündet die Lehrkraft, dass gerade das nicht geht. Diese Ansicht hält bei vielen Schüler/innen übrigens lange vor, so dass sie bei allen folgenden Wahlen darum vorsichtshalber nachfragen, ob man sich denn selber wählen darf.

Ist die Wahl dann gelaufen, weicht nach spätestens vier Wochen Normalität der letzte Rest Begeisterung. Auch die Amtsinhaber/innen merken nun, dass der Titel allein wenig Freude bereitet. So stand einmal ein Klassensprecher weinend vor zwei sich prügelnden Schülern. Bei dem Versuch, die Streitenden zu trennen, wurde er selbst beschimpft und gestoßen. Völlig überfordert stand nun für ihn fest: »Klassensprecher sein ist nichts für mich.«

Will man dieses Szenario vermeiden, muss man sich selber zunächst darüber klar sein, welche Aufgaben ein/e Klassensprecher/in übernehmen kann. Was können und wollen wir an unsere Schüler/innen abgeben? Lassen wir sie oder ihre Vertreter/innen z. B. bei Projekten und Arbeitsgemeinschaften mitreden? Lassen wir sie Ordnungsdienste eigenständig regeln und durchführen? Trauen wir ihnen zu, Streit ohne unsere Einmischung zu schlichten, den Pausenhof oder die Schule zu gestalten?

Die Voraussetzungen für eine Wahl in der Grundschule sind denkbar gut: Die Schüler/innen sind motiviert zu wählen und gewählt zu werden. Will man langfristig Räume für ihr selbstständiges Handeln schaffen, dürfte nicht nur die Wahl, sondern auch das Amt Freude bereiten. Das nachfolgend beschriebene Wahlsystem (Bisdorf 2004) für die Grundschule könnte dazu beitragen, dass die Schüler/innen über einen längeren Zeitraum mit Freude Verantwortung tragen.

2.2 Wir wählen in Klasse 3 der Grundschule

Dem eigentlichen Wahlverfahren sollte im Unterricht eine Klärung der Aufgaben und Möglichkeiten vorausgehen, die mit dem Klassensprecher-Amt verbunden sind. Erst wenn die Aufgaben klar sind, können die Schüler/innen klären, welche Eigenschaften ein/e Sprecher/in mitbringen muss.

Je nach Vorwissen der Schüler/innen oder je nach zeitlicher Nähe zu Ereignissen wie Bundes- oder Landtagswahlen, können Unterrichtsbausteine aus der oben angeführten Matrix kombiniert werden. Das Schreiben eines Wahlprogramms ist sinnvollerweise einzubeziehen. Dies könnten mögliche Zielsetzungen für unsere Unterrichtseinheit sein:

Die Schüler/innen sollen
- ihre (Klassen-)Aufgaben erkennen und sinnvolle (funktionierende) Systeme der Bearbeitung probieren,
- Aufgaben von Politikern/innen kennenlernen,
- erste Vermutungen über wünschenswerte Eigenschaften eines/einer Sprechers/in nennen,
- das Wahlverfahren der Bundesrepublik Deutschland kennen und verstehen lernen sowie
- das Wahlsystem in der Klasse mit dem der Bundesrepublik vergleichen und Ähnlichkeiten benennen.

Das Wahlsystem der Bundesrepublik Deutschland ist vereinfacht auf das in einer Grundschulklasse zu übertragen, ohne es zu einer Alibi-Veranstaltung zu verstümmeln (s. 2.1). Die Kombination von Verhältnis- und Mehrheitswahl wird aufgrund der Klassengröße weggelassen. Es zählt die Mehrheit der abgegebenen Stimmen, und es wird direkt gewählt.

Für die Wahl ist zunächst eine Sitzordnung bestehend aus Gruppentischen notwendig. An den Gruppentischen sitzen Schüler/innen, die vermehrt zusammen arbeiten und deshalb gemeinsame Interessen verfolgen. Sie sollen bis zu zwei Vertreter/innen für ihren Gruppentisch wählen, die

Abb. 1: Gruppentische Landtage

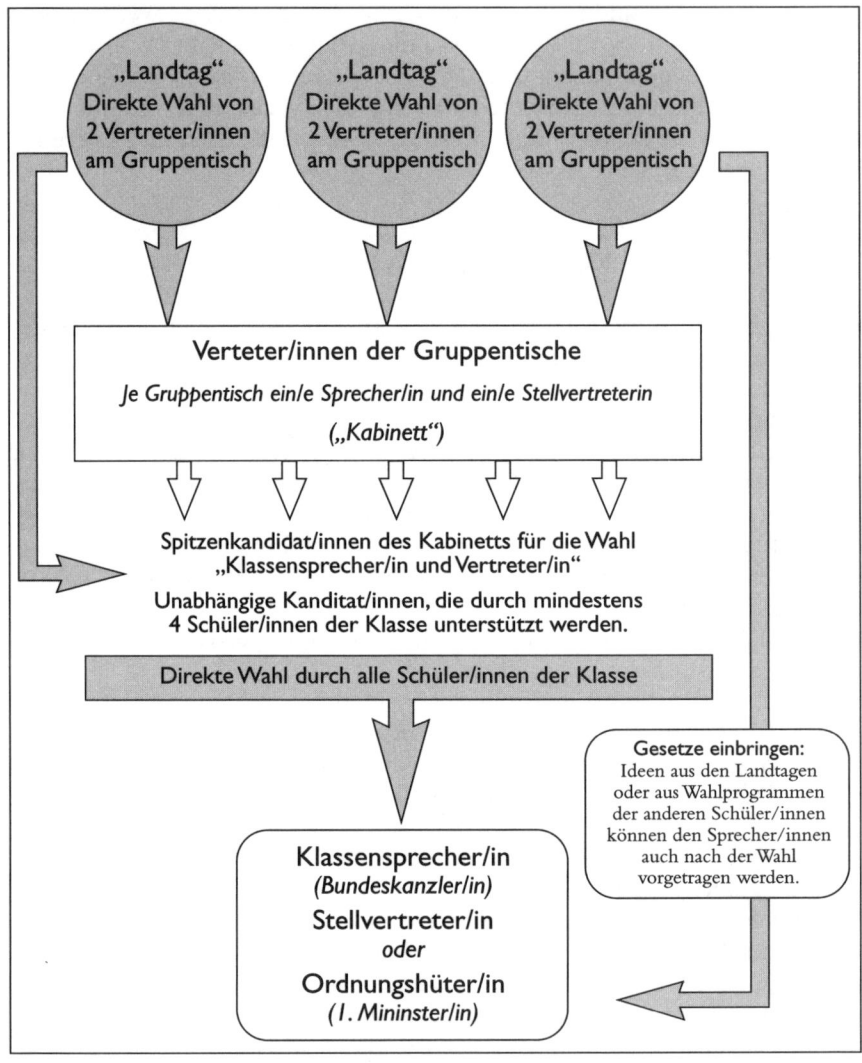

ihre Interessen gegenüber der Klasse vertreten sollen. Diese Gruppentische symbolisieren die Landtage der Bundesländer. Die gewählten Vertreter/innen der Gruppentische bilden zusammen das Kabinett oder das Klassenparlament.

Die beiden jeweils gewählten Vertreter/innen können sich zudem für das höchste Amt in der Klasse zur Wahl stellen. Da sie bereits einige Stimmen ihrer Mitschüler/innen gesammelt haben, ist zu erwarten, dass ihre Bewerbung nicht so aussichtslos verläuft wie bei einer eingangs beschriebenen herkömmlichen Wahl. Außerdem ist die Zahl der Bewerber/innen etwas eingegrenzt. Schüler/innen, die an ihrem Gruppentisch nicht gewählt wurden oder sich nicht haben aufstellen lassen, können sich trotzdem für das höchste Klassen–Amt bewerben, wenn sie a) ein Wahlprogramm haben und b) vier Schüler/innen in der Klasse finden, die diese Wahl unterstützen. Dazu müssen Letztere ihre Unterschrift unter das Programm setzen. Jede/r Schüler/in darf natürlich nur ein Programm unterschreiben, sonst ist die Bewerbung ungültig. Ob man mit der Unterstützung der Bewerber/innen auch zur Wahl derselben verpflichtet ist, muss mit den Schülern/innen besprochen werden. Spätestens an dieser Stelle sollten die Wahlgrundsätze erarbeitet werden:

1. Wer eine Wahlberechtigung hat, erhält von der Lehrkraft einen Wahlzettel und darf damit wählen; ganz gleich ob Junge oder Mädchen, schlau oder dumm, reich oder arm (allgemein).
2. Jede/r Schüler/in wählt eine Person direkt, indem er/sie mit dem Wahlzettel abstimmt (unmittelbar).
3. Jede/r Schüler/in entscheidet sich ganz frei für eine Person. Niemand darf für andere bestimmen, wer gewählt werden soll (frei).
4. Jede Stimme zählt gleich viel (hier einmal) (gleich).
5. Niemand kann sehen, wen ich wähle. Die Wahl ist geheim und erfolgt in einer Wahlkabine (geheim).

Eine eigens für die Schüler/innen erstellte Wahlbenachrichtigung soll ihnen verdeutlichen, wie ernst uns eine korrekte demokratische Wahl ist. Die Schüler/innen werden dadurch persönlich angesprochen, sich zu beteiligen. Die Wahlbenachrichtigung ist zur Wahl vorzulegen. Sollten Schüler/innen das nicht können, dürfen sie folgenden auf der Wahlbenachrichtigung enthaltenen Passus geltend machen: »Du kannst aber auch ohne diese Karte in dem unten genannten Wahlraum wählen, wenn du deinen Namen, deine Adresse oder deine Klasse angeben kannst.«

Der Wahlraum sollte abgetrennt sein. Als Wahlhelfer/innen lassen sich gerne engagierte Eltern verpflichten, die über einen längeren Zeitraum am Vormittag das Wahllokal geöffnet halten. Die Zeitspanne von mindestens

Abb. 2: Wahlbenachrichtigung

<table>
<tr><td>

Wahlbenachrichtigung
Zur Wahl bitte mitbringen und Personalausweis oder Reisepass bereithalten!
Wahl der Klassenvertreter
am Freitag, den 06.04.2007, 9:00 bis 11:30 Uhr

Sehr geehrtes Mädchen, sehr geehrter Junge,
du bist in das Wählerverzeichnis eingetragen und kannst im unten angegebenen Wahlraum wählen. Die Wahlbenachrichtigung ersetzt keinen Wahlschein und berechtigt nicht zur Stimmabgabe in einem anderen Wahlraum. Du kannst aber auch ohne diese Karte in dem unten genannten Wahlraum wählen, wenn du deinen Namen, deine Adresse oder deine Klasse angeben kannst.
Grundsätzlich musst du am Wahltag selbst ins Wahllokal kommen. Nur in besonderen Ausnahmefällen darfst du durch Briefwahl wählen.
(Wende dich dazu bitte an deine/n Klassenlehrer/in.)
Mit freundlichen Grüßen
Unterschrift der Lehrkraft

</td><td>

Schul – Post kostenlos

Wenn unzustellbar, zurück! Bei Umzug oder Mängeln in der Anschrift, Anschriftenbenachrichtigungskarte verwenden.

An

Name: _____

Klasse: _____

</td></tr>
</table>

Wahlamt: Freiherr-vom-Stein Grundschule Heinde

Wahlkreis: **Wahlbezirk:**   **Wählerverzeichnis-Nr.:**
Klasse 3   Heinde   2007 – KL - 3

Wahlraum: Bücherei

zwei Stunden ermöglicht den Schüler/innen parallel zum Unterricht oder in den Pausen zu wählen oder eben gar nicht zur Wahl zu gehen. Auch das mögliche Verpassen einer Wahl gehört zum Wahlalltag dazu. Die Auszählung der Stimmen geschieht dann öffentlich vor der Klasse. Die Ernennung könnte die Lehrkraft gleich im Anschluss vollziehen. Die Wahl zum/zur Klassensprecher/in kann erst nach der Bekanntgabe der Gewinner der Gruppentische erfolgen. Bei beiden Wahlen sind auch kombinierte Verfahren möglich: So könnte jeder Gruppentisch mit der Erststimme eine/n Sprecher/in wählen und mit der Zweitstimme eine/n Ordnungshüter/in. Analog wird mit der Erststimme der/die Klassensprecher/in gewählt und mit der Zweitstimme der/die erste Ordnungshüter/in. Nach den Wahlen in der Klasse hat ein Drittel der Mitschüler/innen ein Amt inne. Dadurch lastet die Verantwortung nicht allein auf den Sprecher/innen, sondern wird von denjenigen der Gruppentische geteilt. Der Vorteil liegt darin, dass wir Kabinettsitzungen initiieren und Gruppenprozesse anstoßen können. Im Kabinett gefällte Entscheidungen können über die Vertreter/innen der Gruppentische gut transportiert und von allen Schülern/innen leicht akzeptiert werden.

Das Wahlverfahren lernen die Kinder im Unterricht kennen und anwenden. Analogien können sie bilden, weil sie in Begriffen und Einrichtungen (Kabinett, Parlament) Sinn und Vorteile erleben. Das Verständnis für die

»große« Politik kann sich entwickeln. Die Schüler/innen verstehen leichter, wenn sie Politik auf sich beziehen und anwenden können. Manchmal muss ihnen dazu eine Brücke gebaut werden. Einigen Fußballbegeisterten hilft der Vergleich zum Spielfeld. Auf die Frage »Wie stehen Politiker einer Partei zueinander?« erklärt ein Schüler: »Eigentlich sind es ja Partner, aber manchmal sind es auch Feinde, wenn es um eine bestimmte Sache geht.« Das ist wie beim Fußball: Die Mannschaft will den Pokal gewinnen, aber es gibt Streit darüber, wer auf welcher Position spielt.

Der nachfolgende Dialog soll am Beispiel der »Vertrauensfrage«, die Bundeskanzler Gerhard Schröder 2005 im Deutschen Bundestag stellte, verdeutlichen, dass Grundschüler/innen Sachverhalte durchaus durchdringen und vor allem bewerten können. Dass ihnen dabei mancher Zusammenhang vermutlich nicht ganz deutlich wurde, dürfte am speziellen Fall liegen, den auch Erwachsene ähnlich kontrovers diskutiert haben.

Schüler N. stellt einen Zeitungsartikel zur Vertrauensfrage mit eigenen Worten vor und schließt: »Bundeskanzler Schröder macht einen Trick. Er sagt, dass Deutschland ihn eigentlich nicht haben will. Horst Köhler darf dann bestimmen, ob dieses Jahr gewählt wird, aber das ist eine Ausnahme.«

Schülerin L. fragt: »Wovor hat Schröder Angst?«

Schüler B.: »Dass er seine Macht verliert.«

Lehrer: »Noch mal einen Schritt zurück: Was ist die Vertrauensfrage?«

Schüler M.: »Ich stelle mir das so vor, dass der Bundeskanzler im Bundestag vor all den Leuten, die da sitzen, eine Frage stellt und alle sollen ihm vertrauen und ihn noch mal wählen.«

Schülerin L.: »… und alle sagen NEIN!«

Lehrer: »Was passiert dann?«

Schülerin L.: »Dann wird, glaube ich, neu gewählt. […] (sie überlegt kurz) Aber wenn er das macht, dann kriegen die, die ihn gut finden einen Schreck. Die wollen ihn doch wählen.«

Lehrer (überlegt): »Also mir geht das so …, dass ich mich frage: Was will der Bundeskanzler denn jetzt? – Will er, dass man ihm vertraut? Hat er keine Lust mehr? Oder will er gewählt werden?«

Schüler M.: »Irgendwie verstehe ich das nicht, dass Bundeskanzler Gerhard Schröder von den Politikern das Vertrauen will. Stell dir mal vor, er wird bei neuen Wahlen nicht gewählt. Das verstehe ich nicht. Da soll er lieber Bundeskanzler bleiben.«

Schülerin L: »Genau, dann braucht er nicht die Frage stellen.«

Lehrer (verweist auf den Text des Schüler-Nachrichtensprechers): »N. hat vorhin in den Nachrichten vorgelesen, dass Gerhard Schröder um eine ›stetige Mehrheit‹ Angst hat. Was heißt das? Lies bitte noch mal vor.«

Schüler N: »Stetige Mehrheit heißt, dass er nicht immer von seiner Partei unterstützt wird und dann hat er die Mehrheit nicht mehr.«

Lehrer: »Das Problem ist, dass er fürchtet, dass seine Freunde im Bundestag ihn nicht mehr unterstützen ...«

Schüler M.: »... ihm vertrauen.«

Schülerin L: »Eigentlich ist er ja dann ein Alleingänger. Er zwingt ja die anderen. Und wenn die das so sehen, dann können sie ihn rausschmeißen. Der Kanzler zwingt die jetzt dazu, dass sie ihn noch mal wählen.«

Schüler M.: »Wenn ich Bundeskanzler wäre, was ja auch gut wäre, aber leider ist es nicht so ..., dann würde ich vor dem Bundestag sagen, dass ich Bundeskanzler bleibe. Weil wenn jetzt Frau Merkel gewählt wird, dann bin ich ja kein Bundeskanzler mehr. Dann würde ich lieber sagen, ich stelle keine Vertrauensfrage.«

2.3 Mit Freude regieren

Die Wahl gemeistert, den Wahlsieg gefeiert, die Wahl verstanden – aber wie geht es weiter?

Im schulischen Alltag verlaufen sich die Aufgaben der Sprecher/innen bisweilen. Die Wahlversprechen und Vorhaben verlieren an Bedeutung, oder die von Schülern/innen geplante Schulübernachtung wurde auf unbestimmte Zeit von der Lehrkraft verschoben. Manchmal sind die Aufgaben von einem/einer Klassensprecher/in alleine nicht zu bewältigen. Minister/innen und jede/r einzelne Schüler/in sind aufgefordert, ihn/sie zu unterstützen und sich einbringen. Wenn sie dies tun, ist viel gewonnen. Wenn die Unzufriedenheit überwiegt, wird, im günstigsten Fall, der Ruf nach Neuwahlen folgen.

Wie sich beides entwickeln kann, zeigt folgendes Unterrichtsgespräch: Ausgehend von einem Satz aus dem Logo-Kindernachrichten Lexikon: »Die Bürger wählen – die Politiker regieren. In einer Demokratie haben also beide Macht: Politiker und Bürger.« (kika 2005) kamen die Schüler/innen ins Gespräch.

Schüler K.: »Die Politiker sind abhängig von uns allen.«

Schülerin J.: »Das kommt ja darauf an, wen wir wählen. Wenn sie weniger Stimmen haben, verlieren sie. Dann wird es jemand anders.«

Schülerin L.: »Ja genau, wenn ein Politiker was verspricht und es nicht hält.«

(Der Lehrer fasst die Ergebnisse kurz zusammen.)

Schüler A. (ruft in die Klasse): »Wir wollen auch einen neuen Klassensprecher wählen.«

Schüler M. (ebenfalls ohne Meldung): »Genau, wenn W. (der Klassensprecher, d. A.) etwas in seinem Wahlprogramm aufschreibt, und das hält er nicht.«

Lehrer: »Für uns gilt das natürlich auch. Wenn wir zufrieden mit der Arbeit unseres Sprechers sind, wählen wir ihn wieder. Sind wir unzufrieden, wählen wir vielleicht eine andere Schülerin oder einen anderen Schüler.«

Andere Schüler schalten sich engagiert ein: »Wir wollen neu wählen …«

Schüler A.: »Ja, W. wollte eine Party schmeißen und das hält er nicht.

Lehrer: »Vielleicht macht er das ja noch.«

Schüler A.: »Nee, wir wollen einen neuen Sprecher.«

Lehrer fasst zusammen und beschwichtigt dann: »Sprecht mit eurem Klassensprecher. Man kann natürlich immer auch selber mitmachen und Ideen nennen.«

Der Lehrer will das Thema wechseln. Ein kurzes Gemurmel unter den Schüler/innen (nun auch mit dem Klassensprecher) endet mit der Bitte von Schüler M.: »Die Ordnungshüter und Tischsprecher wollen sich mit dem Klassensprecher zusammensetzen und das besprechen.«

Der Lehrer gewährt den Schülern/innen, sich die letzen zehn Minuten der Stunde im Nebenraum zu besprechen (Kabinettsitzung). Bereits nach fünf Minuten kommen der Klassensprecher und seine Minister/innen zurück und verteilen Zettel, welche Schüler/innen welche Speisen und Getränke mitbringen sollen. Die versprochene Party, die dem Klassensprecher einst zum Wahlsieg verhalf, war nun sehr konkret geworden. Welche/r Lehrer/in könnte den Schülern/innen den Wunsch abschlagen, dafür eine Unterrichtsstunde zu bekommen?

Politische Themen lassen sich durchaus mit Grundschülern/innen erarbeiten. Das Verständnis von Demokratie sollen die Schüler/innen im Unterricht erlernen. Sie sollen konkret und selbsttätig erfahren, was Demokratie heißt. Dies konnten sie in unserer Unterrichtseinheit »Wir wählen einen Sprecher« konkret anwenden und auf die (für sie abstrakte) »Wahl der Großen« übertragen. Dass es auch andersherum geht, haben die Schüler/innen hier spontan und erfolgreich gezeigt.

2.4 Stolpersteine

»Politik in der Grundschule« scheitert nicht an den Fähigkeiten und Interessen der Schüler/innen, sondern am fehlenden Mut der Lehrkräfte. Tatsächlich gibt es immer wieder Stolpersteine, die uns irritieren dürfen, aber nicht abhalten sollten. Viele Lehrkräfte fragen nach der Zeit für ein solches Projekt. Die anderen Fächer kämen doch zu kurz … Wer fachübergreifend und projektorientiert arbeitet und das Werten nicht nur den »sozialen Fächern« überlässt, wird den Politikunterricht begrüßen. In ihm wird viel gelernt: Diskutieren, vortragen, zuhören, interviewen, entscheiden, Informationen sammeln, Texte lesen, untersuchen, schreiben und vor allem werten.

Die Inhalte sind im Politikunterricht der Grundschule nicht leicht einzugrenzen, und es könnte der Anschein entstehen, man verzettele sich. Die Fragen der Schüler/innen reichen oft weiter als dass sie im Unterricht erschöpfend zu beantworten wären, weil das Wissen über manche Zusammenhänge, z.B. historische, noch wachsen muss. Wohl aber wünschen sich die Schüler/innen eine Klärung der Inhalte. Sie verlangen nach Ordnung und Zusammenhängen, denn nur so gewinnt die Aufgabe für sie eine Bedeutung, »wird die Welt allererst ihre Welt« (Pöppel 2006).

Wenn die Grundschüler/innen die »Welt ordnen«, kann es bisweilen zu sehr unschuldigen Vergleichen und Fragen kommen:
Schülerin: »Frau Merkel ist Chefin von Deutschland, so wie Hitler früher.«
Schüler: »Warum musste Auschwitz befreit werden?«

Wie ist damit umzugehen? Letztlich gibt es keine richtige Antwort auf diese Fragen. Selbst das betretene Stammeln, das Nichtwissen oder gar die stockende und schluckende Stimme der Lehrkraft wird den Schülern/innen helfen, eigene Antworten zu finden. Professionalität ist hier erwünscht, Unsicherheiten und Fehler sind in diesem Prozess erlaubt. Sie sind besser als zu schweigen. Mit Blick auf die Bildung der Schüler/innen sollten ihre Fragen aufgenommen und der Unterricht für sie geöffnet werden.

Die Sprache der Grundschüler/innen ist in manchen Situationen verspielter als bei uns Erwachsenen. Wortspiele mit Parteikürzeln oder mit Namen der Politiker/innen sind sehr beliebt:
Lehrer: »Der Bundespräsident ist der oberste Bürger in unserem Land.«
Schüler (ruft in die Klasse): »Ja, Horsti!«
Lehrer: »Wie heißt der?«
Mehrere Schüler/innen gleichzeitig (lachend): »Horsti«
Lehrer: »Aha ... der hat aber auch einen richtigen Namen, oder?«
Fünf bis sechs Schüler/innen rufen im Chor: »Horst Köhler!«

Sich auf Spiel und Witz in der Grundschule einzulassen ist nicht schwer. Komplexe politische Themen spielerisch in den Unterricht zu integrieren, ist manchmal ein Wagnis. Wenn wir Politik in der Grundschule wagen, gibt es gute Gründe, hierin Anreize und Angebote für die Bildung der Kinder zu sehen. Auch dürfen wir hoffen, dass der Politikunterricht durchaus die Wertschätzung der Schüler/innen erfährt. Mit Sicherheit werden wir selbst, angeregt durch ihre Meinungen und Fragen, unseren politischen Blick schärfen und eigene Werturteile bilden. Wagen wir also einen »wert-vollen« frühen Politikunterricht.

Literatur

Bisdorf, Marcel K. (2004): Eine Klasse vertreten – ein Volk vertreten. Das Wahlsystem Deutschlands in einer dritten Klasse. In: Zeitschrift Grundschule, (12) Braunschweig, S. 36–39.

IZOP (Institut zur Objektivierung von Lern- und Prüfungsverfahren GmbH, gegründet 1969): URL: http://www.izop.de

»kika« (Kinderkanal): Lexikon 2005. URL: http://www.logo.tivi.de

Leder, Gottfried (2000): Ethikunterricht und Religionsunterricht in einem pluralen Staat – Recht und Grenzen staatlicher Einflussnahme. In: Schilmöller, Reinhard/Regenbrecht, Aloysius/Pöppel, Karl Gerhard (Hrsg.): Ethik als Unterrichtsfach. Münster, S. 201–214.

Pöppel, Karl Gerhard (2006): Liebe Carima ... Zehn Briefe einer Einführung in die schulpädagogische Methodenlehre. Hildesheim/Zürich/New York.

Poole, Josephine / Barrett, Angela / Pressler, Mirjam (2005): Anne Frank. Würzburg.

Schröder-Köpf, Doris / Brodersen, Ingke (Hrsg.) (2001): Der Kanzler wohnt im Swimmingpool. Oder: Wie Politik gemacht wird. Illustrationen von Aljoscha Blau. Frankfurt a. M.

Schulz-Reiss, Christine (2005): Nachgefragt: Politik. Basiswissen zum Mitreden. Bindlach.

Die Autorinnen und Autoren

BEINZGER, DAGMAR, DR., Dipl.-Pädagogin, Dipl-Medienwissenschaftlerin, Lehrbeauftragte im Schwerpunkt Interkulturelle Bildung und Kulturarbeit der Universität Bielefeld. Arbeitsschwerpunkte: Frühkindliche Bildung und Erziehung, Interkulturelle Bildung, Medienpädagogik im Elementarbereich, Genderfragen.

BISDORF, MARCEL KLAUS, Dipl.-Pädagoge, Rektor der Freiherr-vom-Stein-Grundschule Heinde, Bad Salzdetfurth. Arbeitsschwerpunkte: Förderung von Schülern/innen mit besonderen Lernvoraussetzungen.

BOESER, CHRISTIAN, DR., wiss. Mitarbeiter am Lehrstuhl für Pädagogik mit Berücksichtigung der Erwachsenenbildung und außerschulischen Jugendbildung an der Universität Augsburg. Arbeitsschwerpunkte: Kommunikation, Gruppe, Gender, Politische Bildung.

DETJEN, JOACHIM, PROF. DR., Lehrstuhl für Politikwissenschaft III: Politische Bildung (Didaktik der Sozialkunde) an der Katholischen Universität Eichstätt-Ingolstadt. Arbeitsschwerpunkte: Theorie und Geschichte der politischen Bildung, Kommunalpolitik.

DETTMAR-SANDER, CHRISTIANE, Grundschullehrerin, zurzeit Staatliches Schulamt in Gießen, Arbeitsschwerpunkte: Vor- und Grundschulpädagogik, Leseförderung.

DIEHM ISABELL, DR., Professorin für Interkulturelle Bildung und Kulturarbeit an der Universität Bielefeld, Fakultät für Pädagogik. Arbeitsschwerpunkte: Erziehung und Migration, Kindheitsforschung, insbesondere: Pädagogik der Frühen Kindheit, Genderforschung.

EICHNER, DETLEF, DR., Grund- und Hauptschullehrer, zurzeit wiss. Mitarbeiter am Institut für Sozialwissenschaften der Technischen Universität Braunschweig. Forschungsschwerpunkte: Unterrichtsmethoden, Unterrichtsentwürfe, Fallanalysen.

GLÄSER, EVA, DR., Akademische Rätin in der Abteilung Sachunterricht und seine Didaktik der Technischen Universität Braunschweig, FK 6. Arbeitsschwerpunkte: Sachunterrichtsdidaktik, Grundschulpädagogik, Unterrichtsforschung.

GÖTZMANN, ANKE, wiss. Mitarbeiterin an der Pädagogischen Hochschule Karlsruhe. Arbeitsschwerpunkte: Lehr-Lernforschung im Sachunterricht, Didaktik und Methodik der politischen Bildung.

HASSE, JÜRGEN, DR., Professor für Geographie und Didaktik der Geographie an der Johann Wolfgang Goethe-Universität Frankfurt am Main, Institut für Humangeographie. Arbeitsschwerpunkte: Raum- und Umweltwahrnehmung, Ästhetik, Mensch-Natur-Verhältnisse, Phänomenologie und Geographie.

KAHLERT, JOACHIM, PROF. DR., Lehrstuhl für Grundschulpädagogik und -didaktik an der Ludwig-Maximilians-Universität München. Arbeitsschwerpunkte: Grundschulpädagogik, Didaktik des Sachunterrichts, Soziales Lernen, Umweltbildung.

KNAUER, RAINGARD, DR., Dipl.-Sozialpädagogin, Dipl.-Pädagogin, Studienrätin, Professorin an der Fachhochschule Kiel, Fachbereich Soziale Arbeit und Gesundheit. Arbeitsschwerpunkte: Partizipation von Kindern und Jugendlichen, Erziehung und Bildung im Kindesalter, Kooperation von Jugendhilfe und Schule.

KUHN, HANS-WERNER, DR., Professor an der Pädagogischen Hochschule Freiburg, Fachgebiet Politische Bildung und Sachunterricht. Arbeitsschwerpunkte: Politische Bildung, Sachunterricht, Qualitative Methoden.

MASSING, PETER, DR., Professor für Sozialkunde/Didaktik der Politik an der Freien Universität Berlin, Fachbereich Politik- und Sozialwissenschaften. Arbeitsschwerpunkte: Theoretische Grundlagen der politischen Bildung, Politikbegriffe und politische Bildung, Methoden für den Politikunterricht.

MEISTER, NINA, Dipl. Päd., wiss. Mitarbeiterin an der Johannes Gutenberg-Universität Mainz. Arbeitsschwerpunkte: Schulpädagogik, Didaktik

OHLMEIER, BERNHARD, DR., wiss. Mitarbeiter am Lehrstuhl für Didaktik der Sozialkunde an der Universität Augsburg. Arbeitsschwerpunkte: Politische Bildung in der Grundschule, Politische Sozialisation von Kindern und Jugendlichen, Demokratisches und Politisches Lernen, Politische Bildung für nachhaltige Entwicklung.

REEKEN, DIETMAR VON, DR., Professor für Geschichtsdidaktik mit den Schwerpunkten Geschichtsunterricht und Geschichtskultur an der Carl von Ossietzky Universität Oldenburg. Arbeitsschwerpunkte: Geschichtsdidaktik, Neuere Geschichte, Didaktik des Sachunterrichts.

RICHTER, DAGMAR, DR., Professorin für Sachunterricht und seine Didaktik an der Technischen Universität Braunschweig, FK 6. Arbeitsschwerpunkte: Politische Bildung, Sachunterricht, Lehr-Lern-Forschung.

SANDER, WOLFGANG, DR., Professor für Didaktik der Gesellschaftswissenschaften an der Justus-Liebig-Universität Gießen. Arbeitsschwerpunkte: Geschichte, Theorie und Didaktik der politischen Bildung, Lehren und Lernen mit digitalen Medien.

SCHELLE, CARLA, DR., Professorin für Erziehungswissenschaft an der Johannes Gutenberg-Universität Mainz, Pädagogisches Institut. Arbeitsschwerpunkte: Schulpädagogik, Didaktik, Hermeneutisch-rekonstruktive Schul- und Unterrichtsforschung, Schulentwicklungsforschung.

SCHLEMMINGER, GÉRALD, DR., Professor an der Pädagogischen Hochschule Karlsruhe, Leiter der Abteilung Französisch. Arbeitsschwerpunkte: Sprachlehr- und lernforschung, bilinguales Lehren und Lernen, gesteuerter Zweitsprachenerwerb, Freinet-Pädagogik, Didaktik des Französischen.

TIEDEMANN, MARKUS, DR., Fachseminarleitung Philosophie/Ethik am Landesinstitut für Lehrerbildung und Schulentwicklung in Hamburg, Abteilung Ausbildung und Fortbildung. Arbeitsschwerpunkte: Philosophiedidaktik, Rechtsextremismus, Philosophieren mit Kindern, Ethische Orientierung von Jugendlichen.

WAGNER, PETRA, Dipl.-Pädagogin, Mitbegründerin und Projektleiterin von KINDERWELTEN. Projekt des Instituts für den Situationsansatz in der Internationalen Akademie INA GmbH an der Freien Universität Berlin.

WEGENER-SPÖHRING, GISELA, PROF. DR., Lehrstuhl für Allgemeine Didaktik und Schulpädagogik an der Universität Köln. Arbeitsschwerpunkte: Grundschulpädagogik, Spiel und Spielzeug, Methoden qualitativer Forschung.

WEISSENO, GEORG, DR., Professor für Politikwissenschaft und ihre Didaktik/Gemeinschaftskunde an der Pädagogischen Hochschule Karlsruhe. Arbeitsschwerpunkte: Lehr-Lernforschung im Politikunterricht, Didaktik und Methodik der politischen Bildung.